MINISTÈRE DE L'INSTRUCTION PUBLIQUE

ANNALES
DU
MUSÉE GUIMET
(BIBLIOTHÈQUE D'ÉTUDES)

TOME PREMIER

LE RIG-VÉDA
ET
LES ORIGINES DE LA MYTHOLOGIE INDO-EUROPÉENNE

PAR

PAUL REGNAUD

PROFESSEUR DE SANSCRIT ET DE GRAMMAIRE COMPARÉE
A LA FACULTÉ DES LETTRES DE LYON
LAURÉAT DE L'ACADÉMIE DES INSCRIPTIONS ET BELLES-LETTRES
ET DE CELLE DES SCIENCES MORALES ET POLITIQUES

PREMIÈRE PARTIE

PARIS
ERNEST LEROUX, ÉDITEUR
28, RUE BONAPARTE, 28

1892

MINISTÈRE DE L'INSTRUCTION PUBLIQUE

ANNALES

DU

MUSÉE GUIMET

(BIBLIOTHÈQUE D'ÉTUDES)

TOME PREMIER

PRINCIPAUX OUVRAGES DU MÊME AUTEUR

LIBRAIRIE E. LEROUX, 28, RUE BONAPARTE, PARIS

ETUDES SUR LES POÈTES SANSCRITS DE L'ÉPOQUE CLASSIQUE. — BHARTRIHARI. — LES CENTURIES. Un vol. in-16. . . . . 2 fr.

LES STANCES ÉROTIQUES, MORALES ET RELIGIEUSES DE BHARTRIHARI, traduites du sanscrit. Un vol. in-18, elzévir. 2 50

LE CHARIOT DE TERRE CUITE, drame sanscrit, traduction française avec notes tirées d'un commentaire inédit 4 vol. in-18. . . . . 10 fr.

LA RHÉTORIQUE SANSCRITE exposée dans son développement historique et ses rapports avec la rhétorique classique (ouvrage couronné par l'Académie des Inscriptions et Belles-Lettres). Un vol. grand in-8. . . . 16 fr.

ESSAIS DE LINGUISTIQUE ÉVOLUTIONNISTE. 1 vol. grand in-8. . 20 fr.

LES GRANDES LIGNES DU VOCALISME ET DE LA DÉRIVATION DANS LES LANGUES INDO-EUROPÉENNES. Broch. in-8. . . . . 1 fr

ESQUISSE DU VÉRITABLE SYSTÈME PRIMITIF DES VOYELLES DANS LES LANGUES INDO-EUROPÉENNES. Broch. in-8. . . . . . . 1 50

OBSERVATIONS CRITIQUES sur le système de M. DE SAUSSURE. Broch. in-16. . . . . 1 fr.

LIBRAIRIE VIEWEG, 67, RUE RICHELIEU, PARIS

EXPOSÉ CHRONOLOGIQUE ET SYSTÉMATIQUE D'APRÈS LES TEXTES DE LA DOCTRINE DES PRINCIPALES UPANISHADS. — 28e et 34e fascicules de la *Bibliothèque de l'École des Hautes-Études*. . . 19 fr.

LIBRAIRIE FISCHBACHER ET Ce, 33, RUE DE SEINE A PARIS

ORIGINE ET PHILOSOPHIE DU LANGAGE, ou Principes de linguistique indo-européenne (ouvrage couronné par l'Académie des Sciences morales et politiques). Deuxième édition. Un vol. in-12. . . . . 3 50

LIBRAIRIE HACHETTE ET Ce, 79, BOULEVARD SAINT-GERMAIN, PARIS

PRINCIPES GÉNÉRAUX DE LINGUISTIQUE INDO-EUROPÉENNE. In-12. . . . . 2 fr.

Lyon. — Imp. PITRAT AINÉ, A. Rey Successeur, 4, rue Gentil. — 3261

MINISTÈRE DE L'INSTRUCTION PUBLIQUE

ANNALES
DU
MUSÉE GUIMET
(BIBLIOTHÈQUE D'ÉTUDES)

TOME PREMIER

LE RIG-VÉDA
ET
LES ORIGINES DE LA MYTHOLOGIE INDO-EUROPÉENNE

PAR
PAUL REGNAUD
PROFESSEUR DE SANSCRIT ET DE GRAMMAIRE COMPARÉE
A LA FACULTÉ DES LETTRES DE LYON
LAURÉAT DE L'ACADÉMIE DES INSCRIPTIONS ET BELLES-LETTRES
ET DE CELLE DES SCIENCES MORALES ET POLITIQUES

PREMIÈRE PARTIE

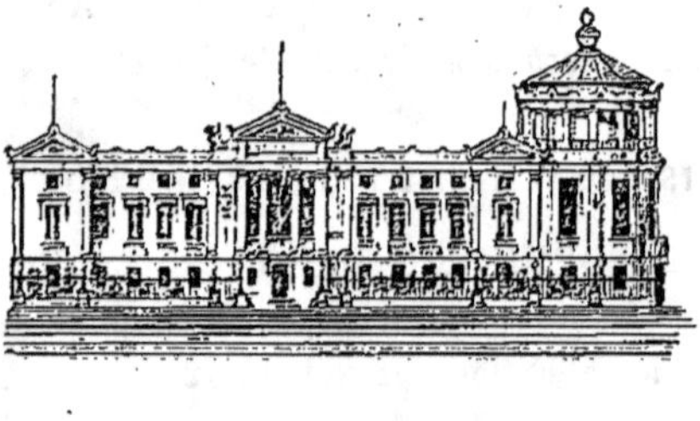

PARIS
ERNEST LEROUX, ÉDITEUR
28, RUE BONAPARTE, 28
1892

A MONSIEUR E. RENAN

DE L'ACADÉMIE FRANÇAISE

Comme philologue et psychologue, dans la large acception de ces mots, vous preniez le plus vif intérêt aux travaux de notre regretté Bergaigne. Permettez-moi de vous faire hommage d'un livre dans lequel, tout en suivant la voie ouverte par l'éminent indianiste, je m'efforce d'appliquer la philologie à l'étude de l'état psychologique de nos ancêtres indo-européens.

P. R.

PRÉFACE

En proposant aux indianistes un système d'interprétation du *Rig-Véda* très différent de ceux qui ont eu cours jusqu'ici, j'ai tout d'abord à cœur de montrer que ce système, loin de s'appuyer sur des hypothèses paradoxales, a, bien au contraire, son point de départ dans les idées que suggèrent naturellement l'expérience et la raison.

Je ne saurais, certes, m'empêcher de reconnaître que je m'écarte considérablement des théories admises[1] en cessant, par exemple, de considérer à la suite des brâhmanes le soma comme le suc clarifié d'une certaine plante formant le breuvage des dieux et des sacrificateurs, pour y voir, selon les indications des textes et du sens commun, une huile ou une liqueur spiritueuse dont l'usage consistait à alimenter les flammes d'Agni ou le feu du sacrifice.

[1] Un détail qui montre bien à quel point l'importance du soma comme aliment d'Agni a échappé jusqu'à présent aux interprètes du Véda, c'est que M. Hillebrant dans son ouvrage récent intitulé : *Soma und verwandte Götter*, consacre à peine deux lignes (p. 263) à constater que le soma était versé dans le feu du sacrifice comme libation aux dieux, et n'en tire aucune conséquence.

Mais combien pourtant cette nouvelle hypothèse paraîtra vraisemblable si l'on réfléchit que les libations du sacrifice, à moins d'être destinées à l'éteindre, ne pouvaient servir qu'à l'allumer et à l'entretenir, et que, étant donné l'absurdité de la première alternative, la seconde prend un caractère pour ainsi dire impératif? Combien aussi se justifient par là les nombreuses et profondes modifications en matière d'exégèse védique, qui seront la conséquence forcée de ce changement de perspective !

De même, au point de vue de l'interprétation générale des hymnes, on m'accordera sans peine, je l'espère, qu'il n'y a rien d'essentiellement extraordinaire ou illogique dans la position que j'ai prise entre MM. Max Müller, Kuhn, Roth et Bergaigne, d'une part, et MM. Oldenberg, Pischel-Geldner et Bloomfield, de l'autre. Alors que les premiers expliquent le Véda par une hypothèse mythologique qui lui est antérieure et extérieure, et que les seconds font appel pour le même but à des documents moins anciens que ceux dont il s'agit de trouver le mot, je considère les textes des hymnes comme originaux dans toute la force du terme et j'y puise directement les éléments d'interprétation que ceux-là demandent à leur imagination et ceux-ci à des documents équivoques, — les uns et les autres à des données étrangères au domaine réel et propre des idées védiques.

Les théories nouvelles excitent invinciblement la défiance, et je tenais à présenter ces circonstances atténuantes de l'aspect novateur des miennes.

Je passe maintenant à l'exposé rapide des principales observations qui m'ont guidé dans l'établissement de la méthode requise pour l'explication du *Rig-Véda*.

Le caractère exclusivement concret du vocabulaire védique est le sûr indice de l'état intellectuel de ceux qui s'en servaient ; s'ils étaient dépourvus de termes pour exprimer l'idéal, c'est que leur esprit ne connaissait que le réel et ne se préoccupait que du réel. Ni l'abstrait ni le mythe ne doivent intervenir dans l'analyse que nous faisons de leurs idées. La langue des hymnes, presque toute en adjectifs, ne vise que des objets sensibles, et c'est en ne l'oubliant jamais que nous avons le plus de chance de bien la comprendre.

Autant elle est descriptive et pittoresque, autant sont peu nombreux les objets qu'elle concerne, mais autant aussi elle use d'expressions différentes, d'images multipliées et de métaphores sans nombre pour en varier la peinture. Tout ou presque tout dans le *Rig Véda* se rapporte au sacrifice consistant dans l'élément liquide et l'élément igné qui lui donnent naissance. Ou, plutôt, les sacrificateurs-poètes ne voient que la libation, soit sous sa forme première, soit à l'état mixte où elle est à la fois coulante et allumée, soit dans la métamorphose qui la change en flamme ; autrement dit, ils célèbrent sans cesse Soma destiné à devenir Agni, Soma-Agni qui participe de celui-ci et de celui-là, ou Agni, autre nom de Soma transformé. Mais que d'appellations diverses, que d'épithètes, que de synonymes, que de périphrases, que de comparaisons, que de formules énigmatiques ou paradoxales pour multiplier à l'infini les désignations de l'objet unique et changeant de leur culte !

Se rendre compte des traits si particuliers de ce style créé sans modèle et resté sans imitateurs est la première condition requise pour s'orienter dans le labyrinthe de la phraséologie des hymnes. Indépendamment de cette observation générale, j'ai tiré parti, à un point de vue d'ordre plus grammatical, des règles suivantes qui s'imposent également, j'en ai acquis la conviction par l'expérience, à quiconque veut tirer le char de l'exégèse védique des ornières où il est embourbé depuis si longtemps : — Interpréter les cas des mots déclinables d'une manière uniforme et en strict rapport avec leur valeur la plus généralement admise ; ne considérer *a priori* comme adverbes ou prépositions que les très rares indéclinables de la langue des Védas ; se persuader que cette langue ne connaît pour ainsi dire pas de noms propres et que la plupart de ceux que l'on regarde comme tels ne doivent ce titre qu'aux préjugés évhéméristes des lexicographes et des traducteurs ; ne supposer le texte corrompu ou entaché d'une irrégularité quelconque qu'après avoir acquis la certitude absolue qu'il est inintelligible sans correction ; observer avec soin les coupes prosodiques comme éléments de ponctuation et sûrs indices de l'endroit où les phrases se terminent ; préciser les sens vagues et rectifier ceux qui sont inexacts à l'aide simultanée de l'étymologie, des exigences du contexte et de l'esprit général des conceptions védiques.

Dans une certaine mesure donc, mon livre est l'exposé d'un système d'interprétation du *Rig-Véda* fondé sur les remarques qui précèdent et, à cet égard, il peut être considéré comme la préface d'une traduction complète des hymnes. Le titre n'en implique pas moins un programme plus étendu et qui embrasse la grosse question des sources de la mythologie indo-européenne. C'est, qu'en effet, si les textes védiques marquent le point de départ de la spéculation brâhmanique sous ses différentes formes, si surtout les métaphores des hymnes sont, comme je compte le montrer, la matière même qui prise au propre plus tard est devenue la cause de la grande erreur, du πρῶτον ψεῦδος qui a, durant de longs siècles, interposé ses voiles fantastiques entre l'esprit humain et la perception du réel, la manière dont je les comprends entraîne la solution de l'énigme mythique.

J'ajoute que le mythe, de concert avec la religion, est devenu la source de tout le développement intellectuel et moral qui a suivi, sous les différentes formes de la poésie, de la philosophie, des œuvres d'imagination, etc.

Le Véda est l'œuf d'or de la cosmogonie de Manou ; toute la genèse brâhmanique en est issue. On peut dire en même temps que la science du Véda doit dissiper l'illusion mythologique : les promesses de la sagesse de l'Inde, qui voyait dans sa lumière la conquérante prédestinée de l'obscur domaine de la Mâyâ, étaient vraies dans un certain sens et j'ai pris à tâche de le montrer.

Mais, pour les choses que nous considérons, la Grèce, sans parler des autres nations de race indo-européenne, est inséparable de l'Inde. C'est dire qu'à mon avis, en Grèce comme dans l'Inde, l'apparition des mythes et leur alliance avec tous les modes primitifs de l'activité intellectuelle de la nation doit avoir eu pour base des chants religieux analogues aux hymnes du *Rig-Véda* et consacrés, ainsi que l'étaient ceux-ci, à la célébration de rites empruntés à la période d'unité [1].

[1] Les plus anciennes formes de la religion et de la mythologie en Égypte et en Babylonie, prêtent à croire que là aussi les métaphores relatives au sacrifice ont été le point de départ des développements ultérieurs. C'est une hypothèse que suggèrent particulièrement des travaux récents comme ceux du Rév. C.-J. Ball (*Glimpses of Babylonian religion*, dans les *Proceedings of the Society of biblical Archæology*, vol. XIV, 1892), et de M. Maspero, *sur l'Ennéade (Rev. de l'hist. des Rel.*, numéro de janvier-février 1892). Voir aussi et surtout Brugsch,

Envisagée ainsi dans ses rapports essentiels et naturels avec les sciences qui lui sont apparentées, l'exégèse védique prend une portée dont la valeur en matière d'archéologie indo-européenne (en employant le mot dans son sens le plus plus large) ne saurait être surfaite. Là est le principe et la source, je me plais à le répéter, de tout ce que nous pouvons savoir sur l'état intellectuel de notre race aux périodes les plus reculées de son histoire.

L'intérêt qui doit en résulter joint à l'étrangeté du style védique et à la nouveauté de la méthode dont j'use dans ces études me feront excuser, je l'espère, si je reviens indéfiniment sur les mêmes explications que nécessite d'ailleurs l'identité intime du sens des formules védiques les plus diverses. Quelque fastidieux que le procédé puisse paraître, il est tellement imposé par la nature du sujet et l'obligation où je suis de montrer à mes lecteurs que sous les mille formes dont elle est revêtue l'idée est toujours la même, que j'ai dû me résigner à des redites incessantes.

Et pourtant, malgré le soin que j'ai pris de subordonner l'élégance à l'intention constante de prouver la légitimité de ma méthode et la justesse de mes explications, il y aurait peut-être quelque illusion de ma part à compter sur l'approbation immédiate de ceux que j'ai le plus à cœur de convaincre.

Dans le domaine de la philologie, plus une spécialité est

Religion und Mythologie der alten Aegypter (1888). Le passage suivant tiré de cet ouvrage (p. 160) résumerait tout aussi bien, *mutatis mutandis*, les conceptions védiques que les principes de la mythologie de l'Égypte : *Das Emportauchen des Lichtes aus den Wassern, die Erzeugung des Feurigen aus dem Feuchten, die Geburt des Râ aus dem Nun bildet den Ausgangspunkt aller Anschauungen, Gedanken und Lehren der ägyptischen Priesterweisheit auf dem mythologischen Gebiete.*

étroite, plus les idées nouvelles sont exposées à y trouver toutes les places prises et toutes les portes closes. L'exemple de Bergaigne est fait surtout pour donner à réfléchir à quiconque pourrait croire qu'il suffit d'avoir raison en matière d'exégèse védique pour obtenir la prompte adhésion des plus compétents. Quand on voit le peu de compte réel qu'on a tenu, tout en le couvrant de fleurs, de ses découvertes les plus fécondes et les plus sûres[1], on se prend à désespérer d'obtenir plus que lui le bénéfice de cette religion scientifique qui consiste à sacrifier spontanément les idoles des formules baconniennes sur l'autel de la vérité.

Mais, après tout, qu'importe ? Dans la ferme espérance où je suis que mes idées n'auront qu'à profiter d'un examen sincère et approfondi, mon désir est plutôt encore de les voir discutées qu'adoptées à la légère. Or, la nature même des questions soulevées par mon livre s'oppose à ce que je puisse craindre de les voir étouffées en quelque sorte sous le silence des savants dont elles relèvent le plus directement. L'histoire et la philosophie sont trop intéressées à leur solution, pour que philosophes et historiens n'obligent pas les indianistes à dire ce qu'ils en pensent avec raisons à l'appui et conclusions motivées.

D'ailleurs, je ne suis pas seul à la besogne. Des collaborateurs jeunes et diligents sont prêts à me seconder et déjà se constitue la petite école à qui sera confiée la fortune des

[1] Un des savants étrangers qui lui ont rendu la meilleure justice, M. Oldenberg (dans les *Beiträge* de Bezzenberger, t. XVI, 1890), ne célèbre guère parmi ses travaux que ceux qu'il a consacrés au classement des hymnes. Tout admirables qu'elles sont, ces recherches restent d'une portée à peu près nulle au point de vue de l'interprétation du *Rig-Véda*. Il en est autrement de celles qui concernent les principes du style et de la lexicographie védiques et pourtant, à cet égard, personne ne le loue et surtout personne ne le suit!

théories que cet ouvrage inaugure. Leurs travaux ajoutés aux miens prouveront au moins que la patrie des Burnouf et des Bergaigne n'a pas cessé de produire des chercheurs, qui s'intéressent aux origines indo-européennes de la civilisation dont la nôtre est la fille légitime et l'héritière directe.

Le second volume de cet ouvrage traitera tout particulièrement du mythe d'Apâm Napât, — des énigmes védiques avec la traduction de l'hymne, RV. I, 164, — de l'évhémérisme appliqué à l'interprétation des hymnes védiques, — du mythe de Yama et des Pitris, — de la légende de Purûravas et d'Urvaçi dans les hymnes et la littérature postérieure, — du vrai sens des formules du *Rig-Véda* considérées comme philosophiques, — d'un résumé général des idées védiques, et d'une explication de la mythologie grecque d'après la méthode indiquée par les origines de la mythologie brâhmanique.

Ce même volume contiendra les *addenda* et *corrigenda* nécessités par les lapsus et les omissions qui m'auront échappé au cours de l'ouvrage[1], et les index destinés à en faciliter l'étude.

[1] L'interprétation des passages védiques traduits dans les cent premières pages donnera lieu tout particulièrement à quelques rectifications que je réserve pour l'erratum en question.

Lyon, 5 Avril 1892.

PAUL REGNAUD.

LE RIG-VÉDA

ET

LES ORIGINES DE LA MYTHOLOGIE

INDO-EUROPÉENNE

CHAPITRE PREMIER

LES EXÉGÈTES HINDOUS DU RIG-VÉDA

La première question qu'il s'agit de résoudre quand on se propose d'expliquer le Véda est de déterminer le degré de confiance que l'on doit accorder à ses commentateurs indigènes en particulier et, d'une manière générale, aux interprétations, partielles ou d'ensemble, analytiques ou synthétiques, auxquelles il a donné lieu de la part des brâhmanes. Il est évident, en effet, que la méthode dont on aura à se servir dépendra dans une large mesure des idées qu'on aura formées à cet égard. On voit par là la raison d'être du chapitre actuel et de la place qu'il occupe en tête de ce livre.

L'autorité qu'il convient ou non d'attribuer aux exégètes hindous du *Rig-Véda*, peut être examinée à deux points de vue différents : celui de la signification des mots considérés isolément, et celui de l'explication générale que requièrent les textes avec les rites, les doctrines religieuses, les légendes et les mythes dont ils font mention. A ce double égard, on peut déclarer sans embages que leur autorité est nulle, en ce sens qu'elle ne s'appuie pas sur une tradition qui remonte à une époque où les hymnes étaient encore compris dans le sens grammatical, liturgique et religieux qu'ils avaient pour leurs auteurs.

Sur ce point, tous les indianistes sont à peu près d'accord depuis la mort de Wilson et de Goldstucker. L'historique des débats auxquels ces questions ont donné lieu parmi les savants d'Occident n'est plus à faire. Dans un chapitre intitulé *La traduction du Véda*, qui fait partie du premier volume de ses *Études orientales et linguistiques* (1874), M. Whitney a résumé d'une manière très nette les arguments des partisans et des adversaires de l'autorité de la science des brâhmanes en matière d'explication védique[1]. En fait, les premiers, représentés par Wilson, l'auteur de la traduction princeps du *Rig-Véda*, et son disciple Goldstucker, ont été complètement vaincus par les seconds, parmi lesquels figuraient MM. Roth, J. Muir, Max Müller et M. Whitney lui-même. Rien ne saurait mieux montrer à quel point les idées de ceux-ci avaient triomphé rapidement que l'absolu dédain avec lequel Bergaigne, dont le premier volume de *La Religion védique* est de 1878, put en agir dans cet ouvrage à l'égard du commentaire de Sâyaṇa, sans que personne, je crois, ait cru devoir lui en faire un reproche.

Toutefois, une réaction contre cette manière de voir a été essayée récemment. Dans la préface de leurs *Études védiques* (1889), MM. Pischel et Geldner, après avoir déclaré (p. v.) « qu'aucun savant sérieux ne voudrait s'approprier aujourd'hui les explications artificielles de Sâyaṇa en matière de grammaire et d'étymologie », ajoutent « qu'il y a pourtant un trésor d'anciennes gloses enfouies dans son commentaire, dont M. Roth n'a pas tiré parti et qui sont souvent plus près de la vérité que les explications de celui-ci et de Grassmann. » Malheureusement, cette tentative de réhabilitation, quelque modérée qu'elle soit, ne

[1] Voir aussi Kægi : *Der Rig-Veda, die älteste Literatur der Inder* (1881), p. 140, note 29.

repose pas sur des raisons qui permettent d'y souscrire. C'est ce que je vais essayer de montrer en reprenant l'explication de la plupart des passages sur lesquels MM. Pischel et Geldner prétendent appuyer leur sentiment.

Au vers du RV. VIII, 21, 12,

jáyema kâré puruhûta
kâriṇo' bhi tiṣṭhema dûḍhyàḥ,

kâra signifierait *yuddha* « combat », comme l'indique Sayâṇa. — Aucune raison, au contraire, pour traduire autrement que par « chant », selon le sens habituel du mot[1] :

« O toi qui es souvent invoqué quand il y a chant, puissions-nous être vainqueurs des malveillants, nous qui chantons (l'hymne) ». — Le sens de combat est une pure conjecture suggérée à tort par le contexte.

Au vers VIII, 33, 8,

dânã mṛgó ná vàraṇáḥ
purutrã caràthaṃ dadhe,

Sâyaṇa aurait eu raison d'expliquer *dânâ* par *madajalâni*, « la liqueur appelée mada qui coule du front de l'éléphant en rut ».

[1] L'article *kârá* de M. Geldner (*Ved. Stud.*, 119-122 ; cf. Ludwig, *Ueber Methode bei Interpretation des Rigveda*, p. 24 seqq.) n'est qu'un tissu d'explications manquées. La critique détaillée de cette étude m'entraînerait trop loin. Je me bornerai à reprendre quelques passages qui me fourniront l'occasion de justifier le sens que je conserve aux mots *kârá* et *kârin*.

RV., V, 29, 8,

kârám ná viçve ahvanta devâ
bhàram indrâya yád áhiṃ jaghâna.

« Tous les dieux ont *crié un tribut*, comme si c'était un chant, à Indra après qu'il a eu tué le serpent. » — C'est-à-dire qu'ils lui ont apporté un tribut (le soma) en chantant.

VIII, 55, 1.

huvé bhàraṃ ná kâriṇam

« Je proclame un tribut qui chante en quelque sorte. » — C'est-à-dire, j'offre un tribut en chantant (l'hymne).

IX, 10, 2,

bhàrâsaḥ kâriṇâm iva.

« (Les Somas qui coulent en bruissant), comme des tributs de chanteurs. »

Mais il ne s'agit pas d'éléphant ; le *mṛgó vâraṇás* dont il est question ici est, comme le *vṛ́šâ vâraṇás* du vers I, 140, 2, une personnification animale d'Agni. Il faut traduire en conséquence : « Il (Indra) dirige sa marche vers plusieurs lieux (où l'on sacrifie), comme le *mṛgó vâraṇás* (dirige) ses dons en différentes places » ; c'est-à-dire, comme Agni répand la libation dans les différentes régions du ciel.

Vâraṇá est peut-être un dérivé de *vâr* « eau ». Le *vṛ́šâ* ou le *mṛgó vâraṇá* est le taureau-Agni nourri par les eaux du sacrifice. De la même façon s'explique l'épithète de *vâraṇá* que reçoit le *mádhu* au vers VI, 4, 5.

Au vers IV, 38, 3,

(vâjinam)... medhayúṃ ná çûraṃ rathatúram

d'après Sâyaṇa, qu'approuve M. Pischel, *medhayú* signifie *saṃgrâmecchu* et l'on doit traduire : « (Un cheval) pareil à un héros *désireux de combattre* qui s'avance sur un char (ou conquiert par lui). »

On n'a aucun motif sérieux pour ne pas voir dans *medhayú* un dérivé de *médha* « breuvage, libation », signifiant « désireux de libation », et cet adjectif s'applique très naturellement au cheval du sacrifice. La comparaison avec le héros porte sur l'épithète *rathatúra* « (le héros) monté sur un char » et, par conséquent, qui va vite, rapide. C'est encore d'après le contexte mal compris que Sâyaṇa, ou le commentateur auquel il a emprunté son explication, a forgé le sens qu'il propose.

Au vers X, 93, 13, à propos des mots *vṛ́theva višṭântâ*, comment MM. Pischel et Geldner peuvent-ils porter au crédit de Sâyaṇa une explication concernant un passage à propos duquel le premier de ces savants donne (p. 118), comme on dit familièrement, sa langue au chat ? D'ailleurs ne faudrait-il pas entendre que « les limites » (du ciel et de la terre) étant pénétrées par les dons que leur portent le sacrifice et ses agents, ces limites sont comme vaines, inutiles ? Et, dans ce cas, nous serions bien loin de la chaîne de puits *(ghaṭikâyantrâmâlâ)* dont nous parle Sâyaṇa.

Au vers x, 95, 3, *çriyé* est expliqué par Sâyaṇa au moyen de la glose *vijayârtham* « pour la victoire » ; et, au vers x, 95, 14, *sudevá* par *tvayâ saha sukrîḍaḥ patiḥ*. Dans les deux cas, l'explication est fausse, comme on le verra plus loin au chapitre où je donne la traduction raisonnée de cet hymne.

D'après M. Pischel (p. 296), la glose de Sâyaṇa sur le vers du RV. vi, 15, 10 *(viçvâ vayúnâni vidvā̃n)*, « *sarvân mârgân abhijânânaḥ* », déterminerait le vrai sens de *vayúna*, synonyme de *mârga*, qui signifierait par conséquent « route, voie, moyen, etc. » En réalité, ce mot est un dérivé de *váyas*, « boisson, liqueur, nourriture, réconfortant », avec un sens analogue et désignant comme tel la libation. Il serait facile de montrer que ce sens s'applique à tous les passages où le terme se rencontre. Qu'il me suffise de citer R V. vii, 75, 4,

éšā̃ syā̃ yujânā̃ parâkā̃t
páñca kšitī̃ḥ pári sadyó jigâti,
abhipáçyantî vayúnâ jánânâm
divó duhitā̃ bhúvanasya pátnî.

« La fille du ciel, l'épouse du monde (l'aurore) attelant (ses chevaux) arrive de loin, en un instant, vers les cinq races (?) quand elle aperçoit les libations des hommes. »

L'explication de *prásiti*, soit par « filet à prendre les oiseaux », soit par « corde », dont MM. Pischel et Geldner ont l'air de faire un mérite à Sâyaṇa, ne convient pour aucun des passages où ce mot se rencontre dans le *Rig-Véda*. Il semble bien qu'il désigne partout une arme de trait, flèche ou javelot, à laquelle la flamme d'Agni est assimilée.

Au vers vii, 33, 1,

uttišṭhan voce pári barhišo nṝn
ná me dûrā̃d ávitave vásišṭhâḥ

le sens d'« aller » proposé par Sâyaṇa pour *ávitave* est inexact.

Le passage ne saurait signifier autre chose que « les Vasiṣṭhas ne (sont) pas à être satisfaits loin de moi » (cf. la traduction de M. Ludwig).

Au vers VI, 2, 5,

vayâvantam sá puṣyati
kṣáyam agne çatâyuṣam,

vayâvantam signifie, en dépit de Sâyaṇa, et de M. Geldner qui se fait son garant, « fortifié, bien nourri », et la véritable traduction du passage est : « Celui-là, ô Agni, fortifie ta demeure approvisionnée de forces, pourvue de cent énergies ».

De même, au vers I, 165, 15, le pâda 3,

eṣā́ yâsiṣṭa tanvè vayā́m,

veut dire : « Tu es allé à la force pour ton corps au moyen de la libation » ; et non pas, comme le veut M. Geldner : « Qu'au moyen d'une nourriture fortifiante pour sa personne il obtienne de la postérité ».

Au vers VII, 33, 13, l'explication de Sâyaṇa, *jâtaú* = *dîkṣitau* n'est pas plus acceptable que celle de *bhujyú* = *mṛgî* (X, 95, 8).

On trouvera plus loin la traduction raisonnée des deux passages où ces mots figurent.

En ce qui concerne le mot védique *púrîṣa*, MM. Pischel et Geldner reprochent à M. Roth d'avoir négligé une explication de Sâyaṇa sur le sens fondamental de ce mot, plus juste que la sienne telle qu'il l'a présentée dans la *Zeitschrift* de Kuhn, t. XXVI, p. 62. La vérité est que, ni Sâyaṇa dans la glose visée *(púrîṣat* = *pûrakân maṇḍalât)*, ni M. Roth dans l'article en question où il attribue à *púrîṣa* le sens de « terre », n'ont eu raison. Dans le *Rig-Véda*, *púrîṣa* et les dérivés signifient exclusivement « eau » (comme Sâyaṇa du reste l'indique lui-même dans différents passages) ; à savoir l'eau du sacrifice, le soma ou la libation considérée comme nourrissante ou remplissante. C'est ce que je vais essayer de faire voir en suivant de point en point la discussion de M. Roth.

Les passages du *Rig-Véda*, I, 163, 1 et IV, 21, 3 où les mots *samudrât* et *púrîsàt*, s'opposent l'un à l'autre, ne sauraient, dit-il, recevoir leur véritable signification que si l'on met en regard du sens du premier *(l'humide)* celui de *terre* pour le second. Mais les exemples réunis par Grassmann à propos de la formule conjonctive *utá vâ* (voir au mot *utá* dans son *Lexique)* font voir que cette formule, loin d'être exclusive de l'un des deux mots qu'elle unit, établit, au contraire, une sorte de gradation copulative entre eux. L'expression *samudrât utá vâ púrišât* signifiera donc « qui vient du *samudrá* et même du *púrîša* », e non « ... du *samudrá* ou du *púrîša* ». Cela est confirmé d'ailleurs par le grand nombre de passages védiques où *samudrá* est accompagné et renforcé, pour ainsi dire, de synonymes comme *árṇas*, *áp*, *nadî*, *etc.*

A plus forte raison M. Roth est-il dans l'erreur, quand il explique par une antithèse analogue l'expression *púrîšâṇi* . . *ápyâni* du vers VI, 49, 6 qui, d'après lui, signifierait « les choses sèches et les choses humides », alors que le vrai sens est « les nourritures aqueuses », celles qui consistent dans les libations.

Au vers V, 45, 6,

dhiyam ... yáyâ vaṇig vaṅkúr âpâ púrîšam,

M. Roth traduit : « La prière par l'effet de laquelle le marchand atteint en chancelant la terre ferme. »

Et moi : « La prière par laquelle le marchand qui s'agite (Agní comparé à un trafiquant qui vit de son négoce) a obtenu la nourriture (la libation). »

Au vers X, 27, 23, le passage

dvâ bṛbûkaṃ vahataḥ púrîšam

est traduit par M. Roth : « Deux (dieux) conduisent la ruisselante (la pluie) sur le sol. »

Le passage est obscur, surtout à cause de l'incertitude où l'on est en ce qui concerne le sens de l'ἅπαξ λεγόμενον *bṛbûkā*. Il est probable toutefois que ce mot est synonyme de *bṛbú* (VI, 45, 31, et 33) et que l'un et l'autre s'appliquent à Agni (ou peut-être à Indra). En ce cas il faudrait traduire : « Il en est deux qui portent la libation à *Bṛbûka* (Agni). »

Au vers x, 27, 21,

ayáṃ yó vájraḥ purudhā́ vivṛtto
'váḥ sū́ryasya bṛhatáḥ púrîšât,

M. Roth entend, en attribuant cette fois le sens de « région » à *purîṣa* : « L'éclair qui étend ses lueurs au-dessous du domaine élevé du soleil. »

De mon côté, je traduis : « Lui qui est le *vájra*[1] développé diversement (en divers lieux, en divers moments) au-dessous du soleil, par l'effet de la grande nourriture (ou de la grande libation). » Il s'agit d'Agni sur l'autel (ou d'Indra). Pour l'expression *aváḥ sū́ryasya*, cf. *aváḥ... diváḥ*, v, 40, 6 ; VIII, 40, 8 ; IX, 74, 6.

x, 106, 5. — Passage fort obscur que M. Roth laisse inexpliqué. J'imite sa prudence.

Deux formes d'adjectifs apparaissent dans le *Rig-Véda* à titre de dérivés de *púrîṣa*.

1° *Purîšyá* qui ne se rencontre qu'une fois au vers III, 22, 4,

purîšyā́so agnáyaḥ prāvaṇébhiḥ sajóšasaḥ.

M. Roth y voit l'indication du feu qui se trouve dans le sol (Erdboden), auprès du feu des gouffres ou des précipices ; c'est de la fantaisie pure. Ce passage signifie : « Les feux (des sacrifices) alimentés par les libations et qui prennent leur part aux courants (de soma). »

[1] Le *vájra*, nous le verrons, est un emblème de la flamme d'Agni-Indra.

Quant au passage de la *Taittirîya-Samhitâ*, v, 5, 7, 5,

ye'gnayaḥ purîsyâḥ pravištâḥ pṛthivîm anu,

sur lequel M. Roth croit pouvoir appuyer avec certitude son interprétation, il signifie en réalité : « les feux (du sacrifiec) issus des libations qui ont pénétré dans la large (la liqueur du sacrifice) ». On verra plus loin les raisons que j'ai pour traduire ainsi le mot *pṛthivî*.

2° Le second adjectif védique dérivé de *púrîša* est *purîšin* qui est employé dans les différents passages qui suivent :

RV. x, 48, 4,

ahám etáṃ gavyáyam áçvyam paçúm
purîšíṇaṃ sâyakenâ hiraṇyáyam,
purû sahárâ ni çiçâmi dâçúše....

Indra dit : « (Je perce) de ma flèche, ce bétail consistant en vaches et en chevaux qui contient la libation et qui est de couleur brillante. J'en aiguise (des flèches) plusieurs mille pour le sacrifiant (probablement Agni). »

Le bétail en question n'est autre que le lait de vache et de jument qui sert aux libations et que le *vájra* d'Indra, symbole des flammes d'Agni, fait couler, c'est-à-dire pompe ou aspire. Le lait est figuré sous la forme du bétail qui le produit, pour donner de la consistance à la métaphore d'après laquelle Indra est représenté comme un archer.

M. Roth traduit d'une manière très arbitraire, et sans tenir compte du vrai sens de *ni çiçâmi* : « Je produis au moyen de mon trait pour mon adorateur des troupeaux de bœufs et de chevaux, couvrant la terre, dorés... ».

x, 65, 9 (cf. vi, 49, 6),

parjányâvâtâ vṛšabhâ purîšinâ·

« Les deux taureaux qui procurent (ou possèdent) les libations, Parjanya et Vâta. »

v, 55, 5,

úd îrayathâ marutaḥ samudrató
yûyám vṛṣṭím varṣayathâ purîṣiṇaḥ.

« Élevez-vous, ô Maruts, de la mer (des libations) ; vous qui avez les libations, faites (en) pleuvoir la pluie. » = C'est-à-dire arrosez-en l'autel.

M. Roth fait, contre toute vraisemblance et en dépit de l'absence d'accent, un régime direct du mot *purîṣiṇas* et traduit : « Faites couler la pluie sur les habitants de la terre sèche. »

v, 53, 9,

mâ vaḥ pári ṣṭhât saráyuḥ purîṣiṇî.

« (O Maruts), que la rivière formée par les libations ne vous arrête pas. »

M. Roth pense que la Sarayu est le nom d'une rivière réelle et il attribue à l'adjectif *purîṣiṇî* le sens de « terreux, limoneux. » L'hypothèse est des plus risquées.

Au vers I, 164, 12[1], M. Roth a vu avec raison que le mot *purîṣiṇam*, au premier hémistiche, désigne le même objet que *vicakṣaṇám*, au second ; mais il est dans une erreur complète en attribuant à celui-ci le sens de « (partie du ciel) transparente » et à celui-là la signification de « (partie du ciel) opaque », c'est-à-dire de « firmament ».

Ainsi, dans la grande majorité des passages invoqués par les auteurs des *Vedische Studien* en faveur des interprétations de Sâyaṇa, l'exemple se retourne contre la démonstration qu'ils ont voulu fournir et s'ajoute avec d'autant plus de force aux raisons qu'on avait déjà de refuser *a priori* toute autorité au scoliaste hindou.

[1] La traduction entière de cet hymne est donnée plus loin.

Mais l'absolue défiance que l'on est en droit d'observer à l'égard de Sâyaṇa doit s'étendre, et pour les mêmes raisons, à l'auteur du *Nirukta*. Peu importe qu'il soit beaucoup plus ancien; celui-ci, comme celui-là, et il est facile de le voir, n'entendait le Véda que d'après les idées de son temps et en jugeant des sens particuliers, selon le sens général de documents qu'il ne comprenait que d'une manière très imparfaite et évidemment indépendante de toute tradition remontant d'une manière directe à l'époque qu'on peut appeler védique.

Il est clair comme le jour, par exemple, que quand Yâska (*Nirukta*, v, 10) attribue au mot *dîdhiti* le sens de « doigt », au vers vii, 1, 1 du *Rig-Véda* :

> *agnim náro dîdhitibhir aráṇyor*
> *hástacyutî janayanta praçastám*,

c'est qu'il lui a *semblé* que, dès l'instant où il s'agissait de donner naissance à Agni, c'est-à-dire d'allumer le feu de l'autel au moyen des *aráṇis*[1], les hommes devaient le faire à l'aide des doigts. Telle est la cause, et la seule, de l'interprétation fournie par l'ancien scoliaste, et elle implique l'absence absolue d'une tradition digne d'obtenir notre crédit. Les commentateurs hindous les plus éloignés de nous au point de vue chronologique procédaient donc comme nous en matière d'exégèse : ils concluaient d'après des données purement logiques. Mais, comme ces données étaient en général moins étendues et moins précises que celles dont nous disposons leurs conclusions, loin de s'imposer à notre confiance, doivent être tenues d'abord pour suspectes. Tant mieux pour elles quand elles sortent victorieuses de l'examen préalable auquel nous avons à les soumettre dans tous les cas; seulement, on peut être certain d'avance que, le plus souvent, l'épreuve ne tournera pas à leur justification, et que c'est sur nous-mêmes qu'il faut compter avant tout dans la tâche difficile de fixer le vrai sens des hymnes.

[1] Je reviendrai plus loin sur le véritable sens de ce mot.

Une objection pourtant est à prévoir. Mieux que cela, elle est impliquée, sinon nettement exprimée, parmi les raisons que les auteurs des *Vedische Studien* ont fait valoir en faveur de leur méthode. S'ils concédaient, et ils le font dans une certaine mesure, que les scoliastes hindous sont sujets à caution, ils ne manqueraient pas d'insister en revanche sur la valeur indépendante de ce qu'on peut appeler la tradition lexicologique du sanscrit. La langue du *Mâhâbhârata*, laissent-ils entendre, est la fille de l'idiome védique, et aucune méthode ne saurait être plus légitime que celle qui consiste à tirer des inductions sur le sens des vocables de cet idiome de l'acception qu'ils revêtent dans les ouvrages de l'époque postérieure, et particulièrement dans les documents qui sont les plus voisins au point de vue chronologique des textes du *Rig-Véda*. Il y a là des éléments d'information dont les données n'ont rien de personnel ni de subjectif, et dont il convient de tenir compte avec une entière sécurité et tout à fait en première ligne.

La question ainsi posée ne semble comporter tout d'abord qu'une solution affirmative; ce n'est qu'en y réfléchissant bien qu'on s'aperçoit que l'assentiment est loin pourtant d'être obligatoire. Il est à remarquer, en premier lieu, que le sanscrit classique est essentiellement une langue d'école, ou, d'une manière plus précise encore, la langue des écoles brâhmaniques. Il s'ensuit qu'à partir de l'établissement, — certainement très ancien, — de ces écoles le sanscrit a pris le caractère d'un langage artificiel, tout de transmission savante, et exclusivement fondé, autant qu'il semble du moins, sur une tradition codifiée en quelque sorte et par là invariable et unique. Or, un idiome qui se perpétue dans de pareilles conditions est soumis à des rapports tout particuliers, entre l'époque où il était livré à son évolution naturelle, et celle qui part du moment où il s'est pétrifié, pour ainsi dire, aux mains des grammairiens. Le sanscrit des hymnes appartient certainement à la première de ces périodes et il n'est pas moins certain que toute, ou à peu près toute la littérature postérieure se range dans la seconde. Et par là nous retombons sur la question de savoir si la langue védique était encore complètement comprise par les brâhmanes, aux temps où ils ont formé leurs écoles et inauguré l'existence artificielle du sanscrit en développant la littérature dite classique. On comprend que, si la réponse devait être négative, la tradition lexicographique ne mériterait pas plus de confiance que la tradition exégétique, — l'une et l'autre n'étant en somme que les deux formes, différentes à première vue, mais identiques au fond, de conjectures individuelles d'abord, puis généralisées, par l'effet d'un enseignement dont l'uniformité (ou quelque chose d'approchant) nous est attestée par tant de témoignages.

Dans la manière de procéder qui dut prévaloir en pareille matière, les rapports étaient nécessairement trop étroits, entre la détermination des résultats de l'exégèse individuelle et l'établissement de la grammaire scientifique, dont l'étude faisait l'âme des écoles brâhmaniques, pour qu'il ne soit pas très vraisemblable *a priori* que la lexicologie du sanscrit classique, en ce qui concerne le sens des mots —, ce qu'on appelle aujourd'hui la sémantique —, ne comportât pas des erreurs analogues à celles auxquelles l'interprétation védique devait donner naissance.

La solution de continuité, qui sépare les idées de l'âge des hymnes de celles du moment où l'on sentit la nécessité de les expliquer parce qu'on avait cessé de les comprendre, a exercé ses effets sur la signification des vocables considérés isolément et oralement. Elle les a exercés aussi sur la fixation de leur valeur au sein des anciens textes ; et l'intime solidarité de l'exégèse de ces textes et de la science destinée à prolonger artificiellement l'existence de la langue dans laquelle ils avaient été écrits devait produire de part et d'autre les mêmes déviations ; d'ailleurs, cette conjecture que la logique autorise devient une certitude en présence des faits. Ils nous prouvent effectivement que, dans un très grand nombre de cas, le sens des mots du sanscrit classique repose sur une tradition erronée, dont le point de départ a été une fausse interprétation de leur emploi significatif dans les hymnes du *Rig-Véda*.

Un chapitre spécial sera consacré plus loin à l'étude et à la rectification de la signification d'une certaine quantité de mots importants, qui ont subi des altérations du genre de celles dont il vient d'être parlé. Pour l'instant, je me bornerai à montrer, par un exemple qui me semble particulièrement topique et probant, la réalité d'erreurs qu'il importe avant tout de découvrir et d'éliminer pour pouvoir interpréter exactement les textes védiques.

L'examen du sens védique du mot *âji* nous fournira cet exemple.

L'auteur du *Nirukta*, II, 17, range le mot *âji* parmi les 46 termes védiques qui servent à désigner le combat *(saṃgrâma)*.

Plus loin (IX, 23), à propos du vers X, 102, 5 du RV., Yâska explique *âji* étymologiquement par *âjayana*, « le fait d'acquérir » (racine *ji* + préfixe *â)* ou *âjavana*, « le fait de se précipiter vers » (racine *ju* + préfixe *â)*. Les lexiques indigènes dont les matériaux ont été puisés dans la littérature de l'époque classique, l'*Amarakoša* entre autres (II, 8, 2, 74 ; III, 4, 34, 95), attribuent à *âji* la même signification de « combat ». Leurs auteurs y étaient parfaitement autorisés, du reste, ne serait-ce que par les passages du *Mâhabhârata* et du *Râmâyaṇa* qui justifient l'indication de ce sens.

En Europe, ces données ont été reprises et confirmées par les lexicographes avec des références nombreuses à l'appui. C'est ainsi que pour MM. Böhtlingk et Roth *(Dict. de Saint-Pétersb.)* *âji* signifie « lutte à la course » *(Wettlauf)*, « lutte, combat », en général, et « carrière », d'après deux passages du *Rig-Véda* (IV, 24, 8) et de l'*Atharva-Véda* (XIII, 2, 4); d'où, sans doute, l'acception de « terrain plain, plaine » indiquée par quelques lexiques sanscrits. Grassmann, dans son *Wörterbuch zum Rig-Véda*, reproduit ces différentes significations auxquelles il ajoute celle de « prix d'un combat », soit qu'il s'agisse d'une lutte ou d'une course.

D'après l'ensemble des passages où le mot *âji* est employé dans le RV., l'erreur est évidente en ce qui concerne les hymnes. Dans la littérature postérieure, elle s'est continuée par suite d'une fausse interprétation du sens que le mot avait dans les textes védiques. Nous allons voir, par le relevé complet de cestextes, que la seule signification qui convienne partout à *âji* est celle « d'aliment, nourriture, nourriture liquide, réconfortant, libation nourrissante, etc. » ; en résumé, ce mot est le synonyme de *iś*, de *pṛkś*, de *vâja*, *etc*. Il est très certainement apparenté, à titre de primitif, à *âjya*, « beurre destiné à l'oblation » et peut être en rapport étymologique avec *ajá* « chèvre » ; cf. zend *azi*. Dans cette dernière hypothèse, l'*âji* aurait été, à l'origine du moins, du lait de chèvre.

Ce qui est arrivé à *âji*, dont le sens, déduit inexactement des contextes par les anciens grammairiens védiques, a été rangé par eux dans des *gaṇas* qui ont fait autorité dans les écoles brâhmaniques et servi de règle à l'usage postérieur du mot, a décidé du sort d'une grande quantité de vocables dont l'usage remonte à l'époque des hymnes. On trouvera plus loin, je le répète, tout un chapitre consacré à des rectifications du genre de celle qu'il convient de faire pour *âji*.

Voici, suivis de la traduction, les passages du RV. où ce mot est employé :

IV, 41, 8,

tâ vâṃ dhiyò'vase vâjayántîr
âjiṃ ná jagmur...

« Ces hymnes apportant la nourriture pour (votre) contentement sont allés à vous deux (ô Indra et Varuṇa) comme vers une boisson (agréable). »

IV, 42, 5,

kṛṇómy âjim maghávâhám índraḥ.

« Moi, le généreux Indra, je procure la libation. »

IV, 58, 10,

abhy árśata suśṭutím gávyam âjim.

« Accourez vers celle qui chante bien (la libation), (pareille à) du lait, à une boisson. »

Et non pas comme Grassmann : « Accourez à l'hymne, à la lutte des vaches, à la course » ; ce qui n'a guère de sens.

vi, 24, 6,

tám tvâbhih suṣṭutibhir vâjáyanta
âjím ná jagmur... áçvâh.

« Ils sont venus à toi (ô Indra) pour te procurer de la nourriture avec celles qui chantent bien, comme des chevaux vers la boisson. » — Cf., ci-dessus, iv, 41,8 et iv, 58, 10.

viii, 45, 7,

yád âjím yâty âjikṛ́d índrah... úpa.

« Quand Indra, qui procure la boisson, se dirige vers la boisson. » — Cf. iv, 42, 5.

i, 179, 3,

jáyâvéd átra çatánîtham âjím.

« Conquérons ici à nous deux la boisson qui se répand en cent directions. »

iv, 20, 3,

tváyâ vayám aryá âjím jayema.

« Puissions-nous, grâce à toi (ô Indra), conquérir la libation du rapide (soma?) » — C'est-à-dre, faire que tu la conquières, et non pas « gagner la bataille », pur gallicisme. La racine *ji* « acquérir, gagner » ne saurait avoir pour régime direct qu'un mot exprimant la chose acquise. M. Ludwig rend la formule *âjím jayema* par *wollen..... wir..... in der Schlacht besiegen*, sens impossible si l'on tient compte de la remarque qui vient d'être faite.

v, 41, 4,

âjiṃ ná jagmur âçvâçvatamâḥ.

« Ils (les dieux) sont arrivés comme les plus rapides des chevaux (arrivent) à la boisson. » — Cf. ci-dessus iv, 41, 8, et vi, 24, 6.

Vâlakh. 5, 8,

âjiṃ yâmi sádotíbhiḥ.

« (O Indra) je vais toujours à la boisson (fortifiante) au moyen des faveurs (que je te procure) ». — C'est-à-dire, j'obtiens de toi l'*âji* quand je t'ai offert les *ûtis*.

iv, 24, 8,

dîrghám yád âjím ábhy ákhyad aryáḥ.

« Quand il (Indra) a vu la boisson qui s'étend au loin du rapide (soma?). »

ix, 32, 5,

ágann âjiṃ yáthâ hitám.

« Elles sont venues (les libations-vaches) comme vers une boisson qui (leur) aurait été offerte. »

x, 102, 12,

vṛ̇šâ yád âjiṃ vṛ̇šaṇâ siśâsasi.

« Quand, pareil à un taureau, (ô Indra), tu cherches à acquérir la boisson à l'aide du taureau (soma). »

vii, 98, 4,

táṃ tvayâjiṃ sauçravasáṃ jayema.

« Puissions-nous par toi (Indra) conquérir cette boisson aux sons harmonieux. » — Cf. ci-dessus, pour *jayema*, iv, 20,3 et pour *sauçravasám*, l'emploi de *suṣṭutim* aux vers iv, 58, 10 et vi, 24, 6.

VI, 75, 2,

dhánvanâ gấ dhánvanâjím jayema.

« Puissions-nous avec l'arc conquérir les vaches, avec l'arc (conquérir) la boisson (le lait). »

X, 102, 5,

ámehayan vṛṣabhám mádhya âjéḥ.

« Ils ont fait uriner le taureau (soma) au milieu de la boisson (de la libation). » — C'est-à-dire, ils ont versé le soma. Celui-ci, en tant que personnifié, est distingué de la liqueur qu'il représente.

IV, 41, 11,

tásya vâm syâma sanitấra âjéḥ.

« Puissions-nous être les dispensateurs de cette boisson qui vous est destinée (ô Mitra et Varuṇa). »

IX, 66, 8,

tvâ..... vipram âjấ vivásvataḥ.

« Toi (ô Soma) qui es le sacrificateur dans la boisson de Vivasvant. » — C'est-à-dire, quand il y a boisson pour lui, quand on lui en offre.

I, 63, 6,

tvấm ha tyád indrấrṇasâtau
svármîḷhe nára âjấ havante.

« Les hommes t'appellent, ô Indra, à l'acquisition du liquide, à la boisson qui coule pour le jour. [1] »

I, 102, 3,

âjấ... indra..... chármá yacha naḥ.

[1] Le sens de *mîḷhá* sera étudié plus loin.

« Etant (offerte) la boisson,... ô Indra, donne-nous ta protection. »

I, 102, 10,

... ná dhánâ rurodhithã-
rbheṡv âjã maghavan mahátsu ca.

« Tu n'as pas retenu tes dons, ô généreux, quand notre liqueur est là, que (ses eaux) soient abondantes ou non. » — Cf. ci-dessous, I, 81, 1.

I, 116, 2,

tád rãsabho nâsatyâ sahásram
âjã yamásya pradháne jigâya.

« L'âne, ô Açvins, a gagné mille (dons), la boisson du jumeau étant offerte » ; — mot à mot : « étant là la boisson offre du jumeau (Soma, à son jumeau Agni)[1]. »

I, 116, 15.

caritram hi vér ivãchedi parṇám
âjã khelásya páritakmyâyâm.

« La marche du boiteux a été coupée comme l'aile d'un oiseau, dans l'absence périodique de la boisson du sacrifice. »

Dans les intervalles du sacrifice, Agni est comme un boiteux dont la marche est suspendue, ou comme un oiseau à qui l'aile a été coupée.

VII, 83, 2,

yásminn âjã bhávati kiṃ caná priyám.

« Dans la boisson où il y a quelque agrément. »

III, 53, 24,

jyãvâjam pári ṇayanty âjaú.

[1] Voir plus loin les études sur *yamá* et sur le sens de *pradhána.*

« Ils conduisent à la libation celui dont la nourriture est la corde de l'arc (Indra). » — La libation offerte à Agni-Indra est comme une corde qui lui donne le moyen de lancer la flèche de sa flamme.

IX, 91, 1,

ásarji vákvâ ráthye yáthâjaú.

« Il a été lancé le coulant (ou le bruyant Soma) comme dans une liqueur qui lui sert de char. » — Distinction, comme au vers X, 102, 5 et aux passages qui suivent, entre le soma personnifié et la liqueur de ce nom.

Cf. IX, 36, 1,

ásarji ráthyo yathâ pavitre..... sutáḥ.

« Le (Soma) une fois pressé a été lancé dans (la liqueur) qui allume (le feu du sacrifice et dans laquelle il est porté) comme sur un char. »

Et, IX, 86, 40,

râjâ pavitraratho vâjam âruhat.

« Le roi (Soma) qui a pour char (la liqueur) qui allume (le feu du sacrifice) est monté sur la nourriture (d'Agni) [1]. »

IX, 97, 13.

indrasyeva vagnúr â çṛṇva âjaú
pracetáyann aršati vâcam émâm.

« Une voix pareille à celle d'Indra est entendue dans la libation ; en la percevant, il (le soma) se dirige vers cette voix. » — Allusion aux crépitements d'Agni-Indra au sein de la libation.

[1] Les mots *pavitrá* et *vája* désignent ici une seule et même chose, à savoir le soma-liqueur, qui allume et nourrit Agni, sur lequel est monté comme dans un char le Soma-dieu.

IX, 97, 20.

átyâso ná sásṛjânâsa âjaú

« (Les somas coulent) comme des chevaux qui s'élancent dans la boisson. »

X, 61, 1.

çáçyâm antar âjaú.

« Au sein de la boisson qui est la force ; » — c'est-à-dire, qui la donne.

X, 61, 8.

vṝšâ ná phénam asyad âjaú

« Comme un taureau, il a lancé de l'écume dans son breuvage. »

X, 68, 2,

vâjáyâçûnr ivâjaú.

« Nourris (-nous), comme des (chevaux) rapides dans la boisson. » — C'est-à-dire, quand on leur donne à boire.

I, 51, 3.

âjâv ádriṃ vâvasânásya nartáyan

« (Indra) faisant danser dans la boisson (du sacrifice) le flot[1] de celui qui s'y enveloppe (le soma personnifié). »

I, 52, 15.

ârçann átra marútaḥ sásminn âjaú.

« Les Maruts ont chanté dans cette boisson. » — Celle du sacrifice.

[1] Sur le sens du mot *ádri*, voir plus loin.

I, 176, 5.

âjâv indrasyendo prâvo vâjeṣu vâjinam.

« O Soma, tu as été favorable dans le breuvage d'Indra ; (tu as favorisé) le fort dans les boissons (qui lui donnent la force). » — C'est-à-dire, en lui procurant l'*âji*, en lui procurant les *vâjas*.

IV, 16, 19.

maghávadbhir maghavan viçva âjaú.

« O généreux Indra, en toute boisson (qui t'est offerte) par les généreux... »

VI, 19, 3.

yûthéva paçváḥ paçupâ dámûnâ
asmâñ indrâbhy â vavṛtsvâjaú.

« De même que le pasteur domestique (dirige) ses troupeaux (vers l'abreuvoir), dirige-toi vers nous; ô Indra, quand est là la boisson (nourricière)[1]. »

Ce passage est particulièrement concluant; le pasteur ne saurait conduire ses troupeaux au combat.

VI, 20, 13.

táva ha tyád indra viçvam âjaú

« Tout cela (les actes qui vont être énumérés) est à toi, ô Indra, (tu les accomplis) quand la boisson (du sacrifice) est là. »

VIII, 85, 14.

iṣyâmi vo vṛṣaṇo yúdhyatâjaú.

« O taureaux (Maruts), je vous envoie; battez-vous dans la boisson (du sacrifice). »

[1] Je considère *paçváḥ* comme un génitif régi par *paçupâḥ*.

x, 75, 9,

sukhám ráthaṃ yuyuje sindhur açvinaṃ
téna vâjaṃ saniṣad asminn âjaú.

« La rivière (du soma) a attelé d'un cheval son char qui roule bien ; avec lui elle a conquis de la nourriture (qui se trouvait) dans cette boisson (du sacrifice). » — Cf. ci-dessus, IX, 91, 1. Le Soma personnifié et distingué de son essence liquide, obtient par elle comme un char attelé d'un cheval sur lequel il charge les principes nourriciers de l'*âji*. On peut entendre aussi que le cheval est Agni avec ses flammes pour char ; le Soma s'en sert pour conduire (aux dieux) la nourriture contenue dans l'*âji*.

I, 112, 10,

yâbhir viçpálâṃ dhanasâm atharvyáṃ
sahásramîlha âjâv ájinvatam.

« (Les libations) au moyen desquelles ils ont vivifié dans la boisson aux mille courants la gardienne du logis (de l'autel), la brillante qui s'empare des dons (qui lui sont faits). » — La flamme d'Agni.

I, 81, 3,

yád udîrata âjáyo
dhṛṣṇáve dhîyate dhánâ.

« Quand les boissons (du sacrifice) s'élèvent (dans les flammes d'Agni), les dons en sont offerts au courageux (Indra). »

VII, 32, 17,

tváṃ viçvasya dhanadâ asi
çrutó yá îm bhávanty âjáyaḥ.

« Tu es (ô Indra) célébré comme le donneur de tous (les dons) qui consistent dans les boissons du sacrifice (ou largesses analogues). »

VI, 35, 2,

jáyâjîn

« (O Indra) conquiers les boissons. »

II, 34, 3,

ukšánte áçvân átyân iváĵišu.

« (Les Maruts) arrosent leurs coursiers comme des chevaux dans les eaux (ou les réconfortent dans les boissons du sacrifice). »

V, 35, 7,

asmâkam indra... puroyâvânam âjišu
... avâ rátham.

« O Indra, favorise notre char qui, dans les boissons du sacrifice, marche au-devant d'elles. » — Cf. ci-dessus, VIII, 73, 8.

X, 156, 1,

agním hinvantu no dhíyaḥ
sáptim âçúm iváĵišu.

« Que nos prières excitent Agni (à venir) comme sept (chevaux) rapides dans les boissons (que nous lui offrons). »

I, 81, 1,

tám in mahátsv âjišûtém árbhe

« Nous l'appelons (Indra) quand il y a beaucoup et même (quand il y a) peu de boisson (à sa disposition). » — Cf. plus haut, I, 102, 10.

I, 130, 8,

índraḥ samátsu yájamânam âryam prâvad
víçvešu çatámûtir âjišu svàrmîlhešv âjišu.

« Indra a favorisé le sacrifiant fidèle quand le mada[1] lui est

[1] Sur le sens de *samád*, voir plus loin.

offert ; lui qui est l'objet de cent faveurs toutes les fois que les boissons lui sont offertes, les boissons qui coulent pour le jour. »

IV, 17, 9,

yá âjišu maghávâ çṛṇvá ékaḥ.

« Lui (Indra) le généreux, qui seul est entendu (crépitant) dans les boissons (du sacrifice). » — Cf. ci-dessus, IX, 97, 13.

VII, 83, 6,

yuvā́ṃ havanta ubháyâsa âjišv
indraṃ ca vásvo váruṇaṃ ca sâtáye.

« Que l'un et l'autre de vous deux (ô Indra et Varuṇa) appellent Indra et Varuṇa (c'est-à-dire, l'un et l'autre de vous) aux boissons qui vous sont offertes, pour l'acquisition du bien (c'est-à-dire de la libation). »

VIII, 73, 8,

tám marjayanta sukrátum
puroyā́vânam âjišu.

« Ils (les sacrificateurs) le lavent (Agni), lui qui a de belles œuvres (et) qui, dans les boissons (du sacrifice), marche en avant d'elles. » — Cf. ci-dessus, V, 35, 7.

Vâlakh. V, 6 : *âjitúram*, (sous-entendu *indram* ou peut-être *agnim*). « Celui qui acquiert (ou conquiert) la boisson (du sacrifice). »

Vâlakh. VI, 6,

ā́jipate... tvám (indra).

« O Indra, le maître des boissons. » — Cf. les épithètes d'Indra, *madápati, sómapati.*

Les erreurs si fréquentes et si considérables qui, dans la littérature brâhmanique, portent, pour les raisons que nous venons de voir, sur le sens des mots isolés, se sont étendues, à plus forte raison peut-être, à celui des phrases entières. Le contexte, mal compris, a faussé l'interprétation de telle expression considérée d'une manière indépendante et, par une sorte d'effet réflexe, la fausse interprétation des expressions indépendantes a rejailli sur l'ensemble de la phrase et confirmé, en quelque sorte, l'idée erronée qu'on y avait attachée d'abord. Bref, un cercle vicieux s'est établi et, par lui, le sens particulier des mots et le sens général des phrases ont mutuellement contribué à se pervertir. Tout ce livre étant destiné à fournir la preuve de l'erreur pour ainsi dire perpétuelle que les brâhmanes ont commise, et les savants d'Europe à leur suite, dans l'explication du *Rig-Véda*, j'insisterai peu en ce moment sur les points particuliers qui sont de nature à montrer à quelle inintelligence du vrai sens des hymnes on en était arrivé dans l'Inde dès la période qui a suivi immédiatement les temps védiques. Le fait que dans l'*Atharva-Véda*, XVIII, 3, 13, le premier hémistiche du vers X, 14, 1 du *Rig-Véda*,

pareyivãnsam pravâto mahîr ánu
bahúbhyaḥ pánthâm anupaspaçânám,

soit devenu

yó mamãra prathamó mártyânâm
yáḥ preyãya prathamó lokám etám

en dit bien long à cet égard. Comme nous le verrons, l'hymne en question du *Rig-Véda* ne s'applique nullement à Yama considéré comme dieu ou roi des morts. Mais à l'époque, très postérieure sans doute, où la variante de l'*Atharva-Véda* fut substituée à l'ancienne leçon, le sens des premières *Saṃhitâs* s'était tellement obscurci, les croyances et le rituel avaient subi de si grands changements, qu'on put prendre ce qui s'était dit aux temps vraiment védiques d'Agni, désigné en certaines circonstances sous le nom de Yama, comme s'appliquant à un prétendu dieu des morts dont la conception n'était que le résultat de changements dogmatiques et liturgiques provoqués par l'oubli de la signification véritable des vieux textes. Ce qui s'est produit à propos du mythe de Yama s'est répété pour beaucoup d'autres, soit dans l'*Atharva* même, soit surtout dans les *Brâhmaṇas*, qui peuvent être considérés en grande partie comme le développement à contresens des formules védiques.

Il convient toutefois de prévenir une objection contre cette manière de voir qui ressort naturellement de certaines théories émises en ces dernières années par des indianistes européens. J'ai particulièrement en vue par là les idées développées par M. Oldenberg dans le *Journal de la Société asiatique allemande* (t. 37, p. 54, seqq. et t. 39, p. 52, seqq.) sur les *âkhyânas* et leurs rapports avec la composition de certains hymnes du *Rig-Véda*. Ce savant, s'autorisant de l'analogie de différents récits *(âkhyâna)* qui se rattachent aux légendes védiques, dans lesquelles des parties dialoguées en vers sont reliées entre elles par des parties narratives en prose, cherche à prouver qu'il devait en être de même pour quelques hymnes du *Rig-Véda*, — ceux, par exemple, dans lesquels Pûruravas échange des paroles avec Urvaçî (x, 95) ou Yama avec Yamî (x, 10). Ces hymnes, souvent fort obscurs, seraient incomplets ; il y manquerait les soudures en prose des âkhyânas. Parfois, d'ailleurs, il est possible d'en retrouver tout ou partie dans les *Brâhmaṇas ;* c'est ainsi que dans le *Çatapatha-Brâhmaṇa*, un certain nombre de vers du dialogue de Pûraravas et d'Urvaçî, empruntés à l'hymne x, 95 du *Rig-Véda*, sont suivis d'un récit dans lequel la forme du vers a été abandonnée. La même conjecture serait applicable à un bon nombre d'autres hymnes qu'indique M. Oldenberg.

On voit tout de suite les conséquences de cette hypothèse : les *Brâhmaṇas* peuvent contenir d'anciennes parties intégrantes des hymnes, ou tout au moins des fragments de légendes dont quelques hymnes n'ont conservé dans leur aspect actuel que les passages dialogués. Donc, les légendes des *Brâhmaṇas* qui se trouvent dans ce cas sont des compléments des hymnes, nécessaires à leur bonne compréhension ; et, de toute façon, elles sont aussi anciennes sous cette forme que les vers mêmes de tels ou tels hymnes. Loin d'impliquer l'inintelligence du vrai sens des hymnes de la part des auteurs des *Brâhmaṇas*, les légendes, pour peu qu'il soit permis de conclure en telle matière du particulier au général, en seraient souvent l'expression à la fois la plus développée et la plus claire, ou le commentaire le plus sûr. En dernière analyse, la théorie de M. Oldenberg consiste à affirmer que les *Brâhmaṇas* en particulier, et généralement la littérature post-védique, peuvent contenir des fragments contemporains du *Rig-Véda* ou même antérieurs à ce livre ; d'où l'indice qu'il n'y aurait pas eu rupture complète de la tradition entre le *Rig-Véda* et les écrits considérés comme postérieurs. Des lacunes dans les hymnes expliqueraient ainsi assez souvent les difficultés d'interprétation que ces documents présentent, et la différence des détails et des points de vue qu'accusent vis-à-vis d'eux les morceaux correspondants des *Brâhmaṇas*.

On peut remarquer tout d'abord à propos de cette théorie que, si elle rend compte dans une certaine mesure, et par d'autres raisons que l'oubli du sens primitif des hymnes, du désaccord, surtout en ce qui concerne les récits légendaires, qu'on peut constater entre les *Brâhmaṇas* et les *Saṃhitâs*, elle ne suffit pas pour expliquer les déviations de sens qui portent sur les mots isolés dans le passage des hymnes aux *Brâhmaṇas*, comme pour *âji* et tant d'autres. De plus, cette même théorie suppose tranchée par l'affirmative la question de savoir si, oui ou non, les *légendes* des *Brâhmaṇas* seraient autre chose en général que des *formules* des hymnes développées précisément sur les fausses données d'une interprétation remplie de contresens. S'il en était ainsi, toute la manière de voir de M. Oldenberg serait sapée par la base et les hymnes invoqués par lui à l'appui de ses idées, loin de prouver la communauté de la tradition qui sert d'appui au texte des hymnes et à celui des *Brâhmaṇas*, se trouveraient être au contraire les témoins les plus probants de la rupture qu'elle a subie dans le passage de l'un à l'autre. C'est l'alternative que je soutiendrai plus loin à propos, de la légende de

Pûruravas et d'Urvaçî. Si je parviens à établir, d'une manière sûre, comme je le crois, le caractère purement allégorique, dans l'hymne x, 95, des figures du héros et de l'héroïne, en même temps que le développement postérieur et fondé sur des faux sens des détails accessoires dans la légende du *Çatapâtha-Brâhmaṇa*, j'aurai répondu par là aux objections qui reposeraient sur la théorie de M. Oldenberg, en montrant le mal fondé de cette théorie même.

Je suis donc convaincu, et j'espère faire partager ma conviction à mes lecteurs, que le texte des hymnes du *Rig-Véda* était devenu pour les auteurs des *Brâhmaṇas* presque aussi obscur que celui du chant des *Arvales* pouvait le sembler à Ennius et à ses contemporains. On le comprenait encore assez pour en tirer un sens conforme aux exigences de la grammaire, mais déjà trop peu pour qu'il fût celui-là même qu'y avaient attaché les hymnographes. Tout d'ailleurs concourait, en dépit du souvenir des mots, à favoriser l'oubli des idées correspondantes: les rishis avaient employé un style rempli de figures et rendu par eux énigmatique à dessein ; en se développant, les mœurs avaient changé; les rites avaient changé; les dogmes avaient changé ; la langue elle-même et surtout avait changé. A ce dernier égard, les erreurs du genre de celle qui s'est produite sur le sens d'*âji* prouvent, qu'au moins en ce qui concerne la signification des vocables, le sanscrit fut positivement *restitué* dans les écoles brâhmaniques[1]. Ce qui ne le fut pas, ce qui n'avait pas besoin de l'être, c'étaient les textes eux-mêmes. Évidemment transmis par la mémoire seule, ils fournissent la preuve, par la nature même de ce moyen de transmission, que, pour eux, la tradition ne s'était pas rompue.

[1] Le moment de cette restitution est, sans doute, celui où le besoin s'en fit sentir, c'est-à-dire l'époque où les inconvénients de la différence qui existait entre la langue actuelle et celle d'autrefois furent sentis de tous. L'origine de la grammaire védique n'a pas d'autres causes; elle a pris naissance quand il a fallu répertorier et conserver artificiellement les formes tombées en désuétude. Les travaux grammaticaux des brâhmanes sont, à cet égard, le meilleur témoignage de la perte du sanscrit comme langue populaire et de son traitement comme langue savante dans leurs écoles.

Dans le naufrage de la plus grande partie de l'esprit des vieux textes, la *lettre* avait été ainsi sauvée intégralement, et avec elle toute la partie *phonétique* de la grammaire, ainsi que la valeur des mots formant, entre primitifs et dérivés, des familles bien évidentes et que la transparence de l' étymologie put préserver ainsi de toute altération significative.

Nous voyons par là les raisons que nous avons de croire à la sincérité littérale des documents védiques, malgré les altérations si certaines et si profondes qu'en a subies le sens considéré soit dans les mots pris individuellement, soit dans les phrases détachées des hymnes, soit dans les hymnes envisagés comme des compositions dont toutes les phrases sont plus ou moins solidaires entre elles, soit enfin dans l'ensemble des données liturgiques et dogmatiques qu'implique toute la *Saṃhitâ*. Le texte est resté ce qu'il était dans la bouche de ceux qui l'ont composé et transmis oralement aux sacrificateurs destinés à les suppléer ou à leur succéder.

Aussi n'avons-nous pas à le corriger, d'abord parce qu'en général il n'est pas altéré; mais, de plus, parce que s'il l'était, nous ne saurions y toucher qu'en usant, à ce qu'il semble, de procédés si arbitraires que toute garantie de rectitude en serait absente. A mon avis, Bergaigne est allé bien loin en reconnaissant en ce qui concerne le *Rig-Véda* « les droits de la critique conjecturale »[1], et M. Roth a fait à ses dépens l'expérience du danger qu'il y a d'user de ces prétendus droits à propos de l'hymne IV, 27. Plus on étudie le vieux recueil, plus on se pénètre de l'idée que le texte en est aussi généralement respectable et sûr que les commentaires indigènes, à commencer

[1] *Rel. ved.*, III, 322. — Bergaigne indique en ces termes (*Études sur le Lexique du Rig-Véda* dans le *Journal asiatique* de 1883, n° d'octobre-décembre) la méthode « qu'il a adoptée pour le déchiffrement des hymnes védiques » : « — Elle consiste à comparer le dictionnaire du sanscrit classique, tel qu'il a été établi par les indigènes qui parlaient la langue, ou tout au moins l'écrivaient, et par les savants européens qui ont dépouillé, pour vérifier et compléter ce travail, une littérature immense et d'une clarté généralement parfaite, et le dictionnaire védique tel qu'il a été dressé par M. Roth et reproduit par M. Grassmann, pour les besoins d'une interprétation aisée de dix mille distiques souvent assez obscurs. Toutes les

par l'*Atharva-Véda* et les *Brâhmaṇas*, dans les parties qu'on peut considérer comme explicatives du *Rig*, le sont peu.

Si l'insuffisance fondamentale des secours indigènes, ou, pour mieux dire, les dangers que présente la confiance sans réserves qu'ils obtiendraient, résultent de la perte chez ceux à qui nous les devons du sens réel de la religion védique, c'est ce sens qu'il faut s'efforcer avant tout de retrouver, pour que nous puissions nous garder de ce qu'ils ont de trompeur, et rendre leur signification réelle aux documents dont il s'agit d'avoir le vrai mot. Il importe, en résumé, de substituer, en ce qui concerne cette religion, une hypothèse dont l'harmonie des parties garantisse la solidité aux données subjectives et inconsistantes des brâhmanes. D'une idée exacte de l'ensemble doit découler la détermination correspondante des points mal éclaircis. Mais, cette idée même étant à l'état de problème, on ne saurait la fixer sous la forme d'une solution juste que de la façon dont on procède avec un jeu de patience, c'est-à-dire en groupant d'abord, comme il convient, les parties dont la position est connue et qui deviennent les pierres d'attente de celles dont elle ne l'est pas. On tend ainsi à aboutir à une combinaison générale formant un tout si bien ajusté, que la perfection de l'agencement puisse prouver que

fois qu'un mot, qui n'a dans le premier de ces dictionnaires qu'un sens parfaitement déterminé, ou comportant tout au plus quelques nuances très voisines les unes des autres, a dans le second un, deux ou même une demi-douzaine de sens distincts, je fais une croix. Puis, quand je rencontre le même mot dans quelque passage difficile, au lieu de puiser dans les richesses, d'origine un peu équivoque, que le second dictionnaire met à ma disposition, j'essaie d'abord si je ne pourrais pas me contenter du sens unique donné dans le premier. »

Pour que cette manière de procéder fût suffisamment critique, il faudrait être sûr que le sens *classique* d'un mot donné en reproduise d'une manière invariable et exacte le sens *védique*. Ce n'est malheureusement pas toujours le cas, pour les raisons que j'ai dites, et comme le prouvent les exemples que l'on peut invoquer à l'appui de l'hypothèse qu'il pouvait en être autrement. De là, la nécessité d'un examen plus approfondi et plus indépendant encore que celui auquel s'est livré Bergaigne, et celle de soumettre à une revision sévère, à l'aide de l'étymologie et du témoignage des contextes, tout vocable de signification suspecte. Ce criterium est d'emploi plus délicat que celui qu'avait adopté Bergaigne et suppose des doutes qu'il n'éprouvait pas, mais il est indispensable d'en faire usage si l'on veut atteindre partout le sens réel des hymnes.

l'ordre primitif et véritable a été rétabli. C'est la méthode que les savants d'Europe ont essayée depuis longtemps d'une manière plus ou moins réfléchie et plus ou moins systématique. Dans le chapitre qui va suivre, j'examinerai ces tentatives et les résultats qu'elles ont donnés.

CHAPITRE II

L'EXÉGÈSE VÉDIQUE EN OCCIDENT

Je réunirai plus loin de nombreux passages védiques dont la traduction, commentée et expliquée, aura pour but principal de montrer la différence de la méthode d'interprétation que j'inaugure, avec celles qu'ont suivies les principaux savants d'Europe par lesquels j'ai été précédé dans la même entreprise. Mais la comparaison en pareil cas ne peut guère porter que sur les détails ; je ne serai donc pas dispensé par là de donner un aperçu général des théories qui sont propres à ces savants et d'indiquer sommairement, quand il y aura lieu, les raisons de mon désaccord avec eux sur l'ensemble de ces théories, ou sur tel ou tel point particulier qui les concerne. C'est là tâche que j'entreprendrai dans les lignes qui vont suivre.

Les premiers traducteurs du *Rig-Véda* ont été Wilson [1] en Angleterre et Langlois [2] en France. Je ne m'attarderai pas à

[1] *Rig-Véda-Sanhitâ*, translated by H. Wilson, en 6 vol. 1850-1888. Réédition commencée en 1866. Wilson étant mort (en 1860) avant l'achèvement de cette publication, les derniers volumes (à partir du tome IV) ont été édités par les soins de M. Cowell. La traduction de Wilson peut être considérée comme la première qui compte au point de vue scientifique.

[2] *Rig-Véda* ou Livre des Hymnes, traduit du sanscrit par M. Langlois. Paris, 4 vol. 1848-1851. Deuxième édit. en 1 vol., 1872. — Abstraction faite de la méthode adoptée par Langlois, l'on est d'accord pour refuser à sa traduction toute valeur sérieuse.

censurer le système qu'ils ont adopté : l'un et l'autre ont suivi en général l'interprétation de Sayâṇa et, de leur temps, il n'était guère possible de procéder d'une autre façon. C'est leur excuse ; mais cette circonstance, qui explique l'erreur de méthode dans laquelle ils sont tombés, ne saurait diminuer la sévérité du jugement dont leurs travaux sont passibles au point de vue scientifique : à cet égard, ils n'ont guère plus de valeur que ceux de Sayâṇa qui leur ont servi de guides. C'est dire qu'ils ne sont bons qu'à donner de fausses idées du contenu des hymnes et que par là, loin d'être utiles, ils ont fait beaucoup de mal. La plupart des ouvrages de seconde main sur l'époque védique émanent d'eux, et portent l'empreinte des inexactitudes sans nombre qu'ils ont mises en circulation. On ne saurait donc se tenir trop en garde à leur endroit et contrôler avec trop de soin les données qu'on serait tenté de leur emprunter.

C'est par les œuvres de MM. Max Müller, A. Kuhn et Roth qu'ont été inaugurés en Europe l'examen et l'exposé critiques des théories que supposent les textes des Védas. Avec elles, la science a pris une allure indépendante et digne de toute notre attention, sinon de notre adhésion sans réserve.

Les services que M. Max Müller a rendus aux études védiques sont immenses ; il y aurait ingratitude et mauvaise foi à les taire, ou seulement à les diminuer. Sa grande édition du *Rig-Véda* [1], accompagnée du commentaire de Sayâṇa, est un monument dont on doit autant de reconnaissance à l'auteur en raison de son utilité, qu'il mérite d'admiration pour avoir mené à bien une aussi lourde tâche. Quels éloges ne méritent pas aussi ses brillants travaux de vulgarisation [2] ! S'il a été donné au grand

[1] *Rig-Veda-Sanhitâ*, the sacred hymns of the brahmans together with the commentary of Sayânâcharya, edited by Dr Max Müller. 6 vol. in-4, 1849-1874. Nouvelle édition en cours de publication.

[2] Les principaux ouvrages de M. Max Müller, qui se rattachent d'une manière plus ou moins directe au domaine de l'exégèse védique et de la mythologie indo-européenne sont :

A history of ancient sanskrit Literature, 1859.

Lectures on science of language, 1866. En particulier le deuxième volume de

public de prendre une teinture de nos études, de concevoir l'idée de l'importance du Véda pour l'histoire des origines de la civilisation indo-européenne, et de s'intéresser quelque peu à une branche de la science qui, à première vue, lui paraît si lointaine et d'un caractère si particulier, c'est grâce surtout à l'étendue de son savoir, à la magie de son style, et à l'ardeur de son zèle que ce résultat a été acquis. Voilà ses principaux titres : l'exégèse directe et proprement dite du Véda lui doit moins. Il a bien promis et commencé en 1869 une traduction anglaise des hymnes du *Rig;* mais jusqu'ici l'entreprise n'a pas dépassé l'impression d'un volume contenant douze hymnes aux Maruts tirés du premier maṇḍala.

Il est peu vraisemblable que M. Max Müller termine jamais cette tâche. D'ailleurs, la partie qu'il en a faite, ainsi que ses autres travaux qui touchent à l'interprétation des Védas, ne laissent pas supposer de sa part des idées bien nettes et bien originales sur la véritable nature de la religion védique, et sur ce qu'on peut appeler le sens systématique des hymnes. C'est dans le domaine voisin, quoique bien distinct pour lui, de la mythologie indo-européenne qu'il a proposé des théories dont nous avons à tenir compte, parce qu'elles impliquent une conception particulière de l'origine du fond légendaire des documents védiques.

Pour M. Max Müller, et en ceci il a raison, la forme la plus ancienne des mythes indo-européens se trouve dans le *Rig-Véda;* et ces mythes sont de « simples noms de phénomènes naturels, graduellement obscurcis, puis personnifiés et déi-

la traduction française de MM. Harris et Perrot. (*Nouvelles leçons sur la science du langage. Influence du langage sur la pensée, Mythologie ancienne et moderne.*)

Chips from a german Workshop, 2 vol. 1867. Traduction française du premier volume sous le titre d'*Essais sur l'histoire des Religions*, par M. G. Harris. Traduction française du second volume sous le titre d'*Essais sur la mythologie comparée, les traditions et les coutumes*, par M. G. Perrot.

Science of religion, 1873.

Lectures on origin and growth of religion, 1879. Traduction française par M. J. Darmesteter.

Physical Religion, 1891.

fiés [1] ». Les phénomènes en question ont pour principaux agents le soleil et l'aurore auxquels il convient de joindre le ciel, la terre, le vent, le feu, les eaux, etc. Dans la mythologie védique, ces êtres ou ces phénomènes divinisés portent encore souvent leurs noms primitifs, et dans ce cas, ce ne sont pas des mythes au vrai sens du mot ; ils ne le deviennent qu'alors que l'idée divine se joint au nom d'un phénomène naturel ou d'une entité cosmique qui ne sont plus conçus comme tels par suite d'une altération phonétique du mot destiné primitivement à les désigner. Il en est ainsi de Daphné dans la mythologie grecque dont le nom n'est qu'une forme modifiée du sanscrit *dahâna*, l'aurore considérée comme la brillante (rac. *dah* briller).

Le mot Daphné a cessé de désigner l'aurore en cessant de conserver la forme originairement adéquate à ce sens ; mais son objet réel étant oublié, on y a substitué instinctivement un objet imaginaire, — une femme divine ou en rapport avec les dieux —, c'est-à-dire une figure mythique. Différents traits relient d'ailleurs le dérivé mythique à son antécédent réel : Daphné est une demi-déesse comme l'aurore est une déesse, et comme elle, elle appartient au sexe féminin ; les traces de la transition sont encore visibles.

La réelle *Dahanâ* est devenue la fabuleuse *Daphné* parce que certains sons du premier de ces mots ont subi des changements qui ont donné naissance au second : donc la fable ou le mythe est le résultat d'une altération ou d'une *maladie du langage*.

Mais jusque-là nous n'avons que l'explication du nom des mythes ou de leur origine verbale. Il reste à voir comment se sont développées les légendes qui les concernent. C'est ici que M. Max Müller fait intervenir l'influence des formules mythiques, c'est-à-dire de phrases proverbiales dont la forme et le sens ont subi des modifications analogues à celles des noms mythiques : l'histoire des mythes est due aux mêmes causes que les mythes eux-mêmes.

[1] *Essais sur la Mythologie comparée*, p. 99 de la traduction française.

Si l'on admet, par exemple, avec M. Max Müller, que Képhalos est un ancien nom du soleil et Prokris un ancien nom de la rosée, la phrase « Képhalos aime Procris » à laquelle se rattachent les développements de la légende mythique correspondante, n'est que la transcription due à la maladie du langage d'une phrase antérieure ainsi conçue : « Le soleil baise la rosée du matin. » Il va de soi que cette première formule n'est à son tour que l'expression poétique ou imagée d'un phénomène naturel dont la constatation est à la portée de tout le monde.

Ainsi l'homme primitif, dans notre race du moins, a eu l'imagination frappée par le spectacle des incidents auxquels donnent lieu dans la nature le jeu des éléments en général, et plus particulièrement les effets de la chaleur et de la lumière solaire sur l'ensemble ou les détails du milieu physique où ils s'exercent. Ces impressions se sont traduites en formules imagées et dans lesquelles les éléments ou les corps célestes étaient à la fois personnifiés et divinisés.

Enfin, à un troisième moment, cette religion naissante devenait mythologie par suite de l'attribution à des êtres imaginaires des noms et des formules dont l'application à des êtres réels avait été perdue de vue, en raison des changements que ces noms avaient éprouvés dans la suite des temps.

Cette théorie dont le moindre défaut n'est pas de laisser bien vagues les rapports de la religion et de la mythologie, car, tout en permettant de croire que celle-là comme celle-ci avait pour cause première une maladie du langage, M. Max Müller ne lui en attribue pas moins une origine qui tient à la constitution même de l'esprit humain, eut pendant quelque temps un succès aussi rapide que général. De toutes parts on la célébra, on la propagea et on la commenta. MM. Bréal en France [1], Cox en Angle-

[1] *Hercule et Cacus*, thèse de doctorat, 1863. Réimprimé dans les *Mélanges de mythologie et de linguistique* (1877).

Je dois signaler comme se rattachant à la même méthode les brillants et savants ouvrages de MM. E. Sénart (*La Légende du Buddha*, 1875), et J. Darmesteter (*Haurvatât et Ameretât* (1875); *Ormazd et Ahriman* (1877).

terre[1], Schwartz, en Allemagne[2], de Gubernatis en Italie[3], etc., considérèrent l'hypothèse de M. Max Müller comme un terrain solide sur lequel on pouvait édifier en toute sécurité. On en arriva très vite à le croire si ferme qu'on se dispensa de preuves particulières pour chaque cas particulier. Dès l'instant où toute la mythologie dérivait de formules se rapportant d'abord au soleil dans ses différents rapports avec les objets qu'il éclaire, ou considéré sous les différents aspects qu'il présente, à quoi bon rétablir tous les intermédiaires? Aussi s'abstint-on de les rechercher ou, tout au moins, de les appuyer sur des raisons décisives, et l'on se contenta d'explications dans le genre de celle-ci dont le caractère extra-conjectural se décèle à chaque trait :

« M. Cox, s'attachant exclusivement à une tradition qui fait de Niobé une fille de Phoronéus, héros parent de Prométhée et d'Héphestios, dieu du feu comme eux, considère l'épouse d'Amphion comme la personnification du nuage, assimilé à l'épaisse fumée d'un feu céleste. Niobé serait ainsi une sorte de Néphèlè dont les nombreux enfants, c'est-à-dire les nuées, sont percés par les traits du dieu solaire. La douleur la change en pierre, comme, pendant l'hiver, l'eau du ciel se change en glace dans les contrées montagneuses. Quand Niobé pleure sur son rocher, elle est la nuée accrochée aux pics des montagnes, d'où tombent les gouttes de pluie, comme des larmes[4]. »

La méthode devint d'usage si facile qu'aux mythologues proprement dits se joignirent bien vite les amateurs, et qu'auprès d'ouvrages où la doctrine était développée d'une manière spécieuse, sinon probante, on en eut d'autres, comme ceux de

1 *Mythology of the Aryan Nations*. 1870.

2 *Ursprung der Mythologie*. Berlin, 1860. — Toutefois les idées de Schwartz se rattachent plutôt encore à celles de Kuhn qu'à celles de M. Max Müller.

3 *Zoological Mythology* (1872). — *La mythologie des plantes* (1878). — Traduction française du premier de ces ouvrages sous le titre de *Mythologie zoologique*, par P. Regnaud (1874).

4 Decharme, *Mythologie de la Grèce antique* (1879), p. 536.

MM. Ploix[1] et Ehni[2], dans lesquels l'abus du système et l'emploi machinal du procédé ont abouti à des résultats qu'il est difficile de prendre au sérieux.

Une réaction ne pouvait manquer de se produire. Elle vint presque en même temps de deux côtés à la fois, de celui des indianistes et de celui des folkloristes.

Parmi les premiers, Bergaigne, après avoir sacrifié comme tout le monde aux théories solaires, fut celui qui, brûlant les dieux qu'il avait adorés, leur porta les plus rudes coups en s'efforçant de montrer que les formules védiques, loin de consister en observations provoquées par la contemplation du soleil et de l'aurore, s'appliquaient en général aux cérémonies du sacrifice. Les hymnes védiques étaient donc vraisemblablement, d'après lui, l'œuvre de prêtres qui n'avaient pas eu souci, à un moment donné du moins du développement religieux chez les Hindous, de les mettre en rapport direct avec d'autres objets que ceux du culte védique, c'est-à-dire le feu, l'oblation et les dieux qui y participent.

Les folkloristes dirigés par M. Gaidoz, directeur-fondateur d'un recueil périodique (*Mélusine*) destiné à recueillir la matière mythique partout où elle se trouve et abstraction faite du souci d'en rattacher l'explication à une théorie quelconque, et M. A. Lang, l'auteur de différents travaux publiés en Angleterre sur la mythologie populaire, s'attaquèrent surtout par le sarcasme à M. Max Müller et à ses adhérents. La chose était facile, particulièrement à l'égard de ces derniers, dont les explications, trop souvent dénuées d'un caractère convaincant prêtaient si aisément à la raillerie. Ce procédé de critique par le ridicule s'étayait d'ailleurs sur une base sérieuse. En général, les plaisanteries de MM. Gaidoz et Lang tendent à montrer qu'un criterium sûr fait presque toujours défaut aux identifications à

[1] *La nature des dieux*, 1889. — Le *Surnaturel dans les Contes populaires* (1891) du même auteur est, au contraire, une étude intéressante et bien faite sur le sujet indiqué par le titre.

[2] *Der vedische Mythus des Yama*. Strasbourg (1891).

l'aide desquelles les imitateurs de M. Max Müller prétendent rendre compte des mythes indo-européens. C'est ainsi que l'ironique et spirituel directeur de *Mélusine* a entrepris de prouver que Cadet Roussel est un mythe solaire, au moyen d'arguments qui ne le cèdent en rien en valeur probante à ceux dont on se sert dans l'école à laquelle il s'attaque pour ramener Purûravas au soleil et Urvaçi à l'aurore.

C'est néanmoins dans la voie ouverte par Bergaigne, que se trouvent les raisons les plus décisives de douter de la valeur des doctrines mythologiques de l'école mullérienne, surtout si l'on considère que, là même où ce savant admettait encore le ressouvenir d'anciennes conceptions naturalistes, on a tout lieu de ne voir, comme j'essaierai de le prouver plus loin, que des allégories recouvrant des données liturgiques. Or, si dans la grande généralité des cas, ni le soleil, ni l'aurore, ni la lune, ni même l'éclair ou le tonnerre ne sont les objets véritables des mythes védiques, toute la théorie de M. Max Müller s'écroule par la base, sans qu'il soit besoin de la soumettre à une critique de détail déjà faite de différents côtés et dont les conclusions se rejoignent en les confirmant à celles qui portent sur l'ensemble du système.

D'ailleurs, si l'on sort du cadre des arguments de fait pour examiner la question au point de vue logique, comment admettre que des hommes aussi primitifs que l'étaient vraisemblablement nos ancêtres indo-européens à l'époque de la mythologie naissante, aient été impressionnés par les phénomènes célestes au point de tirer des émotions qu'ils provoquaient en eux un fond de phrases proverbiales qui aurait été la source exclusive de tout le développement mythique ultérieur? Les observations faites sur les peuples sauvages ou à demi cultivés ne nous montrent rien de semblable. Ce n'est pas à l'aurore de la civilisation que l'homme s'étonne des phénomènes naturels, même les plus merveilleux. Une habitude qu'on peut appeler héréditaire, une disposition instinctive à ne pas s'émouvoir des choses au milieu desquelles on vit, les a si bien familiarisés, soit avec le retour régulier du soleil et des saisons, soit avec l'irrégularité même des intempéries et du beau temps, que ces changements ont lieu sans leur causer de surprise. La perturbation de ces conditions habituelles des faits astronomiques et météorologiques, bien plus que leur maintien, aurait été pour eux un motif d'étonnement et d'émotion. Des jours de vingt-quatre heures ou des hivers sans frimas, voilà ce qui aurait pu agir fortement sur leur imagination. Qui ne sait que le développement même de l'astronomie, comme celui de toutes les sciences, a été provoqué, non pas par l'admiration, mais par le besoin. Il est à remarquer aussi que chez les poètes les plus anciens et particulièrement dans Homère, si prodigue de figures et de comparaisons empruntées aux scènes de la nature, les phénomènes célestes ne sont mis que rarement à contribution. Surtout, il n'est pas d'exemple, je crois, dans la littérature indo-européenne, si l'on fait abstraction des hymnes védiques dont le sens est précisément en cause, de morceaux très anciens où ils soient l'objet de considérations ou de descriptions provoquées par le seul intérêt qu'ils inspirent; et c'est pourtant d'un intérêt de ce genre que la mythologie serait éclose dans l'hypothèse mullérienne. La contemplation poétique ou craintive des corps célestes, les méditations émues sur les vicissitudes auxquelles ils sont soumis, sur les phénomènes dont ils sont la cause, sur l'éclat particulier qui les distingue les uns des autres, ne sont pas choses anciennes; du moins rien ne nous le prouve. Il faut arriver presque jusqu'à l'école romantique et à Châteaubriand, pour trouver des peintures du ciel n'ayant d'autre but que ces peintures mêmes, ou le genre d'émotions qu'elles suggèrent aux époques de civilisation avancée. Ne nous sera-t-il pas permis d'en inférer que les formules d'astronomie populaire colorées de poésie d'où toute mythologie serait née, n'ont jamais existé que dans la brillante imagination de M. Max Müller ?

Sur le terrain de la mythologie védique, l'illustre professeur d'Oxford, n'a pas eu seulement des disciples et des adversaires;

de bonne heure il a trouvé dans la personne d'Adalbert Kuhn (mort en 1881) un émule dont les théories voisines des siennes en ont balancé le succès. C'est surtout dans le célèbre mémoire sur la *Descente du feu et du breuvage des dieux*[1] que Kuhn a exposé ses idées sur les origines de la mythologie indo-européenne.

L'ouvrage de Kuhn nous offre le phénomène, moins rare qu'on ne pense, d'un travail scientifique excellent pour le moment où il a paru, mais dont la supériorité même a été nuisible à la science en en arrêtant les progrès et en faisant autorité, alors qu'il n'aurait dû servir qu'à stimuler l'émulation et à provoquer des recherches plus approfondies encore sur un terrain dont les fouilles n'avaient encore qu'effleuré la surface. Sa valeur réside surtout dans la richesse des matériaux que l'auteur a réunis à l'appui de sa thèse et dans l'art avec lequel il a su les mettre en œuvre; par malheur, l'idée fondamentale de la thèse est fausse.

Comme le titre de son livre l'indique, Kuhn a pris à tâche de prouver que le feu était considéré par les Indo-Européens comme apporté du ciel par l'éclair. Des idées analogues auraient été attachées à l'origine du Soma, ou de la liqueur du sacrifice, qu'un aigle serait allé chercher au ciel dans l'arbre qui figure les nuages, et qui n'est autre que la pluie fécondante[2]. Les deux principaux éléments du sacrifice, et tous les mythes qui s'y rapportent, ont donc leur point de départ dans les phénomènes atmosphériques qui accompagnent l'orage. On voit par là en quoi les idées de Kuhn diffèrent de celles de M. Max Müller et en quoi elles leur ressemblent. Pour le premier, c'est la lutte

[1] *Die Herabkunft des Feuers und des Göttertranks*, ein Beitrag zur vergleichenden Mythologie der Indogermanen, 1859. Réédité par le fils de l'auteur, M. E. Kuhn, en 1885. — Cet ouvrage a été analysé par F. Baudry dans la *Revue germanique* (1861) t. XIV et XV. — A. Kuhn est aussi le fondateur de la *Zeitschrift für vergleichende Sprachforschung* qui contient de lui plusieurs travaux se rattachant à l'objet traité dans le livre qui l'a rendu célèbre. Les principaux d'entre eux ont été réunis dans le deuxième volume des *Mythologische Studien*, publiés par M. E. Kuhn.

[2] Pour les idées de Kuhn sur l'origine d'Agni et de Soma, voir surtout *Herabkunft*, etc., p. 8, 26, 28, 117 223, 226-227, 2e édit.

des éléments telle qu'elle se manifeste dans le ciel au sein du nuage orageux qui a surtout fait impression sur l'homme et déterminé dans une large mesure, sinon la direction qu'ont prise ses croyances, du moins les formes qu'a revêtues le culte qui les accompagne ; pour le second, les mêmes effets sont dûs plutôt aux sentiments qu'éveillait chez l'Indo-Européen la contemplation du ciel serein et des phénomènes lumineux dont les astres sont le foyer, combinés avec des conditions psychologiques particulières auxquelles les déviations du langage ont donné naissance.

Mais tous les deux sont d'accord pour attribuer au spectacle de ce qui se passe au ciel la raison initiale des fables qui, sous le nom de mythes, se lient si étroitement à toutes les manifestations de l'idée religieuse chez les peuples de race indo-européenne.

Les théories de Kuhn prêtent par là aux principales objections qu'encourent celles de M. Max Müller. De plus, elles s'appuient, nous l'avons dit, sur une erreur fondamentale. Les textes védiques dans lesquels Kuhn a cru voir la désignation de l'éclair s'appliquent en réalité au feu du sacrifice. Pareillement, ceux qu'il interprète à la suite des Hindous, il est vrai, comme impliquant l'idée de la descente du soma apporté du ciel sur la terre par un aigle, signifient tout le contraire. C'est d'ici-bas, et plus précisément de l'autel où le sacrifice est célébré, que le soma, ou la libation en général, s'élève vers les cieux qu'il est destiné à alimenter et à soutenir.

Du reste, si l'on sort du domaine des textes mal interprétés, les preuves fournies par Kuhn à l'appui de sa thèse sont des plus fragiles. Voici un exemple des raisonnements auxquels il a recours[1]. D'après certaines légendes grecques, c'est Phoronée, et non Prométhée, qui aurait apporté le feu aux hommes. Or, ce Phoronée est le fils de Méléa ou du frêne, arbre qui représente les nuages ; d'où il est permis de conclure qu'il est une personnification de l'éclair. D'ailleurs, le sanscrit *bhuraṇyú*

[1] *Die Herabkunft*, etc., p. 25, seqq., 2e édition.

épithète d'Agni dans le *Rig-Véda*, correspond presque lettre pour lettre au grec Φρωνεύς. Donc Agni *bhuranyú* est le feu du sacrifice en tant qu'apporté du ciel par l'éclair.

J'avouerai que les déductions de ce genre me laissent absolument sceptique : ce qu'il fallait démontrer, à savoir que Phoronée ou Bhuraṇyú représente l'éclair, reste après comme avant à l'état de question, et de question insoluble à l'aide des seuls documents dont nous disposons pour trancher le problème. Si, d'autre part et comme j'espère le faire voir, les hymnes védiques qu'on invoque en faveur de conclusions analogues établissent justement le contraire, je me crois en droit de chercher ailleurs que dans les solutions proposées par Kuhn le mot de l'énigme dont M. Max Müller nous offre de son côté une explication également inadmissible.

Dans le cadre des travaux dont les Védas ont été l'objet, ceux des deux savants dont nous venons d'apprécier les théories se rattachent plus spécialement à la mythologie et à la religion ; les ouvrages de M. Roth, auxquels nous arrivons dépendent plutôt de la philologie lexicographique et grammaticale [1].

C'est à ce savant que revient l'honneur d'avoir entrepris et achevé le premier une interprétation d'ensemble et marqué d'un caractère personnel des hymnes du *Rig-Véda*. On peut considérer ainsi, en effet, la partie védique du grand *Dictionnaire* dit de Saint-Pétersbourg dont il est l'auteur exclusif ; de même qu'on ne saurait mettre en parallèle avec cette tâche les traductions antérieures de Langlois et de Wilson, puisqu'elles suivent en général, comme nous l'avons vu, les indications de Sayâṇa, et manquent complètement d'indépendance à l'égard des traditions

[1] Outre la partie védique du grand *Dictionnaire de Saint-Pétersbourg*, M. Roth est l'auteur des travaux suivants :

Zur Litteratur und Geschichte der Veda, 1846.

Jâska's Nirukta sammt den Nighantavas, 1852.

Différents articles d'exégèse védique dans le *Journal de la Société asiatique d'Allemagne*, la *Zeitschrift für vergleichende Sprachforschung*, de Kuhn, les *Indische Studien*, de M. Weber, etc.

brâhmaniques. M. Roth, au contraire, s'est affranchi délibérément du joug de l'exégèse indigène, et le seul fait d'avoir osé prendre ce parti et montré les raisons qui l'autorisaient à l'adopter rendait un immense service aux études védiques. Cette résolution hardie était la principale condition de leur progrès, et rien de sérieux n'était possible avant qu'elle ne devînt le point de départ d'une méthode nouvelle.

En matière de mythologie, M. Roth ne paraît pas s'être attaché exclusivement à telle ou telle doctrine particulière qui aurait servi de guide à son interprétation. A cet égard, il s'est tenu, ce semble, dans une sorte de naturalisme éclectique inspiré par ce qu'il trouvait de plus acceptable et de mieux établi par les textes, soit dans les explications des Hindous, soit parmi celles des savants d'Europe.

Au point de vue de l'explication verbale, M. Roth a substitué à l'autorité des Hindous, c'est-à-dire surtout à celle de Yâska et de Sayâṇa, les indications du sens commun appuyées sur les données de l'étymologie et de la philologie comparée. La méthode eut été excellente si le rationalisme érudit et voulu d'un professeur d'Université allemande au XIXe siècle, constituait une disposition facile à mettre en harmonie avec l'état d'esprit dans lequel les auteurs des hymnes védiques les ont conçus et rédigés quelque dix siècles avant Jésus-Christ.

Ceux-ci avaient-ils une logique et une rhétorique qui leur fût propres ainsi que M. Roth le demandait ironiquement un jour à ceux qui, comme Bergaigne, trouvaient ses procédés d'exégèse trop raisonnables, et par là, trop étroits? Certes non. Les grands traits de l'intelligence humaine ont toujours été les mêmes; mais il y a des nuances qui en distinguent surtout la jeunesse de la maturité. C'est ce que M. Roth ne paraît pas avoir voulu comprendre quand il s'est obstiné au nom du bon sens à faire froide mine aux explications que Bergaigne appuyait sur ce qu'il a appelé les paradoxes védiques, auxquels il convient de joindre tous les tours singuliers dus à un diction plutôt juvénile et originale, — et comment celle des auteurs des hymnes ne l'aurait-elle pas été? — que réellement inconséquente et illogique. Qu'y a-t-il d'inadmissible, par exemple, à entendre ce passage de l'hymne du RV., I, 29, 4, *sasántu tyā́ árâtayo bódhantu... râtáyaḥ*, de la manière suivante : « Que les absences de dons s'endorment, que les dons s'éveillent »; c'est-à-dire, l'heure est venue de sacrifier. Non seulement, le sens ainsi obtenu est rigoureusement conforme aux indications de la grammaire et de l'étymologie, mais il porte une couleur pittoresque et animée qui, sans nécessiter l'hypothèse d'un entendement différent du nôtre de la part de l'auteur, est bien en harmonie avec l'idée qu'on peut se faire du précoce raffinement de la rhétorique de poètes primitifs qui s'efforcent de suppléer à la pauvreté de leurs idées par des artifices d'expression à la fois naïfs et hardis. M. Roth, sans s'arrêter à ces considérations, a mieux aimé attribuer au mot *árâti* la signification de « démons qui stérilisent les bons mouvements des hommes et s'opposent à leurs succès », c'est-à-dire substituer au nom de la logique apparente une conception imaginaire, au sens exact exprimé par l'antithèse imagée du texte.

Cet exemple pris entre mille du même genre, suffira pour donner une idée de la manière dont s'est exercée l'exégèse raisonnée de M. Roth, et quel en est le défaut[1]. Une conséquence naturelle de ce mode d'interprétation a été la multiplication indéfinie du sens des mêmes mots, au gré des prétendues nécessités

[1] M. Roth a pris soin d'indiquer à l'aide d'un exemple très caractéristique le principal trait de sa méthode dans le passage suivant de la *Préface* qu'il a mise en tête des *Soixante-dix hymnes du Rig-Véda*, traduits par MM. Geldner et Kaegi : —

« On aboutit à d'étranges explications, non seulement dans l'Inde, mais chez nous-mêmes à propos des textes védiques, alors qu'au lieu de les chercher dans la lumière qui nous entoure, on les poursuit dans un lointain obscur où elles se dérobent. Le premier pâda du vers I, 104, 4, du *Rig-Véda* (*yuyópa nâbhir úparasyâyóḥ*). — J'ajoute le deuxième, dont le sens est inséparable de celui du précédent : *prá pûrvâbhis tirate râṣṭi çûraḥ*), signifierait, par exemple, d'après Sayâṇa : « La demeure de l'agité (le démon), qui se trouvait au-dessus (des eaux) était cachée. » Un traducteur moderne a rendu ce même passage de la manière suivante : « Le nombril du voyageur qui suit (c'est-à-dire la masse ronde pareille à un nombril du nuage qui s'approche), fait qu'on s'égare. » Mais

logiques du contexte. On sait quelle guerre ardente Bergaigne a faite à cet expédient si fécond en explications arbitraires et fautives. Nul doute qu'à cet égard il n'ait le dernier mot. Tant qu'elle n'est pas achevée la science progresse ainsi, en prenant à l'œuvre d'hier, et sans souci de la ruiner, les matériaux de celle de demain : M. Roth a entamé à bon droit l'autorité des commentateurs de l'Inde, mais en restant trop soumis encore à l'influence des traditions et en même temps trop enclin, quelque contradictoire que cela semble, à s'abandonner aux suggestions d'une logique abstraite. Bergaigne a été novateur à son tour, nous le verrons, en poussant plus loin que M. Roth les résultats de sa défiance à l'égard des exégètes hindous. Vis-à-vis d'eux, il a mis en pratique le système de la table rase, et les a traités comme s'ils n'étaient pas. En général, il n'a voulu voir que les textes, et s'est tenu en garde aussi bien contre les explications prétendues traditionnelles venues de l'Inde, que contre les préjugés dont l'éducation d'un savant de nos jours peut être la source. Mais en dépit de ces différentes façons d'agir et des polémiques expresses ou sous-entendues qui ont eu lieu entre l'indianiste allemand et son émule de France, celui-ci parlait en toute sincérité et n'exprimait que la vérité stricte en reconnaissant celui-là comme son maître. A prendre les choses de haut, y a-t-il en effet de meilleur disciple que celui qui élargit,

ne pourrions-nous pas rester tranquillement sur terre et traduire : « La maison du plus proche voisin est rasée », c'est-à-dire n'est plus visible lorsque l'orage a rempli l'air d'obscurité, de poussière et de pluie? » —

Aucune de ces explications n'est la bonne, — le passage en question signifiant que « le nombril de l'*âyu* inférieur (le fond des libations où prend naissance Agni *ajâ*), se cache (tandis que) le héros (allusion à Indra ou à Agni *jâtâ*) s'avance et brille à l'aide de celles qui sont en avant (la superficie des libations). » — Mais il se trouve que celle de M. Roth, malgré la clarté qu'elle doit à l'absence de recherche, au terre à terre qui la caractérise, est la plus éloignée du vrai sens, attendu qu'elle fait abstraction, ou à peu près, des métaphores très réelles dont Sayâna et « le traducteur moderne » se sont au moins aperçus, s'ils ne sont pas parvenus à en lever le voile. D'ailleurs, dans des documents où l'on peut affirmer *a priori* qu'il s'agit du sacrifice, le sens le plus naturel et le plus vraisemblable n'est-il pas celui qui s'applique aux choses mêmes du sacrifice, et n'est-ce pas là la vraie lumière à l'aide de laquelle il faille se guider?

même au prix de transformations nécessaires, les enseignements qui ont été le point de départ des siens propres [1] ?

Mais tous les savants ne sont pas doués de façon à pouvoir féconder les leçons qu'ils ont reçues. Grassmann en est l'exemple. En ce qui concerne les études védiques, on ne peut guère en effet le considérer que comme le metteur en œuvre des données fournies par M. Roth. Son *Lexique du Rig-Véda* (Leipzig, 1873-75) dont l'utilité en tant qu'instrument d'études sur le vocabulaire des hymnes ne saurait être trop appréciée, n'est en général que le développement de la partie du Dictionnaire de Saint-Pétersbourg consacrée à la langue védique. C'est dire qu'au point de vue explicatif il encourt les mêmes reproches : les significations indiquées sont souvent le fruit de considé-

1 Signalons comme se rattachant à l'enseignement de M. Roth, — la traduction d'une partie des hymnes du *Rig-Véda* par MM. K. Geldner et A. Kaegi, publiée sous le titre de *Siebenzig Lieder der Rigveda*, mit Beiträgen von R. Roth, 1875; — l'ouvrage de M. Zimmer intitulé : *Altindisches Leben. Die Cultur der vedischen Arier nach den Samhitâ dargestellt*, 1 vol. 1879; — *Der Rigveda, die älteste Literatur der Inder*, von A. Kaegi, 1 vol., 2e éd. 1881. — *Altindische Syntax*, von B. Delbrück, Halle, 1888, etc.

En ce qui regarde la manière de traduire le *Rig-Véda*, M. Roth dans le *Journal de la Société asiatique d'Allemagne*, t. XXIV, p. 301, a posé ce principe dont on ne saurait le plus souvent contester la justesse, « qu'une traduction exacte est le meilleur des commentaires, » et il a essayé de le démontrer pratiquement en rendant en vers blancs d'une manière « aussi complète que possible » le sens de deux hymnes du *Rig-Véda*, I, 165 et II, 38. Mais il ne paraît pas avoir songé que sa théorie n'est applicable qu'aux textes dont le sens est sûr, ce qui n'est nullement le fait des hymnes védiques en général, et particulièrement des deux qu'il a entrepris de faire passer en allemand. A chaque pas, il y avait lieu soit de donner les raisons de l'ostracisme dont il frappait telles ou telles explications antérieures, soit de démontrer la justesse de celles qu'il a cru devoir leur substituer, en d'autres termes de justifier ses préférences à l'aide de discussions dont le défaut ne nous laisse le choix qu'entre une confiance aveugle dans l'infaillibilité du maître, ou des doutes qu'il n'a pas pris la peine de prévenir. Se borner à dire qu'on « croit avoir atteint le but d'une façon satisfaisante » est une assertion qui n'est de mise qu'auprès de ceux qui ont la foi. En réalité, presque tout est contestable dans la traduction de M. Roth, et loin d'avoir prouvé, comme il le pense, qu'il était en droit de se dispenser de commentaire, il a fourni l'un des exemples les plus éloquents auxquels on puisse avoir recours pour soutenir la thèse opposée. (Cf. pour un point de vue tout différent, la *Préface* de la traduction des hymnes védiques de M. Max Müller, M. Roth y pensait sans doute en se faisant l'avocat de l'opinion contraire.)

rations qui dépendent trop de la teneur apparente du passage d'où le vocable qu'elles concernent est tiré, et elles sont multipliées artificiellement pour un même mot par pure substitution de différentes acceptions spécieuses à la seule qui soit exacte et véritable.

La traduction du *Rig-Véda* du même savant (2 vol., Leipzig 1876-1877) reflète nécessairement les défauts de son Lexique. Elle a toutefois le mérite d'être claire et de suivre de près le texte tel que l'auteur l'a compris, malgré le surcroît de difficultés auxquelles il s'est volontairement soumis en lui donnant la forme métrique.

La conception mythologique de Grassmann n'est ni plus originale, ni plus systématique que celle de M. Roth. Il admet comme celui-ci la réalité du naturalisme extérieur des hymnes sans prendre parti, à ce qu'il semble, entre les théories de Kuhn et celles de M. Max Müller.

D'autres questions l'ont intéressé davantage ; ce sont celles qui se rattachent au classement des hymnes, abstraction faite de l'arrangement traditionnel, et en tenant compte des auteurs auxquels ils sont attribués, des divinités qu'ils célèbrent, du nombre et de l'espèce des vers qu'un même hymne contient, etc. A cet égard Grassmann a déjà essayé de montrer, avant Bergaigne[1] et M. Oldenberg[2], que ces différentes circonstances ont dû concourir à déterminer l'ordre dans lequel les hymnes ont été classés par livres ou mandalas, et disposés ensuite à l'intérieur de chaque mandala.

Il semble bien que les savants qui se sont attachés à ces considérations ont essayé d'en tirer à différents égards des indications plus précises qu'on ne saurait les attendre d'une semblable méthode. Ils ont surtout nourri l'espoir d'y puiser des renseignements sur les rapports chronologiques des hymnes les uns à l'é-

[1] Dans les articles du *Journal asiatique* de novembre et décembre 1887, intitulés : *La division en adhyâyas du Rig-Véda*, et ceux de janvier et févr.-mars 1889, intitulés : *Recherches sur l'histoire de la liturgie védique*.

[2] Dans son livre, *Die Hymnen des Rig-Veda*, Berlin, 1888.

gard des autres et de telles parties d'un même hymne vis-à-vis du reste, dont ils se sont exagéré la sûreté et l'importance. Dans tous les cas, Grassmann est parti soit de données de ce genre, soit de remarques fondées sur le style, la prosodie et les autres circonstances d'un genre particulier, pour opérer un triage dont les résultats ont été tantôt d'exclure comme interpolés tels ou tels passages d'un hymne donné, tantôt de considérer tel ou tel hymne dans son entier comme étant de composition tardive eu égard à l'ensemble de la *saṃhitâ*. Les morceaux mis ainsi de côté ont été rejetés par lui à la fin des volumes de sa traduction du *Rig-Véda*. Mais le plus souvent le critérium auquel il a obéi pour établir cette distinction paraît insuffisant, et toute cette partie de son travail laisse l'impression de la mise en œuvre très téméraire de considérations très subjectives.

Presque en même temps que celle de Grassmann, paraissait une autre traduction allemande du *Rig-Véda*[1] due à M. Alfred Ludwig, ancien élève de M. Weber. L'auteur la fit suivre successivement de notes étendues[2], d'un volume servant d'introduction sur *La littérature des mantras et l'Inde ancienne*[3], et de plusieurs index destinés à indiquer les passages cités des différents ouvrages appartenant à la littérature védique, à renvoyer aux passages qui sont de nature à fournir des explications sur la signification des mots rares, difficiles ou importants du texte des hymnes, à réunir certaines observations grammaticales, etc.[4]. M. Ludwig ne s'est pas astreint dans ce laborieux ouvrage à reproduire, comme M. Roth suivi par Grassmann en avait donné l'exemple pour quelques hymnes, la

[1] *Der Rigveda oder die heiligen Hymnen der Brahmana*, zum ersten Male vollständig ins Deutsche übersetzt, von Alfred Ludwig. 2 vol. Prague, 1876.

[2] *Commentar zur Rigveda-Uebersetzung*. 2 vol. Prague et Leipzig, 1883.

[3] *Die Mantralitteratur und das alte Indien*, als Einleitung zur Uebersetzung der Rigveda; 1 vol. Prague, 1878.

[4] *Register der Belegestellen*, Verzeichniss der *Conjecturen*; *Glossar sachliches und grammatisches Repertorium für den Rigveda*. 1 vol. Prague, Vienne et Leipzig, 1888. C'est le dernier volume des six qui composent l'ouvrage.

forme métrique du recueil original. Malheureusement, sa traduction n'en est pas plus claire pour cela. Le plus souvent, elle n'est qu'une sorte de calque du texte sanscrit tout à fait insuffisant pour donner une idée nette du sens qu'il s'agissait de reproduire. Je ne crois pas exagérer en disant que, souvent, la rédaction allemande de M. Ludwig n'est compréhensible qu'au moyen du sanscrit qu'il s'est proposé d'interpréter. Un pareil défaut, qui va directement contre le but de l'ouvrage, est des plus fâcheux. D'ailleurs, il est aggravé encore par l'orthographe *réformée* dont l'auteur a jugé à propos de faire usage. En général, donc, la partie interprétative du grand ouvrage de M. Ludwig n'est accessible qu'aux védistes, et ceux-ci mêmes n'y trouvent dans bien des cas que des sortes de transcriptions pures et simples dans une autre langue des textes védiques, où les éclaircissements les plus nécessaires font défaut. Si j'ajoute que l'arrangement particulier auquel ce savant a soumis les hymnes en rassemblant ceux qui s'adressent à une même divinité sans tenir compte de l'ordre du recueil et de sa division en mandalas, ce qui nécessite l'usage d'une table de concordance pour se reporter de la traduction aux textes dans les différentes éditions qui en ont paru, on comprendra le désagrément qu'éprouve le lecteur en se servant d'un instrument de travail dont l'auteur s'est plu à rendre l'emploi si difficile. C'est un ennui contre lequel il convient pourtant de réagir; l'œuvre entière n'en témoigne pas moins d'une grande diligence et d'un grand effort. Pas plus que celle de Grassmann, la traduction de M. Ludwig n'a de titres à rester définitive, mais la faute en est plus imputable à l'état dans lequel se trouvait la science au moment où elle a été exécutée qu'à un défaut de savoir, d'application ou d'aptitude de sa part. Les fantaisies grammaticales dont MM. Pischel et Geldner ont pu lui faire le reproche n'ont exercé en somme que peu d'influence sur sa méthode d'interprétation et c'est par d'autres côtés, à mon avis, qu'elle est exposée à de graves critiques.

Pour M. Ludwig, le naturalisme des hymnes n'a rien de primitif, et c'est en quoi il se sépare de l'école des mythologues. De même que les Juifs en quittant l'aride Égypte ont éprouvé un étonnement mêlé de terreur religieuse en entendant le bruit du tonnerre et en voyant la lueur des éclairs, les Hindous, à mesure qu'ils se sont avancés vers les régions intertropicales, ont été de plus en plus impressionnés par les phénomènes de ce genre, et de plus en plus portés à les considérer comme des manifestations de l'énergie de leurs dieux. C'est ainsi que leurs conceptions religieuses ont pris l'apparence d'un culte des forces de la nature. En réalité, la religion des Hindous védiques consistait dans l'idée que l'existence des hommes n'est possible que moyennant certaines faveurs des dieux obtenues en échange de dons qui leur étaient faits par l'intermédiaire indispensable des prêtres. Cette religion reposait par conséquent sur trois conditions essentielles, à savoir : la foi, les œuvres (ou le sacrifice) et la libéralité envers les brâhmanes ou les membres de la caste sacerdotale[1].

Comme nous le verrons, l'exactitude de cette manière d'apprécier les croyances védiques est des plus contestables, ne serait-ce que parce qu'elle paraît supposer un développement indépendant des parties qu'on a l'habitude de considérer comme d'origine naturaliste dans les différentes branches ethniques de la religion et de la mythologie indo-européennes. Dans l'hypothèse qui vient d'être exposée, l'évolution de la mythologie grecque, par exemple, n'aurait rien eu de commun avec celle de la mythologie de l'Inde, et cela suffit, ce me semble, pour l'infirmer.

Moins acceptables encore sont les tendances évehméristes qui se manifestent de toutes parts dans l'ouvrage de M. Ludwig. Non seulement il voit des réalités historiques et géographiques dans les personnages qui figurent dans les hymnes, dans les guerres dont il croit y lire la description, dans les mers, les rivières, les montagnes qui y sont mentionnées, sans se demander si, dans la plupart des cas, on n'est pas purement et simplement

[1] *Der Rigveda*, III, 262 seqq.

en présence d'expressions figurées et mythiques, mais il va jusqu'à essayer de retrouver dans des groupes d'êtres aussi manifestement fictifs que les Panis, la personnification de caravanes de marchands. De pareilles dispositions n'étaient pas de nature à faire accomplir de grands progrès à l'exégèse védique et, tout en rendant hommage aux consciencieux efforts que M. Ludwig a mis au service de la lourde tâche dont il s'est chargé, on ne peut pas dire qu'ils aient contribué d'une manière bien sensible à l'avancement de la science[1].

Plus féconds, heureusement, en résultats qui resteront ont été les travaux de Bergaigne. C'est ce que je vais essayer de montrer en en retraçant l'esprit.

Dans ses rapports avec les méthodes antérieures d'interprétation des savants qui se sont appliqués à l'étude du *Rig-Véda*, celle de Bergaigne diffère surtout, pour le sens littéral, des tendances rationalistes de M. Roth et, en ce qui concerne les théories mythologiques, du naturalisme direct de M. Max Müller. En revanche, il se rattache fortement aux conceptions de Kuhn pour sa manière de considérer avec lui les deux principaux éléments du sacrifice, — le feu et le soma —, comme d'origine céleste. J'ajouterai tout de suite, qu'à mon sens, le système de Bergaigne est généralement vrai dans ses parties originales et généralement inexact dans les emprunts qu'il a faits à ses devanciers. On peut affirmer aussi, je crois, et c'est la conséquence de ce qui vient d'être dit, que le plus grand reproche qu'il encourt est de ne pas avoir assez abondé dans son propre sens, et qu'il aurait donné la véritable clé du *Rig-Véda*, s'il avait été à la fois assez indépendant vis-à-vis de ses émules et assez conséquent avec lui-même. Je serai d'autant moins suspect de partialité en sa faveur en portant ce jugement, que j'ai commencé par n'entrer qu'à demi au fond de sa pensée, et à résister aux théories les

1 M. Ludwig a publié récemment (1890) un mémoire intitulé *Ueber Methode bei Interpretation des Rigveda*, presque exclusivement consacré à des discussions contre MM. Pischel et Geldner à propos des données différentes des siennes contenues dans leurs *Études védiques*.

plus personnelles de sa *Religion védique*. Ce n'est qu'après m'être mis en présence des textes avec le ferme propos cartésien d'essayer d'en tirer directement ce qu'ils contiennent et de faire abandon de toute idée préconçue ou d'emprunt, que j'ai eu l'heureuse surprise de constater que j'arrivais par là à des résultats sensiblement voisins de ceux de Bergaigne. N'y avait-il pas là une garantie de la justesse des conclusions semblables auxquelles nous avions abouti ainsi chacun de notre côté et, pour ce qui me concerne, à la suite de dispositions qui n'étaient rien moins que faites pour produire cet accord, s'il n'avait pas été l'effet d'une impression produite par l'examen très sincère et très indépendant des éléments de la question?

J'entends surtout parler de la coïncidence de mes idées avec les siennes relativement au caractère liturgique des hymnes; sur ce point, je suis même allé bien au delà de lui, après avoir pensé tout différemment. A d'autres égards, j'avais toujours été son disciple. Le principe si vigoureusement défendu par lui que, dans le sanscrit védique comme dans le sanscrit classique, chaque mot ne doit avoir en général qu'une signification maîtresse, est d'une logique si évidente et d'une conformité si sûre avec l'expérience linguistique, qu'il entraîne forcément l'adhésion de tout esprit non prévenu et de quiconque a réfléchi aux conditions fondamentales du langage et à l'aspect qu'elles présentent dans tous les idiomes.

L'application de ce principe si juste, quoique si méconnu par les commentateurs de l'Inde et, à leur imitation, par les exégètes européens du Véda, s'est traduite dans les travaux de Bergaigne par de fécondes conséquences ; c'est par là qu'il en est arrivé à constater et à mettre en lumière les particularités du style des hymnes et à donner en quelque sorte les règles propres à la solution des énigmes et des paradoxes qui constituent l'un des caractères les plus distinctifs et les plus fréquents de ce style.

A ces éminents services rendus à l'interprétation verbale du *Rig-Véda*, se joignirent ceux non moins importants et dont j'ai déjà parlé relatifs à la détermination du sens mythique et religieux des hymnes. Il a été l'un des premiers à voir, et le premier certainement à ériger en doctrine ce fait capital, qu'en général les chants védiques s'appliquaient au sacrifice et servaient à un but liturgique précis, au lieu d'être le reflet direct des émotions causées par le spectacle des phénomènes de la nature, et l'expression des sentiments qu'ils éveillaient dans l'âme des poètes qui les ont composés. Malheureusement, une grande partie des avantages qui pouvaient découler pour l'explication définitive du *Rig-Véda*, de cette intuition si vraie du sens général des hymnes ont été stérilisés par la conservation de quelques théories courantes, à l'égard desquelles Bergaigne eut le tort de ne pas montrer autant d'indépendance qu'il en apporta à séparer sur d'autres points le résultat de ses propres recherches des idées qui lui semblaient sujettes à revision parmi celles de ses prédécesseurs. La descente du feu, la descente du soma, sont tout particulièrement des conceptions qu'il aurait dû n'accepter de Kuhn que sous bénéfice d'inventaire. Ces premiers pas dans une voie qui n'était plus celle qu'indiquent les textes examinés sans idées préconçues, l'amenèrent à considérer (d'une manière plus contestable encore) le sacrifice terrestre comme ayant son prototype, pour les Hindous des temps védiques, dans un sacrifice mystique qu'accomplissent au ciel les divinités qui y résident. Cette hypothèse entraînait celle d'un double Agni et d'un double Soma à l'usage de ces deux sacrifices; et comme l'Agni céleste peut se confondre avec l'éclair et le Soma d'en haut avec la pluie, la théorie de Bergaigne se rejoignait par ce détour au naturalisme météréologique et orageux de Kuhn.

Il faut bien reconnaître, qu'à présenter les choses ainsi, l'invraisemblance du système devient au moins aussi grande qu'avec l'hypothèse du naturalisme direct contre lequel Bergaigne dans son ferme bon sens protestait si vivement. Quoi, les poètes védiques auraient eu constamment en vue, et d'un même coup d'œil, les phénomènes de l'orage considérés comme les éléments d'une liturgie céleste et mystique, et l'image ou le dédoublement à l'usage de la terre, de ces mêmes éléments dans leur emploi au sacrifice des hommes! Quoi, toutes les complications qui résultent de cette manière d'envisager le problème et dont les détails indéfiniment entrelacés rendent si fatigants et parfois si obscurs les exposés de la *Religion védique*, auraient occupé sans cesse le cerveau aux conceptions vraisemblablement très simples des sacrificateurs de l'époque védique! Quoi, tant de rapports subtils et éphémères, et n'ayant pour véhicule et moyen de conservation que des documents où tout n'est que figures et énigmes, auraient pu constituer une tradition religieuse uniforme et durable! L'impossibilité est manifeste et saute aux yeux avec tant de force qu'elle suffit pour infirmer *a priori* les déductions, à la vérité aussi habiles que savantes, mais d'une invraisemblance qui défie l'adhésion, du grand ouvrage de Bergaigne.

D'ailleurs, et à supposer qu'il ait pu fournir des preuves solides de sa théorie sur le domaine du texte des hymnes, était-il en droit d'écarter d'une manière aussi complète qu'il l'a fait la question des origines et des conditions de la religion indo-européenne, quand il s'agissait de fixer celles de la religion védique? Quel que soit le sentiment que l'on ait sur les rapports de détail qui règnent entre celle-ci et celle-la, il est impossible, à mon avis, d'en considérer l'ensemble respectif comme mutuellement indépendant, et dans ce cas toute explication qui ne concerne que l'une ou l'autre risque fort d'être démentie et détruite par un examen qui porterait à la fois sur l'une et sur l'autre.

Ces critiques expliqueront pourquoi je serai si souvent dans ce livre en désaccord avec Bergaigne, tout en reconnaissant qu'en général mes idées peuvent être regardées comme la suite logique de la plupart des siennes.

Dans tous les cas, les principes qu'il a établis et entourés de démonstrations sur la lexicographie et la rhétorique védiques, à côté des preuves si solides et si nombreuses qu'il a fournies du caractère liturgique des hymnes et de l'importance prépondérante du rôle qu'y jouent Agni et Soma, constituent, on ne saurait trop le redire, l'effort le plus puissant et le plus heureux qui ait été fait jusqu'à présent en Europe pour expliquer le Véda. Désormais tout ce qui, à ces différents égards, ne s'étaiera pas sur ses travaux sera frappé d'avance de stérilité et d'impuissance.

C'est ce dont vont nous fournir la preuve les *Vedische Studien* de MM. Pischel et Geldner, c'est-à-dire l'ouvrage le plus récent de quelque importance dont l'explication du *Rig-Véda* ait été l'objet en Allemagne. La méthode de ces savants est franchement rétrograde, en ce sens que, d'une part et contrairement aux tendances qui l'emportaient depuis plus de trente ans parmi les védistes, ils penchent à attacher aux explications des commentateurs hindous plus de valeur qu'elles n'en ont réellement, et que d'un autre côté, tout en rendant à Bergaigne l'hommage mérité de reconnaître sa science extraordinaire du texte des hymnes, ils n'ont adopté aucun des principes auxquels sont dus les progrès qu'il a fait accomplir à l'exégèse du *Rig-Véda*. J'ai montré plus haut l'insuffisance des preuves sur lesquelles ils s'appuient pour essayer de rendre à Sayâṇa une autorité éventuelle que Bergaigne, aussi bien que M. Roth, lui déniaient absolument. Il me serait plus facile encore de prouver que la multiplicité des acceptions qu'ils attribuent à certains mots védiques n'est pas plus admissible de leur part que dans les lexiques de M. Roth et de Grassmann.

Eux aussi, du reste, ont leur méthode, et c'est à elle que se rattache la cause de la plupart des assertions contestables qui provoquent la critique à chaque ligne de leurs *Études*. Cette méthode ils l'ont indiquée très nettement en déclarant que « le *Rig-Véda*, étant un document hindou, doit être compris et expliqué comme tel », que « toute la science des antiquités de l'Inde doit être mise au service de l'exégèse védique », que « le sanscrit classique est d'une haute importance à cet égard », que « pour établir le sens des mots védiques il faut remonter du connu (ou du sens classique) à l'inconnu, etc. »

Ce programme serait excellent, s'il nous était permis de croire qu'il n'y a pas eu de solution de continuité entre les spéculations védiques et la tradition des brâhmanes, et que celle-ci peut être considérée comme le développement naturel et régulier de celles-là. L'hypothèse affirmative a paru si évidente à MM. P. et G. qu'ils n'ont pas pensé qu'il valût la peine d'en essayer la démonstration, et pourtant rien n'est plus douteux.

A dire vrai, c'est le contraire seulement qui ressort de la comparaison des idées védiques, et j'entends par là exclusivement le contenu du *Rig-Véda*, avec celles dont toute la littérature postérieure nous offre le tableau. Dans leur ensemble, les conceptions brâhmaniques sont certainement issues de celles qui avaient cours au temps des hymnes du *Rig*; elles n'en descendent toutefois que par bâtardise, et à la suite de l'altération profonde du sens de ces dernières. Le brâhmanisme est un produit du védisme mal compris, c'est-à-dire commenté au hasard à une époque où le sens original en était perdu. Les brâhmanes ont expliqué et appliqué le Véda à peu près comme le moyenâge expliquait et appliquait les théories d'Aristote. En interprétant les hymnes au moyen de la littérature postérieure, on s'achemine vers des résultats aussi radicalement insuffisants et fautifs que ceux dont Albert le Grand serait l'inspirateur, s'il s'agissait de comprendre à son aide les doctrines du stagirite. Telle est pourtant la manière de procéder que préconisent MM. P. et G. C'est par là qu'ils ont été amenés à renchérir sur l'évéhmérisme de M. Ludwig, et à chercher l'explication du mythe de Purûravas et d'Urvaçî, non seulement dans le *Çatapatha-Brâhmaṇa* et le *Kâṭhaka*, mais jusque dans le *Mahâbhârata* et le *Viṣṇu Purâṇa*. C'est par là également qu'ils en sont arrivés à regarder les spéculations prétendues mystiques concernant Agni comme spécialement hindoues et toutes modernes, en oubliant que si le sacrifice avec le feu pour principal agent n'était pas d'origine indo-européenne, et n'avait pas dû donner lieu dès la plus haute antiquité à des formules du genre de celles que nous ont conservées les hymnes du *Rig*, les ressemblances que l'on constate entre la mythologie védique et celle de la Grèce, par exemple, deviennent inexplicables. Ils ont eu raison de remarquer à ce propos que des spéculations en question procède directement le mysticisme des *Brâhmaṇas*; mais il eut fallu ajouter que dans l'intervalle la tradition s'était rompue, et qu'en réalité ce mysticisme provenait de la rhétorique (incomprise) des hymnes.

Ces mêmes savants déclarent encore avoir eu pour but, sinon d'inaugurer du moins de reprendre après Bergaigne, mais sans « ses idées préconçues » et en s'autorisant du sentiment de M. Roth sur l'utilité de cette méthode, l'étude des points particuliers dont la réunion formera plus tard les bases de la science védique.

Mais ici aussi on peut se demander si ce n'est pas procéder à l'inverse de ce que requiert le sujet.

Les difficultés spéciales ne peuvent être résolues, dans la plupart des cas, que d'après une vue d'ensemble des idées védiques, et c'est s'enfermer dans un cercle sans issue de vouloir que cette perspective générale découle de la solution préalable des questions particulières.

En d'autres termes, si ces idées constituent un système, s'il est inadmissible *a priori*, et davantage encore après qu'on les a examinées, qu'aucun lien ne les rattache entre elles, c'est ce lien qu'il faut chercher d'abord. Peut-on le découvrir sans l'étude des détails? Certainement non. Mais il y a corrélation étroite entre ces détails et la conception d'ensemble dont ils dépendent. La justesse de ceux-ci et de celle-là, n'a guère d'autre garant que leur convenance mutuelle. Rien donc de plus illogique et de plus périlleux que de prétendre obtenir la solution générale du problème védique au moyen de la somme des solutions isolées auxquelles les questions qui s'y rattachent peuvent donner lieu.

Autant vaudrait dire que l'explication d'une phrase dépend exclusivement du sens isolé des mots qui la composent et que ce sens n'est pas solidaire de celui du contexte et réciproquement.

Du reste, MM. P. et G. n'ont pu échapper, malgré tout, à la nécessité inéluctable d'appuyer leurs explications de détail sur une base commune. Seulement, au lieu d'employer à cet effet une hypothèse plutôt mythologique comme MM. Max Müller et Kuhn, ou plutôt religieuse et liturgique comme Bergaigne, ils ont eu recours à la supposition que la civilisation brâhmanique, (langage, coutumes, institutions, etc.,) peut expliquer les parties correspondantes des idées contenues dans le *Rig-Véda*. La plupart de leurs déductions sont fondées sur ces prémisses, et je me permettrai d'ajouter qu'elles n'en sont pas plus exactes pour cela.

La tentative de MM. P. et G. est intéressante comme toutes celles dont l'originalité est sincère et accompagnée d'un savoir solide et étendu. Si cependant, et ainsi qu'il semble devoir en être, elle est destinée à un échec, l'honneur scientifique de ceux qui l'ont entreprise reste sauf, et leur exemple servira du moins à montrer la voie qu'il ne faut pas suivre, ce qui est encore un moyen d'indiquer la bonne.

CHAPITRE III

LES DÉTRACTEURS DU RIG-VÉDA

Les travaux des indianistes d'occident sur le *Rig-Véda* considéré isolément ou d'une manière interne, ont eu pour conséquence nécessaire la détermination de ses rapports avec l'extérieur. On s'est efforcé d'en fixer la date au moins relative; d'en juger le style, la composition et les conditions prosodiques d'après les données comparatives que pouvaient fournir les documents plus ou moins analogues dans la littérature universelle; d'en déterminer la portée au point de vue des origines de la religion et de la mythologie, surtout dans les nations de race indo-européenne; enfin, de lui attribuer la part qui lui revient dans le développement général de la civilisation de l'Inde.

A ces divers égards, il est souvent arrivé que les appréciations qui sont entrées dans la circulation scientifique ont été entachées d'exagération ou d'erreur. Dans ces dernières années surtout, la valeur des hymnes védiques a été maintes fois dépréciée de parti pris, soit que les censeurs fussent influencés par des considérations extra-scientifiques, soit que la compétence leur fit défaut, soit enfin que leurs impressions fussent superficielles et ne reposassent pas sur une intelligence suffisante des textes. Dans tous les cas, leurs jugements sont susceptibles d'appel et la vérité scientifique est trop intéressée à ce qu'on les revise pour qu'il me soit interdit de soumettre à un nouvel examen certaines questions touchant aux Védas, qui ont été tranchées ainsi d'une façon beaucoup trop sommaire.

Pour ce qui concerne l'âge du *Rig-Véda* ou plutôt la place qui doit lui être assignée dans la chronologie relative des documents intéressant l'histoire la plus ancienne de notre race, il y a longtemps déjà que M. Max Müller a prononcé le mot juste : « Il n'est rien, dit-il, qui nous reporte à une période plus primitive ou, si l'on aime mieux, plus enfantine dans l'histoire de l'homme[1] ». — « Dans le monde aryen, le Véda est indubitablement le plus ancien des livres. » — « Nous pouvons étudier dans le Véda une période de la vie intellectuelle de l'homme à laquelle il n'y a point de parallèle dans aucune autre partie du monde. » — « Cet antique recueil de chants sacrés met sous nos yeux, dans toute sa réalité, une période de l'histoire dont il ne nous reste en Grèce que des traditions ou des noms comme ceux d'Orphée et de Linus ; et dans le monde aryen, aucun document littéraire ne pourra jamais nous rapprocher des commencements du langage, de la pensée et de la mythologie plus que ne le fait le *Rig-Véda.* »

Tout cela est parfaitement exact, si l'on ne sous-entend pas que l'objet de ces antiques prières étaient surtout les phénomènes de la nature et qu'ils exposent les sentiments provoqués chez l'homme primitif par le spectacle des éléments en lutte les uns avec les autres, ou des corps célestes soumis aux révolutions qui les rendent alternativement visibles ou invisibles.

Bergaigne est le premier, à ma connaissance, qui en protestant vivement contre la tendance qu'on avait à voir dans les hymnes,

[1] *Essai sur l'Histoire des religions*, traduction française. M. Max Müller a rattaché à ce passage un emprunt à l'ouvrage de M. Mac Lennan *Primitive Marriage*, qui en précise à merveille la portée : « Dans la science du droit et des sociétés l'on entend par *vieux*, non pas ce qui est vieux au point de vue de la chronologie, mais ce qui l'est par rapport à sa place dans l'ensemble. Ce qui est le plus archaïque c'est ce qui se trouve le plus près du commencement du progrès humain considéré comme un développement ; et ce qui est le plus moderne, c'est ce qui s'éloigne le plus de ce développement. »

soit des éjaculations spontanées, soit des tableaux d'après nature, a préparé la voie à ceux qui devaient essayer d'en diminuer l'ancienneté [1]. A son avis, ces chants étaient consacrés surtout à des descriptions liturgiques et, comme tels, devaient être l'œuvre de collèges sacerdotaux en possession de rites traditionnels et de formules courantes. Presque en même temps que lui, MM. Whitney et Barth émettaient des opinions analogues. Cette nouvelle manière de voir fit rapidement son chemin.

En 1880, M. Barth déclare [2] à propos du premier volume de *la Religion védique* : « On sera mal venu, après ce livre, à parler de la naïveté toute primitive de cette poésie et de cette religion. Elles portent, au contraire, l'une et l'autre au plus haut degré la marque de l'esprit sacerdotal. Elles sont le fait de gens du métier : la langue est souvent une sorte de jargon maçonnique, qui devait n'être intelligible qu'à des initiés. »

M. Darmesteter *(Rapport annuel sur les travaux de la Société asiatique*, 1882-1883), affirme à son tour que les Védas perdent par suite de l'ouvrage de Bergaigne « beaucoup de l'autorité suprême et comme sacrée dont la science les avait d'abord investis » ; « qu'il n'est plus possible d'y voir la confession d'une humanité naissante » ; qu'en conséquence « l'histoire de la pensée indo-européenne se détache du joug de la pensée indienne » ; que « les Védas... ne sont plus que la pensée... de l'Inde... et non, comme on semblait le croire, les témoins presque directs de la période d'unité. »

Puis M. Barth reprend la parole [3] pour dire que « le Véda est considéré de plus en plus comme un livre hindou, et que l'opinion qui en faisait quelque chose comme le *prayer book* primitif de la race aryenne est en train de disparaître. »

1 Voir surtout le préambule de ses *Études sur le Lexique du Rig-Véda* dans le *Journal asiatique*.

2 *Revue de l'Histoire des Religions*, t. I, p. 265.

3 *Rev. de l'Hist. des Rel.*, t. XIX, p. 129. Cf., Pischel et Geldner, *Vedische Studien*. Préface, p. *xx.

Citons encore M. Lévi qui, dans un discours d'ouverture de conférences à la Sorbonne[1], émettait les assertions suivantes :

« La naïve simplicité des hymnes védiques se réduisit (après les travaux de Bergaigne) à des formules liturgiques ressassées, usées, souvent combinées sans art et même sans intelligence, monuments d'une religion savante, complexe, fortement organisée et déjà peut-être entrée en décadence. La nature divinisée cédait la place à des figures théologiques vagues, flottantes et confuses. »

Tout ce qui précède revient à dire que la perspective a changé et que les choses védiques se présentent à nos yeux sous un autre jour qu'il y a quelque quinze ans. Mais la différence d'aspect ne correspond pas, comme on paraît le croire, à une différence chronologique. Quand on laisse entendre que les travaux de Bergaigne ont eu pour résultat de rabaisser l'antiquité du *Rig-Véda* (car au fond, c'est bien ce qu'on veut dire) on suppose que la période *liturgique*, à laquelle il rapporte à bon droit la rédaction des hymnes, aurait été précédée d'une période *naturaliste* dont on croyait à tort auparavant que dépendaient ces antiques compositions. Mais cette succession hypothétique n'a rien de réel. Non seulement le culte des phénomènes naturels te de leurs agents n'a pas devancé, du moins de la manière dont on l'entend, celui des éléments du sacrifice, mais la déification du soleil, de la terre, du vent, des eaux, etc., a été postérieure à la religion d'Agni et de Soma. On peut dire même que les divinités cosmiques et météréologiques ne sont que les figures des divinités liturgiques et que celles-là ne se sont adjointes d'abord à celles-ci qu'à titre de doublets purement métaphoriques et verbaux. La prétendue adoration de la nature aux temps védiques n'est qu'une illusion produite par la phraséologie, ou plutôt par la rhétorique des hymnes. La méprise a duré autant et plus que la mythologie dont l'origine est due aux mêmes

[1] Publié dans la *Revue bleue*, numéro de mars 1890, sous le titre d'*Abel Bergaigne et l'indianisme.*

causes : les brâhmanes nous l'ont transmise, et ce n'est qu'à la suite de vigoureux efforts pour retrouver les idées sous les mots qui les masquent que nous pouvons secouer ce πρῶτον ψεῦδος.

Non, les conclusions de Bergaigne ne rajeunissent pas les hymnes ; elles contribuent simplement à les placer sous une vraie lumière, dans le milieu psychologique qui les a vus naître. Autrement, ils restent ce qu'ils étaient, c'est-à-dire les plus anciens documents littéraires conservés parmi les peuples de notre race, les témoignages les plus reculés de leurs croyances et de leurs pratiques religieuses[1], et les sources de la plupart des traditions demeurées à l'état d'ébauche ou développées par la religion, la littérature et la philosophie chez les Hindous.

Du reste, s'il paraît incontestable que les hymnes sont l'œuvre de prêtres-poètes dont le métier consistait, non seulement à les composer, mais à les employer au sacrifice, il ne s'ensuit nullement qu'il ne faille pas en faire remonter les premiers modèles à la période d'unité. Nous verrons que la mythologie grecque suppose une littérature antérieure, analogue à celle que constituent les *Saṃhitâs* védiques. On ne peut nier que ces recueils ne soient surtout hindous, mais on ne saurait se soustraire davantage aux raisons impérieuses qui nous obligent à les rattacher à des œuvres semblables dont la date appartient aux temps où les ancêtres des brâhmanes ne formaient qu'un peuple avec ceux des Perses, des Grecs, des Slaves, etc. Aussi le *Rig-Véda* est-il pour l'Inde et pour nous ce que la Bible est pour les Israélites et les nations d'origine sémitique : le *livre* ethnique et traditionnel par excellence.

Une question, qui n'est pas étrangère aux idées que l'on peut avoir sur la chronologie du *Rig-Véda*, est celle des conditions dans lesquelles ont été composés les hymnes qu'il contient et du

1 Aussi considéré-je comme très risquée cette assertion de M. Barth (*Rev. de l'Hist. des rel.*, t. III, p. 98) : « Parmi les croyances que nous trouvons en usage chez d'autres branches de la même famille, il en est plusieurs qui, à certains égards, ont conservé un caractère plus archaïque que lui (le Véda). » Il est permis de demander des exemples sûrs du fait ainsi affirmé.

style qui leur est propre. A ce double égard, le tour qu'a pris depuis quelques années la manière de voir des indianistes est assez indiqué par les déclarations suivantes que j'emprunte à MM. Whitney et Barth[1] :

« Ces hymnes, pris dans la masse, ne sont, en aucune façon, les expressions immédiates de l'adoration naïve et cordiale du croyant : au contraire, ils sont l'œuvre de poètes de profession, les produits, pour ainsi dire, d'une corporation poétique, et ne sont nullement dépourvus par là d'analogie avec l'œuvre des Meistersänger allemands. Une portion considérable du *Rig-Véda*, pour le dire en deux mots, est une pure « poésie machinale », d'origine artificielle, rapiéçage des lieux communs réunis par des combinaisons nouvelles, ou un remaniement de vieux thèmes, avec des allusions mystiques et inexplicables, des concetti tirés par les cheveux et une phraséologie pénible, qu'il est impossible de traduire en produisant un sens suivi, parce que cet élément y faisait défaut dès le commencement[2] ».

« Les rishis usent et abusent de ces rengaines consacrées (les formules védiques) ; ils jouent avec elles ; elles sont le jargon mystique, le patois de Chanaan de l'époque. Aussi, plus une association de mots est chez eux fréquente, moins elle est précise. Ajoutez que l'origine de ces formules a pu être d'un puéril à défier toute sagacité moderne[3]. »

Sur le premier point, je partage tout à fait l'avis de M. Whitney. Je pense avec lui que les hymnes védiques ne sont pas d'origine populaire, ne serait-ce que par cette raison que la foule anonyme désignée sous le nom de peuple n'a jamais rien produit de littéraire. A l'origine de tous les cycles poétiques la tradition ou l'histoire nous montrent, soit des individualités-types, soit des groupes d'auteurs organisés pour ainsi dire en corps de métier, qui donnent le branle à tout un développement de la lit-

1 Cf. Darmesteter, *Rapport annuel* dans le *Jour. de la Soc. asiat.*, 5e série, t. II.
2 Whitney, *Le prétendu hénothéisme du Véda*. (*Rev. de l'Hist. des rel.*, t. VI, p. 138).
3 Barth, *Rev. de l'Hist. des rel.*, t. XI, p. 41.

térature et le prolongent en l'enrichissant et en le perpétuant. C'est ainsi qu'en Grèce l'origine de la poésie remonte au mythique Orphée, à Homère qui ne l'est guère moins, aux homérides et aux rapsodes. La littérature du moyen âge en France et ailleurs ne découle pas davantage de la source vague que l'on décore volontiers du nom de conscience populaire : les trouvères, comme leur nom l'indique, en ont été tout à la fois les auteurs et les éditeurs, ou les vulgarisateurs. Les hymnes védiques ont dû se produire dans des conditions analogues ; destinés au culte, ils sont vraisemblablement l'œuvre de prêtres formant une corporation aussi bien à ce titre qu'à celui de poètes. Mais nous n'en induirons pas que ces hymnes sont moins anciens pour cela que s'ils émanaient l'on ne sait de quelle génération spontanée due à des ferments poétiques et mystiques épars chez les Aryens primitifs. Toute poésie suppose des poètes et, en assignant aux chants des rishis des auteurs déterminés, on ne les rapproche de nous qu'à la manière dont on fait descendre des nuages une idée vague que l'on parvient à rendre précise.

Le jugement porté sur le style des documents védiques paraît à première vue il est vrai, fournir un témoignage plus grave contre la haute antiquité de ces documents. A entendre le chœur des critiques qui ont été cités plus haut, on dirait qu'il s'agisse d'œuvres de décadence et empreintes d'un syncrétisme non sans analogie avec celui qui caractérise la littérature alexandrine. Quelle différence pourtant entre les causes de l'obscurité d'un Lycophron et celle des énigmes du *Rig-Véda!* Là, elle est due à l'épuisement de l'imagination qui, succombant sous le faix du savoir, substitue des combinaisons laborieusement fournies par la mémoire à celles du sentiment en rapport direct avec les objets qui le sollicitent.

Rien de pareil dans les compositions védiques. La pauvreté chez elles est dans le fond des idées, et la richesse dans la forme qui les revêt. Loin de se mouvoir parmi toute une galerie de souvenirs traditionnels dont elles se plairaient à entremêler les rapports, elles n'ont jamais en vue qu'un spectacle des plus simples, celui du sacrifice avec ses uniques éléments, le liquide et le feu qui servent à l'accomplir. Dans ces conditions, tout l'art du poète consistera à varier à l'infini la peinture d'un même tableau, ou l'expression d'un même objet. Sa tâche est d'amplifier et de nuancer sans relâche une matière essentiellement inféconde et monochrome. C'est de là que naîtra sa rhétorique et son esthétique. Il inventera et il développera en conséquence les procédés qu'on retrouve à l'aurore de toute littérature pour fertiliser la pensée naissante, comme ils reparaissent à son déclin afin de rendre une apparence de vie à sa sève épuisée. L'âme de tout l'art littéraire, la comparaison, apparaît ici sous ses formes les plus naïves (celles de l'allégorie, de l'énigme, du paradoxe, de l'antithèse, du calembour et de l'allitération) quand elles marquent un début, mais qui pourront sembler aussi ses aspects les plus raffinés et les plus vieillis, lorsqu'il s'agit d'une décadence ou d'une décrépitude dont les radotements rappellent les puérilités du premier âge.

N'en déplaise à MM. Whitney et Barth, tel n'est pas le cas de la poésie védique. Rien ne saurait mieux le prouver que la ressemblance des figures qui la caractérisent avec celles de la littérature dite populaire, c'est-à-dire les contes, les devinettes, les dictons et les proverbes. De part et d'autre, les procédés habituels du style sont les mêmes, et il est impossible à ce point de vue de refuser au voyant décor des idées des Védas le caractère profondément archaïque qu'on s'accorde à attribuer aux différentes manifestations du *folk-lore*.

Mais si, ni le style, ni l'origine sacerdotale des hymnes du *Rig* ne sont de nature à en placer l'âge à une assez basse époque, on n'en a pas moins essayé de tirer du fait qu'ils émanent sans doute d'un collège de prêtres une conséquence qui tend à en réduire l'importance. C'est ainsi que M. Barth pense qu'en raison de cette circonstance, les hymnes doivent « réfléchir une vue tout à fait particulière des choses[1] ». « Il y

[1] Préface de la traduction anglaise de son livre intitulé : *Les religions de l'Inde.*

a dans le *Rig-Véda*, affirme-t-il ailleurs [1], une doctrine, ou plutôt des prétentions à une doctrine raffinée, à une sorte de gnose, qui en pénètre toutes les parties, et que nous ne sommes pas autorisés à supposer chez le grand nombre. » Cette opinion du savant indianiste sur le caractère des doctrines védiques prouve surtout, à mon avis, que comme bien d'autres, il n'en a pas pénétré le vrai sens; c'est ce qui ressortira, je l'espère, du présent ouvrage. Mais, devrait-on admettre avec lui que les rishis avaient un ensemble de conceptions *sui generis*, qu'on n'en serait pas moins tenu d'en faire remonter l'origine à l'époque d'unité, sans quoi le parallélisme indéniable de la mythologie des Hindous et des Grecs devient absolument inexplicable. Il n'en est pas moins vrai non plus que, quand même le sens des hymnes ne correspondrait pas à des croyances populaires, il est devenu pourtant la base de toute la culture ultérieure de l'Inde aryenne. Dans une mesure bien plus large encore qu'Homère pour la Grèce, le *Rig-Véda* est la source d'où découlent non seulement la religion, la mythologie et la philosophie, mais encore les lettres, les sciences et les arts de l'Inde brâhmanique et bouddhique. A cet égard déjà, il conserve un prix infini qui s'accroît encore, si c'est possible, quand l'on songe à l'intérêt capital qu'il offre comme élément de comparaison linguistique, historique et religieuse dans le domaine indo-européen [2]. La véritable valeur en est donc considérable, en dépit du titre donné par M. Gaidoz à la série d'articles de *Mélusine* [3] dans lesquels il essaie de tirer

[1] *Revue de l'Histoire des religions*, t. XI, p. 45.

[2] M. Barth ne nie pas, il est vrai, que « les communautés d'alors aient adoré les dieux du Véda », mais il doute fort qu'elles les aient adorés comme ils le sont dans les hymnes. » — Les dieux du Véda étaient ceux du sacrifice et le sacrifice seul, qui constitue le fond de la religion védique, pouvait s'appliquer à leur culte. Ce culte paraît d'ailleurs avoir été si simple qu'il ne pouvait comporter que peu de divergences. C'est en se développant à l'époque brâhmanique qu'il a dû revêtir différentes formes plus ou moins orthodoxes. La pauvreté du rite durant la période védique est en quelque sorte un garant de son uniformité.

[3] *Les Védas réduits à leur juste valeur (Mélusine*, II, 64, seqq.).

Dans le numéro de *Mélusine* de juillet-août 1891, M. Gaidoz revenant sur *les Védas réduits à leur juste valeur*, se félicite, à propos d'un article de M. Lévi publié dans la *Revue critique* (nº du 23 mars 1891, de voir « qu'à peine née,

parti contre le Véda, soit de la théorie de M. Barth, soit des déclarations d'autres indianistes célèbres.

Mais les attaques les plus vives auxquelles le *Rig-Véda* ait été en butte lui sont venues précisément de M. Gaidoz et de l'école du *folk-lore*, dont il a été l'initiateur avec M. A. Lang. Ces MM. se sont particulièrement attachés à nier la valeur des hymnes considérés comme les sources de l'histoire de la mythologie indo-européenne, et leurs critiques s'expliqueront surtout par le fait qu'ils refusent de croire à l'existence indépendante de cette mythologie. Les raisons de leur scepticisme à cet égard s'appuient à leur tour sur les principes suivants auxquels se ramènent, d'après M. Goblet d'Alviella[1], les vues de M. Lang sur l'origine des mythes :

« 1° A l'époque où s'est formée la mythologie des peuples civilisés, ceux-ci se trouvaient dans un état social, moral et intellectuel analogue à celui qui s'observe directement chez les peuplades sauvages, et même jusqu'à un certain point parmi les esprits incultes des nations plus avancées.

« 2° Les mythes sont des tentatives primesautières d'expliquer les particularités des phénomènes, des êtres, des objets, des évènements, etc., mais ils gardent rarement leur forme originelle, soit qu'ils s'amalgament avec des histoires de sauvages

cette civilisation védique se dissout comme un mirage » et que « les jeunes sanscritistes qui abordent ces études avec un esprit frais et libre des anciens préjugés, adoptent du premier coup la méthode du *folk-lore*. » — On me permettra de douter que cette méthode, si méthode il y a, soit de quelque utilité en matière d'interprétation védique et surtout qu'elle serve à dissoudre les notions que l'on peut tirer des textes sur la civilisation des Hindous de l'époque des hymnes. En tout cas M. Lévi, dans l'article en question, a émis une assertion bien risquée en affirmant que, grâce à l'opuscule de M. Winternitz sur le *sarpabali*, « l'interprétation traditionnelle de l'exégèse indienne se trouve confirmée *une fois de plus* par les recherches des indianistes modernes. » En général, les travaux de ceux-ci ont eu pour résultat le plus clair d'infirmer les données de celle-là, et si le mémoire de M. Winternitz fait exception, c'est que l'auteur n'a pas hésité sans doute à expliquer l'antérieur par le postérieur. Les brâhmanes procédaient invariablement, ainsi : rien d'étonnant qu'une étude conçue d'après leur méthode, malgré ce qu'elle a d'illogique, aboutisse à justifier les parties les plus aventureuses des spéculations qu'ils nous ont transmises.

[1] Compte rendu de *Myth, Ritual and Religion*, par M. A. Lang (1887), dans la *Rev. de l'Hist. des Rel.*, t XVII.

sans rime ni raison, soit qu'ils se laissent rattacher aux aventures de n'importe quel personnage réel ou imaginaire. »

On comprend comment, d'une part, en partant de ces principes, de l'autre, en croyant constater l'analogie des mythes prétendus indo-européens avec ceux de la plupart des peuples sauvages des deux continents, les chefs de l'école du *folk-lore* ont été amenés à s'inscrire en faux contre toutes les théories qui attribuent une origine ethnique et un développement particulier à l'ensemble de la mythologie des peuples aryens. La mythologie solaire préconisée par M. Max Müller a particulièrement excité leur verve railleuse. Mais les idées très mitigées de Bergaigne n'ont pas été beaucoup plus de leur goût, et les documents védiques où l'un et l'autre avaient puisé leurs arguments n'ont à leurs yeux qu'une importance fort surfaite. Ce n'est pas là, à les en croire, que peuvent se trouver les éléments d'un système digne de ce nom. Ces éléments sont partout où il y a des mythes, et c'est seulement après les avoir recueillis en tous les lieux où ils se rencontrent, qu'on possédera les matériaux nécessaires pour en dresser la nomenclature complète, en établir les rapports exacts et en rédiger la véritable histoire. Jusque là, il faut mettre un frein à son imagination et suspendre son jugement.

En thèse générale, ces préceptes sont tout à fait scientifiques et tout à fait recommendables ; seulement, dans le cas particulier, ils ont le tort d'être fondés sur une notion insuffisante des documents en cause.

Quand M. Lang affirme, par exemple, que « la difficulté du sujet (à savoir l'explication de l'origine des mythes) tient surtout à ce que nous ne pouvons obtenir aucun renseignement *historique* relativement à l'origine de la croyance aux dieux et aux démons[1] », il nous permet de le prendre en flagrant délit d'information inexacte sur le contenu des hymnes védiques et le développement de la mythologie postérieure dans l'Inde. Dans les *Saṃhitâs* et les *Brâhmaṇas*, nous assistons à la nais-

1 *Rev. de l'Hist. des Rel.*, t. XIII, p. 199.

sance d'une foule de dieux dont l'origine toute verbale est manifeste. Quant aux démons, ils y éclosent sous nos yeux dans des conditions analogues et tout aussi évidentes. La mythologie hindoue considérée à ce point de vue, a donc une histoire souvent très positive et très sûre.

L'induction et la comparaison nous permettent même de la faire remonter en beaucoup de cas jusqu'à la période dite indo-européenne ou d'unité. Va-t-on nous interdire, pour des raisons purement théoriques, de tirer des conclusions que la pratique des documents jointe aux indications de la saine logique nous autorisent à considérer comme exactes ? Et quelle étrange prétention de la part de savants qui dédaignent l'étude du sanscrit de vouloir juger, souvent contre ceux dont c'est le métier de les connaître, de la valeur des renseignements contenus dans les ouvrages sanscrits où se trouvent les sources de la mythologie !

Je ne crois pas plus que MM. Lang et Gaidoz à la justesse des théories de M. Max Müller, et je n'admets celles de Bergaigne qu'avec la permission d'en rejeter la bonne moitié, mais je maintiens contre eux la possibilité de tirer du Véda un système mythologique à peu près complet et la nécessité d'étudier le développement indépendant des fables indo-européennes, si l'on veut en avoir le secret et échapper à l'aveuglante confusion d'une méthode qui consiste à faire un bloc des choses les plus disparates et les plus hétérogènes.

Les folk-loristes sont avant tout des collectionneurs. Leur curiosité est du genre de celle du numismate dont la principale ambition est d'enrichir son médaillier, ou du botaniste qui s'applique à réunir le plus grand nombre possible de spécimens de plantes diverses. Rien de plus légitime et de plus utile même qu'une semblable passion. C'est à elle qu'on devra un jour l'achèvement du musée psychologique de l'humanité : l'anthropologie ne terminera sa tâche qu'avec son concours. Le trésor des traditions et des légendes, des dictons et des proverbes, des superstitions et des croyances, des chants populaires et des poèmes ébauchés de tous les peuples de la terre, est une richesse dont la valeur philosophique et philologique est du plus haut prix. Les fureteurs patients et sagaces qui, comme les directeurs de *Mélusine*, consacrent tous leurs soins à l'augmenter, méritent bien de la science et de la civilisation dont ils préparent l'histoire. Mais, de grâce, qu'ils se contentent d'un domaine dont l'immensité devrait pourtant leur suffire. Ils nous enveloppent, soit : nous n'en sommes pas jaloux. Nous leur demanderons seulement, nous qui leur aiderions volontiers à exploiter comme ils l'entendent leur vaste métairie, la liberté de cultiver notre jardin. Il a ses limites qui garantissent nos titres en les précisant; qu'on nous laisse recueillir les fruits qui lui sont propres et sur lesquels nous croyons avoir des droits.

Pour parler sans métaphore et conclure en deux mots, MM. Lang et Gaidoz feraient sagement d'admettre, à côté de l'étude de la mythologie générale, celle des mythologies particulières : en s'obstinant à nier la légitimité de sciences sur lesquelles il est trop facile de montrer qu'ils ne sont pas toujours suffisamment renseignés, ils s'exposent à diminuer le crédit de leurs critiques même dans ce qu'elles ont de juste et de bien fondé.

CHAPITRE IV

DÉTERMINATIONS NOUVELLES DU SENS DE QUELQUES MOTS VÉDIQUES

Avant de justifier par des emprunts faits aux textes védiques l'interprétation nouvelle que j'ai l'intention d'en proposer, je suis tenu de fournir les raisons particulières du droit dont j'userai à cet effet de modifier dans un grand nombre de cas le sens de certains mots souvent très importants. Au chapitre premier, j'ai déjà touché à cette question d'une manière générale à propos du peu d'autorité que mérite la tradition en pareille matière. J'y reviens, mais surtout pour entrer dans les détails et appliquer à plusieurs autres vocables la méthode dont je me suis servi pour rectifier la signification faussement attribuée au mot *âji*.

Dans l'état actuel de la science, la lexicographie du *Rig-Véda*, pour ce qui regarde le sens des mots, repose principalement sur les documents et les travaux suivants.

Pour l'Inde :

Le *Nirukta* de Yâska [1] avec le commentaire des *Nighaṇṭavas* ;

Les *Prâtiçâkhyas*, surtout celui du *Rig*, [2] et la grammaire de Pâṇini ; [3]

Le commentaire de Sâyaṇa sur les hymnes du *Rig* ;

[1] Une nouvelle édition par le paṇḍit Satyavrâta Sâmaçramî a commencé de paraître dans la *Bibliotheca indica*, en 1882.

[2] Publié pour la première fois par A. Régnier. Paris, 1856-1858.

[3] Éditée en Europe par M. Böhtlingk en 1839-1840.

Celui de Mahîdhara sur la *Vâjasanéyi-Saṃhitâ*, publié par M. Weber (1852).

Pour l'Occident :

La partie védique du *Sanskrit-Wörterbuch* de MM. Böhtlingk et Roth (1852-1875).

Le *Wörterbuch zum Rig-Veda* de Grassmann (1873);

Le *Glossar für Wortbedeutung* qui forme une partie du sixième volume du grand ouvrage de M. Ludwig (1888) ;

Les *Études sur le lexique du Rig-Véda* de Bergaigne, dans le *Journal asiatique* (années 1883-1884). Ce travail n'a pas été poussé au delà de la lettre *a*.

Les *Vedische Studien* de MM. Pischel et Geldner (1889).

Le caractère personnel, sinon arbitraire, des principes qui ont servi de base aux explications contenues dans ces ouvrages résulte, en ce qui concerne l'Inde ancienne et abstraction faite des raisons qui ont été exposées déjà au chapitre premier, de la polémique qui s'éleva entre Yâska et Kautsa fondée sur l'assertion de ce dernier que les hymnes védiques n'avaient pas de sens, alors que Yâska répondait que la faute n'est pas à la poutre, si l'aveugle ne la voit pas ; pour les travaux modernes dus aux savants d'occident, soit de la méthode avouée de M. Roth qui, au dire d'un de ses élèves « a établi l'exégèse du Véda sur une base large et solide en s'efforçant de déterminer la signification de mots isolés au moyen de l'étymologie fondée sur la grammaire et la comparaison de tous les passages que des raisons de sens et de forme permettent de rapprocher entre eux, non sans tenir compte des données de la tradition [1] ; » — soit des déclarations d'indépendance de Bergaigne, et particulièrement de celle que j'ai rapportée ci-dessus (p. 30, note 1).

Par conséquent, Yâska dès la haute antiquité, MM. Roth et Bergaigne de nos jours, ainsi que tous les commentateurs du Véda qui sont venus dans l'intervalle, n'ont reconnu à personne le droit de leur imposer la signification *ne varietur* des mots védiques. Ils ne l'ont pas *apprise*, mais dans un grand nombre

[1] Kaegi, *Der Rigveda*, p. 14.

de cas ils l'ont *déduite* de considérations de différentes sortes dont il appartient aux indianistes d'apprécier la valeur.

Procédant d'une manière semblable à la leur ne serait-ce que par la raison qu'au point de vue scientifique et critique il n'en existe pas d'autre, je soumets au jugement des mêmes arbitres les rectifications auxquelles ce chapitre est consacré. Quelque hardies qu'elles paraissent, le principe dont elles se réclament n'a rien de particulièrement téméraire, puisque la plupart de mes devanciers en ont déjà fait usage. L'essentiel est de les appuyer dans la pratique sur de solides raisons, et c'est ce que je vais essayer de faire.

I. — Dérivés de la racine *pṛc* [1].

Le sens premier de la racine *prac-pṛc* n'est pas « mêler » (*Dict. de S.-P.*) ni « remplir » (Grassmann), mais bien « verser répandre, arroser, faire couler, affluer, abonder ».

Je me bornerai pour le prouver aux deux exemples suivants :

RV. ɪɪ, 37, 5,

pṛṅktáṃ havîṅṣi mádhunâ

« (Vous deux, Açvins) versez (faites couler) les libations au moyen de la (liqueur) douce. »

ɪ, 23, 16,

pṛñcatîr mádhunâ páyaḥ

« (Les mères) qui font couler la boisson au moyen de la (liqueur) douce. »

Pṛkš

Tout le monde est d'accord pour donner à cet ancien adjectif

[1] Pour **spṛc*, = cf. lat. *spargo*, *a-spergo*; sk. *parjánya*; allemand *springen*. = Variantes, *pṛç*, *pṛš*. — Sur la fausseté de l'hypothèse des deux séries de gutturales, voir *Revue de Linguistique*, t. XXI (1888)

verbal, qui se présente sous la forme d'une variante de la racine *pṛc*, le sens de « nourriture, nourriture liquide, liquide du sacrifice. » La signification primitive est « ce qui coule, verse, abonde, etc. ».

Pṛšṭá et *pṛšṭhá*.

Ces deux mots dépendent de la racine *pṛš* à titre de participes passés; le premier, avec le suffixe habituel *ta*, le second avec la forme archaïque *tha* du même suffixe. L'un et l'autre signifient « versé, coulé, arrosé » et, substantivement, « le (liquide) versé, le liquide ».

Pṛšṭá ne se trouve employé isolément comme participe que dans trois passages du RV. Les interprètes ne sont pas d'accord d'ailleurs sur l'origine et la signification du mot. Tandis que Grassmann le rattache à la racine *pṛch* « demander, implorer », M. Roth *(Dict. de S.-P.)* le fait dépendre de *sparç* « toucher », avec le sens de « suspendu, s'attachant à ». Tous les deux sont dans l'erreur, comme nous allons le voir en examinant les trois passages où le mot se rencontre.

I, 98, 2,

pṛšṭó diví pṛšṭó agníḥ pṛthivyā̂m
pṛšṭó víçvâ óšadhîr ā̂ vivéça,
vàiçvânaráḥ sáhasâ pṛšṭó agníḥ
sá naḥ... pâtu...

« Agni arrosé a pénétré dans le jour, Agni arrosé a pénétré dans la large (l'eau), dans toutes les plantes. Qu'Agni Vaiçvânara arrosé nous protège avec la force (l'eau fortifiante de la libation.) »

La répétition de *pṛšṭás* au deuxième pâda sans qu'il soit accompagné d'un mot au locatif qui pourrait lui servir de complément, est la preuve sûre qu'au premier pâda les locatifs *diví* et *pṛthivyā̂m* dépendent de *vivéça* et non pas de *pṛšṭás*.

Cf. d'ailleurs la construction du vers VII, 5 2 (pâda 1, cité ci-dessous).

III, 49, 4,

dhartā́ divó rájasas pr̥ṣṭá ū́rdhváḥ

« Indra-Agni) qui porte le jour (qui est) sombre (en même temps) [1], qui s'élève tout droit (quand il est) arrosé. »

VII, 5, 2.

pr̥ṣṭó divi dhāyy agníḥ pr̥thivyā́m

« Agni arrosé a été établi dans le jour (et) dans la large. »

C'est grâce aux libations qu'il a développé ses flammes et qu'il entoure le soma.

Le composé *pr̥ṣṭábandhu* qui sert d'épithète à Agni (RV. III, 20, 3) a provoqué les mêmes divergences d'interprétation. Pour Grassmann, c'est « celui qui demande, désire ses amis », mais pour M. Roth « celui dont toute une parenté dépend ». Le vrai sens est « celui qui a pour ami le versé, » c'est-à-dire le liquide (de l'oblation), ou « celui dont l'ami (le soma) a été versé. » Cf. *amr̥tábandhu*, « l'ami de l'ambroisie ».

Pr̥ṣṭhá figure dans des composés beaucoup plus nombreux où il aurait d'une manière générale, selon tous les interprètes, le même sens qu'employé isolément à savoir celui de « dos [2] ». Ainsi *ghr̥tá-pr̥ṣṭha*, épithète d'Agni dans six ou sept passages du RV., signifierait « (le feu du sacrifice) dont le dos est enduit de beurre ». C'est une erreur certaine, ne serait-ce qu'en raison de ce que le beurre qui alimente le feu personnifié est sous ses pieds et non sur son dos. En réalité, l'expression signifie « arrosé par le beurre ».

[1] Peut-être faut-il construire *rájasas* avec *ū́rdhvás* et traduire « qui s'élève au-dessus du *rájas*, du liquide sombre, non allumé. »

[2] Ce sens a très probablement été conjecturé d'après l'expression *diváḥ pr̥ṣṭhá* comprise comme signifiant « la surface ou le dos du ciel »; même explication pour l'attribution d'un sens identique à *sā́nu*, à cause de la formule *diváḥ sā́nu*; cf. aussi l'expression *divo várṣman*

Au vers x, 30, 8, c'est la prière (*háva*) ou le crépitement de la liqueur du sacrifice au contact des flammes, qui est dite « arrosée de beurre ».

Tout voisin pour le sens est le composé *mádhupṛšṭha*, « arrosé de liqueur douce », épithète du cheval-soma au vers ix, 89, 4.

Le sens de ces composés à acceptions passives est du reste confirmé par le parallélisme de celui de leurs correspondants à sens actif.

C'est ainsi qu'auprès de *ghṛtápṛšṭha*, « arrosé par le beurre », on a *ghṛtapṛç*[1] et *ghṛ́taprúš*[2], « qui arrose avec du beurre », et auprès de *mádhupṛšṭha*, « arrosé de liqueur douce », *mádhupṛ́c*[3], « qui arrose avec de la (liqueur) douce. » *Vītápṛšṭha* doit s'expliquer, d'après l'analogie de *ghṛtápṛšṭha*, par « celui qui est arrosé par la (liqueur) distribuée », et non pas par « celui dont le dos est uni, plain », en parlant d'un cheval (Roth, Grassmann). Ce composé sert d'épithète au cheval du sacrifice i, 162, 7 ; aux chevaux (ou taureaux) des Açvins i, 181, 2 ; aux chevaux d'Indra iii, 35, 5, et viii, 6, 42 ; aux chevaux du soleil, v, 45, 10. Dans tous ces exemples, le cheval ou les chevaux en question représentent les libations enflammées qui, dès l'instant où on les personnifie, peuvent être considérées comme arrosées ou baignées par le soma, lequel est désigné par l'un de ses nombreux synonymes (*ghṛ́tá*, *mádhu*, *vītá*, etc.).

Le sens de *vītá* dans le composé *vītápṛšṭha* est inséparable d'ailleurs de celui qu'il présente au vers iv, 2, 11, où l'on a cru voir surtout la justification de l'acception de « droit, plain, uni » qui lui est attribuée en composition. Mais ce passage a été mal compris, comme je vais essayer de le montrer en faisant suivre le texte ci-dessous d'une interprétation motivée :

çittim ácittim cinavad vi vidvā́n
pṛšṭhéva vītā́ vṛjinā́ ca mártān

1 Épithète du couple *dyâvâpṛthivî*, VI, 70, 4.

2 Épithète des libations, I, 45, 1; VI, 44, 20; VII, 47, 1; *Vâlakh.* 11, 4.

3 Épithète d'Agni, II, 10, 6.

Il faut d'ailleurs en rapprocher cette partie du vers I, 70, 6,

etā̃ cikitvo bhū̃mâ ni pâhi
devā̃nâṃ jánma mártâñç ca vidvā̃n

et de x, 89, 3,

vi yáḥ pṛšṭhéva jánimâny..
indraç cikā̃ya..

L'idée commune à ces trois passages est qu'Agni (ou Indra) a vu, connu *(cinavad, cikitvaḥ, cikâya)*, lui qui est intelligent *(vidvā̃n)*, l'allumage (ou) l'absence d'allumage des libations *(cittim ácittim)* ce qui correspond à la naissance des dieux (Soma et Agni) *(devā̃nâṃ jánma, jánimâni)* ou à leur mort, c'est-à-dire au fait de ne pas naître[1]. Les allumages ou les non-allumages, à savoir la naissance ou la non-naissance des dieux, sont du reste considérés par le sage Agni (ou Indra) comme *(iva)* des (liqueurs) versées *(pṛšṭha)* qui sont distribuées *(vītá)* par les sacrificateurs, ou qui sont détournées, retenues *(vṛjiná)*; selon qu'elles le sont ou qu'elles ne le sont pas, il y a allumage ou non, naissance ou absence de vie pour les dieux.

Tripṛšṭhá.

Selon M. Roth, « qui a ou comprend trois dos, trois éminences ou trois surfaces. » Peut-être, ajoute-t-il, cette épithète qui s'applique au soma, a-t-elle rapport aux trois places où se trouve cette liqueur, à savoir le ciel, les montagnes et le lieu du sacrifice du soma. Pour Grassmann, *tripṛšṭhá* se dit au figuré des chars, des taureaux, des chevaux, mais surtout en tant que le soma est comparé à ces animaux et considéré comme com-

[1] Au vers IV, 2, 11, il faut construire

cittim (= jánma) cinavad... mártân

« Il a vu l'allumage (qui engendre les dieux et) les morts », c'est-à-dire les dieux qui auraient pu naître, mais qui ne sont pas nés, qui sont comme morts. Explication semblable pour I,70,6 (4e pâda).

posé de trois matières laiteuses qui se recouvrent ou se mélangent ensemble; cf. l'expression *tryâcir*.

D'après Bergaigne (*Rel. véd.*, I, 179), *tripṛṣṭhá* signifie « (le soma) qui coule de trois plateaux, et il faut entendre par là les trois mondes, comme le prouve le vers IX, 86, 27, qui place le troisième plateau de Soma en haut du ciel. »

Le texte auquel renvoie Bergaigne est conçu en ces termes :

tṛtī́ye pṛṣṭhé ádhi rocané diváḥ

et signifie réellement : « Dans le (liquide) versé, dont il y a trois, qui se trouve dans le (feu) brillant du jour (= Agni) ; » c'est-à-dire dans le soma où s'alimente Agni dont les flammes sont comme le jour, = soma qui est versé ou offert en libation trois fois quotidiennement, le matin, à midi et le soir. Nous sommes fixés par là sur la valeur du composé *tripṛṣṭhá* dans les différents passages où il se rencontre comme au vers —

VII, 37, 1,

abhí tripṛṣṭháiḥ sávaneṣu sómaiḥ. . . . pṛṇadhvam

« Rassasiez-vous de soma dans les libations où il coule trois fois. »

IX, 62 17,

tám tripṛṣṭhé. . . . rá́the yuñjanti

« Ils attellent (le cheval-soma) au char formé par la (liqueur) versée trois fois (chaque jour).»

IX, 71, 7,

vṛ́ṣā tripṛṣṭhó anaviṣṭa gā́ abhí.

« Le taureau (=soma) qu'on arrose trois fois (auquel on donne trois fois par jour à boire) a mugi vers les vaches (a crépité quand on a enflammé les libations-vaches). »

Aux vers IX, 90, 2, et IX, 106, 11, c'est encore le taureau-soma et le cheval-soma qui sont qualifiés de *tripṛṣṭhá*.

Un seul exemple de composé védique où le mot *pṛ́šṭhá* entre comme premier terme nous est fourni par l'expression *pṛ́šṭha-yájvan* appliquée à la troupe des Maruts et que Grassmann rend par « celui qui sacrifie au sommet (du ciel) » ; le vrai sens est, conformément à tout ce qui vient d'être vu, « celui qui sacrifie avec le *versé*, à savoir l'oblation liquide ou le soma. »

Arrivons aux cas où le mot *pṛ́šṭhá* n'entre qu'employé isolément et comme substantif avec le sens de « liquide ». Dans deux passages déjà cités, IV, 2, 11, et IX, 86, 27, nous avons vu qu'il y avait lieu de lui donner ce sens, au lieu de celui de « dos, surface, sommet » que lui attribuent à l'envi, en s'appuyant sur la tradition brâhmanique, les lexicographes et les exégètes d'Asie et d'Europe. Nous ne nous en laisserons pas imposer par un consensus qui repose en dernière analyse sur la tradition en question dont nous connaissons la valeur, et qu'on ne saurait considérer en tous cas comme infaillible.

Les exemples suivants sont destinés à montrer qu'en général dans le RV. le sens de (« liquide) versé » est le seul qui convienne au mot *pṛ́šṭhá*.

I, 125, 5,

nā́kasya pṛ́šṭhé ádhi tišṭhati çritó
yáḥ pṛṇā́ti

« Il (Agni) est arrivé et s'élève sur le liquide du ciel (c'est-à-dire celui d'Agni même comparé au ciel à cause de son éclat) lui qui s'en rassasie. »

Il est certain qu'il s'agit ici du sacrifice terrestre et qu'on ne saurait entendre « sur le dos (c'est-à-dire, au sommet) du ciel. »

Même formule et même expression au vers IX, 83, 2. [1]

âçávo divás pṛ́šṭhám ádhi tišṭhanti cétasâ

[1] Si ce n'est que *ádhi sthâ* y est construit avec un accusatif, au lieu de l'être avec un locatif.

« Les rapides (les flammes d'Agni) s'élèvent au moyen de leur éclat sur le liquide du ciel. »

IX, 69, 5,

ámṛktena rúçatâ vãsasâ hárir
ámartyo nirṇijânáḥ pári vyata,
divás pṛšṭhám barhánâ nirṇije kṛto-
pastáraṇám camvór nabhasmáyam

« Le cheval (-soma) immortel a revêtu pour s'embellir un vêtement brillant, non comprimé; il s'est fait, pour embellir au moyen de la force (le breuvage fortifiant) la liqueur du ciel, une couverture qui tire son origine des eaux...,. »

Le vêtement brillant dont s'enveloppe le cheval-soma, ou dont il enveloppe la liqueur du ciel, c'est-à-dire encore lui-même, sont les flammes d'Agni. M. Geldner (*Ved. Stud.*, 134) rend, il est vrai, le troisième pâda par les mots : « Il a fait du dos du ciel (?) un objet de toilette »; mais le sens ainsi obtenu n'a aucun rapport avec le contexte et implique l'absence invraisemblable de complément pour le mot *nirṇije,* « pour embellir, orner ».

Le même savant rapproche à bon droit de notre passage le deuxième hémistiche du vers IX, 71, 1,

hárir opaçám kṛṇute nábhas páya
upastire camvór bráhma nirṇije

mais ici encore sa traduction est inexacte. Il faut entendre : « Le cheval-soma se fait une coiffure (Agni) pour couvrir le liquide qui est le lait (et) pour orner la force (la liqueur fortifiante) qui vient des deux *camús.* »

Il s'agit toujours du Soma personnifié, et distingué du soma-liqueur, que les flammes d'Agni viennent entourer d'une enveloppe brillante quand a lieu le sacrifice. M. Geldner est tout à fait à côté du sens quand il veut qu'il soit question ici de la prière considérée comme l'ornement de l'oblation. J'ajoute que je vois dans *nábhas páyas* le complément de *upastíre*, comme dans *bráhma* celui de *nirṇíje*.

II, 13, 4,

rayím iva pṛṣṭhám̥ prabhávantam âyaté

« Il (Indra) s'avance vers la libation qui se présente (à lui) comme si c'était la richesse. »

IV, 5, 6,

bṛhád dadhâta dhṛṣatā́ gabhîrám̥
yahvám̥ pṛṣṭhám prấyasâ saptádhâtu

« (O Agni) tu as rendu grande et profonde, au moyen d'une (boisson) ardente (et) agréable, la (liqueur) versée qui était petite et qui provient de sept dons. »

Agni a élevé dans les airs au moyen de ses flammes le Soma composé de sept libations, et distingué (en tant que personnifié) de la liqueur du sacrifice à laquelle il est identique et qui est censée le nourrir.

Grassmann, qui n'a pas compris ce passage, proposait de lire *pṛṣṭám* au lieu de *pṛṣṭhám*.

V, 7, 5,

abhî̃m áha svájenyam
bhū̃mâ pṛṣṭhéva ruruhuḥ

« Vers celui qui doit naître d'eux (Agni), les producteurs (les Somas) se sont avancés comme des ruisseaux[1]. »

Grassmann, sans souci d'obtenir un sens satisfaisant, a traduit : « Les êtres (?) ont monté sur lui (Agni), comme sur des sommets (de montagne). »

[1] On pourrait traduire aussi : « Comme (on s'avance) vers des breuvages. »

v, 36, 2,

ā te hánû harivaḥ çûra çipre
rúhat sómo ná párvatasya pṛšṭhé

« Le Soma, ô héros Indra, est arrivé à ta mâchoire, à tes lèvres, comme dans le courant d'une rivière. »

Le Soma est personnifié et assimilé, comme c'est si souvent le cas, à un cheval ou à un taureau qui se baigne dans les libations.

vi, 24, 6,

ví tvád āpo ná párvatasya pṛšṭhād
ukthébhir indrânayanta yajnaiḥ

« Les eaux sont tirées de toi, ô Indra, au moyen des hymnes (et) des sacrifices, comme du courant d'une rivière[1]. »

La formule *párvatasya pṛšṭhá* dans ces deux passages est probablement une de celles qui a contribué à la fausse attribution du sens de « dos, éminence, etc », au mot *pṛšṭhá* à la suite de l'attribution, également fausse, du sens de montagne à *párvata*. On a été porté naturellement à croire que le *pṛšṭhá* d'une montagne ne pouvait être que sa croupe, son sommet ou son dos.

Au vers v, 61, 2, le poète s'adressant aux Maruts et après avoir demandé où sont leurs chevaux, se répond à lui-même :

pṛšṭhé sádaḥ

« (Leur) siège est sur le liquide (du sacrifice). » — Ils sont pour ainsi dire à cheval sur lui.

Cf., l'épithète *pṛšadaçva* dont il sera question plus loin.

vi, 75, 5,

pṛtanâç ca sárvâḥ
pṛšṭhé ninaddho jayati prásûtaḥ

1 Je construis, tout en traduisant un peu approximativement : *tvád pṛšṭhâd* (les deux mots sont apposés) *āpo ná*, etc.

Ce passage ne saurait viser qu'Agni fils (*prásûta*) des libations (*pṛtanâ*)[1] et qui les conquiert en s'attachant à leur courant (*pṛṣṭhá*), ou en développant ses flammes sur les ruisseaux qu'elles forment.

Au vers VIII, 89, 5, celui qui est seul assis (*ékam ấsînam*) sur le liquide *pṛṣṭhé*) de l'agréable (*haryatásya*, — le Soma sans doute), est Agni.

On ne saurait d'ailleurs séparer de ce passage le vers X, 123, 2,

samudrấd ûrmím úd iyarti venó
nabhojấḥ pṛṣṭhám haryatásya darçi

« Le désireux (Agni), le fils de l'onde, élève (au moyen de ses flammes) le flot de la mer (des libations) ; le courant du désirable (Soma) est apparu. »

IX, 14, 7,

pṛṣṭhấ gṛbhṇata vâjinaḥ

« (Les flammes) ont saisi les liquides de celui qui a le *vấja*[2] (les eaux des libations où se baigne le cheval-soma). »

I, 115, 3,

bhadrấ áçvâ haritaḥ sûryasya....
namasyánto divá ấ pṛṣṭhám asthuḥ

« Les chevaux favorables, brillants, du soleil (Agni comparé au soleil) se courbant vers la liqueur du jour (destinée à Agni), se dressent (au-dessus d'elle). »

Les flammes d'Agni se courbent pour envelopper la libation et pourtant elles s'élèvent et la dominent.

[1] Le sens de ce mot sera discuté plus loin.

[2] Le Soma personnifié qui possède le *vâja* ou la liqueur fortifiante du sacrifice. La fréquente identification du *sóma-vâjin* à un cheval, a fait attribuer à l'épithète *vâjin* le sens de « cheval », mais sans que l'étymologie et la signification réelle du mot n'y soient pour rien.

III, 2, 12,

vaiçvânaráḥ pratnáthâ nãkam ãruhad
diváš pṛšṭhám bhándamânaḥ sumánmabhiḥ

« (Agni) Vaiçvânara est monté au ciel comme autrefois en éclairant (ou, peut-être, en enveloppant) la liqueur du jour avec celles qui ont de bonnes idées (les flammes qui crépitent). »

I, 166, 5,

yát tvešáyâmâ nadáyanta párvatân
divó vâ pṛšṭham náryâ ácucyavuḥ

« Lorsque ceux dont la marche est rapide (les Maruts) ont fait retentir les courants (de la libation) ou qu'ils ont mis en mouvement le liquide du jour, eux les ardents. »

IX, 36, 6,

ã divás pṛšṭham açvayúr
gavyayúḥ soma rohasi.

« O Soma, désireux de chevaux [1], de lait de vache, tu montes sur la liqueur du jour. »

Le Soma personnifié est considéré comme avide de la liqueur qu'il représente et à laquelle il est uni.

IX, 102, 3,

pṛšṭhésv érayâ rayim

« Fais couler la richesse dans les liqueurs (du sacrifice). »

IX, 66, 5,

táva çukrãso arcáyo
divás pṛšṭhé vi tanvate

1 Les chevaux en question sont les liqueurs du sacrifice transformées en flammes, qui sont comme les coursiers de Soma ou d'Agni.

« Tes flammes brillantes (ô Soma) s'étendent dans la liqueur du jour. »

I, 58, 2,

átyo ná pr̥ṣṭhám pruṣitásya rocate
divó ná sā̃nu stanáyann acikradat

« Pareil à un cheval (qui se plonge dans les eaux) le liquide du baigné (du Soma) brille (quand il est enflammé); il hennit d'une manière retentissante comme le courant du jour. »

Comparaison alternative : le Soma est d'abord comparé à un cheval, puis le cheval est comparé au Soma qui crépite au contact du feu.

I, 164, 10,

mántráyante divó amúṣyá pr̥ṣṭhé
viçvavidam vā̃cam....

« Elles (les libations enflammées) font entendre dans la liqueur de ce jour (Agni) une voix qui connaît tout. »

VIII, 26, 24,

açvápr̥ṣṭham

« La liqueur du cheval-soma, (celle dans laquelle il se baigne). »

IX, 22, 5.

eté pr̥ṣṭhā̃ni ródasor
viprayánto vy ā̃naçuḥ

« Ces (somas) en s'avançant ont atteint les liqueurs des deux brillants (d'Agni et de Soma réunis [1].)

L'adjectif *pr̥ṣṭhyá*, dérivé de *pr̥ṣṭhá*, signifie « porté sur le dos », d'après Grassmann, ou « qui est sur le haut, qui vient du

[1] Le sens de *ródasī* sera déterminé plus loin.

haut », d'après M. Roth. Le sens réel est « qui concerne la liqueur du sacrifice ». — Exemples :

IV, 3, 10.

aktáḥ pùmâñ agníḥ páyasâ pṛṣṭhyèna

« Le mâle Agni est rendu brillant par le lait de la libation. »

IV, 20, 4.

ìndra... sám ándhasâ mamadaḥ pṛṣṭhyéna

« O Indra, tu t'es enivré avec la liqueur de la libation. »

Pṛkšá.

D'après M. Roth, « rapide, agile » ou encore « pointillé, moucheté » ; d'après Grassmann, « rafraîchissant, nourrissant » et, comme substantif, « cheval, bête de somme » ; d'après M. Ludwig, tantôt « impétueux », tantôt « cheval, aliment, nourriture, etc. ».

Le véritable sens de *pṛkšá* est le même que celui de *vṛ́šan* « celui qui arrose, répand, verse. » C'est en général une désignation du taureau ou de l'étalon du sacrifice = Soma, considéré comme fécondant (verseur ou arroseur), en ce sens qu'il donne naissance à la flamme d'Agni.

Ce mot a été étudié par M. Pischel (*Ved. Stud.*, 96 seqq.). Je reprends les différents passages où on le rencontre dans l'ordre qu'il a suivi pour les examiner.

I, 129, 2.

pṛkšám átyam; — cf. IX, 80, 3 : *átyaḥ... vṛ́šâ*

M. Pischel : « Un cheval rapide. »

II, 34, 3.

pṛkšáṃ yâtha pṛ́šatîbhiḥ samanyavaḥ

« D'un commun accord (ô Maruts), vous allez au Soma (personnifié sous les traits d'un *pṛkšá átyaḥ* ; cf. de nouveau IX, 80, 3) avec les *pṛ̂šatîs*. »

M. Pischel fait de *yâ pṛkšám* une sorte de locution verbale à laquelle il donne le sens d' « aller rapidement ».

IV, 45, 1,

pṛkšâso asmin (ráthe)... tráyaḥ

« A ce char sont trois (chevaux) *pṛkšás* ». — Cf. VI, 29. 2 : *áçvâso vṛ̂šaṇaḥ*

IV, 45, 2,

pṛkšâso mádhumantaḥ... áçvâsaḥ

« Des chevaux *pṛkšás* qui sont faits de (liqueur) douce. » — Cf. le même passage.

M. Pischel : « Les chevaux rapides » (dans les deux passages).

A rapprocher et à expliquer de même :

VII, 37, 6, *pṛkšáḥ... árvâ* ; — VI, 8, 1, *pṛkšásya vṛ̂šṇaḥ* ; — VII, 60, 4, *pṛkšâso mádhumantaḥ* ; — cf. IV, 45, 2.

I, 63, 3,

vṛjáne pṛkšá âṇaú

Formule très obscure, étant donné l'incertitude où l'on est le vrai sens du mot *âṇi*. Toutefois *vṛjána* (cf. *ûrj*, *ûrjânî*) paraît être un nom du soma auquel *pṛkšá* serait apposé.

III, 4, 7,

saptá pṛkšâsaḥ. — Cf. V, 45, 9, *saptâçvaḥ*

Dans tous ces passages, M. Pischel considère *pṛkšá* comme un adjectif ayant le sens de « rapide » ; mais ce n'est qu'une possibilité entre beaucoup d'autres, et qui ne trouve aucun appui dans l'étymologie.

Dans le vers suivant (x, 93, 10) *pṛkšá*, d'après M. Pischel, aurait quitté le sens adjectif de « rapide » pour devenir un substantif et signifier « force »,

aišu dyâvâpṛthivî dhâtam mahád asmé
vîréšu viçvácaršaṇi çrávaḥ,
pṛkšáṃ vẫjasya sâtáye
pṛkšaṃ râyótá turváṇe

Il traduit en conséquence : « O ciel et terre, donnez à nos héros de la force pour la conquête de la richesse, de la force pour l'acquisition du bien. »

La véritable construction n'a pas été vue ; comme toujours, ou presque toujours, la phrase formée par le deuxième hémistiche *pṛkšáṃ vẫjasya*, etc., est indépendante dans ses éléments essentiels de celle que constitue l'hémistiche précédent. Dans celui-ci, le couple *dyẫvâpṛthivî̃* est prié de faire certains actes sur lesquels nous allons revenir ; le but en est exprimé par la deuxième partie du vers dont le vrai sens est : « Pour acquérir (ou pour que vous acquériez) le (soma) verseur de *vẫja* (ou de la nourriture liquide qui constitue la libation), pour s'emparer (ou pour que vous vous empariez) du (soma) verseur par le moyen de la richesse [1] (c'est-à-dire dont la richesse consiste dans les dons ou les libations qu'il répand)... »

Le sens, la construction et les expressions sont presque les mêmes qu'au vers IX, 7, 9,

asmábhyaṃ rodasî rayím
mádhvo vẫjasya sâtáye,
çrávo vásûni sáṃ jitam

[1] L'instrumental *râyâ*, régime de *pṛkšám*, a une valeur significative analogue à celle du génitif *vâjásya* au pâda précédent.

On peut en effet établir ces rapports entre le texte de l'un et celui de l'autre :

asmábhyam = *asmé* ; — *ródasî* = *dyâvâpṛthivî* ; — *ádhâtam* = *sáṃ jitam* ; — *rayím mádhvo vā̃jasya sâtáye* = *pṛkšám... turváṇe* ; — *çrávo vásûni* = *maháḍ... viçvá-çaršaṇi çrávaḥ*.

Je traduis ainsi IX, 7, 9 :

« Emparez-vous, ô *rodasi*, de la liqueur, des biens, afin d'acquérir la richesse (ou la possession) de la douce nourriture qui vient de nous. »

Et X, 93, 10,

« Placez, ô *dyâvâpṛthivî*, la grande liqueur qui coule partout, et qui est à nous, dans ces vigoureuses (flammes), pour acquérir, etc. »

Dans le premier cas, le couple des deux *ródasîs* doit, pour s'en enrichir, s'emparer de la libation que lui offrent les sacrificateurs. Dans le second, le couple *dyā̃vâpṛthivī̃* est invité à enflammer la libation pour obtenir le même résultat.

Pour le 2e hémistiche de X, 93, 10, la traduction de M. Pischel est fautive :

1° Parce qu'elle fait dépendre, en lui donnant un faux sens, *pṛkšám* (3e pâda) de *ā̃ dhâtam* et non de *sâtáye* ;

2° Parce qu'elle fait dépendre *vā̃jasya*, en lui donnant un faux sens, de *sâtáye* et non de *pṛkšám* ;

3° Parce qu'elle fait dépendre toujours en lui donnant un faux sens, *pṛkšám* (4e pâda) de *ā̃ dhâtam* et non de *turváṇe* ;

4° Parce qu'elle fait dépendre, en attribuant à l'instrumental une valeur casuelle qu'il ne saurait avoir, *râyā̃* de *turváṇe* et non de *pṛkšám*.

Même sens de « force » pour *pṛkšá*, selon M. Pischel, au vers X, 28, 3,

pácanti te vṛšabhā̃ṅ átsi téšâm
pṛkšéṇa yán maghavan hûyámânaḥ

qu'il traduit ainsi : « On fait griller pour toi les taureaux dont tu manges, ô Maghavan, quand tu es invoqué *avec force* (c'est-à-dire, à haute voix). »

Les taureaux qu'on fait cuire sont les somas enflammés par les sacrificateurs et Indra est appelé *par* le *pṛkšá*, ou ce même taureau-soma, dont les crépitements de la liqueur allumée représentent la voix.

Ici encore, M. Pischel est obligé d'ôter à l'instrumental sa valeur significative habituelle et trahit par là l'erreur où il est tombé.

II, 1, 15,

pṛkšó yád átra mahinā̃ vi te bhúvad
ánu dyā̃vâpṛthivī̃ ródasî ubhé

Traduction du premier hémistiche par M. Pischel : « Quand *la force* se manifeste ici, etc. » — Le vrai sens est : « Lorsque le (soma) verseur s'est manifesté ici (ou en toi) par ta grandeur (celle d'Agni) selon (en prenant la forme de) *dyā̃vâpṛthivī̃*, les deux (êtres) brillants. »

Le couple en question est considéré comme la manifestation de Soma et d'Agni.

Dans les passages suivants *pṛkšá* signifierait « éclat » ou, adjectivement, « brillant » :

I, 127, 5,

tám asya pṛkšám úparâsu dhîmahi

Traduction Pischel : « Puissions-nous obtenir *son éclat*.... » Vrai sens : « Plaçons l'arroseur de celui-là (Agni) dans celles qui sont au-dessous (les eaux du sacrifice). »

Quand le sacrifice doit avoir lieu, le Soma personnifié est pour ainsi dire déposé par les sacrificateurs dans les liquides destinés aux libations qu'il féconde.

I, 141, 2,

pṛkšó vápuḥ pitumã́n nítya ã́ çáye
dvitī́yam ã́ saptáçivâsu mâtṛšu

« Le (Soma) verseur, qui donne à boire, repose constamment dans un être brillant (Agni) ; il repose (aussi) dans un second (le liquide) qui est dans les sept mères propices (les libations). »

Le Soma (personnifié) est à la fois dans Agni et dans les libations.

M. Pischel se borne à dire que, dans ce vers, *pṛkšá* a le sens de « brillant. »

X, 65, 4,

pṛkšã́ iva mahá́yantaḥ surâtáyo
devã́ḥ

« Les dieux (les libations enflammées) qui ont de beaux dons (pour Agni), pareils à des arroseurs qui font grandir (celui qui est l'objet de leurs dons). »

M. Pischel construit *surátayas* avec *pṛkšã́s*, et dit que la comparaison porte sur les chevaux (*pṛkšã́s* = les rapides) qui gagnent pour leurs maîtres le prix à la course et les enrichissent ainsi : c'est une explication de pure fantaisie.

Au vers II, 13, 8, il est plus que douteux que *pṛkšá* soit employé comme nom propre (Grassmann, Pischel, etc.). Selon toute vraisemblance, il s'agit encore là du Soma personnifié.

Composés dans lesquels entre le mot *pṛkšá*.

1° *pṛkšáyâma*, au vers I, 122, 7,

stušé sã́ vâṃ varuṇa mitra râtír
gávâṃ çatã́ pṛkšáyâmešu pajré

M. Pischel donne au composé en question le sens de « qui effectue des sacrifices *brillants*, c'est-à-dire considérables, importants, » et traduit ainsi ce passage : « Loué soit ce don qui vient de vous, ô Mitra et Varuṇa (lequel consiste) en cent vaches pour les Pajras (nom propre) qui font de beaux sacrifices. » — Cette traduction est tout à fait inexacte. Le sens réel est : « Le don qui vous est destiné, ô Mitra (et) Varuṇa (et qui consiste en) centaines de vaches (c'est-à-dire leur lait) placées dans le fort (Soma), lequel est dans celles qui ont le verseur pour véhicule (les libations), se fait entendre[1] (crépite au contact des flammes). »

Le Soma est assimilé à du lait nourricier et distingué, en tant que personnifié, des libations qui le composent. Ici, il est destiné au couple Mitra et Vâruṇa.

2° *pṛkšáprayaj*. — D'après M. Pischel, « qui sacrifie d'une manière brillante, c'est-à-dire richement. » — Au vers III, 7, 10, ce composé qualifie les flammes du sacrifice comparées à des aurores qui éclairent le riche *(revát)*[2], c'est-à-dire qui allument le soma. Le sens de *pṛkšáprayaj* est évidemment, « qui offre en sacrifice le (soma) verseur ou arroseur », épithète qui convient parfaitement aux flammes d'Agni.

Pṛ́çni.

Au point de vue grammatical, ce mot est un dérivé de **pṛ́çan* *(pṛç'n-i)*, participe présent de la racine *pṛç*, doublet de *pṛ́c* « arroser ». Le sens étymologique est donc « celui ou celle qui arrose. » Dans le *Rig-Véda*, le mot *pṛ́çni* désigne en général la libation comparée à une vache qui répand son lait (le soma) pour arroser le sacrifice et, plus précisément encore, pour servir d'aliment à Agni ou à ses flammes.

Celles-ci sont souvent personnifiées sous le nom de Maruts *(mar-vant)*, probablement « les brillants », de la même racine

[1] Ou, « vous appelle, vous célèbre ».
[2] Est-il besoin de dire que je ne considère pas ce mot comme employé ici dans un sens adverbial?

que contient le grec *μαρμαίρω*, etc. Les Maruts seront ainsi, tout naturellement, les fils de la Pṛçni, ou ceux qui l'ont pour mère (*pṛçnimâtaras* : RV. I, 23, 10; 38, 4; 85, 2; 89, 7; V, 57, 2 et 3; 59, 6; VIII, 7, 3 et 17; IX, 34, 5).

Le vers II, 34, 2, développe le sens de cette épithète.

rudró yád vo maruto rukmávakšāso
vṛšā́jani pṛçnyā̂ḥ çukrá ū́dhani

» Quand le taureau Rudra (le rouge (?) = le Soma) vous a engendrés, ô Maruts à la poitrine brillante, dans la blanche mamelle de la Pṛçni. »

C'est de la mamelle de la libation comparée à une vache, que sort la liqueur dont s'alimentent les flammes d'Agni. Dès l'instant où il y a génération, on suppose le concours d'un mâle et d'une femelle; et comme celle-ci est la (vache) Pṛçni, celui-là sera le taureau-Soma. On prend sur le fait dans des passages semblables l'origine de la mythologie védique.

Aux mêmes associations d'idées se rattache l'explication des passages suivants :

I, 160, 3,

dhenúṃ ca pṛçniṃ vṛšabháṃ surétasam... dukšata

« Il (le sacrificateur ou, plutôt, Agni) a trait (pour obtenir la liqueur du sacrifice) la vache Pṛçni et (ou, lequel est) le taureau à la bonne semence. »

I, 164, 43,

ukšā́ṇam pṛçnim apacanta vîrā́ḥ.

« Les forts (probablement les flammes d'Agni personnifiées) ont fait cuire la Pṛçni (qui est) un taureau. » — Forme paradoxale de l'idée exprimée plus haut. La libation=vache considérée au féminin ou comme mère, ou le taureau-Soma sous une forme masculine en tant que père d'Agni, servent à volonté, si on les identifie l'une à l'autre, à alimenter le feu du sacrifice.

v, 52, 16,

prá yé... pṛçnim vócanta mâtáram

« Eux (les Maruts) qui ont appelé la Pṛçni (qui est) leur mère. »

v, 58, 5,

pṛçneḥ putrâḥ .. marútaḥ

« Les Maruts, fils de la Pṛçni. »

vi, 66, 3,

pṛçniḥ subhvè gárbham âdhât

« La Pṛçni a donné un fœtus (Agni dont les flammes sont les Maruts) à celui qui a de belles productions (Rudra = Soma, nommé à l'hémistiche précédent). »

i, 168, 9.

ásûta pṛçniḥ... tveśám,.. marútâṃ ánîkam

« La Pṛçni a produit (ou fait couler) le visage ardent (ou, la flamme qui est le visage) des Maruts. »

v, 60, 5,

sudúghâ pṛçniḥ... marúdbhyaḥ

« La Pṛçni qui a du bon lait (bonne nourrice) pour les Maruts. »

Dans tous les passages qui suivent, la Pṛçni est exclusivement la vache-libation.

i, 84, 11 et viii, 58, 3,

sómaṃ çrîṇanti pṛçnayaḥ

« Les Pṛçnis arrosent (ou allaitent) le Soma ; » — c'est-à-dire le Soma offert par les sacrificateurs est pareil à un veau que des vaches nourriraient de leur lait.

D'après Bergaigne (*Rel. Véd.*, II, 397) il faudrait traduire, « celles qui *cuisent* le Soma », dans le ciel ; mais c'est par erreur qu'on a attribué le sens exclusif de « cuire » à la racine *çrî*. Il est facile de voir, surtout par les expressions comme *góbhiḥ çrîtáḥ*, VIII, 71, 5, etc., que le sens en est parfois le même que celui de la rac. *çri*, « aller vers ».

VIII, 6, 19,

imā́s ta indra pṛ́çnayo
ghṛtáṃ duhata âçíram

« Ces Pṛçnis qui sont à toi (qui te fournissent le Soma), ô Indra, ont fait couler une traite (de lait) qui est le ghṛta. »

X, 105, 10,

çriyé te pṛ́çnir upasécanî bhû́t

« La Pṛçni a été celle qui a répandu (son lait) pour ton éclat (ô Indra). »

II, 2, 4,

pṛ́çnyâḥ patarám

« (Agni) l'oiseau (qui s'élève) de la Pṛçni. »

II, 34, 10,

citráṃ tád vo maruto yā́ma cekite
pṛ́çnyâ yád ū́dhar ápy âpáyo duhúḥ

« Votre marche, ô Maruts, a brillé de tout son éclat lorsque les Apis (autres personnifications des flammes d'Agni) ont trait la mamelle de la Pṛçni. » — Agni ne s'élève sur l'autel que quand les libations l'alimentent.

IV, 3, 10,

áspandamâno acarad vâyodhâ
vṛ́šâ çukrám duduhe pṛ́çnir ū́dhaḥ

« Le taureau (Soma) qui procure la nourriture (à Agni) a marché sans changer de place (paradoxe avec allusion aux mouvements des libations enflammées) ; la Pṛçni a fait couler la brillante mamelle (autre paradoxe ; habituellement on trait la Pṛçni, tandis qu'ici c'est elle qui est censée traire une mamelle qui fournit le lait auquel elle est identifiée.) »

IV, 5, 7 et 10,

Le *cā́ru pṛ́çneḥ* dont il est question dans ces deux passages est évidemment, et comme l'a bien vu Grassmann, « le (lait) agréable » de la Pṛçni, c'est-à-dire le soma ou la liqueur des libations.

V, 47, 3,

mádhye divó nihitaḥ pṛ́çnir áçmâ
vi çakrame rájasas páty ántau

Série d'antithèses et de paradoxes. La Pṛçni, ou la libation-vache, placée au milieu du jour ou du ciel (c'est-à-dire d'Agni comparé au jour à cause de son éclat) est une flèche (*áçmâ*), parce qu'elle est sortie en le fendant, en le traversant (*vi cakrame*), du *rájas* ou de l'obscurité (des eaux de la libation, avant leur contact avec le feu), et quoiqu'au milieu (d'Agni) elle voit (*pâti*) les deux bouts (*ántau*), le point de départ et le point d'arrivée des flammes d'Agni dont elle est la nourricière [1].

VI, 6, 4,

bhramás te... vi bhâti. . . ádhi sā́nu pṛ́çneḥ

[1] On peut entendre aussi, « elle voit les deux extrémités du *rájas* », c'est-à-dire le point où il cesse d'être obscur et celui où il commence d'être brillant : cf. le duel *rájasî*.

« Ta course errante, ô Agni, brille sur le courant[1] (de la libation) qui vient de la Pṛçni. »

VI, 48, 22,

pṛ́çnyâ dugdhám sakṛ́t páyas
tád anyó nā́nu jâyate

« Le lait trait de la Pṛçni est né de concert (avec les autres éléments du sacrifice dont il est question au précédent hémistiche) ; ce n'est pas un autre (élément) qui est né après lui (c'est-à-dire qu'Agni qui en est issu n'en diffère pas essentiellement. » La naissance d'Agni est solidaire de celle de Soma et réciproquement. L'un ne naît pas indépendamment de l'autre. A *sakṛ́t* qui, selon l'étymologie, signifie « qui agit de concert, simultanément », se coordonne *ánu*, « après, à la suite de ».

VI, 66, 1,

sakṛ́c chukrám duduhe pṛ́çnir ū́dhaḥ

« De concert avec lui (celui qui grossit en buvant son lait, — Agni), la Pṛçni a fait couler la brillante mamelle. » — Cf. ci-dessus IV, 3, 10.

VII, 35, 13,

çam naḥ pṛ́çnir bhavatu devágopâḥ

« Favorable nous soit la Pṛçni qui a les dieux pour bergers. » — Soma et Agni (les dieux) sont les bergers de la Pṛçni ; ce sont eux qui jouissent de son lait.

VII, 56. 4,

étā́ni dhī́ro niṇyā́ ciketa
pṛ́çnir yád ū́dho mahī́ jabhā́ra

[1] Voir plus loin la discussion sur le sens de *sânu*.

« Le sage (Agni) a éclairé ces choses obscures (les libations), quand la grande Pṛçni (lui) a présenté sa mamelle. »

VIII, 7, 10,

trī̃ṇi sárânsi pṛ́çnayô
duduhré vajrṇe mádhu

« Les Pṛçnis ont fait couler trois lacs (allusion aux trois moments du sacrifice) de leur doux (lait) pour celui qui porte le vajra (Indra). »

IX, 83, 3,

árûrucad ušásaḥ pṛ́çniḥ

« La Pṛçni a fait briller les aurores (c'est-à-dire les flammes d'Agni pareilles à des aurores). »

En composition, le mot *pṛ́çni* a le même sens qu'employé isolément.

X, 123, 1,

ayáṃ venáç codayat pṛ́çnigarbhâḥ
. . . . . rájaso vimẫne

« Ce Véna (Agni) a fait aller celles qui ont la Pṛçni pour matrice (ou les fœtus de la Pṛçni = les eaux de la libation) dans l'édifice du *rájas* (ces mêmes eaux considérées comme sombres, dont les flammes d'Agni font comme une construction). »

VII, 18, 10,

pṛ́çnigâvaḥ pṛ́çnini prešitâsaḥ
çruštiṃ cakrur niyúto rántayaç ca

« Les attelages et les rafraîchissements (d'Agni) qui ont la Pṛçni pour vaches, envoyées par la Pṛçni, (lui) ont obéi. » — Les libations sont les attelages d'Agni et en même temps sa boisson.

Pṛšat.

Le mot *pṛšat*, au féminin *pṛšatî*, est proprement le participe présent de la racine *pṛš*, doublet de *pṛc* et de *pṛç*, « arroser, verser. » Il est par conséquent synonyme de *vṛšan* et de *pṛkšâ* et ne signifie nullement « moucheté », selon l'interprétation courante.

Dans sept passages du *Rig-Véda* (I, 87, 4 ; I, 89, 7 ; I, 186, 8 ; II, 34, 4 ; III, 26, 6 ; V, 42, 15 ; VII, 40, 3) les Maruts (les flammes d'Agni) reçoivent l'épithète de *pṛšadaçva*, « ceux qui ont le cheval *pṛšat* », c'est-à-dire qui sont en quelque sorte montés sur le soma, comparé à un cheval qui *répand* sa semence. De même que le *pṛšat* est le soma, ou la libation désignée sous un nom masculin, la *pṛšatî* ou les *pṛšatîs* sont la libation ou les libations désignées au féminin.

Au vers I, 39, 6, le poète dit aux Maruts :

ùpo ráthešu pṛšatîr ayugdhvam

« Attelez les Pṛšatîs à vos chars » ; — c'est-à-dire, mettez vos flammes en mouvement au moyen des libations. La même formule se présente sous une forme identique, ou avec de légères variantes, aux vers I, 85, 4 et 5 ; II, 34, 3 ; III, 26, 4 ; V, 55, 6 ; V, 57, 3 ; V, 58, 6 ; V, 60, 2 et VIII, 7, 28.

Aux vers I, 37, 2 ; I, 64, 8 et II, 36, 2, les Maruts apparaissent au moyen des *pṛšatîs* qui sont des *ṛštis*, c'est-à-dire des eaux de la libation comparées à des cavales qui prennent les formes de lances (de feu).

Au vers I, 162, 21, le mot *pṛšatî* est apposé à *hárî* (duel) qui, comme on le sait, désigne généralement les deux chevaux d'Indra.

Enfin, aux vers VIII, 54, 10 et 11 les Pṛšatîs dorées, sur la grande quantité desquelles le sacrificateur a placé le brillant, le haut, le large, l'or étincelant (Agni), sont évidemment, comme partout du reste, les libations qui vont s'allumer sur l'autel.

Pṛšat en composition :

Pṛšadâjyá, au vers x, 90, 8, est l'oblation *coulante*(la libation) qui est issue du sacrifice dont le Purušа est le symbole.

Pṛšadyoni, au vers v, 42, 1, qualifie *l'asura* qui produit le *máyas*, sans doute le soma, « celui qui a la coulante pour matrice ».

Pṛšadvat, « celui qui a la (liqueur) coulante », épithète du *barhis* au vers vii, 2, 4.

Pṛt

Employé seulement au locatif pluriel *pṛtsú* ou, avec le redoublement du suffixe, *pṛtsúšu*. — Tous les interprètes donnent à ce mot le sens de « combat ». Sa véritable signification est « libation » ; selon toute probabilité, *pṛt* pour * *pṛts* est une forme dentalisée de *pṛkš* [1].

Quelques exemples suffiront à la démonstration de cette hypothèse.

i, 27, 7.

yám agne pṛtsú mártyam
ávâ vãješu yám junãḥ,
sá yántâ çáçvatîr išaḥ

« O Agni, le mortel que tu favorises dans les libations, que tu pousses dans les nourritures, celui-là (t') offre de constantes boissons ».

Le parallélisme de *pṛtsú* et de *vãješu* montre ici en toute évidence que ces mots sont synonymes, et comme *vãja* signifie sû-

[1] Cf. le changement si fréquent des gutturales finales en linguales et la transformation en grec du ξ final en ζ comme dans κλείς (pour *κλειζ) auprès de κλᾴξ. — L'argument à tirer contre le sens proposé de celui des formes zendes correspondantes est sans valeur, étant donné qu'en général le zend a été expliqué par le sanscrit.

rement et exclusivement « nourriture » ou « boisson nourrissante », la même acception s'impose pour le mot *pṛt*.

Une signification semblable convient aux passages suivants qui s'expliquent les uns par les autres.

VIII, 15, 4 (cf. VIII, 50, 3),

tám te mádam gṛṇîmasi
vṛšaṇam pṛtsú sâsahim

« Nous célébrons la liqueur qui t'est destinée, (elle qui est) un taureau (cf. le taureau-soma) qui puise sa force dans les libations. » — Cf. III, 37, 6 : *vâješu sâsahir bhava*.

VIII, 9, 13,

yát pṛtsú turváṇe sáhaḥ

« La force pour surmonter (ou vaincre) qui réside dans les libations ». — Cf. le composé de forme anormale *pṛtsutúr*, III, 37, 7.

VI, 73, 2,

pṛtsú sâhan

« (Indra) puisant des forces dans les libations. »

VI, 46, 8,

amitrân pṛtsú turváṇe

« Dans les libations (qui donnent de la force) pour surmonter les ennemis ».

I, 64, 14 (cf. II, 26, 1),

pṛtsú duštáram

« Difficile à surmonter (quand il est) dans les libations (où il puise sa force) ».

viii, 57, 9 (cf. viii, 81, 11),

jáyema pṛtsú

« Soyons victorieux (en prenant des forces) dans les libations (ou les breuvages). »

ix, 8, 8,

sáho naḥ soma pṛtsú dhâḥ

« O Soma, donne nous la force (qu'on trouve) dans (tes) breuvages. »

v, 9, 7 (cf. v, 10, 7 ; v, 16, 5 ; v, 17, 5).

edhí pṛtsú no vṛdhé

« Sois-nous à croissance dans les boissons, » — c'est-à-dire, « rends-nous forts quand nous buvons le soma », interprétation que confirme absolument i, 91, 10 :

sóma tvám no vṛdhé bhava

« O Soma, sois-nous à croissance! »

Le composé *pṛtsuti* signifie en conséquence « les productions (ou les coulées) de soma ».

i, 110, 7,

abhí tiṣṭhema pṛtsutîr ásunvatâm

« Emparons-nous des coulées de soma de ceux qui ne les font pas couler (qui les refusent pour le sacrifice). »

Le dérivé *pṛ́tanâ* a le même sens que *pṛ́t*.

x, 128, 1,

pṛ́tanâ jayema

« Conquérons des boissons » ; — et non pas « remportons des victoires ». — Cf. ci-dessus viii, 57, 9.

VIII, 50, 12,

pṛ́tanâsu sâsahím

« Qui prend des forces dans les libations. » — Cf. ci-dessus les formules, *pṛtsú sâsahím* et *vā́jeṣu sâsahíḥ*

I, 91, 21,

áṣâḻhaṃ yutsú pṛ́tanâsu

« Invincible dans les combats (quand il a pris des forces) dans les libations. »

Composés dans lesquels entre *pṛ́tanâ* :

Pṛtanâṣáh et *pṛtanâṣā́h*, « qui puise des forces dans la libation », et non pas « qui l'emporte sur l'armée ennemie » (Roth, Grassmann, etc.), — épithète du taureau-soma I, 175, 2 (cf. ci-dessus VIII, 15, 4), d'Agni III, 29, 9, d'Indra X, 103, 7.

Pṛtanâṣā́hya, « le fait de prendre des forces dans la libation. »

Pṛtanâháva, « le cri ou le crépitement des libations au contact du feu. »

Pṛtanā́j; — au vers IX, 87, 5, les somas sont comparés à des chevaux « qui amènent les libations » *(pṛtanā́jo átyâḥ)*.

Pṛtanā́jya, « offrande qui consiste en libations. »

VIII, 12, 25,

yád indra pṛtanā́jye
devā́s tvâ dadhiré puráḥ

« Lorsque les dieux, ô Indra, t'ont fait aller en avant dans la libation. »

Dérivés de *pṛ́tanâ* :

Pṛtanâyú et *pṛ́tanyú*, « ceux qui désirent la libation » et, par conséquent, les rivaux d'Indra, — même sens fondamental que *vâjayú*.

III, 1, 16,

abhi ṣyâma pṛtanâyûn

« Emportons-le sur ceux qui sont avides de libations (qui veulent les ravir au sacrifice.) »

I, 33, 12,

vájreṇa çátrum avadhîḥ pṛtanyúm

« (O Indra) tu as frappé avec ton vâjra l'ennemi qui te disputait la libation. »

Le thème verbal *pṛtan* et les formes qui s'y rapportent ont des significations correspondantes.

I, 32, 7,

apâd ahastó apṛtanyad indram

« Celui qui est sans pieds, sans mains (Vṛtra,) a voulu priver Indra de la libation. »

I, 132, 1,

sâsahyâma pṛtanyatáḥ

« Puissions-nous maîtriser ceux qui veulent ravir les libations ! »

II. — Samád.

D'après tous les lexicographes modernes, « dispute, combat, bataille. » — Ce mot est composé de *mad* adjectif verbal de même forme que la racine *mad* « couler », et du préfixe *sa* pour *sam*. C'est donc une sorte de composé possessif ayant le sens de « (la chose) qui est accompagnée de ce qui coule », c'est-à-dire « l'oblation liquide. » Le plus souvent *samád* est employé au locatif *samátsu* comme synonyme exact de *pṛtsú*.

Les exemples suivants sont destinés à fournir la preuve de ce qui vient d'être avancé.

VI, 75, 2,

samádo jayema

« Emparons-nous des libations ; » = cf. ci-dessus la formule *pṛtanâ jayema.*

IX, 4, 8,

samátsu sâsahiḥ

« Qui prend des forces dans les libations; » = cf. ci-dessus les formules *vắjeṣu, pṛtsú, pṛtanâsu sâsahiḥ.*

I, 66, 6 ; (cf. I, 70, 11),

tveṣáḥ samátsu

« Qui prend de l'ardeur (ou de la force, ou encore, qui s'allume) dans les libations. »

I, 5, 4,

ná vṛṇváte hárî samátsú çátravaḥ

« Les ennemis n'ont pas enveloppé les deux chevaux d'Indra (quand ils sont) dans les libations (quand ils y puisent des forces). »

III. — Dhána, pradhána.

M. Roth range les sens védiques de ces mots sous trois principaux chefs : 1° prix du combat, butin, gain au jeu ; 2° lutte ; 3° objet précieux, or ou argent, bien, possession, récompense, don. Mêmes significations dans Grassmann, avec cette seule différence qu'elles sont divisées en huit catégories distinctes. Pour M. Pischel (*Ved. Stud.*, 175), *dhána* viendrait d'une racine *dhan* qui signifie « s'élancer » et le *dhána* est « ce pourquoi l'on s'élance. » *Dhánaṃ dhâ*, ajoute-t-il, signifie toujours dans le *Rig-*

Véda « proposer un prix pour une lutte à la course », et *dhánam hitám* est « le prix proposé pour une lutte à la course. — *Dhána*, comme l'a bien vu M. Roth, est un dérivé de *dhâ* « poser, offrir, donner », et ce mot désigne exclusivement dans le *Rig-Véda* le don du sacrifice ou la libation, quand il s'agit des offrandes que les hommes font aux dieux. Dans le cas inverse, et lorsqu'il est question des libéralités que les dieux accordent aux hommes, *dhâna* signifie toujours la richesse matérielle sous une forme indéterminée. L'acception de « butin » a été suggérée, comme il est arrivé si souvent, par d'autres mots du contexte qui semblait impliquer l'idée de lutte ; telle est la partie finale des composés *dhanajit, dhanaṃjayá, dhanasã, dhanaspṛ́t*, « qui acquiert ou conquiert ce qui est offert ou donné, l'oblation ou la libation. » Toute démonstration serait superflue après les exemples de faits de même genre qui ont été fournis déjà à propos du sens du mot *âji*. Toutefois *pradhána*, dérivé de *dhána*, auquel on est arrivé à attribuer la signification de « combat, » mérite qu'on s'y arrête, et j'aurai recours à quelques citations pour faire voir que cette attribution, analogue à celle dont *pṛ́t, pṛ́tanâ* et *samád* ont été l'objet, est aussi mal fondée dans ce cas-ci que dans ceux-là. *Pradhána*, comme *dhána*, signifie « le don (du sacrifice) », et pas autre chose.

I, 116, 2,

tád rãsabhaḥ. . . sahásram
âjã yamásya pradháne jigâya

« L'âne (Agni) a acquis ce millier (de vaches) dans la libation, don de (son) jumeau (Soma). »

X, 102, 5,

sahásram gávâm múdgalaḥ pradháne jigâya

« Mudgala (Agni) a acquis dans la libation un millier de vaches (c'est-à-dire, leur lait.) »

x, 154, 3,

yé yúdhyante pradhánešu çûrâsaḥ

« Les héros (Agnis) qui combattent (quand ils prennent des forces) dans les libations. »

I, 7, 4,

indra vâješu no'va sahásrapradhanešu ca

« O Indra, sois nous favorable (quand tu es) dans les nourritures (que nous t'offrons), et dans (nos) milliers de dons (c'est-à-dire, consistant dans le lait de milliers de vaches). »

L'expression *sahasrapradhanešu* est évidemment synonyme de *vâjesu* et correspond à *sahásram. . . pradháne* aux vers I, 116, 2 et x, 102, 5.

IV. — Mîḷhá

L'erreur la plus évidente et la plus curieuse du même genre est celle qu'on a commise à propos du mot *mîḷhá* qui, d'après les *Nighaṇṭavas* suivis par MM. Roth, Grassmann, etc.[1], signifierait « combat ». *Mîḷhá* est proprement le neutre du participe passé de la racine *mih* « arroser, uriner », employé substantivement ; le sens en est donc « ce qui a coulé » ou « liqueur, liquide, libation, etc. ». — Exemples :

I, 100, 11,

sá jâmíbhir yát samájâti mîḷhé

« Lorsqu'il (Indra) va dans la libation en compagnie et à l'aide de ses sœurs (les flammes). »

VI, 46, 4,

bâdhase jánân . . ghṛšau mîḷhé

[1] Il faut excepter M. Ludwig.

« (O Indra) tu frappes les êtres (tes adversaires ?) (quand tu es) dans la libation rapide (où tu prends tes forces). »

IX, 106, 12 ; (cf. IX, 107, 11).

mîḷhé sáptir ná vâjayúḥ

« (Le soma coule ou court) comme un attelage de sept chevaux (?) qui désireux de réconfortant (vont) à la boisson. »

Dans les composés :

Purumîḷhá, épithète d'un sacrificateur (ou d'Agni), « celui qui a de nombreuses libations » I, 151, 2 ; I, 183, 5 ; V, 61, 9 ; VIII, 60, 14.

Sumîḷhá, épithète d'un sacrificateur (VI, 63, 9), « celui qui a de belles libations ».

Svármîḷha « la libation du soleil », c'est-à-dire destinée à Agni comparé au soleil, ou simplement « la libation enflammée » :

I, 56, 5, *svármîḷhe* est apposé à *máde*, « boisson du sacrifice » ;

I, 63, 6, *svármîḷhe* est apposé à *âjã́*, « oblation » ;

I, 130, 8, *svármîḷheṣu* est apposé à *âjíṣu*, « oblations » ;

I, 169, 2, *svármîḷhasya* est apposé à *pradhánasya*, « don du sacrifice » ;

IV, 16, 15, *svármîḷhe* est apposé à *sávane*, « liqueur du sacrifice. [1] »

VIII, 57, 5,

sadā́vṛ́dham svármîḷheṣu

« (Indra) qui prend toujours des forces dans les libations (qui lui sont offertes). »

V. — Viṣṭáp et viṣṭápa

D'après M. Roth, « partie supérieure, hauteur, superficie », en particulier, « la hauteur du ciel » ; d'après Grassmann,

1 *Svármîḷhá* est l'équivalent exact des expressions *diváḥ sā́nu, diváḥ pṛṣṭhá, divó várṣman*, etc.

« superficie, lieu où l'on se tient, situation, la plus haute situation, la surface de la mer ».

Ce mot est composé du préfixe *vi* et de *stáp*, pour *stabh*, adjectif verbal de la racine de même forme qui signifie « supporter, soutenir ». Le sens de *viṣṭáp* et de *viṣṭápa* est le même que celui de *viṣṭambhá*, « support, soutien ».

IX, 12, 6,

prá vā́cam índur iṣyati
samudrásyā́dhi viṣṭápi

« Le Soma émet sa voix dans le support de la mer (Agni qui élève et supporte la mer des libations dans ses flammes). » — Cf. VIII, 86, 5; IX, 107, 14, *samudrásyā́dhi viṣṭápi*. « Dans le support de la mer », — c'est-à-dire dans Agni.

Aux vers VIII, 58, 7 et IX, 113, 10, l'expression *bradhnásya viṣṭápam* désigne au contraire le soma « soutien du brillant (Agni) »; cf. la formule fréquente *viṣṭambhó diváḥ* appliquée également au soma « soutien du jour (Agni dont l'éclat est comparé à celui du jour »).

IX, 34, 5,

abhī́m ṛtásya viṣṭápam
duhaté pṛçnimâtaraḥ,
cā́ru priyátamam haviḥ

« Ceux qui ont la Pṛçni pour mère (les Maruts) font couler la belle et très agréable libation vers le support de l'offrande (Agni). »

X, 123, 2,

ṛtásya sā́nâv ádhi viṣṭápi bhrā́ṭ

« Il (Agni) a brillé sur le courant de la libation qui le soutient. »

IX, 41, 6,

soma. . sárâ. . . viṣṭápam

« O soma, coule vers (ton) support (Agni). »

I, 46, 3,

vāçyánte vâṃ kakuhā̃so
jū̃rṇā̃yâm ádhi viṣṭápi

« Vos coursiers (= les flammes du sacrifice) se courbent ô Açvins) dans le (soma) enflammé qui les supporte ».

VIII, 80, 5,

imā̃ni trī̃ṇi viṣṭápâ
tā̃nîndra vi rohaya

« Ces trois supports (les libations des trois sacrifices) fais-les monter (c'est-à-dire, jaillir), ô Indra. »

VIII, 34, 13,

ā̃ yâhi párvatebhyaḥ
samudrasyā̃dhi viṣṭápaḥ

« Viens (ô Indra) du support de la mer des libations (issue) des courants (du soma). »

Au vers VIII, 86, 5, le poète dit de même à Indra (identifié à Agni), de quitter pour venir à lui le support de la mer des libations.

VIII, 32, 3,

ny árbudasya viṣṭápaṃ
varšmā̃ṇam bṛhatás tira

« (O Indra) renverse le soutien, la pluie (de la libation), du grand Arbuda (démon qui retient les libations et auquel Indra est censé les arracher). »

VI. — *Pravát* ET LES MOTS DE MÊME FAMILLE

D'après M. Roth, *pravát* signifie : 1° « pente d'une montagne, hauteur », surtout « les hauteurs du ciel » ; 2° « chemin escarpé » et par conséquent facile à descendre, « départ rapide » ; 3° à l'instrumental singulier *pravátâ*, « en descendant, en courant ». — Grassmann : significations à peu près identiques.

Le vrai sens, conforme d'ailleurs à l'étymologie *(pra-vant)*, est « celle qui s'avance, court ou coule » et, substantivement, « le courant, la rivière, l'eau ou la liqueur des libations ». Je fais appel pour le prouver aux passages suivants :

x, 142, 2,

pravát te agne jánimâ pitûyatáḥ

« La libation, ô Agni toi qui désires la boire, est ton origine. » A ce vers Grassmann rend le mot *pravát* par « montagne ». M. Ludwig a recours au moyen désespéré qui consiste à supposer qu'il est employé ici comme un indéclinable.

IV, 17, 7,

tvám̐ práti pravátâ âçáyânam áhim̐
vájreṇa maghavan vi vṛçcaḥ

« O généreux (Indra), tu as percé avec le vajra le serpent couché sur les rivières (des libations). »

IV, 19, 3,

saptá práti praváta âçáyânam áhim̐
vájreṇa vi riṇâ aparván

« (O Indra) fais couler dans celui qui n'a pas de rivière (ou qui n'est pas la rivière = Agni) avec le vajra, le serpent couché sur les sept rivières (allusions aux sept libations). »

IX, 54, 2,

ayáṃ sárâñsi dhâvati
saptá pravátā ā́ divam

« Le soma (allumé) court vers les eaux ; les sept rivières (coulent) vers le jour (le soma allumé = Agni, et comparé au jour, — *divam*). »

IX, 22, 6,

tántuṃ tanvânám uttamám
ánu praváta âçata

« (Les libations) ont atteint celui qui, placé au-dessus d'elles, tisse la toile (Agni qui développe ses flammes). »

V, 54, 9,

pravátvatī́yám pr̥thivī́ marúdbhyaḥ
pravátvatî dyaúr bhavati pravádbhyaḥ

« Cette large (libation) est courante par l'effet des Maruts (les flammes d'Agni) ; ce jour (ou ce ciel = Agni) est courant (ses flammes s'agitent) par l'effet des libations[1]. »

I, 35, 3,

yā́ti deváḥ pravátâ yā́ty udvátâ

« Le dieu (Savitar) s'avance au moyen de celle qui coule en avant ; il s'avance au moyen de celle qui coule vers le haut (la libation). »

VIII, 13, 8,

krîḷanty asya sûnŕ̥tâ
ā́po ná pravátâ yatī́ḥ

[1] Ce vers est très important pour la détermination de la signification réelle du couple *dyā́vapr̥thivî ;* voir plus loin.

« Ses offrandes bondissent comme les eaux qui forment un courant (mot à mot, qui vont par un courant, qui vont en courant). »

IX, 24, 2,

abhi gâvo adhanvišur
âpo ná pravátâ yatîḥ

« Les vaches (libations) ont accouru comme les eaux qui forment un courant. »

Même formule encore au vers VIII, 6, 34,

Au vers IX, 6, 3, les gouttes de soma ont coulé *(asaran)* comme les eaux par un courant (*pravátâ)*.

V, 31, 1,

indro ráthâya pravátam kṛṇoti
yám adhyásthân maghávâ vâjayántam

« Indra a fait la libation pour (son) char (il s'est fait un char du courant de la libation) ; le généreux est monté sur ce (char) qui est pourvu de nourriture (ou qui en fournit). »

Le meilleur commentaire de ce passage se trouve au vers I, 118, 3, où l'épithète *pravádyâman*, « qui marche au moyen du courant (de la libation) », sert de qualificatif au char *(rátha)* des Açvins.

Pravaṇá

Même sens que *pravát*.

I, 119, 3,

yuvór áha pravaṇé cekite ráthaḥ

« Votre char (ô Açvins) a brillé sur le courant (de la libation). »

Parâvát

MM. Roth et Grassmann : « le lointain » ; *parâvátas*, ablatif singulier, « de loin » ; *tisrás parâvátas*, « les trois mondes, (les trois lointains) ».

Párâ signifiant « en avant », le dérivé *parâvát* (féminin), ne peut vouloir dire que « celle qui s'avance ou marche en avant », avec mouvement pour s'éloigner, nuance toute différente de celle que lui attribuent ces savants. *Arvâvát* ne s'oppose pas à *parâvát*, ainsi qu'ils l'affirment, de telle sorte que le premier de ces mots signifie « près » et le second « loin » ; *arvâvát* est « celle qui arrive » et *parâvát* « celle qui s'en va [1]. Cette idée est voisine d'ailleurs de celle qu'exprime la forme contractée *pravát*.

III, 37, 11,

arvâvátọ na â gahy átho çakra parâvataḥ

« O Indra, viens à celles (à nos libations) de nous qui arrivent et à celles qui s'en vont. » — Et non pas, comme traduit Grassmann : « Viens à nous de près et même de loin. » — Cf. III, 40, 8 ; VIII, 13, 15 ; VIII, 71, 1 ; VIII, 86, 4.

I, 130, 1,

éndra yâhy úpa naḥ parâvátaḥ

« O Indra, viens à celles de nous (les libations) qui s'en vont. »

I, 34, 7,

tisró nâsatyâ rathyâ parâvátaḥ. . .
gáchatam.

[1] Dans les formules où *arvâvát* répond à *parâvát*, les libations que ces mots désignent, sont considérées, soit comme arrivant au sacrifice pour être mises à la disposition des dieux, soit comme s'éloignant du sacrificateur avec les dieux qui les emportent.

« Venez, ô Açvins, aux trois qui s'en vont (les libations des trois sacrifices journaliers) ; » — et non pas, comme Grassmann, « à travers les trois mondes ».

Pàrvan

D'après MM. Roth et Grassmann, « nœud, articulation d'un roseau, d'une plante, tige remplie de moelle ; nœud, conjoncture en parlant des circonstances qui se déroulent dans le temps, moment saillant; fête, moment du sacrifice » ; au vers IV, 22, 2, ce mot paraît signifier, selon Grassmann, « flocon de laine ».

Pàrvan, pour **paravan*, est formé comme *pravàt* pour **paravant* et a la même signification étymologique, « ce qui va en avant, ce qui coule. »

I, 94, 4,

bhàrâmedhmàṃ kṛṇàvâmâ havîṅsi
te citàyantaḥ pàrvaṇâ parvaṇâ vayàm

« Apportons ce qui t'allume (ô Agni) ; répandons des libations, nous qui te faisons briller par la libation réitérée. »

Grassmann rend l'expression *pàrvaṇâ parvaṇâ* par les mots « à chaque sacrifice ». M. Ludwig (III, p. 188 et 189) croit voir ici l'indication des conjonctions lunaires !

X, 68, 9,

bṛhaspàtir gòvapušo valàsya
nir majjãnaṃ nà pàrvaṇo jabhâra

Majjãna est un ἅπαξ λεγ. dont on ignore le sens. Peut-être ce mot désigne-t-il un objet plongé dans l'eau, racine *majj* « plonger, baigner. » Il faudrait traduire alors : « Bṛhaspati a enlevé les vaches (-libations) de Vala, comme il aurait enlevé d'une rivière un objet qui s'y trouverait plongé. » — La comparaison serait d'ailleurs d'autant plus juste, que Vala est la personnification du courant des libations enveloppé en quelque sorte et que perce Bṛhaspati-Indra.

x, 163, 6,

áṅgâd aṅgâl lómno lomno
jâtáṃ párvāṇi parvaṇi
yákšmaṃ sárvasmâd âtmánaḥ... vi vṛhâmi...

Dans l'hymne très obscur à première vue d'où ce passage est tiré, le sacrificateur feint qu'il rend la vie à un nouvel Agni anthropomorphe, qu'il appelle *yákšma*, en tirant chacun de ses membres de ceux de l'ancien Agni. Je traduis en conséquence : « Je tire ce *yákšma* (Agni) de tout le corps (de l'ancien) lui qui est issu de chaque membre, de chaque poil (de celui-ci), dans chaque libation (que j'ai faite). »

iv, 19, 9,

vy àndhó akhyad áhim âdadânó
nir bhûd ukhachit sám aranta párva

« L'aveugle a vu clair après s'être saisi du serpent (Agni a brillé après avoir enveloppé la libation) ; celui qui a brisé la cruche a apparu (Agni avant son apparition sur l'autel est en quelque sorte enfermé dans la cruche des libations [1]) ; les ruisseaux ont coulé de concert. »

x, 89, 8,

asir ná párva ... çṛṇâsi

« (O Indra), pareil à une épée tu as percé les ruisseaux. »

i, 61, 12,

gór ná párvá vi radâ

1 A moins qu'il ne faille entendre qu'en les perçant de sa flamme il a brisé pour ainsi dire le vase qui les contenait.

« (O Indra), fais couler les ruisseaux comme s'ils venaient (du pis) de la vache. »

VII, 103, 5,

sárvaṃ tád eṣâṃ samṛdheva párva
yát suvâco vádathanâdhy apsú

Passage difficile à cause de *samṛdhâ*, mais où *párva* désigne certainement le courant des libations dans les eaux desquelles crépitent les flammes d'Agni comparées à des grenouilles aux belles voix.

X, 87, 5,

prá párvâṇi jâtavedaḥ çṛṇîhi

« O Jâtavedas, perce les ruisseaux (peut-être avec allusion aux veines) ; » — du démon qui retient la libation.

IV, 22, 2,

çriyé párušṇîm ušámâṇa ûrṇâṃ
yásyâḥ párvâṇi sakhyâya vivyé

« (Indra) ayant revêtu pour s'orner une toison ruisselante, en a revêtu les ruisseaux pour l'amitié (qu'il porte à Agni). »

C'est ici que Grassmann a été tenté d'attribuer à *párvâṇi* le sens de « flocons de laine ». Indra se plonge dans les ondes de la libation (comparée à une toison) qu'il fait jaillir au profit d'Agni ou de ses substituts.

X, 79, 7,

mitráḥ. . . sám ânṛdhe párvabhir vâvṛdhânáḥ

« Mitra a grandi en prenant de la force au moyen des libations. »

VIII, 48, 5,

ráthaṃ ná gâvaḥ sám anâha párvasu

« Comme les vaches traînent un char, il (le Soma) est attaché aux courants (des libations.) » — Ce pâda forme une sorte de parenthèse entre celui qui précède et celui qui suit.

Párvan en composition :

I, 9, 1,

indréhi mátsy ándhaso
viçvebhiḥ somapárvabhiḥ

« O Indra, viens (ici), bois du soma au moyen de tous les ruisseaux par lesquels il coule. »

Aparván (voir ci-dessus IV, 19, 3,) « (Agni) qui n'a pas de *parván.* »

Çatáparvan (I, 80, 6 ; VIII, 6, 6 ; VIII, 65, 2 ; VIII, 78, 3), épithète du vajra d'Indra qui a, c'est-à-dire qui s'approprie en les ouvrant cent courants (de soma).

I, 187, 1 (cf. IV, 19, 3),

vṛtrám viparvam ardáyat

« Il a fait couler Vṛtra (l'enveloppeur) qui n'avait pas de courant (qui ne laissait pas couler les eaux). »

III, 36, 2,

sómâḥ. . . yébhir vṛšaparvâ (índraḥ)

« Les somas au moyen desquels Indra a les courants du taureau (soma). »

Parvaçás.

Même sens que la formule *párvaṇi parvaṇi*, « à chaque ruisseau (de soma), à chaque libation ».

VIII, 7, 22,

sám vájram parvaçó dadhuḥ

« Ils ont placé le vajra dans chaque courant. »

Párus.

Ce mot est un double phonétique et un synonyme de *párvan*,

X, 100, 5,

indra... çávasâ párur dadhe

« Indra a fait apparaître le ruisseau au moyen de sa force (ou de ce qui est fort, = le soma). »

I, 162, 18,

páruš parur anughúšyâ

« En crépitant à la suite de chaque libation. »

X, 97, 12,

yásyaušadhîḥ prasárpathâ=
ṅgam aṅgam páruš paruḥ

« Vous vous avancez, ô ošadhis, dans chacun de ses membres (qui sont) chacun de ses courants. » = Cf. ci-dessus X, 163, 6.

IX, 15, 6,

ešá vásûni...
párušâ yayivân áti

« Ce (Soma) est allé dans les biens (offerts en sacrifice = la libation) au moyen du ruisseau. »

X, 53, 1,

párušaç cikitvân

« (Agni) qui a vu (ou qui a allumé) le courant des libations. »

vii, 50, 2,

yád vijã̂man páruši vándanam bhúvât

« Quand le chant (d'Agni, sans doute) s'est produit dans le courant de (Soma qui est) son frère. »

Parušá (féminin *párušṇî*).

MM. Roth et Grassmann : « noueux, tacheté, bigarré, floconneux ; » substantivement, « roseau, la nuée = la floconneuse, nom d'une rivière, peut être « celle qui produit des roseaux ».

Même sens réel que *párvan* et *párus*.

vi, 56, 3,

utã̂dáḥ parušé gávi
sũ̂raç cakrám̧ hiraṇyáyam,
ny airayad rathĩ̂tamaḥ

« Celui qui a un excellent char (Indra), le soleil (Indra comparé au soleil), a fait descendre sa roue d'or dans ce taureau (Soma) qui coule (ou verse la libation). »

v, 27, 5,

yásya mâ parušã̂ḥ çatám
uddharšáyanty ukšáṇaḥ

« Celui de qui cent taureaux qui coulent me font dresser de joie (moi, Agni). »

viii, 63, 15,

Parušṇi, au vocatif féminin, qualifie la libation (la coulante) appelée *nadî* (rivière).

x, 75, 5,

Même forme et même emploi avec *sárasvatî*, autre nom de la libation.

IV, 22, 2,

çriyê párušṇîm ušámâṇa ûrṇâm

« Ayant revêtu pour ornement une enveloppe (ou une toison) liquide. »

VII, 18, 8,

acêtáso vi jagṛbhre párušṇîm

« Les non-allumés (ou les non-brillants) se sont saisis de la coulante. » — Le poète feint que tant que la libation n'est pas allumée elle est au pouvoir des obscurs (soit des Agnis non nés, soit des démons) qui la retiennent.

VIII, 18, 9,

párušṇîm âçuḥ

« (Les mêmes) se sont emparés de la coulante. »

V, 52, 9,

tê párušṇyâm ûrṇâ vasata çundhyávaḥ

« Les brillants (Maruts) ont revêtu des enveloppes (ou des toisons) dans la (libation) coulante. »

VIII, 82, 13,

tvám etád adhârayaḥ... párušṇîšu rúçat páyaḥ

« Tu as placé ce lait brillant dans les (libations) coulantes. »

Párvata.

D'après M. Roth, « montagne, rocher, hauteur, pierre, fragment de rocher, nuage. » Ce dernier sens est déjà indiqué par les Nighaṇṭavas. Souvent, dit M. Roth, il est difficile de décider si on a affaire au sens de montagne ou à celui de nuage. Ce doute surgit surtout quand il s'agit d'Indra fendant la montagne ou les nuages pour faire couler les eaux, ou bien des Maruts qui habitent les montagnes ou les nuées qu'ils ébranlent et déchirent.

Grassmann ne mentionne pas cette dernière signification; en revanche, il considère en certains cas *párvata* comme un adjectif signifiant « massif », quand on parle d'une montagne. M. Ludwig y voit parfois un nom propre.

Párvata est un dérivé de **parvánt* (cf. *párvan* et *pravát* pour **paravat.*) Dans le *Rig-Véda*, ce mot désigne exclusivement le courant des libations, comme l'attestent les exemples suivants :

I, 52, 2,

sá párvato ná dharúṇešv ácyutaḥ

« (Indra) est pareil à une rivière qui ne s'écoule pas à travers le lit qui la supporte ; » — il se dresse sur les libations et ne s'y engouffre pas.

I, 54, 10,

apā̃m atišṭhad dharúṇahvaram támo
'ntár vṛtrásya jaṭháréšu párvataḥ

« Au-dessus, se tient l'obscurité qui enveloppe et contient les eaux de la libation (elles sont obscures eu égard à Agni, donc l'obscurité les enveloppe) ; le courant est dans les intestins de Vṛtra (l'enveloppeur). »

II, 11, 7,

áraṅsṭa párvataç cit sarišyán

« Le courant qui doit couler s'est arrêté pourtant. »

V, 32, 1,

mahā̃ntam indra párvataṃ vi yád váḥ

« Lorsque tu as ouvert, ô Indra, le grand courant, » = et non pas la montagne ; la libation est comme enveloppée par Vṛtra : il s'agit d'en percer l'enveloppe pour qu'elle puisse couler.

v, 32, 2,

áraṅha ū́dhaḥ párvatasya

« La mamelle du courant (ou de la libation) a coulé. »

III, 54, 20,

vṛšaṇaḥ párvatâsaḥ

« Les ruisseaux (de soma) qui sont des (taureaux) verseurs (ou fécondants). »

VII, 104, 4,

út takšatam̐ svaryám párvatebhyaḥ

« (O Indra et Soma) fabriquez le (trait) brillant (la flamme d'Agni) qui vient des courants de la libation. »

v, 84, 1,

párvatânâm̐ khidrám

« (L'instrument) qui fend les courants (de soma) ; » = le vajra d'Indra.

I, 84, 14,

ichánn áçvasya yâc chíraḥ
párvatešv ápaçritam,
tád vidac charyaṇâvati

« Lorsqu'Indra cherchant la tête du cheval (le sommet des flammes d'Agni comparé à un cheval) retirée dans les courants (de la libation), l'a trouvée dans celui qui a la flèche (le soma, que perce le vajra). »

Dérivés et composés :

Parvatyâ, dans l'expression *parvatyấ vásûni* (x, 69, 6). « Les biens qui viennent des courants ; » = les libations.

Párvatacyut, épithète de Maruts, (v, 54, 1 et 3) « qui font couler le courant » ou « qui s'agitent dans (ou par) le courant ».

Parvatâvṛdh.

IX, 46, 1,

átyâsaḥ. . . parvatâvṛdhaḥ

« Les coursiers (somas) qui prennent des forces dans les courants de la libation. »

Párvateṣṭhâm (indram), VI, 22, 2.

« Indra qui se tient debout sur le courant des libations. »

VII. — Adri.

MM. Roth et Grassmann attribuent à ce mot tous les sens de *párvata;* mais pour le premier de ces savants sa principale acception est celle de « pierre à broyer le soma ». Les Nighaṇṭavas, I, 10, lui donnent le sens de « nuages ».

Comme Grassmann l'a très bien vu, le passage du RV., IV, 16, 8, est important au point de vue de l'explication étymologique du mot en question. *Adri*, est pour **adari*, « celui ou celle qui n'a pas la fente, » c'est-à-dire le liquide des libations avant qu'Indra n'y ait planté son vajra. Voici au surplus le passage dont il s'agit :

apó yád ádrim puruhûta dárdar

« O Indra, lorsque, tu as fendu les eaux, (à savoir) celle qui n'a pas la fente. »

Le poète a très vraisemblablement joué sur le rapprochement des mots *ádrim* et *dárdar*. C'est à tort du reste qu'on a considéré *apás* comme un génitif singulier et qu'on a traduit, « tu as fendu le rocher de l'eau. » Non seulement l'expression serait extraordinaire pour signifier « le rocher qui cache une source; » mais *áp* s'emploie toujours au pluriel dans le RV. : les exceptions qu'on a cru voir dans le genre de celle-ci sont des moins sûres. En réalité, *apás* est ici, selon l'usage, un accusatif pluriel régime direct de *dárdar* construit en apposition avec *ádrim*.

Même rapprochement intentionnel, à ce qu'il semble, au vers VI, 17, 5.

ápa dṛḷhāni dárdrat
mahâm ádrim pári gâ. . nutthāḥ

« Brisant les choses fortes (l'enveloppe fictive des eaux), tu as (ô Indra) chassé (fait jaillir) la grande *ádri* qui est autour des vaches (libations.) »

Mais le sens étymologique d'*ádri*, a été facilement perdu de vue et ce mot est devenu le synonyme pur et simple de *párvata*, *párvan*, *pravát, sóma; apás*, etc., c'est-à-dire l'une des innombrables désignations de la libation. C'est ainsi qu'il a formé le dérivé *adrivat* qui s'emploie constamment au vocatif au lieu et place d'Indra considéré comme celui « qui s'empare du soma » ou qui a l'*ádri*. La traduction habituelle « qui a des pierres (pour armer sa fronde », ne répond à rien que justifient les légendes védiques relatives à ce dieu.

Le passage suivant IX, 34, 3, est de nature à préciser le sens du mot *ádri*, d'emploi si fréquent dans les hymnes au soma du neuvième maṇḍala :

vṛšâṇaṃ vṛšabhir yatâṃ
sunvánti sómam ádribhiḥ

« (Les Maruts) font couler le taureau-soma conduit par des taureaux qui sont les *ádris*, (c'est-à-dire les ruisseaux mêmes du soma, dont le Soma personnifié est distingué). »

De même la formule

hárim hinvánty ádribhiḥ (IX, 65, 8, etc.)

signifiera : « Ils (les sacrificateurs) font marcher le *hári* (ou le cheval-soma) au moyen (des ruisseaux) des libations qui l'entraînent. »

I, 61, 7,

vidhyad varâhám tirò ádrim ástâ

« (Indra) a blessé le sanglier en lançant son trait (le vajra) à travers la libation. »

X, 20, 7,

agním. . ádreḥ sûnúm

« Agni, le fils de la libation. »

VII, 6, 2,

bhânum ádreḥ

« L'éclat de la libation ; » — c'est-à-dire, celui qui l'éclaire, l'allume (Agni).

Adri en composition :

IV, 40, 5,

hansáḥ. . . adrijã

« Le cygne (Agni), né de la libation. »

III, 58, 8,

rátho ha vâm. . . ádrijûtaḥ

« Votre char (ô Açvins) mis en mouvement par les libations. »

IX, 97, 11,

(induḥ) ádridugdhaḥ

« Le Soma (personnifié) que traient les libations (dont elles se nourrissent). »

x, 63, 3,

dyaúḥ. . . ádribarhâḥ

« Le jour (Agni) qui tient ses forces de la libation. »

x, 108, 7,

ayám nidhíḥ. . . ádribudhnaḥ

« Ce dépôt (ou ce trésor = le soma) qui repose dans la libation. »

vi, 73, 1,

yó adribhít. . . bṛhaspátiḥ

« Bṛhaspati (Indra), lui qui fend le courant des (libations). »

ix, 86, 3,

kóçam divó ádrimâtaram

« L'enveloppe du jour (la flamme d'Agni) qui a la libation pour mère. »

ix, 72, 4,

ádrisutaḥ. . . índuḥ

« Le soma. . . *coulé* par les libations. »

ix, 98, 6,

Adrisaṃhataḥ, épithète du soma, même sens que *ádridugdhaḥ*

vi, 65, 5,

Adrisânu, « qui fait couler les libations », épithète de l'aurore qui représente Agni ou sa flamme.

VIII. — Girí.

D'après MM. Roth et Grassmann, « montagne ».

En réalité, *girí* est un synonyme de *párvata* et *d'ádri*. Cf. racine *gal* « couler, » *jala* « eau », et surtout *jîrá* « rapide » et *jîri* « courant d'eau. »

i, 65, 5,

girír ná bhújma ká îṃ varâte

« Une nourriture comme la coulante, etc..., qu'est-ce qui ne l'envelopperait pas ? » — Énumération de synonymes qui s'appliquent tous à la libation et à la fin de laquelle le poète demande : « Est-il une de ces choses qui n'envelopperait pas Agni (pour l'alimenter) ? »

v, 56, 4,

áçmânaṃ cit svàryám párvataṃ
girím prá cyâvayanti yâmabhiḥ

« Ils (les Maruts) mettent en mouvement par leurs courses (ou leurs chars) le courant, l'eau brillante, bien qu'elle soit un trait (qui est en même temps un trait)[1]. »

vi, 26, 5,

áva girér dâsam. . . han prâvo divodâsam

« (Indra) a tué en bas l'enveloppeur de la libation, il a favorisé en haut l'envelopeur du jour (la flamme d'Agni). »

vi, 66, 11,

giráyo nápaḥ... asprdhran

[1] La libation enflammée que les Maruts mettent en mouvement peut être considérée soit comme un courant liquide, soit comme un trait de feu.

« Les eaux, pareilles à des courants, se sont élancées. » — Il est évident, qu'ici au moins, *giri* ne saurait signifier « montagne » et que ce mot est synonyme de *áp*.

I, 37, 12,

girîṇr açucyavîtana

« (O Maruts), faites couler les libations (ou mettez-les en mouvement,) »

VII, 95, 2,

sárasvatî... yatî giribhya â samudrât

« Sarasvatî (la libation personnifiée) qui vient des eaux, de la mer (des libations.) »

IX, 82, 3,

parjányaḥ pitâ mahiśásya parṇino
nâbhâ pṛthivyâ giriśu kśáyaṃ dadhe

« Parjanya (personnification du Soma) père du buffle ailé (la libation enflammée) a pris résidence dans le nombril de la large, dans les eaux. »

Giri en composition :

Girikśit, épithète du mâle (ou taureau) Viśṇu (personnification d'Agni), « celui qui réside dans les eaux (de la libation), » au vers I, 154, 3.

Girijâ (V, 87, 1) « celles qui naissent des eaux de la libation, » épithète des *matis* « pensées » ou « prières », auxquelles sont assimilés les crépitements qui ont lieu au moment de l'embrasement de la liqueur du sacrifice.

Giribhráj; — *giribhrájo nórmayaḥ* (X, 68, 1) paraît signifier « comme les flots (de la libation) enflammés », mot à mot, « qui brillent (*bhraj*) dans leurs eaux ou éclairent leurs eaux » ; à moins de voir dans *giribhṛájas* un génitif et traduire, « les flots (ou les eaux) de celui qui brille dans les eaux (Agni) ».

Girišṭhā́ (comme *girikšít*), « celui qui réside dans les eaux de la libation, » épithète du Soma (IX, 18, 1 etc.), de Višṇu (I, 154, 2, etc.).

IX. — Sā́nu

D'après M. Roth : « superficie, dos d'une montagne. » — Grassmann : « la partie la plus élevée d'une chose ; 1° sommet d'une montagne, d'un rocher, ou bien (2°) du ciel, de la couche d'herbe sur laquelle on répand la libation, de la sainteté, etc. ; 3° superficie de la terre ; 4° dos d'un animal ou d'un démon ; 5° au figuré, dos de la Pṛçni en tant que personnifiant la terre ; 6° sommet, lieu le plus élevé ; 7° sommet d'une montagne ; 8° superficie du tamis qui sert à la clarification du soma. Ce tamis est appelé *sā́nu ávyam* ; ou (9°) *sā́nu avyáyam ;* ou même (10°) simplement *sā́nu ;* 11° l'extrêmité de l'est est appelée le sommet de Trita. » — Bergaigne (*Rel. véd.* II, 182, note 2) : « sommet » ou « plateau de montagne ».

Sā́nu, dont le sens est identique à celui de *pṛšṭhá*, a été l'objet d'une erreur semblable à celle que nous connaissons ; l'un et l'autre mot ont reçu dans la langue de l'époque classique le sens de « dos, surface, etc., » alors que leur signification étymologique et réelle dans le *Rig-Véda* est « courant (d'eau), etc. »

Sā́nu contient la même partie radicale qui se trouve sous une forme contractée dans *snâ* ou *snu* (pour * *sana*, * *sanu* ; * *sâna*, * *sânu*) « couler, arroser, baigner ». Du reste, le substantif lui-même a subi une pareille contraction dans la forme *snú* qui a été substituée dans une dizaine de passages du RV. à *sā́nu*.

Cette forme réduite apparaît encore dans des composés où on a été obligé de lui reconnaître un sens analogue à celui de la racine *snu*. Exemples : *ghṛtasnú* (cf. *ghṛtapṛc*, *ghṛtaprúš*, *ghṛtápṛšṭha*) et *ghṛtasnā́*, épithètes des chevaux d'Agni (ses flammes) etc., (III, 6, 6 ; IV, 6, 9, etc.) « baignés par le ghṛta. » Il est impossible d'en séparer, malgré la différence d'accentuation, *ghṛtásnu*, épithète d'Agni, etc., (V, 26, 2, etc.) et qui ne signifie pas, selon l'interprétation traditionnelle, « qui a du ghṛta sur le dos », mais bien « qui a un bain de ghṛta », « qui baigne dans le ghṛta ». — Explication analogue pour *vṛdhasnû* (iv, 2, 3,) épithète des chevaux d'Agni, « ceux qui se baignent dans la liqueur qui les fait croître, » et non pas « joyeux » (M. Roth) ou « qui font couler la bénédiction » (Grassmann).

Une circonstance qui détermine de la manière la plus sûre l'acception du mot *sânu* dans le sens de « bain » ou « courant des libations, » c'est son emploi pour désigner le lieu où gît le serpent, ou le démon Vṛtra, qu'Indra perce de son vajra. L'un et l'autre mythe personnifient les eaux du sacrifice avant que la flèche du feu ne les ait atteintes et percées. Dire qu'Ahi ou Vṛtra sont couchés sur le *sânu*, etc., est une expression qui implique nécessairement que ce mot désigne l'eau ou le liquide auxquels s'identifie la victime d'Indra. Ce sens est assuré d'ailleurs par le passage suivant, iv, 17, 7 (cf. iv, 19, 3).

tvám práti pravâta âçáyânam
áhiṃ vájreṇa maghavan vi vṛçcaḥ

« O Indra, tu as coupé avec (ton) vâjra le serpent qui gisait sur les courants. »

Dans les passages suivants l'idée est la même, mais *sânu* est substitué à *pravát*.

i, 32, 7,

ásya vájram ádhi sânau jaghâna

« Ayant lancé le vâjra (Indra), a tué (le serpent) sur le courant (des eaux du sacrifice.) »

i, 80, 6,

ádhi sânau ni jighnate vájreṇa

« Indra a percé (le serpent) avec le vâjra, sur le courant. »

Cf. I, 80, 5,

índro vṛtrásya dódhataḥ
sãnuṃ vájreṇa hîḷitáḥ

« Indra irrité (a percé) avec le vájra le courant de Vṛtar s'agitant »; — c'est-à-dire, le courant des eaux qu'enveloppe Vṛtra.

IV, 28, 2,

ádhi ṣṇúnâ bṛhatâ vártamânam
mahó druhó ápa viçvãyu dhâyi

« (Indra) a enlevé au grand serreur (Vṛtra) celui qui s'agite partout (le soma) roulé par le grand courant. »

VI, 39, 2,

rujád árugṇaṃ vì valásya sãnum... índraḥ

« Indra a percé le courant de Vala (= Vṛtra) non percé (jusque là, — cf. le sens étymologique de *ádri*). » — Même explication que pour I, 80, 4.

VI, 61, 2,

iyám (sárasvatî)... arujat sãnu girîṇãṃ tavišébhir ûrmibhiḥ

« Sárasvatî (la libation personnifiée) a brisé le courant des eaux (de la libation) au moyen de ses flots puissants. » — Ici, la libation joue spontanément le rôle habituel d'Indra. Elle est représentée comme brisant par ses efforts l'enveloppe (fictive) qui l'emprisonne.

Non moins probant est ce passage emprunté au vers VII, 36, 1,

vi sãnunâ pṛthivĩ sasra urvĩ

« La large, l'étendue (la libation), a coulé au moyen du courant; » — et non pas, selon la traduction de Grassmann : « La large terre a étendu sa superficie (??). »

Le *divâḥ sânu* (I, 54, 4 ; I. 58, 2, etc.) est le courant des libations dans ses rapports avec Agni assimilé au *dyaùs* ou au jour.

Rien dans les hymnes mêmes ne justifie l'explication que l'on donne de l'expression *sânu ávyam* ou *avyáyam*, en disant qu'elle désigne le crible ou tamis en laine *(ávya*, « qui vient de la brebis » *ávi)* dont on se servait pour clarifier le soma. — Comme nous le verrons, tous les mots dont on rapporte le sens à cette prétendue opération liturgique ont été mal compris. Si l'on s'est jamais servi de pareils instruments pour préparer le soma, c'est sans doute à la suite de cette fausse interprétation des textes qu'on en a inauguré l'usage. Dans tous les cas, la formule *sânu ávyam*, conformément au sens étymologique de chacun des deux mots, signifie « le courant qui est de la nature de la brebis, » soit parce que la libation est assimilée à une toison qui enveloppe le soma personnifié et comme tel distingué d'elle, soit (et peut-être en même temps) parce qu'elle est comparée à du lait de brebis.

Les passages suivants sont de nature à servir de preuve à ce qui vient d'être avancé.

I, 28, 9,

sómam pavítra â sṛja,
ni dhehi gór ádhi tvaci

« (O sacrifiant), fais couler le soma dans ce qui doit l'allumer ; dépose-le dans la peau de la vache. » — C'est-à-dire, verse la libation (qui constitue le soma) de façon à ce qu'il puisse s'allumer (au contact du feu), et par là le soma sera comme dans la peau de la vache-libation, c'est-à-dire prêt pour le sacrifice.

IX, 101, 11,

suṣvâṇâso vy ádribhiç
citânâ gór ádhi tvaci

« (Les somas) qui résonnent au moyen de leurs courants, qui brillent dans la peau de la vache ». — Même explication que ci-dessus.

IX, 8, 6,

â vástrâṇy arušó háriḥ,
pári gávyâṇy avyata

« Le cheval rouge (le soma allumé) a revêtu des couvertures qui viennent des vaches, » — il plonge dans les libations.

Dans le passage suivant, *ûrvám gávyam* correspond à *gós tvác* et à *vástrâṇi gávyâni.*

IV, 2, 17 (cf. V, 29, 12; VI, 17, 1 et VII, 90, 4),

çucánto agním vavṛdhánta índram
ûrvám gávyam parišádanto agman

« (Des somas enflammés) sont venus allumant Agni, donnant des forces à Indra, s'asseyant dans l'enceinte qui est faite avec ce qui vient des vaches (le lait). »

La transition de ces formules à celle qu'il s'agit d'expliquer est on ne peut mieux marquée par les passages suivants :

IX, 70, 7,

â yónim sómaḥ súkṛtam ní šîdati
gavyáyî tvág bhavati nirṇig avyáyî

« Le soma s'assoie dans la matrice bien faite ; il y a (pour lui) une peau de vache, il y a (pour lui) un vêtement fourni par les brebis. »

IX, 101, 16,

ávyo vârebhiḥ pavate
sómo gávye ádhi tvaci

« Le soma qui vient de la brebis (qui consiste en lait de brebis ou en liqueur qui lui est comparée) s'allume au moyen de ses poils (allusion à *ávya* qui peut signifier « ayant une (toison) de brebis ») lui qui est (enveloppé) dans une peau de vache. »

Au vers IX, 69, 3, la formule *ávye. . tvaci* est substituée à *gávye. . tvaci.*

ávye vadhûyúḥ pavate pári tvaci

« Le fiancé (de la libation = le soma allumé) s'allume autour de la peau de brebis (de la libation comparée à du lait de brebis et considérée comme renfermée dans la peau de cet animal). »

Le mot *róman* « poil » tient à son tour la place de *tvác* dans différents passages et entre autres au vers IX, 97, 11,

tiró róma pavate ádridugdhaḥ

« Le lait qui coule s'allume au sortir du poil (qui entoure la mamelle d'où on est censé le traire pour le mettre en contact avec Agni). ».

C'est ce que confirme d'ailleurs l'expression *ûdho romaçám*, « la mamelle velue, » au vers VIII, 31, 9.

De même qu'à *gávyâ tvác* correspond *ávyâ tvác*, on a dans plusieurs passages *vâram ávyam* en remplacement de *ûrváḥ... gávyaḥ.* Ainsi aux vers IX, 97, 4,

svâdúḥ pavâte áti vâram ávyam

« Que le doux (soma) s'allume au sortir de l'enveloppe (ou de la toison) de la brebis. »

IX, 61, 17 (cf. IX, 13, 6 ; IX, 97, 56 ; IX, 109, 16 ; IX, 107, 17),

mádo. . . vi vâraṃ ávyam aršati

« Le soma. . coule à travers (c'est-à-dire sort de) la toison de la brebis. »

Du reste, ces interprétations sont surtout confirmées par le vers IX, 69, 9, où *vavri* est substitué à *vāra* = *ûrṇā*, tous dérivés de la même racine *var* « envelopper » :

ṣutāḥ pavitram áti yanty ávyaṃ
hitvī vavrim harito vṛṣṭim ácha

« Les (somas) exprimés (pareils à des) chevaux vont au delà de la (liqueur) destinée à l'allumage (du sacrifice) (renfermée) dans une peau de brebis et après avoir quitté l'enveloppe pour atteindre (c'est-à-dire produire) l'émission ».

Cf. IX, 50, 2 ; IX, 70, 8 ; IX, 86, 3 ; IX, 91, 1 ; IX, 92, 4 ; IX, 97, 12 ; IX, 97, 16 et 19[1].

Composés dont *sānu* fait partie :

Adrisânu, « celle qui fait couler la libation » ou « qui se baigne dans la libation », épithète de l'aurore, désignation métaphorique d'Agni au vers VI, 65, 5,

Ûrdhvásânu, « celui qui élève dans les airs ou qui fait monter le courant (des libations), » épithète du cheval-Agni au vers I, 152, 5.

Pṛdâkusânu, sens très douteux (le premier terme étant un ἅπαξ λεγ.) ; si *pṛdâku* signifie réellement « serpent » (Roth et Grassmann, d'après les lexicographes de l'Inde), il faut entendre, le soma (?) « dont le courant est comme un serpent » ; cf. le mythe d'Ahi.

[1] Le vers IX, 66, 9, nous fournit cette intéressante variante de l'expression *sáno ávye* :

ávye jīrâv ádhi śvání

« (Les eaux te lavent, ô Soma) dans le son rapide qui vient de la brebis ; » = c'est-à-dire dans le courant rapide et bruyant des libations, et non pas comme le veut Grassmann : « dans le courant qui bruit à travers la laine. »

X. — Pavítra

D'après M. Roth, « instrument pour nettoyer ou clarifier en général et, particulièrement, tamis, crible, passoire, couloire, filtre, etc. » — Grassmann : 1° mêmes sens que ceux indiqués par M. Roth ; « 2° ce qui sert à allumer le feu du sacrifice. »

Ce dernier sens est le seul exact. Je vais l'appuyer sur quelques passages que j'ajouterai à ceux où j'ai déjà traduit en conséquence le mot *pavitra*.

Il importe de poser tout d'abord en fait que la racine *pû* signifie « éclairer, briller », et au moyen, « s'éclairer, s'allumer ». Le soma *pâvamâna* ou *punânâ* auquel sont consacrés les hymnes du 9e mandala est la liqueur du sacrifice en tant qu'allumée ou s'allumant sur l'autel. Le mot *pavitra*, formé au moyen du suffixe des noms d'instruments, signifiera en conséquence « ce qui allume, » c'est-à-dire, cette même liqueur servant à produire le feu sacré.

IX, 2, 1,

pâvasva... áti pavítram soma ráṅhyâ

« Allume-toi, ô soma, au moyen du courant (des libations) au-dessus de la (liqueur) destinée à t'allumer. » — Soma pavâmâna s'identifie presque avec Agni dans de pareilles formules dont le point de départ est la distinction de Soma personnifié et du soma liqueur.

IX, 2, 5,

sómaḥ pavítre (mâmṛje)

« Le soma se lave (c'est-à-dire devient brillant, s'allume) dans la (liqueur) qui l'allume. »

IX, 62, 1,

eté asṛgran índavas
tiráḥ pavítram âçávaḥ

dont l'explication est inséparable de

IX, 62, 7,

yā̃s te dhā̃râḥ. . . ásṛgram índa ûtáye,
tā̃bhiḥ pavítram ā̃sadaḥ

« Ces brillants et rapides somas ont coulé (ou sont allés) au delà de la (liqueur) qui les allume. . . »

« Les gouttes avec lesquelles tu as coulé, ô soma, pour être utile (à Agni) sont celles-là mêmes avec lesquelles tu t'es assis dans la liqueur qui t'allume. »

IX, 16, 4,

prá punânásya cétaṣâ
sómaḥ pávítre arṣati

« Le soma coule dans la (liqueur) destinée à l'allumer au moyen de l'éclat de celui qui l'allume ; » — c'est-à-dire, qu'une fois allumé, le soma sous la forme d'Agni vient, avec les flammes de celui-ci, plonger dans le soma non-allumé. Partout (IX, 37, 1, etc.) l'expression *sómaḥ pavítre arṣati* signifie, « le soma qui coule dans le *pavitra*, ou dans la liqueur destinée à l'allumer [1].

XI. — GRĀ́VAN

D'après MM. Roth et Grassmann, « pierre à broyer ou à presser le soma. » Les Nighaṇṭavas lui donnent aussi le sens de « nuage ».

Grā̃van peut être un dérivé de **gîra*, antécédent de *jī̃ra* « rapide », combiné avec le suffixe *van*, d'où * *gîravan* ou * *gîrâvan*, et sous une forme contractée, *grā̃van* avec un sens substantif analogue à celui du primitif : « la rapide » ou l'eau des libations.

Quelle qu'en soit l'origine, le mot en question n'a pas d'autre

[1] Le Soma, en ce cas, est invoqué comme s'il était en dehors du liquide des libations ; il faut qu'il y vienne pour s'allumer.

sens, ainsi qu'on peut en juger par l'hymne x, 175, adressé aux *Grâvânas* ou aux prétendues pierres à presser.

1

prá vo grâvânah savitã
devâh suvâtu dhármanâ,
dhûršú yujyadhvam sunutá

« O libations, que le dieu Savitar (celui qui fait couler) vous fasse couler en (vous) supportant (dans les airs) ; soyez attelées aux timons (du char d'Agni) et coulez. »

2

grãvâno ápa duchúnâm
ápa sedhata durmatím,
usrãh kartana bhešajám

« O libations, écartez la malfaisante, écartez celui dont l'intention est mauvaise (tout ce qui pourrait faire obstacle à ce que vous couliez) ; vous qui êtes brillantes, produisez le *bhešaja*[1] (Agni). »

3

grãvâna úparešv ã
mahîyánte sajóšasah,
vŕšne dádhato vŕšnyam

« Les libations s'élèvent dans celles qui (restent) au-dessous, en compagnie de celui qui les goûte (Agni), en offrant au verseur (le taureau-soma) ce qu'il doit verser[2]. »

[1] Celui qui provient du *bhišaj*, c'est-à-dire du soma « salutaire » qui donne la vie et la santé.

[2] Traduction de MM. Geldner et Kaegi (*Siebenzig Lieder des Rigveda*) : « Les pierres dansent joyeusement de compagnie sur leurs bases, en procurant la virilité à l'homme. »

4

grâvâṇah̤ savitâ nú vo
devâh̤ suvatu dhármaṇâ,
yájamânâya sunvaté

« O libations, que le dieu Savitar vous fasse couler, en vous supportant, pour le sacrificateur qui (vous) fait couler. »

XII. — Barhís

D'après MM. Roth et Grassmann, « litière, jonchée d'herbe, surtout d'herbe kuça qu'on étend à l'endroit du sacrifice, ou sur l'autel pour que les dieux et les sacrificateurs s'y assoient, et sur laquelle on dépose les offrandes ». Selon M. Roth, le sens étymologique serait « ce qui a été arraché », rac. *barh* « arracher, déchirer ».

La véritable étymologie est *barh* « fortifier, nourrir ; » le *bárhis* est la nourriture en tant que fortifiante et, particulièrement, la liqueur nourricière du sacrifice. Le fréquent emploi de ce mot avec la racine *sad* « s'asseoir » (dans le composé *barhišád*, par exemple), et les participes *vr̥ktá* et *stîrṇá* « étendu, répandu, épanché » (dans les composés *vr̥ktábarhis*, *stîrṇábarhis*, « qui a le *barhis* répandu »), est certainement la raison qui a fait attribuer à ce mot le faux sens « d'herbe épanchée ». Les dieux qui viennent s'asseoir sur le *barhis* sont les Somas allumés ou les Agnis qui sortent de lui et s'alimentent en lui.

VIII, 28, 1,

yé. . . devâso barhir âsadan

« Les dieux qui se sont assis sur (ou dans) le barhis (= la libation). »

VIII, 76 2 (cf. 4),

açvinâ barhih̤ sîdatam

« O Açvins, venez vous asseoir dans le barhis. «

III, 43, 1,

priyā́ sákhâyâ vi mucópa barhíḥ

« (O Indra) fais couler la libation vers tes deux chers amis ; » — sans doute, le couple *dyā́vâpṛthivî*, représenté par les deux chevaux d'Indra.

V, 44, 3,

prasásrâṇo ánu barhír vṛšâ

« Le mâle (Agni) qui s'avance à la suite du barhis ; » — qui s'étend avec la libation qu'il enflamme.

I, 135, 1,

stîrṇám barhír úpa no yâhi

« Viens (ô Agni) vers notre barhis répandu. »

VII, 43, 3,

sā́nau devā́so barhíšaḥ sadantu

« Que les dieux s'assoient dans le courant (ou le bain) de la libation, »

Barhíšmat, « qui consiste en barhis », épithète de l'offrande *(râtí)* I, 117, 1 ; — du chanteur *(kârú)* I, 53, 6, ou du penseur *(mánu)* V. 2, 12, c'est-à-dire de la libation crépitant au contact du feu ; — des chanteurs *(ṛ́ši)* VIII, 59, 14, même explication ; — du soma, IX, 44, 4.

XIII. — Bṛh, bráhman

Bṛ́h, dans le composé *bṛ́haspáti*, a le même sens que *barhís*. Bṛhaspáti n'est autre qu'Indra (voir surtout les hymnes II, 23-26, qui lui sont adressés et les remarques dont ils sont précédés dans la traduction de Grassmann) considéré, non pas comme « le maître de la prière », selon l'explication habituelle, mais comme le maître ou l'époux de la libation qu' il fait couler et de laquelle il tire sa force.

Le composé *bráhmaṇaspáti*, qui alterne avec *bṛ́haspáti*, nous amène à considérer *bráhman* comme synonyme de *barhis* et de *bṛ́h* ; le *bráhman* est, lui aussi, la liqueur fortifiante de la libation.

D'après l'exégèse traditionnelle des brâhmanes adoptée par les savants d'Europe, ce mot si important signifierait « prière ». Bergaigne, dans sa *Religion védique* (II, 273, seq.) a exposé la doctrine courante à cet égard : la prière en général, et le *bráhman* en particulier, ont pour effet d'accroître ou de fortifier les dieux et Indra entre tous. En conséquence, le mot *bráhman* (rac. *barh)* signifierait étymologiquement « moyen d'accroissement. » Quant à l'origine de cette conception même, elle s'expliquerait dans une certaine mesure « par la conception parallèle qui attribuait très naturellement l'action de fortifier les dieux au breuvage sacré et par l'étroite liaison des deux éléments essentiels du culte, le soma et la prière » ; — mais encore et surtout « par l'idée védique de la toute-puissance du sacrifice », et « de la vertu magique de la parole, des formules consacrées, admise dans la croyance générale des peuples primitifs ».

En réalité et à y regarder de près, il n'y a d'après les idées des Védas, qui n'ont généralement rien de mystique, que la libation qui fasse croître les dieux, c'est-à-dire qui développe les flammes du sacrifice dont le mot *déva* est la désignation à peu près constante. Seulement, les libations font entendre un murmure ou un crépitement, soit simplement en coulant, soit au contact des flammes. Ce son ou ce chant est la prière ou l'hymne naturel à l'aide desquels Soma et Agni, les véritables éléments du sacrifice, s'invoquent mutuellement. De là, les formules si fréquentes où les libations sont appelées les chanteuses et, inversement, celles dans lesquelles les chanteurs du sacrifice considéré comme automatique reçoivent l'épithète de verseurs, arroseurs, etc. Ces formules peuvent prendre du reste la forme d'une apposition des deux termes qui les composent, comme au vers IV, 22, 1, *brâhma stômam* « la libation (qui est) le chant », ou « le chant (qui est) la libation, » et au vers, III, 51, 6, *brâhmâṇi girah*, même sens, en substituant le pluriel au singulier. La transition des formules de ce genre à celles où il est dit que les chants, c'est-à-dire les (somas) chanteurs, ou les voix, c'est-à-dire les (libations) bruyantes, ou même les pensées *(mati)* en tant que mères des paroles, font croître ou grandir Agni, Indra, les Açvins et généralement tous les dieux qui personnifient le feu et les flammes du sacrifice, s'explique ainsi, ce me semble, de la façon la plus naturelle.

Ces remarques suffisent pour montrer l'origine de l'erreur dont l'explication du mot *brâhman* a été l'objet à côté de tant d'autres. Quelques exemples de son emploi dans les hymnes auront pour effet, je l'espère, d'achever la démonstration.

IV, 22, 1,

brâhma stômam maghâvâ. . . éti

« Indra vient à la libation (qui est) un chant. »

I, 37, 4,

çârdhâya. . . brâhma gâyata

« Chantez (c'est-à-dire annoncez) la libation à la troupe (des Maruts). »

Cf. VII, 31, 1,

prá va indrâya mâdanam. . . gâyata

« Chantez (annoncez) la liqueur (du sacrifice) à Indra. »

Vâlakh. 4, 9,

brâhméndrâya voçata

« Annoncez la libation à Indra. »

Cf. VI, 15, 10,

prá havyám agnir amṛteṣu vocat

« Qu'Agni annonce la libation chez les immortels (au sein de ses flammes). »

et x, 16, 11,

préd u havyā̃ni vocati devébhyaḥ

« (Agni) annonce aux dieux les libations. »

I, 31, 18,

eténâgne bráhmaṇâ vâvṛdhasva

« O Agni, accrois-toi par cette libation. »

VII, 13, 3,

bráhmaṇe vinda gâtúm

« (O Agni), trouve la voie pour la libation, » = fais la couler.

I, 3, 6,

índrā̃ yâhi. . . úpa bráhmâṇi

« O Indra, viens aux libations. »

II, 23, 2,

viçveṣâm ij janitā̃ bráhmaṇâm asi

« (O Brahmaṇaspati = Indra), tu es le producteur de toutes les eaux de la libation. »

Composés dont le mot *bráhman* fait partie :

Brahmakârā̃ḥ, « chanteurs de la libation, ou par l'effet de la libation, » épithète des *náras*, « les forts », ou les somas allumés qui crépitent en flambant, VI, 29. 4.

Brahmakṛ́t, « qui produit ou fournit la libation ; » épithète de la troupe des Maruts, III, 32, 2 ; des immortels *(amṛ́ta)*, x, 66, 5, etc.

Kṛtábrahman, « celui à qui on a fourni la libation, » — employé parallèlement à *râtáhavya* qui a le même sens, au vers II, 25, 1, ; — épithète du sacrifice, VII, 70, 6, avec *hávišmân* « pourvu de libation ; » — épithète d'Indra, VI, 20, 3.

Brahmacârin, « celui qui a le *bráhman* (ou la libation) pour moteur, » épithète du *viša*, probablement l'un des noms du soma, X, 109, 5.

Brahmacódanî, « celle que le *bráhman* met en mouvement, » épithète de l'*ấrâ*, l'un des noms métaphoriques de la flamme d'Agni que porte Pûšan ou le Soma personnifié, VI, 53, 8.

Brahmajâyấ, « l'épouse du *bráhman* », ou la libation considérée comme un principe femelle uni à un principe mâle, hymne X, 109.

Bráhmajûta, « activé par le *bráhman* ou le soma, » épithète d'Indra, III, 34, 1, et VII, 19, 11.

Brahmadviš, « ennemi de la libation, celui qui s'oppose à ce qu'elle vienne alimenter le sacrifice. » Indra frappe les *brahmadvišas* au même titre qu'Ahi, Vṛtra, etc., VIII, 53, 1, etc.

Brahmaputrá, « fils de la libation. » Cette désignation s'applique très probablement à Agni au vers II, 43, 2.

Brahmaprî, « qui aime la libation ». Désigne très probablement Agni aux vers I, 83, 2 et I, 152, 6.

Brahmayúj, « celui qui attelle la libation : »

III, 35, 4,

bráhmaṇâ te brahmayújâ yunajmi hárî

« (O Indra) j'attelle au moyen de la libation tes deux chevaux qui s'attellent au moyen de la libation. »

Bráhmavâhas, « qui est conduit par la libation ; » épithète d'Indra, I, 101, 9, etc. Cf. le passage qui vient d'être cité au mot *brahmayúj*.

Bráhmasaṃçita, « aiguisé par la libation ; » épithète de la flamme d'Agni comparée à une flèche, au vers VI, 75, 16.

Brahmasavá, « émission de la libation : »

IX, 67, 24,

yát te pavitram arcivád
ágne téna punîhi naḥ,
brahmasavaiḥ punîhi naḥ

« O Agni, éclaire-nous avec le moyen d'allumage enflammé (le soma) qui sert à t'allumer ; éclaire-nous avec les flots de la libation. »

Abrahman, « dépourvu de libation » :

VII, 26, 1,

ná sómā índram ásuto mamâda,
nâbrahmâṇo maghávânaṃ sutâsaḥ

« Le soma non coulé n'a pas abreuvé Indra ; les *coulés* qui n'ont pas de soma (n'ont pas abreuvé) le généreux (Indra). »

Les deux formules reviennent à dire (les deux négations se détruisant) : « le soma qui a coulé a abreuvé Indra. » Le parallélisme des termes dans les deux pâdas prouve d'une manière absolue que *bráhman* est ici synonyme de *sóma*.

Tuvibrahman, « qui a (ou reçoit) beaucoup de libations, » épithète du fils qu'Agni donne au sacrifiant, c'est-à-dire, lui même, V, 25, 5.

Subráhman, « qui a de belles libations, » — épithète du sacrifice, VII, 16, 2, et de la richesse, c'est-à-dire de l'offrande, X, 47, 3.

Brahmán oxyton, — adjectif masculin (auprès de *bráhman*, neutre, paroxyton, — ce qui a la force, le soma) « celui qui obtient, reçoit ou possède la force, » c'est-à-dire la liqueur fortifiante. A ce titre, *brahmán* qualifie Indra, I, 80,1, etc.; Agni, VII, 7, 5, etc.; Soma IX, 96, 6, etc.

Les dérivés *brâhmaṇá* et *brãhmaṇa* ont le même sens et s'emploient semblablement avec un substantif exprimé ou le plus souvent sous-entendu.

XIV. — MÁNU, MÁNUS.

De l'étude que Bergaigne a consacrée au sens de ces mots (*Rel. véd.*, I, 62-70), il ressort clairement que, pour lui comme pour les interprètes qui l'ont précédé, ils sont tantôt noms communs dans l'acception d'« homme » et tantôt nom propre pour désigner Manu, l'auteur mythique de la race humaine, sans qu'il soit possible d'indiquer d'une manière bien sûre que tel de ces sens s'applique à tel ou tel passage déterminé.

Cette indécision si contraire à la méthode de Bergaigne, suffit à nous faire soupçonner une erreur qu'un examen détaillé de l'emploi de ces mots rend bientôt évidente. La vérité est que l'un et l'autre s'appliquent en général à Agni et surtout à Soma en tant, à ce qu'il semble, que synonymes (ou à peu près) de *kavi* dont l'emploi est le même.

Le sens étymologique de *mánu* et *mánus* est « penseur, » et de même que les pensées (*mati*) d'Agni uni à Soma précèdent sa voix (*vãk*) ou ses crépitements, l'un et l'autre dieu sont penseurs parce qu'ils sont appelés à devenir chanteurs. En d'autres termes, ils pensent d'abord les paroles ou les chants qu'ils font entendre de concert quand ils accomplissent ensemble le sacrifice. — Exemples :

I, 114, 2,

yác chám̃ ca yóç ca mánur âyejé pitã

« Le bon et le bien (la libation) que *mánu* le père (le soma père d'Agni) a offert en sacrifice. »

I, 112, 18,

yãbhir mánum̃ çũram iṣã samãvatam

« (Les eaux), la libation, par laquelle vous (ô Açvins) contentez le héros *mánu* (Agni). »

VII, 2, 3,

agnim mánunâ sámiddham

« Agni allumé par le *mánu* (le soma). »

I, 31, 4,

tvám agne mánave dyā̃m avâçayaḥ
purûrávase sukṛ́te sukṛ́ttaraḥ

« Tu as, ô Agni, annoncé le jour (ou la lumière) au *mánu* ton bruyant bienfaiteur, toi qui l'emportes par tes bienfaits (envers lui). »

Agni donne sa flamme à Soma, alors que Soma lui donne sa liqueur. L'un et l'autre s'appellent et se font connaître leurs dons.

VII, 35, 15,

mánor yájatrâ amṛ́tâḥ

« Les libations (les non-mortes) qui offrent le *mánu* (le soma) en sacrifice. »

I, 89, 7,

agnijihvā̃ mánavaḥ

« Les *mánus* (les Maruts, c'est-à-dire les somas enflammés) qui ont Agni pour langue, » — les flammes d'Agni lèchent les libations.

II, 10, 1,

mánuṣâ yát sámiddhaḥ (agníḥ)

« Quand Agni est allumé au moyen du *mánus* (le soma). »

I, 52, 8,

mánuṣe gâtuyánn apáḥ

« (Indra) quand il offre une issue aux eaux (de la libation) pour le *mánus* (Agni). »

I, 128, 1,

ayám jâyata mánuso dhárîmaṇi. . . agníḥ

« Cet Agni est né dans le support du *mánu* (dans le soma qui le supporte). »

I, 36, 7,

hótrâbhir agním mánuṣaḥ sám indhate
titirvâṅso áti sridhaḥ

« Les *mánus* (somas) allument Agni avec les choses qui font l'oblation (les somas eux-mêmes), en s'efforçant de traverser les obstacles (de percer l'enveloppe qui est censée envelopper les libations). »

IV, 1, 9,

sá (agníḥ) cetáyan mánuṣaḥ

« Agni a fait briller (a allumé) les *mánus* (les somas). »

Composé : — *mánurhita*, « établi par le *mánu* (soma) » ; équivaut à *mánunâ sámiddhaḥ*. C'est en général une épithète d'Agni comme au vers I, 13, 4,

ágne. . ási hótâ mánurhitaḥ

« O Agni, tu es le sacrificateur établi par le *mánu*. »

Les quatre dérivés adjectifs, *mánuśa*, *manuśyá*, *mânavá* et *mânuśa* ont un sens analogue à celui du génitif *mánuśaḥ* ; ils expriment en général la relation de l'objet qu'ils qualifient avec la libation ou le soma. — Exemples :

I, 117, 21,

iśaṃ duhántâ mánuśâya

« (Les Açvins) qui traient la libation pour celui qui est issu du *mánu* (soma). »

Manušyá, épithète du char d'Indra (qui doit son origine au soma), au vers II, 18, 1.

IV, 1, 13,

asmãkam átra pitáro manušyãḥ

« Les pères de la nature du soma qui sont là venant de nous, » — c'est-à-dire les somas pères d'Agni; cf. la formule *pitã mánus*.

X, 62, refrain des vers 1-4,

práti gṛbhṇîta mânavám

« (O Angiras), acceptez ce qui est issu du soma (le soma lui-même ou la libation). »

VI, 2, 3,

yát. . . mãnušo jánaḥ. . juhvé

« Lorsque le père (l'engendreur d'Agni) qui provient du soma (le soma lui-même) fait couler la libation (ou offre le sacrifice). »

I, 70, 2,

agníḥ. . açyâḥ. . â mãnušasya jánasya jánma

« Qu'Agni puisse obtenir (réaliser) la génération du père qui est de la nature du soma; » — c'est-à-dire, « puisse le soma le faire naître, l'allumer ! »

V, 21, 2,

tvám hi mãnuše jáné'gne... idhyáse

« Car tu es allumé, ô Agni, dans l'engendreur qui est de la nature du soma (dans le soma). »

VII, 4, 1,

yô daivyâni mãnušâ janûňšy
antár viçvâni vidmánâ jigâti

« (Agni) qui pénètre en les connaissant toutes les générations qui sont issues des dévas, des manus; » = c'est-à-dire, dont les flammes se développent au sein des libations enflammées.

VII, 77, 1,

ábhûd agniḥ samídhe mãnušâṇâm

« Agni s'est montré pour allumer les libations; » = celles qui viennent du *mánus* = soma.

V, 13, 3,

agníḥ. . . hótâ yó mãnušešu

« Agni le sacrificateur qui est dans les libations. »

VI, 65, 1,

kšitîr uçhántî mãnušîḥ

« L'aurore (à laquelle Agni est comparé) qui éclaire les demeures du *mánus* (= soma). »

VII, 5, 2,

sá mãnušîr abhí viço vi bhâti

« Cet (Agni) brille dans la direction des demeures du *mánus* (les réceptacles de la libation). »

IV, 6, 7,

agnír dîdâya mãnušîšu vikšu

« Agni a brillé dans les demeures du *mánus*. »

Manušvát.

Cet adjectif signifie « ce qui a le *mánus* ou le soma »; il s'emploie adverbialement au singulier neutre dans le sens de « en tant que pourvu de soma, » et non pas, « comme l'homme, les hommes, comme Manus, etc. » (MM. Roth, Grassmann, Bergaigne). *Manušvát* correspond par conséquent à l'expression *mánurhita* qui s'applique en général, comme *manušvát*, à Agni.

v, 21, 1,

manušvát tvâ ni dhîmahi
manušvát sám idhîmahi,
agne

« O Agni, nous t'établissons en tant que pourvu de soma; nous t'allumons en tant que pourvu de soma. » — Au premier hémistiche, surtout, *mánušvát* pourrait être remplacé par *mánurhitam.*

L'identification de Manus et de Μίνως proposée par Kuhn (*Herabk.*[2], p. 22-23) repose, abstraction faite de la ressemblance phonétique, sur deux hypothèses dont l'une, à savoir que Manus est considéré dans le *Rig-Véda* comme le père de la race humaine, résulte, comme nous l'avons vu, d'une interprétation inexacte, et l'autre, d'après laquelle Minos serait l'ancêtre des Crétois, est toute déductive et sans base documentaire sûre[1]. On ne saurait admettre l'idée de Kuhn qu'en partant du fait que Manus et Μίνως ont été regardés comme des législateurs.

Quant au rapport étymologique supposé entre *mánus* et le gothique *manna* « homme », rien ne prouve l'identité primitive des deux mots. Ce dernier est bien plutôt apparenté au

1. Manu « le penseur » divin qui révèle sa volonté dans le feu du sacrifice est devenu à ce titre l'auteur révéré de la loi brâhmanique, comme le mythique Zoroastre (J. Darmesteter, *The Zend-Avesta*, dans la collection des *Sacred Books of the East*, t. IV, introd. p. 78), est devenu celui de la loi mazdéenne. La même comparaison s'impose avec Jéhovah révélant le *Décalogue* à Moïse, sur le Sinaï, au milieu du tonnerre et des éclairs.

latin, *mas* pour * *mans*, « mâle », et sans relation nécessaire avec *mánus*.

Des passages analogues à ceux qui viennent d'être examinés à propos des mots *mánu*, *mánus*, *manušyá*, *mãnuša*, etc., démontreraient que les mots *kŗšţi* et *caršaņi* désignent, en général, comme eux les libations et non pas les races humaines, selon l'interprétation courante.

XV. — Rájas

D'après M. Roth, « l'atmosphère en tant que le lieu où se meuvent les nuages, une partie du ciel, etc., — obscurité, nuage, poussière, etc. »

Grassmann : — « espace obscur ; l'espace qui s'étend entre le ciel et la terre, par opposition aux espaces lumineux d'où le soleil et les étoiles envoient leur éclat vers la terre qui leur doit la lumière, etc. »

Le mot *rájas* dérive de la racine qui a donné le sc. *rajata*, le lat. *argentum*, le gr. ἄργυρος, et dont le sens primitif est « briller ». Dans les mots précités, cette signification paraît s'être fixée à la nuance pâle ou sombre qui est celle de l'argent, par opposition à l'éclat de l'or. Dans le *Rig-Véda*, et en étroit rapport avec la désignation de cette nuance, le mot *rájas* s'applique aux eaux de la libation dont l'aspect argenté, ou d'un pâle plus ou moins terne, contraste avec les lueurs brillantes de la flamme d'Agni. — Exemples :

I, 56, 5,

vi yát tiró dharúņam ácyutaṃ rájó
'tišţhipo divá ãtâsu barháņã

« (O Indra), lorsque tu as mis debout (c'est-à-dire, fait jaillir), à travers le réceptacle qui ne coule pas (avant d'être percé), le *rájas* (l'eau sombre) dans les développements (les flammes), du jour (Agni), au moyen de la force (de l'eau même des libations qui donne la force, — la fortifiante). »

I, 62, 5,

rájá úparam astabhâyaḥ

« (O Indra) tu as dressé le sombre qui est au-dessous des flammes du sacrifice. » — Sens analogue à celui du passage précédent.

I, 81, 5,

ấ paprâu pấrthivaṃ rájo
badbadhé rocanấ divi

« Il (Indra) a fait couler le sombre qui vient de la large (la libation) ; il a poussé les brillantes (les libations enflammées) dans le jour (Agni). »

I, 35, 2,

ấ kr̥ṣṇéna rájasâ vártamânaḥ

« (Savitar) qui se meut au moyen du noir *rájas.* »

I, 35, 9,

abhí kr̥ṣṇéna rájasâ dyấm r̥ṇoti

« Il (Savitar) va à la lumière (devient brillant) au moyen du noir *rájas.* »

X, 187, 5 (cf. I, 33, 7 ; I, 52, 12, etc.)

yó asyá pâré rájasaḥ
çukró agnír ajâyata

« Le brillant Agni qui a pris naissance sur la partie supérieure de ce *rájas.* »

I, 92, 1,

uṣắsaḥ. . . pûrve árdhe rájaso bhânum añjate

« Les aurores (les flammes d'Agni comparées à des aurores) ont établi leur éclat sur la moitié supérieure du *rájas*. »

VII, 87, 6,

rájaso vimā́nah

« (Varuṇa) constructeur du *rájas*; » = c'est-à-dire, qui édifie à son aide les flammes du sacrifice.

X, 45, 3,

tṛtī́ye tvâ rájasi tasthivā́ṅsam. . . mahiṣā́ avardhan

« Les buffles (somas) t'ont fait croître (ô Agni), toi qui te tiens debout dans le *rájas* qui est le troisième (lieu où tu résides). » — La mer (des libations) et les eaux ont été précédemment indiquées dans le même vers comme les séjours d'Agni.

I, 154, 1,

yáḥ pā́rthivâni vimamé rájâṅsi

« Lui (Viṣṇu-Agni) qui a édifié (dressé dans les airs sous la forme de flammes) les *rájas* qui viennent de la large. »

VI, 62, 2,

ráthasya bhânúm rurucû rájobhiḥ

« Ils (les Açvins) ont fait briller l'éclat de (leur) char au moyen des *rájas*. »

VII, 34, 16,

(áhiḥ) rájaḥsu šī́dan

« (Le serpent) qui est couché dans les *rájas*. »

VI, 9, 1,

áhaç ca kṛṣṇám áhar árjunaṃ ca
vi vartete rájasî vedyā́bhiḥ

« Il y a un jour sombre (la libation considérée au moment où elle n'est pas allumée) et un jour brillant (la libation au moment où elle brûle). Les deux (la libation dans ses deux états) se développent (se transforment en flammes) au moyen des brillantes (*vedyã*, — autre nom des libations enflammées). »

Le duel *rájasî* (les deux sombres), employé par paradoxe à la désignation commune de la libation à l'état sombre et de celle qui est à l'état brillant, nous donne la clé de l'expression correspondante *ródasî* (les deux brillants) qui s'emploie d'une semblable façon pour désigner ces deux mêmes états. Comparer aussi : *áhani*, les deux jours = les deux brillants ; *usãšâ*, les deux aurores = les deux brillants ; *ušãsânáktâ* et *náktošãsâ*, l'aurore et la nuit, la nuit et l'aurore = le brillant et le sombre, le sombre et le brillant.

Composé dont le mot *rájas* fait partie :

Rajastúr, « qui s'empare du (liquide) sombre ou de la libation, » épithète des Maruts, I, 64, 12 ; du soma, IX, 48, 4, etc.

XVI. — Antárikša

MM. Roth et Grassmann sont d'accord pour donner à ce mot le sens d'« atmosphère. » Ce serait, dans les conceptions védiques, la partie moyenne des trois grandes régions qu'habitent les êtres vivants. Ces savants diffèrent sur son étymologie. Pour M. Roth, *antárikša* doit se décomposer en *antar* + *ikša* (cf. *akša*, « œil ») de *îkš* « voir », et le sens serait « transparent ». Bien plus vraisemblable est l'explication que Grassmann a adoptée à la suite de M. Weber : *antari* « à l'intérieur, » et *kša* « qui réside », c'est-à-dire, « la région placée entre (le ciel et la terre) ». Mais comme il ne s'agit pas de région, *antárikša* désigne, d'après cette même analyse, le liquide des libations considéré comme placé dans une enveloppe, avant que cette enveloppe n'ait été percée par le vajra d'Indra et qu'Agni ne l'enflamme. Par une extension toute naturelle, notre mot, devenu synonyme de *rájas*, s'est appliqué purement et simplement à la libation non-allumée souvent par opposition à celle qui est allumée et désignée par le mot *dyaús*. Exemples :

II, 12, 2,

yó antárikšam vimamé

« (Indra) qui a édifié l'*antárikša* (qui l'a fait jaillir). »

II, 15, 2,

â ródasî âpṛṇad antárikšam

(Indra) a fait couler les deux brillantes, l'*antárikša.* »

IX, 63, 8,

áyukta sûra étaçam. . . antárikšeṇa yâtave

« Le soleil (le soma allumé comparé au soleil et l'équivalent d'Agni) a attelé son cheval. . . pour aller au moyen de l'*antárikša.* »

IX, 63, 27,

pávamânâḥ. . . páry antárikšâd asṛkšata

« Les somas allumés. . . ont coulé de l'*antárikša.* »

II, 30, 3,

ûrdhvó hy ásthâd ádhy antárikše

« (Indra) s'est tenu debout dans (ou sur) l'*antárikša.* »

VI, 22, 8,

pârthivâni divyâni dîpayó' ntárikšâ

« (O Indra) tu as allumé les *antárikšas* qui sont en rapport avec la large (et) avec la brillante, » — c'est-à-dire, les libations qui produisent le couple *dyâvâpṛthivî.*

Composés :

Antarikšaprā́, « qui fait couler l'antarikša », épithète d'Indra, I, 51, 2 ; de Savitar, VII, 45, 1 ; de Soma, IX, 86, 14, etc.

Antarikšaprút, « qui flotte au moyen de (ou sur) l'antarikša, » épithète des vaisseaux (flammes) des Açvins, I, 116, 3.

Antarikšasád, « qui est assis dans l'antarikša, » épithète d'Agni comparé à un cygne, IV, 40, 5,

Dérivé :

Antárikšya, « qui est de la nature de l'antarikša. »

IX, 36, 5,

vásu sómo divyā́ni pā́rthivâ,
pávatâm ā́ntárikšyâ

« Que le soma allume les biens (les oblations) qui viennent du jour (la libation allumée), de la large, de l'antarikša. »

XVII. — Pṛthivî

Proprement féminin de l'adjectif *pṛthú*, « qui s'étend, s'allonge, s'écoule ». D'après MM. Roth et Grassmann, ce mot désigne la terre considérée comme « l'étendue, la large ». La véritable fonction de *pṛthivī́* dans le *Rig-Véda* est de qualifier le liquide employé au sacrifice. C'est lui qui est considéré comme « ce qui s'étend » en coulant. Il me suffira pour le prouver de traduire l'hymne V, 84, adressé à *pṛthivī́*. Cet hymne est des plus décisifs dans la question, en ce sens qu'autant les traits qu'il présente se rapportent mal à la terre, autant ils conviennent bien à la liqueur des libations[1].

[1] Cf. la traduction de ce même hymne dans le recueil de MM. Geldner et Kaegi, *Siebenzig Lieder des Rigveda.*

1

báḷ itthā́ párvatânâṃ
khidrám bibharši pṛthivi,
prá yā́ bhū́miṃ pravatvati
mahnā́ jinóši mahini

« Tu portes donc celui qui fend les courants[1], ô large? toi qui, ô courante, fais jaillir la féconde[2] au moyen du grand[3], ô grande ! »

2

stómâsas tvâ vicâriṇi
práti šṭobhanty aktúbhiḥ,
prá yā́ vā́jaṃ ná héšantam
perúm ásyasy arjuni

« Des chants qui viennent des flammes répondent aux tiens[4], ô errante, toi qui lances en avant la (boisson) fortifiante pareille à un cheval qui hennit[5], ô blanche[6]. »

3

dṛḷhā́ cid yā́ vánaspátîn
kšmayā́ dárdharšy ójasâ,
yát te abhrásya vidyúto
divó váršanti vṛšṭáyaḥ

« Tu es pourtant ferme[7] toi qui portes les vanaspatis[8] au

1 Indra, ou plutôt le vajra dont il se sert pour percer la libation.
2 Autre désignation de la libation. Le sens revient à cette tautologie si fréquente dans le Véda : le Soma fait jaillir le soma.
3 Autre désignation d'Indra ou de son vajra.
4 Allusion aux crépitements du feu du sacrifice qui répondent, soit au murmure de la liqueur versée par les sacrificateurs, soit à ses propres crépitements au contact de la flamme.
5 Même allusion que plus haut.
6 Cf. le sens étymologique et l'emploi dans le Véda du mot *rájas*.
7 L'idée sous-entendue est « toi qui es mobile ».
8 Les flammes d'Agni comparées à des arbres.

moyen d'une terre qui est la force[1], alors qu'en tant que liquide, tu fais couler les éclairs et qu'en tant que brillante, tu fais couler les eaux[2]. »

L'adjectif *pā̃rthiva*, dérivé de *pṛthivī̃*, qualifie, comme nous l'avons déjà vu, les choses qui proviennent de la libation désignée sous le nom de *pṛthivī̃*. C'est ainsi que le *pā̃rthivam rájas* ou le *prā̃thivam vásu* sont « la (liqueur) sombre de la libation » ou « la richesse qui consiste dans la libation », etc.

Très fréquemment, l'adjectif *pā̃rthiva* est accompagné de *divyá* qui est dans le même rapport de dérivation avec *dyaúṣ* que celui de *pā̃rthiva* avec *pṛthivī̃;* autrement dit, la formule *divyá pā̃rthiva* correspond au couple *dyā̃vâpṛthivī̃* qui, de son côté, désigne les mêmes éléments du sacrifice que les couples *rájasî* (les deux sombres), *ródasî* (les deux brillants), *áhanî* (les deux jours = les deux brillants), *naktošā̃sâ* (la nuit = *rájas* et l'aurore = le brillant, le jour, *dyáus*, etc.)

Puisque *pṛthivī̃* est la libation en tant que coulante et non enflammée, *dyā̃vâ* (ou *dyáus*) sera cette même libation considérée comme allumée et brillante ; celle-là correspond plutôt à Soma et celle-ci plutôt à Agni.

Pṛthivī̃ s'emploie isolément au duel dans le sens de *rájasî*, (les deux sombres = le sombre et le brillant), de même que *dyā̃vâ* s'emploie isolément au même nombre dans un sens parallèle à celui de *ródasî*, *áhanî* (les deux brillants = le brillant et le sombre). Par pur cumul, les mots *dyā̃vâ* et *pṛthivī̃* ont été réunis dans un même composé anormal qui correspond à son tour pour le sens et la forme à *ušā̃sânáktâ* ou *náktošā̃sâ*[3].

[1] *Ojas* est synonyme de *vâja* et l'un et l'autre mot désignent la libation.

[2] Je construis ainsi le 2e hémistiche : *yát te abhrásya váršanti vidyúto (yáç ca te) divó váršanti vṛṣṭayaḥ*. Le tout fait allusion à la formule *dyâvâpṛthivî ; abhrásya* correspond à *pṛthivî* et *divás* à *dyâvâ*. Le sens se complique du paradoxe qui consiste à présenter le liquide comme coulant des flammes (les libations allumées), et les flammes comme coulant des eaux (où elles prennent naissance = les flammes issues de la libation). — A l'expression *divó vṛṣṭáyaḥ*, cf. *diváḥ sā́nu, divó váršman*, etc.

[3] Dans la plupart des couples formés dans la mythologie grecque par des divinités considérées comme cosmiques, l'élément féminin désigne en réalité le liquide

L'hymne suivant achèvera de fixer les idées sur le sens qu'il convient d'attacher au couple *dyâvâpṛthivî*.

I, 159

1

prá dyâvâ yajnaiḥ pṛthivî ṛtâvṛdhâ
mahî stuše vidátheṣu prácetasâ,
devébhir yé devápulre suddáṅsasetthâ
dhiyâ vâryâṇi prabhûšataḥ

« J'invoque au moyen des oblations les deux brillants, les deux larges qui se développent par les libations, — les deux grandes qui lancent des flammes placées dans les offrandes ; — eux qui, ayant les dévas pour fils, produisant de belles œuvres par l'effet des dévas, offrent les oblations (à Agni) au moyen de cette pensée (dont leurs crépitements font entendre l'expression) [1]. »

2

utá manye pitúr adrúho máno
mâtúr máhi sválavas tád dhávîmabhiḥ,
surétasâ pitárâ bhûma cakrâlur
urú prajâyâ amṛ́tam várîmabhiḥ

des libations. Telles sont Ῥέα « celle qui arrose » (cf. ῥέω), dans le couple Κρόνος-Ῥέα; Ἥρα pour *σηρα, même sens primitif (cf. rac. sansc. *sar*, doublet de *sru* pour *s'r=u* « couler ») dans le couple Ζεύς-Ἥρα; Τεθύς « celle qui allaite » dans le couple Ὠκέανος-Τεθύς. Le sens étymologique de Κυβέλη est incertain. Quant à Γαῖα, il est au moins douteux que son sens de « terre » soit primitif; il est probable qu'il ne s'y est attaché qu'après que Οὐρανός, le terme masculin du couple, a été considéré comme la personnification du ciel et par un simple effet d'antithèse, comme la chose a eu lieu en ce qui regarde le couple védique *dyâvâpṛthivî*.

[1] Les mots *dyâvâ*, *pṛthivî'*, *mahî* désignent les libations considérées sous leur double aspect c'est-à-dire comme non allumées et allumées. Elles croissent, se développent par les libations désignées sous un autre nom *(ṛtá)* et considérées seulement comme non allumées. Les dévas ou les libations considérées seulement comme allumées, sont leurs fils et les développent sous la forme de flammes. De plus elles crépitent et font en quelque sorte connaître par là leur pensée, tout en offrant les présents qu'elles contiennent.

« J'exprime par les libations (qui crépitent) la pensée que je dirige vers la pensée du père que rien n'opprime (n'empêche de se développer, — le Soma), vers (la pensée) puissante, et qui consiste dans une force qui lui est propre, de la mère[1]. — Les deux parents qui ont une bonne semence ont produit au moyen des libations la (liqueur) féconde, large, vive, de la génération. »

3

té sûnávaḥ svápasaḥ sudáṅsaso
mahî́ jajnur mâtárâ pûrvácittaye,
sthâtuç ca satyáṃ jágataç ca dhármaṇi
putrásya pâthaḥ padáṃ ádvayâvinaḥ

« Ces fils aux belles œuvres, aux belles créations ont engendré les deux grandes mères pour (leur) éclat qui est en avant (de la partie qui n'a pas d'éclat). La manifestation de celui qui ne bouge pas a lieu dans le support de (le fait de supporter) celui qui s'agite ; le chemin du fils est la résidence de celui qui ne fait qu'un avec lui[2]. »

4

té mâyíno mamire suprácetaso
jâmî́ sáyonî mithunấ sámokasâ,
návyaṃ navyaṃ tántum ấ tanvate divi
samudré antáḥ kaváyaḥ sudîtáyaḥ

[1] Le père et la mère sont les libations personnifiées considérées comme les productrices de la liqueur dont elles sont l'image. Dès l'instant où elles sont personnifiées il peut être question de leur pensée *(mânas)* qui représente ici, à ce qu'il semble, tout leur être, leur personne (cf. le sens de *âtman*); le mot est appelé du reste par *manye.*

[2] Les fils aux belles œuvres sont les dévas du vers 1. Ils engendrent leurs deux parents, les libations sous leurs deux formes, en ce sens que sans eux ces deux formes n'existeraient pas, elles n'auraient pas un éclat qui est en avant *(pûrvácitti)* de la partie liquide non éclairée. Au 2e hémistiche, celui qui ne bouge pas est la libation non enflammée qui se manifeste dans la libation enflammée, et celle-ci s'agite en supportant l'autre; en l'absorbant. Enfin, le chemin du fils est la voie suivie par la libation agitée et enflammée issue de la libation liquide qui prend le même chemin que son fils et s'unit avec lui.

« Ces créateurs aux belles flammes ont créé deux jumeaux accouplés qui ont une même matrice, qui ont la même nourriture ; — les kavis au brillant éclat ont étendu un fil toujours nouveau dans le jour (= la libation enflammée), à l'intérieur de la mer (des libations[1]). »

5

tád rā́dho adyá savitúr váreṇyam
vayáṃ devásya prasavé manâmahe,
asmábhyaṃ dyâvâpṛthivî sucetúnâ
rayíṃ dhattaṃ vásumantaṃ çatagvínam

« Voilà aujourd'hui le don désirable (?) de celui qui fait couler (la libation, — la flamme qui l'aspire). Nous plaçons notre pensée dans le liquide que le dieu fait couler[2]. O vous, les deux brillants et vous les deux larges, donnez-nous (ou établissez pour nous) par le moyen de celui qui a un bel éclat (Agni) un don consistant en bonne (nourriture), dans le lait de cent vaches. »

XVIII. — Dyaús

Selon MM. Roth et Grassmann, « ciel, jour, lumière ».

Le latin *dies* semble indiquer que la signification indo-européenne de l'antécédent commun à *dyaús* et à *dies* est « jour », à savoir « ce qui brille », par opposition à l'obscurité de la nuit.

Dans le *Rig-Véda*, le sens, habituellement métaphorique, de *dyaús* s'applique à la libation enflammée qui est comme le jour, eu égard à la libation liquide comparée à la nuit. Ainsi s'explique que l'Aurore d'une part, et Agni de l'autre, qui sont

[1] Au premier hémistiche, les créateurs aux belles flammes (cf. vers 3) sont encore les dévas dont les deux jumeaux sont les libations sous les deux formes, ou le couple *dyâvâpṛthivî*. Ce sont encore eux qui sous le nom de kavis au deuxième hémistiche étendent un fil (leur flamme) qui d'un bout est dans Agni et de l'autre dans Soma.

[2] Les crépitements de la libation enflammée seront comme la prière du sacrifiant cf. vers 2).

des personnifications ou des symboles des flammes de la libation, soient appelés celle-là la fille, celui-ci le fils de *dyaús* ou du jour. C'est une preuve entre tant d'autres de l'identité fondamentale en mythologie des fils et des pères : il a suffi que les noms d'un même phénomène fussent différents pour qu'on imaginât entre eux en les personnifiant un rapport de filiation.

Exemples de l'emploi de *dyaús* dans un sens conforme à ce qui vient d'être dit :

x, 85, 1,

sûryenôttabhitâ dyaúḥ. . . divi sômo ádhi çritáḥ

« Le jour (la libation allumée, les flammes d'Agni) est soutenu (élevé en l'air) par le soleil (Agni comparé au soleil). . le soma est monté dans le jour (ces mêmes flammes). »

ix, 3, 8,

eṣá divaṃ vy âsarat
tirô rájâṃsy ásprtaḥ

« Ce (soma) a coulé dans la lumière du jour (la flamme d'Agni) après avoir traversé les ténèbres (les eaux ténébreuses de la libation) sans avoir été retenu (par Vṛtra ou Ahi, etc.). »

i, 34, 2,

trir náktaṃ yâthás trir v açvinâ divâ

« O Açvins, vous allez trois fois par jour (allusion aux trois moments du sacrifice) dans la nuit (la libation obscure) et trois fois (vous voyagez) à l'aide de la lumière (la flamme d'Agni) [1]. » — Les Açvins ont les pieds dans la libation et la tête dans les flammes.

[1] On voit que je considère le mot *divâ* comme ayant le rôle syntactique exigé par sa forme d'instrumental. — Cf. les manifestations alternées de Castor et Pollux dans la mythologie grecque.

I, 71, 5,

mahé yát pitrá îṃ rásaṃ divé káḥ

« Lorsqu'il (Agni) a produit le suc (nourricier, — la libation) pour son père, le grand éclat du jour (ses flammes mêmes). »

IV, 26, 6,

divó amúšmâd úttarâd âdâya

« (Le faucon = le Soma personnifié) après avoir pris (le soma) à la partie supérieure de la libation enflammée (par opposition à cette partie inférieure et liquide). »

I, 49, 1,

ušaḥ. . . â gahi diváç cid rocanâd ádhi

« O Aurore... viens de ce qui éclaire le jour, quoique *(cit)* (il n'ait pas besoin de l'être). »

L'Aurore est la forme féminine d'Agni. Elle est invitée à se séparer, pour goûter la libation non enflammée, de ce qui éclaire le jour ou la libation enflammée, à savoir son éclat même (= Agni ou l'Aurore) personnifié.

I, 6, 1,

rócante rocanâ divi

« Les flammes (d'Agni) brillent dans le jour (= la libation allumée). »

V, 53, 5,

vṛšṭî dyâvo yatîḥ

« Les jours (= les flammes) qui se meuvent au moyen de la pluie (= la libation). »

V, 69, 1,

trî rocanâ varuṇa trîṅr utá dyûn
trîṇi mitra dhârayatho rájâṅsi

« O Mitra et Varuṇa, vous faites tenir debout trois flammes, trois jours (= les libations allumées), trois sombres (ou trois nuits = les libations non allumées). » — C'est-à-dire, les unes et les autres envisagées dans leur solidarité ; cf. les couples *náktošā́sâ*, etc.

II, 1, 1,

tvám agne dyubhiḥ. . jâyase çuciḥ

« O Agni, tu es devenu brillant, au moyen des jours (= les libations enflammées). »

I, 123, 4,

gṛhám gṛham. . . yâty áchâ
divé dive ádhi nā́mâ dádhânâ

« L'aurore (la flamme d'Agni) va dans chaque réceptacle (de la libation) apportant ses signes distinctifs (son éclat) à chaque libation enflammée. »

Principaux composés dont le mot *dyaús* fait partie :

Divikšayá, « qui réside dans la libation enflammée », épithète de la troupe des Maruts, v, 46, 5.

Dyukšá, même sens, épithète d'Indra surtout, dans plusieurs passages du RV.

Divijā́ et *divojā́*, « né dans la libation enflammée », épithète d'Agni, VIII, 43, 28 ; de l'Aurore, VII, 75, 1 et VI, 65, 1.

Diviyaj, « qui répand la libation dans les flammes d'Agni », IX, 97, 26.

Diviyoni, « dont la matrice est dans la libation enflammée », épithète d'Agni, X, 88, 7.

Divišṭi, « libation versée dans les flammes d'Agni ».

IV, 46, 1,

ágram pibâ mádhûnâm
sutám vā́yo divišṭišu

« O Vâyu, bois la pointe (la partie supérieure) des douces liqueurs qui ont été versées dans les oblations faites aux flammes (d'Agni). »

Divispṛç, « qui touche la libation enflammée, qui est en contact avec elle, qui réside en elle », épithète du char fictif qui porte les libations, IV, 46, 4 ; d'Agni, V, 13, 2 ; du soma, IX, 11, 4, etc.

Divorúc, « qui éclaire la libation enflammée » (cf. la formule *divó rocaná*), épithète d'Agni, III, 7, 5.

Le principal dérivé de *dyaús* est, indépendamment de l'adjectif *divyá* dont il a été question plus haut, le mot *devá* (au 163
féminin, *devî*) sur l'importance capitale duquel il est inutile d'insister.

Comme dérivé de *dyaús* « lumière, jour », il signifiera « lumineux, brillant » et, si l'on tient compte du sens métaphorique de *dyaús* dans le Véda, « allumé, éclairé, enflammé ». Pris substantivement, *devá* désignera la libation allumée. Ce sera le terme générique qui s'appliquera à toutes les manifestations ignées des éléments du sacrifice et surtout aux flammes qui s'échappent du soma pour produire Agni, ou bien l'épithète de chacune de ces manifestations considérée individuellement et personnifiée ou non. En résumé, les dévas védiques sont exclusivement Agni, Soma et leurs substituts, étant donné que ces substituts constituent avec eux tout le panthéon védique et n'existent pas en dehors du sacrifice dont ils sont les formes vivantes. Toute citation de textes à l'appui de cette définition serait d'ailleurs insuffisante ou superflue ; elle se trouvera confirmée, je le pense, par l'ensemble même des différentes parties du *Rig-Véda* qui seront reproduites dans ce livre [1].

1 Les θέοι des Grecs, les *dii* des Latins correspondent certainement à la même conception. La parenté phonétique de ces mots avec le sansc. *devá* est la preuve, à côté de bien d'autres, que les métaphores et les formules des hymnes du *Rig-Véda* remontent souvent à la période d'unité.

XIX. — MṚTÁ et les mots de même famille.

Participe passé de la racine *mar*, *mṛ*, « mourir », employé habituellement dans le sens de « mort, non actif », par opposition à *jîvá*, « vivant, vif » et à *devá* « enflammé, ardent, brillant ».

I, 113, 8,

vyuchántî jîvám udîráyanty
ušā́ mṛtám

« L'aurore qui allume le vivant (la libation enflammée), qui fait lever (met en mouvement) le mort (la libation non allumée). »

Amṛta

Mṛtá précédé de *a* privatif, « non mort », et par conséquent « vivant, actif, etc. » Épithète des dieux, en tant qu'en activité sur l'autel : Agni *jâtá*, le soma allumé, etc.

II, 10, 1,

agniḥ. . . çriyaṃ vásâno amṛ́to vicetâḥ

« Agni. . qui a revêtu la lumière, non mort, brillant. »

Au pluriel, épithète des devas, c'est-à-dire des flammes d'Agni *jâtá* ou de soma *punânâ*.

I, 123, 5,

pṛthū́ rátho dákšiṇâyâ ayojy
ainaṃ devā́so amṛ́tâso asthuḥ

« Le grand char de l'oblation a été attelé ; les dieux qui ne sont (plus) morts l'ont monté. »

Au neutre singulier, *amṛ́tam* désigne soit la libation sur le point d'être allumée, soit Agni *ajá* près de devenir *jâtá*, sans qu'il soit toujours possible de distinguer celui-ci de celle-là.

I, 23, 19,

apsv àntàr amṛ̀tam

« L'actif (Agni ou Soma) qui est dans les eaux. »

Les dévas, de morts ou d'inactifs qu'ils sont avant de briller sur l'autel, deviennent non morts ou actifs, ils acquièrent en d'autres termes la propriété de n'être plus morts *(amṛtatvà)*, en s'allumant par la libation.

I, 110, 4,

Çàmî taraṇitvénà . . màrtâsaḥ sànto amṛtatvàm âṇaçuḥ.

« Par l'activité, la rapidité (des libations, c'est-à-dire par les libations qui sont actives, rapides) ils (les Ribhus = les somas) qui étaient morts, inactifs) ont obtenu l'activité. »

Màrtà

Ainsi qu'on peut le voir par le dernier texte cité, *màrta* ancienne forme de *mṛtà* (pour **marata*, **mareta*, **mereta*, cf. la forme zende correspondante) en a conservé le sens et désigne en général, comme *mṛtà*, les éléments du sacrifice considérés en tant qu'ils sont inactifs ou disponibles. C'est ainsi que les dévas, ou les éléments actifs du sacrifice, s'opposent, aux *mṛtàs*, aux *màrtas* ou aux *màrtyas* (ce dernier dérivé synonymique de *màrta*; cf. *àmṛta* et *àmartya)*. Ce n'est que beaucoup plus tard et par oubli du sens primitif de ces mots, que les derniers ont désigné les hommes et ont fait antithèse avec *devà* appliqué désormais à une classe d'être divins considérés comme immortels, = les dieux.

Les mêmes évolutions significatives se sont produites en grec sur les mots βροτός et ἄμβροτος.

Le vers I, 164, 30, achèvera de fournir la preuve de tout ce qui précède.

jîvó mṛtàsya carati svadhâbhir
àmartyo màrtyenâ sàyoniḥ

« Le vivant (Agni) s'agite avec les éléments du mort (la libation naguère inactive) ; le non mort a la même matrice que le mort (même idée qu'au précédent pâda). »

XX. — Vyóman

D'après MM. Roth et Grassmann, « ciel, espaces célestes. » L'étymologie de *vyóman* le rattacherait à la racine *vâ* « tisser » précédée du préfixe *vi*, le ciel ayant été considéré comme un tissu. Ce mot est en réalité un composé de *vi* et de *omán*, dérivé de la racine *av* « favoriser » ; *vyóman*, comme *omán*, signifie « chose favorable, nourriture, libation ». L'expression *paramé vyóman* ne veut pas dire « au haut du ciel », mais au « sommet de la libation », là où s'élèvent les flammes du sacrifice et où résident les dévas. — Exemples :

IV, 50, 4,

bṛhaspátiḥ. . jâyamâno
mahó jyótišaḥ paramé vyóman

« Bṛhaspati (= Indra) né de la grande lumière qui est sur la partie supérieure de la libation. »

VI, 8, 2,

sá jâyamânaḥ paramé vyómani. . agníḥ

« Cet Agni qui est né sur la partie supérieure de la libation. »

XXI. — Krátu

Le passage suivant, de la *Religion védique* de Bergaigne (III, 305) résume assez bien l'opinion des indianistes européens sur le sens de ce mot : — « *Krátu* paraît désigner dans les hymnes védi-
« ques la force intellectuelle ou morale, soit en puissance, soit en
« acte. On pourra donc traduire ce mot selon les cas par « intel-

« ligence, volonté, idée, résolution » ou simplement « désir ».
« MM. Grassmann et Ludwig croient qu'il peut désigner en outre
« la force physique. »

Le vers vii, 62, 1, du RV. nous fournit, sous forme de jeu de mots, une précieuse indication sur le sens étymologique de *krátu*. On y lit: *sûryaḥ. . krátvâ kṛtáḥ súkṛtaḥ kartṛ́bhir bhût*; c'est-à-dire, « le soleil (= Agni) a été fait par le *krátu*, parfait par les fabricants ». — *Krátu* est en conséquence et conformément d'ailleurs aux données étymologiques, « celui qui (ou ce qui) possède le ~~leurs~~ pouvoir de faire, le fabricant, l'artisan, ou la matière dont on se sert pour produire quelque chose. » En général, cet instrument actif ou passif des œuvres du sacrifice, c'est-à-dire du développement des flammes d'Agni, n'est autre que le soma ou la libation, ou parfois Agni lui-même (ou ses substituts) considéré comme *mâyâvin*, ou créateur de l'éclat qu'il jette.

Les exemples suivants en donneront la preuve :

iii, 11, 6,

krátur devā́nâm ámṛktaḥ
agníḥ

« Agni, créateur non comprimé des dévas (de ses flammes). »

i, 19, 2,

nahi devó ná mártyo mahás
táva krátum paráḥ

« Il n'y a ni déva ni mort (Agni allumé ou non) qui se trouve en dehors de ce qui produit ta grandeur (la libation), ô Agni. » — C'est-à-dire tout le sacrifice est en elle et, par elle, en toi.

ix, 4, 6,

táva krátvâ. . . paçyema sûryam

« (O soma) puissions-nous voir le soleil (Agni) par l'effet de ton action (ou de ta création) ! »

IX, 109, 10,

pávasva soma krátve dákšâya

« Allume-toi, ô soma, pour fabriquer, pour édifier (les flammes d'Agni). »

IV, 10, 2,

agne krátor bhadrásya. . . rathîḥ. . babhûtha

« O Agni, tu as été le voiturier du bon (ou brillant) fabricant. » — Tu emportes la libation dans le char de tes flammes qui sont créées par elle.

I, 89, 1,

â no bhadrâḥ krátavo yantu

« Que nos bons artisans s'en aillent; » — c'est-à-dire, versons les libations.

I, 91, 2,

tvám soma krátubhiḥ sukrátur bhûḥ

« O soma, tu as été bon fabricant au moyen de celles qui fabriquent (les libations réunies en toi). »

IV, 31, 5,

pravátâ hi krátûnâm
â hâ padéva gáchasi

« (O Indra), tu marches à l'aide du courant des fabricantes (les libations) comme avec un pied. »

Dérivé :

Krátumat, « qui est en possession du fabricant », c'est-à-dire du soma, épithète d'Indra (etc.) I, 62, 12.

Principaux composés :

Kratuprâ, « qui verse le (soma), » matière première des flammes d'Agni, épithète du sacrificateur, IV, 39, 2.

Kratuprâvan « qui fait couler (ou peut-être qui se tient en avant du) soma considéré de même », épithète d'Indra, X, 100, 11.

Kratuvid, « qui connaît ou possède ce qui fabrique », épithète du soma (etc.), IX, 44, 6.

Akratú, « sans constructeurs (du sacrifice) » ; c'est-à-dire sans libations, épithète des Paṇis, VII, 6, 3.

Adbhutakratu, « celui qui construit des choses merveilleuses, = ses flammes », épithète d'Agni, VIII, 23, 8.

Avâryákratu, « celui dont les somas en tant que producteurs des flammes d'Agni, ne sauraient être enveloppés, retenus », épithète d'Indra, VIII, 81, 8.

Aviharyatakratu, sens voisin du précédent, épithète d'Indra I, 63, 2.

Rjukrátu, « qui dresse le soma, qui le fait jaillir », épithète d'Indra, I, 81, 7.

Kavíkratu, « celui qui édifie les kavis (= les somas), qui en fait des (ou ses) flammes », épithète d'Agni, I, 1, 5, etc. ; de Soma, IX, 9, 1.

Várenyakratu, « celui par qui le krátu (= soma) doit être enveloppé », épithète d'Agni, VIII, 43, 12.

Çatákratu, « qui a cent krátus (= somas) », épithète très fréquente d'Indra, I, 4, 9, etc.

Sákratu, « qui est uni au krátu (= soma) », épithète du couple Agni-Soma, etc., I, 93, 5.

Sambhṛtakratu, « qui s'est approprié le krátu (= soma) », épithète d'Indra, I, 52. 8.

Sukrátu, voir ci-dessus, I, 91, 2 et cf. VI, 8, 2 : *vy ántárikšam amimîta sukrátuḥ (agníḥ)*; « (Agni) le bon constructeur a édifié l'antarikša », — il s'est servi de la libation pour construire ses flammes.

Heśákratu, « celui dont le krátu (= soma) crépite », épithète des Maruts, III, 26, 5.

XXII. — VRATÁ

Bergaigne qui a étudié ce mot dans tous les passages du *Rig-Véda* où il figure (*Rel. véd.* III, 212-223), s'exprime en ces termes sur son étymologie et son sens primitif : — « Il y a en « sanscrit deux racines *vṛ* de sens très différents. L'une signifie « choisir, désirer », l'autre « envelopper, couvrir ». MM. Roth « et Grassmann dérivent le mot *vratá* de la première, et lui « attribuent par suite le sens primitif de « volonté ». Je crois, « au contraire, avec M. Max Müller, qu'il vient de la seconde, « et qu'il a signifié d'abord, non pas comme l'entend ce savant « lieu clos », mais bien « garde, protection. » —

Vratá dérive en effet de la rac. *vṛ* « envelopper », mais avec un sens passif, comme l'indique le suffixe qui, surtout avec l'accent, caractérise une ancienne forme de participe passé, et ainsi que le pensait à juste titre M. Max Müller. Le *vratá* est proprement « l'enveloppé », à savoir le soma en tant qu'entouré par Varuṇa « l'envelоppeur », assimilé parfois, ce semble, à une forme propice du démon qui retient les eaux de la libation, ou considéré à titre de doublet d'Agni, comme celui qui les enveloppe de ses flammes.

C'est ce que feront voir les passages suivants :

VI, 8, 2,

sá jāyamānaḥ paramé vyómani
vratāny agnír vratapā́ arakšata

« Agni en prenant naissance à la superficie de la libation a saisi les enveloppés (= les somas), lui qui fait sa boisson des enveloppés. »

I, 24, 10,

. . .váruṇasya vratā́ni
vićā́kaçac candrámā náktam eti

« Éclairant ce qu'enveloppe l'enveloppeur, la lune (= Agni) va dans la nuit (= la libation encore obscure). »

I, 25, 1,

yác cid dhí te viço yathâ
prá deva varuṇa vratám,
minîmási dyávi dyavi

« O dieu enveloppeur, (Varuṇa) l'enveloppé qui est pourtant (quoique tu sois l'enveloppeur et lui l'enveloppé) comme tes demeures, nous le diminuons (en le plaçant) sans cesse dans le jour (Agni). »

Par suite du fait que Varuṇa est l'enveloppeur et que le soma est appelé (quand on le considère à un certain point de vue) l'enveloppé *(vratá)*, le poète feint que celui-ci est à celui-là et que le sacrificateur le lui ravit en l'offrant en libation à Agni. En même temps, Varuṇa qui n'est autre que la flamme enveloppante d'Agni est représenté comme ayant pour demeure le *vratá*; c'est là que sont ses assises.

Mais le mieux encore est de suivre pas à pas les explications de Bergaigne et d'en essayer la critique en se plaçant au point de vue de celles que je leur substitue.

I, 128, 1. — D'après Bergaigne, il s'agit d'Agni qui sacrifie d'après son propre *vratá (svám ánu vratám)*, c'est-à-dire selon le rite qui lui est propre. Mais, en réalité, le texte ne parle que de la naissance d'Agni *(ayám jâyata)* sur l'autel « à la « suite de l'enveloppé (= soma) qui est le sien, qui est en sa « possession ».

V, 46, 7. — *Vraté* au locatif aurait ici le sens étymologique que lui attribue Bergaigne : les mots *apâm. . vraté. . devîḥ* signifieraient « les déesses qui sont dans *l'enveloppe* des « eaux » ; — le vrai sens est « les (flammes) brillantes dans « *l'enveloppé* des eaux », — c'est-à-dire dans (ou sur) la libation aqueuse.

L'expression « dans le *vratá* d'Agni (I, 31, 1) » ; « de Soma (x, 57, 6) » ; « de Pûšan (vi, 54, 9) » ; « de Parjanya (v, 83, 5) ». « d'Indra (i, 101, 3) » ; voudrait dire « alors que tel ou tel de ces dieux accomplit l'acte désigné par le mot *vratá*, ou peut-être « sous sa protection », ou encore « sous sa loi ». — Le premier de ces passages qui est ainsi conçu

táva vraté. . ajâyanta marútaḥ

« (ô Agni) les Maruts sont nés dans ton *vratá* (le soma qui t'alimente) », — montre comment il faut entendre cette formule dans tous les vers ou elle se rencontre.

« Le locatif singulier de *vratá* est employé sans régime au « vers iii, 38, 6, « dans l'observation de la loi » (Berg.). — *Vraté* est ici le régime de *gandharvấn* : « les Gandharvas qui sont dans le *vratá* (= soma) ».

Aux vers, iii, 54, 5 et x, 114, 2, l'expression *guhyešu vratéšu* devrait se traduire par « sous les lois secrètes » (Berg.) — Dans le premier de ces passages, il s'agit des demeures *(sádâṅsi)* inférieures *(avamấ)* des dieux, lesquelles sont dans des *vratás* secrets et (en même temps) supérieurs *(páreṣu)*; c'est une façon énigmatique de dire que les feux du sacrifice ont le pied caché dans les libations placées au pied de l'autel tout en se manifestant au-dessus d'elles. — Signification analogue pour le second passage.

viii, 83, 2,

vratấ. . . dhâráyante

Ne signifie pas « les *vratás* (= les lois) sont maintenus » (Berg. *Rel. véd.* iii, 220, note) ; mais « les *vratás* (= la libation) sont soutenus, supportés, possédés (par la vache Pṛçni, la mère des Maruts). »

ix, 53, 3,

ásya vratấni nấdhṛše
pávamânasya dûḍhyấ

« Les *vratás* (les eaux) du (soma) qui s'allume ne sont pas exposés à subir un acte d'audace de la part d'un mal intentionné (à être retenus par un démon) » ; — et non pas, « les lois ne sont pas exposées à être violées », selon l'interprétation de Bergaigne.

x, 33, 9,

ná devãnâṁ áti vratám
çatãtmâ caná jîvati

« Au delà du *vratá* (sans lui) le souffle des dieux, y en eût-il cent, ne vit pas. » — Et non : « le souffle ne vit pas contre la loi des dieux (Bergaigne). »

I, 31, 2,

tvám agne. . pári bhûšasi vratám

« O Agni, tu t'agites autour du *vratá* (ou tu l'enveloppes). . ». — Et non pas : « tu t'occupes activement de l'exécution (de ta tâche). » (Berg.)

IX, 82, 5,

táva vratám ánv ãpaḥ sacánte

« Les eaux suivent ton *vratá*, ô Soma ; » — le *vratá* du Soma est son essence même ; la distinction entre eux est purement nominale ; les eaux de la libation, qui sont un autre nom pour l'un et l'autre, les suivent, s'unissent à eux.

D'après Bergaigne, il s'agirait de suivre l'ordre ou la loi de Soma, etc.

III, 61, 1,

ušaḥ. . . ánu vratám carasi

« O Aurore (= Agni), tu vas en suivant le *vratá* (en enveloppant la libation); » — et non « selon la loi » (Berg.)

« Plus généralement la locution composée du préfixe *ánu* et « de l'accusatif singulier ou pluriel du mot *vratá*, s'emploie dans « une phrase quelconque pour exprimer que l'acte dont il s'agit « s'accomplit conformément à la loi. » (Berg.) — Passage cité entre autres à l'appui de cette assertion :

VIII, 41, 3,

tásya. . . ánu vratám uṣás tisró
avardhayan,

La véritable explication est : « Les trois aurores (= Agni aux trois sacrifices journaliers) ont grandi en suivant le *vratá* (de Varuṇa) ; » — c'est-à-dire le soma qu'enveloppe Varuṇa.

IV, 53, 4,

. . .bhúvanâni pracâkaçad
vratâni deváḥ savitâbhi rakšate

« Il a éclairé les fécondants (les somas), le dieu Savitar s'est emparé des *vratás* ». — Bergaigne : « Il a veillé à l'exécution de la loi ».

L'épithète *vratapâ* qui s'applique à Agni ou au soleil (= Agni) ne signifie pas « qui garde la loi » (Berg.), mais « qui boit le *vratá* », ou peut-être « qui l'observe (pour s'en emparer). »

De même, *ápavrata* n'est pas « ce qui est contraire à la loi », mais ce qui, à l'inverse des dieux qui suivent le *vratá (ánu-vrata)* l'écarte, l'arrête. C'est ainsi que l'obscurité *(támas)* des libations non allumées qui cache le soleil (= Agni), au vers V, 40, 6, est dite *ápavrata*. De même, au vers I, 51, 9,

ánuvratâya randháyann ápavratân

il faut traduire : « Indra qui livre à celui qui poursuit le *vratá* (la libation enflammée, Agni) ceux qui l'écartent (de celui-là, — les démons enchaîneurs et avec eux la libation qu'ils enchaînaient). »

Avratá, d'après M. Roth, « sans loi » ; d'après Grassmann, « qui n'exécute pas les devoirs auxquels on est tenu envers les dieux ». — Vrai sens : « qui n'a pas de *vratá*, de libation à offrir aux dieux ».

I, 101, 2,

yò áhan piprum avratám

« (Indra) qui a tué Pipru sans *vratá* (qui retenait le *vratá*). »

Iṣṭávrata, — MM. Roth et Grassmann, « qui exauce le désir ». — Vrai sens : « (les libations) qui ont offert les *vratás* (elles-mêmes) en sacrifice), III, 59, 9.

Dhṛtávrata, — MM. Roth et Grassmann, « dont la loi est maintenue » et « qui observe la loi ». — Vrai sens : « qui porte, supporte, apporte, dresse, offre le *vratá* » ; épithète appliquée surtout à Varuṇa (I, 25, 10, etc.) avec intention paradoxale eu égard au sens étymologique de *vratá* et de *váruṇa*. Varuṇa (l'enveloppeur) tend le *vratá* au lieu de le maintenir *enveloppé*.

Anyávrata, — MM. Roth et Grassmann, « qui est attaché à d'autres dieux (que ceux du sacrifice) ». — Le vrai sens est l'opposé de celui qu'aurait **svavrata* « qui a son propre *vratá* », — par conséquent « qui a le *vratá* d'un autre, qui garde celui qui est destiné aux dieux », épithète du *dásyu*, VIII, 59, 11, etc.

Puruvratá, — M. Roth, « qui a plusieurs préceptes » ; M. Grassmann, « qui est en rapport avec plusieurs œuvres pies ». — Vrai sens : « le (soma) qui contient plusieurs *vratás* » ; IX, 3, 10.

Priyávrata, — MM. Roth et Grassmann, « à qui les lois sacrées sont chères ». — Vrai sens : « (les dieux) qui aiment le *vratá* ; » X, 150, 3.

Dhúnivrata, — MM. Roth et Grassmann, « bruyant, dont les mouvements sont bruyants. » — Vrai sens : « (la troupe des Maruts) dont le *vratá* (la libation) est bruyante, crépitante ; » V, 58, 2.

Mádhuvrata, — MM. Roth et Grassmann, « qui procure la douceur, la prospérité ». — Vrai sens : « (le couple *dyâvâ-pṛthivî*) dont le *vratá* est doux ; » VI, 70, 5.

Mahâmahivrata, — MM. Roth et Grassmann, « qui exerce une très grande puissance, très puissant ». — Vrai sens : « (le *máda*) dont le *vratá* (c'est-à-dire lui-même) a une très grande force ; » IX, 48, 2.

Máhivrata, — MM. Roth et Grassmann, « qui possède une grande puissance ». — Vrai sens : « (Agni ou Soma) qui a le fort (la liqueur qui fortifie) pour *vratá* (ou don); » I, 45, 3, etc.

Vṛšavrata, — M. Roth, « qui maîtrise les hommes »; Grassmann, « qui accomplit les actes d'un taureau ». — Vrai sens, « (le soma) dont le *vratá* verse (la libation, comme un mâle répand sa semence) »; IX, 62, 11 ; IX, 64, 1.

Vivrata, — M. Roth, « rétif »; Grassmann, « qui se dirige de différents côtés. » — Vrai sens : « les chevaux d'Indra, la flamme d'Agni, etc., qui se partagent le *vratá ;* » I, 63, 2, etc.

Çúcivrata, — M. Roth, « dont le domaine est pur, clair »; Grassmann, « qui exécute des œuvres brillantes ; qui a des lois pures ». — Vrai sens : « (Agni, etc.) dont les *vratás* sont brillants, qui les enflamme ; » VIII, 43, 16.

Sávrata, — M. Roth, « (choses) qui se conviennent, s'harmonisent » ; Grassmann, « (choses) qui obéissent à une même loi. » — Vrai sens : « (le couple *dyâvâpṛthivî*) qui est pourvu de *vratá ;* » X, 65, 8.

Suvratá, — M. Roth, « qui gouverne bien »; Grassmann, « qui observe bien les lois divines, pieux ». — Vrai sens, « qui a reçu de bons *vratás* »; épithète du soma, IX, 20, 5 et IX, 57, 3 (la comparaison *râjeva*, « comme un roi », ne porte pas sur cette épithète).

Hárivrata, — M. Roth, « dont le domaine (l'entouré) est jaune »; Grassmann, « dont l'œuvre a un éclat jaune (brillant) » — Vrai sens : « (Agni) dont le *vratá* est doré (cf. *çúcivrata*); » III, 3, 5.

Le *vratá* en tant que libation, ou soma, est le nourricier des dévas ; c'est comme tel qu'il ne faut pas qu'il soit diminué et de là l'emploi fréquent de ce mot avec la racine *mî* « réduire, diminuer. » — Exemples :

VIII, 48, 9,

yát te vayám praminâma vratâni
sá no mṛla

« (O soma), sois-nous miséricordieux (pardonne-nous) quand nous diminuons tes *vratá* (ceux que nous te destinons). »

I, 25, 1. — Voir ci-dessus, p. 178.

I, 124, 2,

áminatî daivyâni vratâni
praminatî manušyâ yugâni

« L'aurore (= Agni) qui ne diminue pas les *vratás* des dévas (les flammes produites par la libation), mais qui diminue les attelages qui viennent des manus (c'est-à-dire, les liquides mêmes du soma). »

III, 32, 8,

indrasya kárma sukṛtâ purûṇi
vratâni devâ ná minanti viçve

« Tous les dieux ne diminuent pas (ne parviennent pas à diminuer) les travaux nombreux et si bien exécutés d'Indra, qui sont les (ou ses) *vratás*. » — Indra fait couler les eaux que les dévas consument ; mais elles sont si abondantes qu'elles suffisent à ceux-ci et semblent ne pas subir de diminution.

Tout ceci, on le voit, est fort loin du sens de « violer les lois » que Bergaigne attribuait à la formule *mî* ou *pra mî vratâni*.

XXIII. — Rtá

Ce mot, comme le précédent, a été étudié de près et très au long par Bergaigne (*Rel. véd.*, III, pp. 210-271). — « Le mot « *ṛtá*, dit-il n'est autre chose qu'un ancien participe passé dont « les sens peuvent se ramener à deux principaux, « s'élever » et « s'adapter », au causal « adapter ». C'est au second de ces sens « que MM. Roth et Grassmann se sont arrêtés pour le mot *ṛtá* « et je n'hésite pas à suivre leur exemple. Le *ṛtá* est donc pri- « mitivement « ce qui est adapté[1]. »

Je suis d'un avis tout contraire ; *ṛtá* se rattache à *ar–ṛ* dans le sens de « se mouvoir, s'agiter, aller, couler », et ce mot désigne la libation en tant que « mise en mouvement, lancée, lâchée, *coulée*, » d'après la conception opposée à celle qui l'a fait appeler *vratá* (enveloppée).

Bergaigne et tous les interprètes occidentaux du Véda voyaient dans le *ṛtá*, conformément à l'étymologie indiquée ci-dessus, l'expression de l'idée d'un arrangement du monde, d'un ordre (ou d'une loi) auquel il est soumis en vertu d'une adaptation convenable de ses différentes parties entre elles, entretenue par le sacrifice. C'est une pure hypothèse et qui ne peut s'appuyer sur l'interprétation isolée des passages du RV. où figurent le mot *ṛtá* et les synonymes que grâce au caractère extrêmement vague de l'arrangement ou de l'ordre que ce mot exprimerait.

La plupart des séries d'expressions dans lesquelles entre le mot *vratá* ont pour parallèles, comme l'a montré Bergaigne, des séries correspondantes où *ṛtá* tient lieu de *vratá*. Par conséquent dans ces différents cas, qui embrassent le plus grand nombre de ceux où le mot *ṛtá* est employé, les explications que j'ai fournies pour *vratá* peuvent servir à des démonstrations analogues en ce qui concerne *ṛtá*. Je crois donc pouvoir me

[1] Pour M. Pischel (*Ved. Stud.*, 300), le sens fondamental de *ṛtá* est « direction, voie. » On voit que ce savant ne tient aucun compte de la forme passive du mot.

borner, pour achever de porter la conviction chez le lecteur, à reprendre après Bergaigne (*Rel. véd.*, III, 236) la traduction d'une partie de l'hymne IV, 3, fort importante pour la détermination du sens de *ṛtá*[1], et à examiner le sens des principaux composés où ce mot se rencontre.

Hymne du Rig-Véda IV, 3 (VERS 8-12).

8

kathā̃ çárdhâya marútâṃ ṛtā̃ya
kathā̃ sûré bṛhaté pṛchyámânaḥ,
práti bravó 'ditaye turā̃ya
sā̃dhâ divó jâtavedaç cikitvân

« Au moyen de celui par lequel, ô Jâtavedas, ayant été interrogé tu as donné une réponse à la troupe des Maruts, au *ṛtá*, au soleil qui se dresse (ou grandit), à Aditi qui est le rapide (ou le fort) (toutes ces entités mythiques, ou plutôt métaphoriques, désignent le soma enflammé au sein duquel Agni crépite), — (au moyen de celui-là qui n'est autre que le soma lui-même) construis les jours (c'est-à-dire, ton éclat) en brillant. »

D'après Bergaigne, le mot *ṛtá* aurait été employé dans ce vers au sens moral. Le poète y demanderait à Agni quel témoignage il portera sur ses suppliants devant les Maruts, pour que le *ṛtá* s'accomplisse.

9

ṛténa ṛtáṃ níyatam îḷa ā̃ gór
âmā̃ sácâ mádhumat pakvám agne,
kṛṣṇā̃ satī̃ rúçatâ dhâsinai-
ṣā̃ jā̃maryeṇa páyasâ pîpâya

[1] D'après Bergaigne, « notre terme y désigne successivement la loi du sacrifice et celle des phénomènes célestes, ou ces phénomènes eux-mêmes ».

« Au moyen du *ṛtá* (allumé) je fais couler le *ṛtá* arrêté (celui qui n'est pas encore versé ou allumé) de la vache-(libation). A l'aide de ce compagnon, ô Agni, la crue (= la non-allumée) (est devenue) du cuit rempli de douceur [1]. Celle qui était noire a grossi au moyen de la brillante, sa nourrice, du lait qui est (comme) son époux (?). »

Au deuxième pâda, *sáçâ* est l'instrumental de *sác* adjectif verbal de la racine de même forme et n'a pas seulement le sens d'une préposition. — Il est absolument sûr qu'on peut établir les synonymies correspondantes suivantes : *rténa* = *sáçâ* = *rúçatâ* = *dhâsinâ* = *jẫmaryeṇa* — *páyasâ* = *ṛtáṃ niyalám* = *âmẫ* = *kṛšṇẫ*. Tous les termes de la première série désignent la libation isolée et tous ceux de la seconde la libation enflammée qui cherche à s'unir à l'autre pour s'en alimenter.

Bergaigne : « Par le *ṛtá* (la loi du sacrifice (?) j'implore le *ṛtá* « arrêté de la vache. La crue s'est gonflée, ô Agni, d'un (lait) « doux et cuit ; étant noire, elle s'est gonflée d'un lait brillant, « d'un lait. . (? *jẫmarya*). »

10

ṛténa hí ṣmâ vṛšabháç cid aktáḥ
pùmâñ agníḥ páyasâ pṛšṭhyéna,
áspandamâno acarad vayodhẫ
vṛšẫ çukráṃ duduhe pṛ́çnir ū̃dhaḥ

« Par le *ṛtá*, le taureau quoi qu'il soit (l'arroseur) a été arrosé, le mâle Agni (a été arrosé) par le lait de la libation. Celui qui donne la nourriture (le soma) a marché sans se mouvoir (c'est Agni qui le meut) ; le taureau-(soma) (ou le mâle) a fait couler (de sa mamelle) le brillant (Agni), la vache laitière a trait sa mamelle (elle n'a pas été traite par un autre). »

Nous avons là une nouvelle série d'antithèses paradoxales.

[1] Ou bien : « la crue, etc , est devenue du cuit, etc., à toi destiné, ô Agni. »

Rténa a pour correspondants et équivalents, au 2e pâda *páyasâ*, au 3e *vayôdhâ*, au 4e *vṛ́šâ* et *pṛçniḥ*.

Bergaigne : « Par le *ṛtá*, certes le taureau, le mâle Agni, « oint du lait des montagnes (?), a marché sans trébucher, lui « qui donne la force. Le mâle tacheté a laissé couler sa mamelle « brillante. »

11

ṛténâdrim vy ásan bhidántaḥ
sám áṅgiraso navanta góbhiḥ
çunáṃ náraḥ pári šadann ušâsam
âviḥ svàr abhavaj jâté agnaú.

« Les Aṅgiras (les libations enflammées) se sont manifestés en fendant celle qui n'avait pas la fente au moyen du *ṛtá* (de la libation jaillissante) ; ils ont mugi (crépité) par le moyen des vaches (libations). Les forts (les flammes) ont entouré le grandi (qui est) l'aurore (= Agni) ; le soleil est apparu dans Agni une fois né. »

Bergaigne : « Par le *ṛtá* (la loi des phénomènes célestes, ou « ces phénomènes eux-mêmes) les Aṅgiras, fendant la montagne, « l'ont ouverte. Ils ont fait retentir leurs voix avec les vaches. « Les héros ont heureusement assiégé l'aurore. La lumière est « apparue après la naissance d'Agni. »

Remarquer combien, dans cette traduction, les cas sont souvent rendus d'une manière peu exacte, par exemple, l'instrumental *góbhiḥ* et le locatif *agnaú*. — *ásan* appartient à la racine *as* « être » et non *as* « jeter » ; *çunáṃ* n'est pas employé adverbialement, etc.

12

ṛténa devîr amṛ́tâ ámṛktâ
árṇobhir âpo mádhumadbhir agne,
vâjî ná sárgešu prastubhânáḥ
prá sádam it srávitave dadhanyuḥ

« Par le *ṛtá*, ô Agni, par les flots de liqueur douce, les eaux (sont devenues) des déesses (brillantes)[1], vivantes (non mortes), non pressées (retenues). Comme un (cheval) recevant sa nourriture qui fait entendre un bruit (ses hennissements) au milieu des (boissons) qu'on lui verse, elles ont brui (rac. *dhan* = *dhvan)* (ou elles se sont précipitées) pour couler vers (le lieu où est) leur siège (Agni). »

Bergaigne : « Par le *ṛtá* (dans le sens où le mot est employé « au vers précédent), les eaux immortelles inviolées, en torrents « savoureux, ô Agni[2], comme un cheval qui s'élance au galop, « ont jailli pour couler toujours[3]. »

S'il est une chose sûre, c'est que *ṛténa* au premier pâda correspond à *árṇobhiḥ* au second ; ce n'est que par des artifices de style et en rendant l'instrumental par la préposition « en (torrents) », que Bergaigne a pu échapper à une constatation si ruineuse pour son interprétation générale du mot *ṛtá*.

Composés et dérivés :

Anṛta, « ce qui est sans *ṛtá*, sans libation. »

I, 152, 1,

ávâtiratam ánṛtâni viçva
ṛtèna mitrâvaruṇâ saçethe

« O Mitra et Varuṇa, abaissez (écartez) tout ce qui est sans *ṛtá*, mettez vous en mouvement à la suite et à l'aide du *ṛtá*. »

Ṛtacit, — MM. Roth et Grassmann, « qui connaît la loi sacrée ». — Vrai sens : « qui brille dans ou par le *ṛtá* », épithète d'Agni, I, 145, 5, etc.

Ṛtajã, *ṛtájâta* et *ṛtáprajâta*, — MM. Roth et Grassmann, « régulier, sacré, issu de la vérité sainte, du sacrifice, etc. ».

[1] On peut entendre aussi : « Les eaux, les déesses, etc., sont devenues tiennes, ô Agni ». Cf. verset 12, 1er hémistiche.
[2] Qu'est-ce que cela peut faire à Agni si ces eaux ne sont pas pour lui ?
[3] *Sádam* n'est pas employé ici adverbialement.

— Vrai sens, « qui est produit par le *ṛtá* ou la libation ; » épithètes appliquées surtout à Agni, I, 144, 7, etc.

Rtájâtasatya, — M. Roth, « qui agit conformément à la loi sacrée » ; Grassmann, « qui rend vraie (la prière) qui résulte du sacrifice. » — Vrai sens : « ce dont la manifestation est produite par le *ṛtá*, » épithète des aurores (flammes d'Agni), IV, 51, 7.

Rtajñá, — MM. Roth, Grassmann, « qui connaît la loi sainte, sage. » — Vrai sens : « qui connaît le *ṛtá* ou la libation », épithète d'Indra (etc.), IV, 19, 7.

Rtájya, — MM. Roth et Grassmann, « dont la corde est bonne ou solide ». — Vrai sens : « (l'arc de Brahmaṇaspati) dont la corde est le *ṛtá* (le soma avec le feu pour flèche) », II, 24, 8.

Rtadyumna, — M. Roth, « rempli de l'énergie sacrée » ; Grassmann : « qui se réjouit de la vérité ». — Vrai sens : « (le soma), qui doit son éclat (quand il est allumé) au *ṛtá*, IX, 113, 4.

Rtádhîti, — MM. Roth et Grassmann, « dont la pensée est sainte ». — Vrai sens, « (les dieux) dont la pensée se manifeste (par les crépitements) au moyen du *ṛtá* », IV, 55, 2, etc.

Rtanî, — M. Roth « qui dirige bien » ; Grassmann, « qui dirige l'œuvre pie ». — Vrai sens : « (les Adityas) qui conduisent la libation », II, 27, 12.

Rtapá, — MM. Roth et Grassmann, « qui observe la loi sainte ». — Vrai sens : « (Agni, l'aurore, etc.) qui boivent le *ṛtá* (cf. *somapá*, *vratapá* et surtout *ṛtapeya)*, VI, 3, 1, etc.

Rtápeças, — M. Roth, « dont la forme est accomplie » ; Grassmann, « dont la forme est majestueuse ». — Vrai sens : « (Varuṇa) à qui le *ṛtá* sert de parure, » V, 66, 1.

Rtápravîta, — M. Roth, « *rite conceptus* » ; Grassmann « issu du sacrifice ». — Vrai sens : « (Agni) gratifié de *ṛtá* ou produit par le *ṛtá* », I, 70, 7.

Rtayú, *ṛtâyú*, *ṛtâyin*, — MM. Roth et Grassmann, « pieux, saint ». — Vrai sens : (Indra) qui désire le *ṛtá* », VIII, 59, 10.

Rtayúj, — MM. Roth et Grassmann bien attelés » en parlant de chevaux. — Vrai sens : « qui sont attelés au *ṛtá* » ou

« au moyen du *ṛtá* », IV, 51, 5, etc. — Sens correspondant pour *ṛtáyukti*.

Ṛtavâká, — MM. Roth et Grassmann « pieuse parole ». — Vrai sens : « parole (bruit) que le *ṛtá* fait entendre », IX, 113, 2.

Ṛtásád, — MM. Roth et Grassmann : « qui a la vérité ou la loi sacrée pour siège ». — Vrai sens : « qui repose dans le *ṛtá* », IV, 40, 5.

Ṛtasắp, — MM. Roth et Grassmann : « attaché à l'œuvre sainte, dont la foi est ardente ». — Vrai sens : « qui suit le *ṛtá* ou la libation », épithète des Maruts (etc.), VII, 56, 12.

Ṛtastúbh, — MM. Roth et Grassmann : « qui loue ou célèbre comme il convient ». — Vrai sens : « qui célèbre au moyen du *ṛtá*, ou qui annonce le *ṛtá* », I, 112, 20.

Ṛtaspati, Grassmann : « qui protège la loi sacrée ». — Vrai sens : « (Vâyu) qui est le maître du *ṛtá* », VIII, 26, 15,

Ṛtaspṛ́ç, — MM. Roth et Grassmann : « qui aime la vérité ou la loi sacrée. » — Vrai sens : « qui est en contact avec le *ṛtá*, épithète de Mitra et Varuṇa, I, 2, 8.

Ṛtấvan, — M. Roth, « régulier, conforme à l'ordre » ; « pieux, fidèle » ; Grassmann, « sacré, pieux ». — Le vrai sens de cette épithète très fréquente d'Agni surtout (I, 77, 1, etc.) et des dieux du sacrifice est « qui est pourvu de *ṛtá*, qui l'a reçu en oblation. »

Ṛtâvasu, — Grassmann : « riche en prières, pieux. » — Vrai sens : « dont le bien, la richesse consiste en *ṛtá* », VIII, 90, 5.

Ṛtâvṛdh, — MM. Roth et Grassmann : « qui se plaît à la justice, à la piété ». — Vrai sens : « qui croît, se développe par le *ṛtá* », épithète de Mitra et Varuṇa (etc.), I, 2, 8, etc.

XXIV. — Varšmán, masc. ; Váršman, neutre

D'après MM. Roth et Grassmann, « élévation, partie supérieure, superficie. »

Ces deux formes d'un même mot sont des dérivés de la rac. *varš* « couler, répandre, verser, pleuvoir », et signifient en réalité « pluie, libation, arrosage, etc. », comme en témoignent tout particulièrement les passages suivants :

VI, 47, 4,

varšmâṇaṃ divó ákṛṇod ayáṃ sáḥ

« C'est lui (Indra) qui a produit l'arrosage du jour (= Agni). »

Cf. pour l'expression *varšmán diváḥ* et *váršman diváḥ*, III, 5, 9 ; IV, 54, 4 ; X, 63, 4, et les expressions correspondantes *diváḥ pṛšṭhá*, *diváḥ sânu*.

X, 70, 1,

váršman pṛthivyâḥ. . . ûrdhvó bhava

« (O Agni) sois droit (dresse-toi) dans la pluie de la large (dans la libation). »

XXV. — Aditi

Bergaigne est dans le vrai (*Rel. Véd.* III, 88 seqq.) quand, à la suite de MM. Roth et Grassmann, il rapporte ce mot à la racine *dâ* « lier » précédée de *a* privatif. Toutefois, des deux sens étymologiques qu'il propose, « absence de lien » et « qui n'a pas de lien », le dernier seul, à mon avis, convient aux différents emplois du mot *áditi* dans le *Rig-Véda*. Il s'y applique toujours, avec leur nom exprimé ou sous-entendu, à la libation ou à Agni, ou à leurs substituts, considérés comme délivrés du lien qui est censé les retenir quand le feu du sacrifice n'est pas allumé. A cet égard, et quand il s'agit de la libation, le nom d'*áditi* « la déliée » correspond à un point de vue diamétralement opposé à celui d'où procède le mot *ádri*, « celle qui n'a pas (encore) la fente » (par laquelle elle s'échappera).

J'examinerai dans les passages qui vont être cités les principaux cas où mon interprétation a été précédée d'une autre toute différente, particulièrement de la part de Bergaigne.

Aditi exprime une entité vaguement panthéistique (Bergaigne, *Rel. véd.*, III, 89).

I, 89, 10,

áditir dyaúr áditir antáriksam
áditir mâtã sá pitã sá putráh,
viçve devã áditih páñca jánâ
áditir jâtám áditir jánitvam [1]

« Le jour (= Agni) est celui (ou celle) qui est sans lien (ou délié); celui dont la demeure est au dedans des libations (Agni ou Soma) est la déliée, la mère (la libation), le père (Soma), le fils (Agni) sont la déliée; tous les dieux sont la déliée; les cinq parents (les libations enflammées qui engendrent Agni) sont la déliée; le (nouveau) né (Agni) est la déliée; l'engendreur (le Soma) est la déliée. »

Ce vers, qui termine l'hymne dont il fait partie, revient à dire que tous les éléments du sacrifice résultent de la transformation de la libation mise en liberté, c'est-à-dire versée sur le feu et enflammée, et que par là ils sont devenus libres eux-mêmes.

Cas où d'après Bergaigne (p. 90) *áditi* est une simple épithète :

v, 59, 8, *dyaúr áditih*

Non pas « le ciel sans bornes »; mais, comme plus haut, « le jour (Agni) qui n'a plus de lien, qui se dresse au-dessus de la libation. »

Aditi représente l'espace « sans limites » (Bergaigne). — Cette interprétation s'appuie sur « l'équivalence d'Aditi et du

1 Bergaigne dit : « La construction de la forme *áditis* avec des neutres et des pluriels ne permet pas de la prendre ici pour un adjectif attributif »; — mais rien n'empêche d'y voir une apposition.

couple formé du ciel et de la terre, d'après les vers IV, 55, 1 et VII, 62, 4 ; » mais nous savons que ce couple (*dyâvâpṛthivî*) est formé par l'union du feu et de la libation qui, en cet état, sont essentiellement « sans lien ».

Aditi aurait « un sens moral » au vers I, 94, 15, où il faudrait entendre par les mots

yásmai tvám. . dádâço nâgâstvám aditē

« celui auquel (ô Agni) dieu libre, tu as donné l'innocence ». Mais *ấgas* est un synonyme de *áṇhas* dont le sens est « le fait de serrer, « et *anâgâstvá* ne veut pas dire » l'innocence », mais « la délivrance, l'indépendance ». Agni n'est donc pas ici « le libre » dans le sens de dégagé de toute souillure et de sympathique à qui lui ressemble à cet égard ; mais c'est le « délivré » qui accomplit à son tour la délivrance de la libation en l'allumant avec ses flammes.

Je suis d'accord, ou à peu près, avec Bergaigne (*Rel. véd.*, p. 93) pour l'explication de la formule paradoxale du vers X, 72, 4.

áditer dákšo ajâyata
dákšâd v áditiḥ pári

« Le fabricateur est né de celle qui n'a pas le lien, du fabricateur est née celle qni n'a pas de lien. »

« Ce paradoxe, dit Bergaigne, rappelle le mythe bien connu d'Agni engendrant ses mères. » Il faut entendre en effet qu'Agni, artisan du sacrifice, est né de la libation, mais qu'en revanche la production du sacrifice (l'allumage du feu d'Agni) a pour effet de donner la liberté, le mouvement ou la vie, à la libation.

Aditi en tant que représentant la parole sacrée (Bergaigne, p. 94-95). —

Le passage le plus caractéristique à cet égard serait VIII, 18, 7, *utá syã́ no divấ matír áditir ûtyã́ gamat ;* mais le sens n'en saurait être que : « notre pensée (celle que porte en quelque sorte l'oblation) s'en est allée (vers les dieux, vers Agni, ou simplement a pris carrière) par l'effet du jour (de la libation enflammée et crépitante) ; (notre) liberté (absence d'oppression, de mauvais traitements de la part de nos ennemis, etc., symbolisée par la libation que nous allumons) s'en est allée (s'est mise en mouvement) par l'effet de l'oblation. »

Aditi source de la lumière (Bergaigne, p. 95) et dont la notion embrasse celle de l'aurore. —

Au vers I, 113, 19, par exemple, l'aurore est bien appelée la face d'*áditi (áditer ánîkam)*, mais étant donné que l'aurore n'est autre chose qu'une figure d'Agni, ce passage signifie seulement en réalité que la libation se développe, se transforme ou se manifeste sous l'aspect des flammes du sacrifice.

Aditi, représente aussi la nuée (Bergaigne p. 95-96) : 1° parce qu'elle est identifiée avec la Pṛçni à titre de mère des Rudras VIII, 90, 15 (mais nous savons que la Pṛçni elle-même est la libation et non la nuée) ; 2° parce qu'elle n'est pas distinguée de la Gandharvî appelée la femme des eaux au vers X, 11, 2. — Mais, ici encore, au lieu de représenter « certainement la nue », la Gandharvî n'est qu'un des noms de la libation.

Aditi père ou mère du Soma (Bergaigne, p. 96). —

Cette conception est des plus naturelles du moment où l'on personnifie le Soma : il devient ainsi le fils de la libation-*áditi*. Seulement, il ne faut pas dire qu' « Aditi est la mère ou le lieu d'origine du soma dans le ciel ». Tout ceci a pour théâtre exclusif le sacrifice et il est à peine utile d'ajouter terrestre, car il n'en est pas d'autre.

Formules où le mot *díti* s'oppose à *áditi* (Bergaigne, p. 97). — Le passage important est IV, 2, 11,

râyé ca nah .... deva
ditim ca râsvâditim urušya

« O dieu (Agni) donne à notre richesse.... le lien (enveloppe-la) et écarte l'absence de lien (antithèse de pure symétrie; c'est-à-dire fais en sorte de ne pas manquer de l'envelopper). »

Cf. VII, 15, 12, *ditiç ca dâti vâryam*

« Le lien lie ce qui doit être enveloppé. » — Dans ces passages le sens est purement étymologique et de circonstance. Inutile donc, de recourir à l'hypothèse de Bergaigne d'après lequel Aditi au vers IV, 2, 11, aurait été « considérée comme un génie malfaisant », alors que « Diti devient par le fait seul de l'opposition un génie bienfaisant, caractère qu'elle garderait au vers VII, 15, 12 ». C'est ce qui peut s'appeler continuer et enrichir sans s'en douter la mythologie des brâhmanes.

Aditi signifie « liberté » (Bergaigne p. 160-161). — Le passage capital à ce point de vue est I, 24, 15, (cf. V, 82, 6),

áthâ vayám âditya vraté távâ-
nâgaso áditaye syâma

que Bergaigne traduit ; « Puissions-nous ensuite sous ta loi, ô Aditya, être sans péché pour la liberté (c'est-à dire, pour être à jamais délivrés de tes liens). »

Le vrai sens est : « Puissions-nous, ô (Varuṇa), fils d'Aditi, être sans lien pour Aditi (la déliée, ou celle qui doit l'être) qui réside dans la (libation) que tu enveloppes. » — C'est-à-dire, délions la libation, réunissons-la au feu du sacrifice.

Ce qui précède nous aidera à comprendre la formule du vers VII, 52, 1,

âdityâso áditayaḥ syâma

Bergaigne traduit : « O Adityas, puissions-nous être libres ! » — alors que le sens réel est : « O Adityas, soyons (pour vous) des *áditis* (c'est-à-dire des libations versées!) » — Autrement dit, « versons des libations » ; ou encore « soyons sans lien (en ce qui regarde nos libations) ; n'hésitons pas à les répandre. »

Enfin, au vers I, 162, 22, la phrase

anâgâstvám no áditiḥ kṛṇotu

signifiera, « que notre libation déliée (= versée) nous produise l'absence de lien (de mal, de nuisance, etc.) »

Ici encore donc point de relation entre la conception d'Aditi et l'idée morale d'absence de péché, ou d'innocence, qui ne paraît pas avoir été connue des sacrificateurs de l'âge védique. Il s'agit des difficultés ou des maux, de nature purement physique, auxquels l'homme peut être en butte et dont il prie la libation de le délivrer, parce qu'il la délivre lui-même de la peine dont elle est censée souffrir avant de sortir du vase qui l'emprisonne.

De tout ce qui précède il résulte que l'idée à laquelle correspond le nom d'Aditi, toutes les fois qu'il s'agit d'une personnification et non d'une simple épithète ou d'un nom commun, loin de se rapporter confusément aux choses les plus diverses, comme le pensait Bergaigne, s'applique au contraire d'une manière à peu près exclusive à la libation versée sur l'autel et offerte en sacrifice à Agni. La détermination de cette idée nous aidera à établir celle qu'expriment les *âdityas* dont le nom est un dérivé d'*áditi*. Les Adityas sont, en conséquence, les fils d'Aditi, ou ceux dont l'essence participe de la sienne. Ils pourront ainsi représenter purement et simplement la libation (ou les sept libations) comme celle qui les a produits ou, plutôt encore, les libations transformées en flammes au contact d'Agni, et par là ils s'identifient aux dévas dont le rôle est si voisin du leur dans tous les hymnes du *Rig.*[1].

[1] Le caractère lumineux des Adityas explique comment leur nom (au singulier) est devenu celui du soleil dans la littérature classique.

XXVI. — Púraṃdhi

Ce mot est un de ceux qui ont exercé le plus diversement la sagacité des exégètes européens des textes védiques.

Pour M. Roth, *púraṃdhi* est composé de *puram* qui appartient à la famille des adverbes, *purás*, *purā́* « en avant » et de *dhi*, pour *dhī́*, « pensée ». Comme substantif, il lui attribue le sens de « sagesse » et, en tant qu'adjectif, celui de « sage ».

Grassmann fait venir *púraṃdhi* de *púram*, accusatif de *púr* auquel il donne le sens d' « abondance », et de *dhi*, rac. *dhā* « établir, donner, etc. » D'où, au sens adjectif, « celui dont les libéralités (offrandes, biens procurés par les dieux, abondance des libations que le soma contient ou personnifie, etc.) sont abondantes. » Sens substantif : « nom d'une divinité qui se range auprès de Pûšan, Višṇu, Savitar, etc., richesse, libation, offrande, accompagnées de prière ».

Bergaigne *(Rel. véd.*, II, 476 seqq., et III, 327) voit surtout dans Puraṃdhi une personnification de la parole sacrée.

M. Pischel *(Ved. Stud.*, p. 202 seqq.) base l'explication qu'il donne de ce mot sur un rapprochement (déjà indiqué par Bergaigne) entre *púraṃdhi* et le mot classique *puraṃdhri*, « femme mariée, ménagère ». Le sens primitif de *púraṃdhi* serait le même, c'est-à-dire celui de « mère, etc. ».

De toutes ces explications, c'est celle de Grassmann qui approche le plus de la véritable.

Le premier élément du composé *púrāṃdhi* est bien *púr* dont le sens est « nourriture, ce qui réconforte, remplit », ou simplement « ce qui coule » ; seulement ce *púr* ne diffère peut-être pas de l'homophone auquel on attribue le sens de « ville, bourg, forteresse ». Autrement dit, *púram*, dans *púraṃdhi*, « celle qui établit, fournit, la libation ou la nourriture du sacrifice », est identique au *púram* du composé *puraṃdará*, épithète d'Indra « celui qui brise ou perce, non pas la forteresse, mais la nourriture liquide qui est considérée comme enveloppée par Vṛtra, Ahi, etc.

Avec *púr* accompagné de l'épithète *ā́yasî* « d'airain », la conception est toutefois un peu différente ; c'est en tant qu'enveloppée d'airain ou formant une enveloppe d'airain, que la *púr* doit être fendue par Indra pour laisser écouler la libation qu'elle contient. *Púr* est à cet égard à rapprocher tout particulièrement de *ádri* (voir ci-dessus) ; cf. aussi le dérivé *púrîša*.

Voici quelques passages qui sont de nature à établir cette signification.

VII, 5, 3,

púro yád agne darâyann ádîdeḥ

« Lorsqu'ayant fendu les *púr*, ô Agni, tu as brillé (ou tu les as allumés). »

VII, 95, 1,

prá. . sasra eṣā́ sárasvatî dharúṇam ā́yaṣî pū́ḥ

« Cette Sarasvatî (aqueuse) qui (était) un réservoir, une nourriture d'airain, a coulé ; » — tournure paradoxale pour dire que la libation nourrissante, paraissait solide avant d'avoir été versée.

I, 189, 2 (cf. VII, 15, 14),

pū́ç ca pṛthivī́ bahulā́ na urvī́

« Notre (qui vient de nous) nourriture coulante, abondante, large (est là)[1]. »

Le composé *púraṃdhi*, avec un deuxième terme emprunté à la racine *dhâ*[2], signifie donc étymologiquement « celle qui présente la libation » et désignera à ce titre, soit la libation elle-

[1] M. Pischel et Geldner *Ved. Stud*, Einl. XXII, tirent de ce passage la preuve que les Hindous de l'époque védique possédaient de grandes villes. On peut dire qu'ils ont là une bonne garantie.

[2] Cf. *išudhì*, *udadhì*, etc.

même personnifiée, soit les flammes d'Agni qui sont censées la contenir. Les exemples suivants suffiront à le prouver.

I, 117, 19,

áthâ yuvâm íd ahvayat púraṃdhiḥ

« (O Açvins), la Puraṃdhi (la libation qui crépite dans les flammes du sacrifice) vous a appelés. »

Aux vers I, 181, 9 et II, 31, 4, la combinaison des mots *pûšâ púraṃdhiḥ* doit se traduire « la Puraṃdhi nourricière. »

IV, 26, 7 (cf. IV, 27, 2),

púraṃdhir ajahâd árâtîḥ

« Púraṃdhi (= *râti* « oblation » ; cf. I, 29, 4) a laissé en arrière les absences d'oblations. » — C'est-à-dire l'oblation, ou la libation, a eu lieu.

X, 80, 1,

samañjánn agnír nárîṃ vîrákukšiṃ púraṃdhim

« Agni qui enveloppe la vigoureuse Puraṃdhi dont le ventre est plein de force (c'est-à-dire de la liqueur qui fortifie). » — M. Pischel (p. 203) suppose, contre toute vraisemblance, qu'il faut sous-entendre ici le verbe *dadâti* qui figure au premier hémistiche, alors que notre passage termine le deuxième.

IX, 97, 36,

vardháyâ vâcaṃ janáyâ púraṃdhim

« (O soma) fais croître la voix (le crépitement de la libation enflammée) ; engendre la Puraṃdhi (fais que cette même libation ait lieu). »

VII, 32, 20,

taránir ít sišâsati vâjam
puraṃdhyâ yujâ

« Celui qui traverse (la libation, c'est-à-dire Agni) s'efforce de s'emparer de la nourriture (du sacrifice) au moyen de la Puraṃdhi (cette nourriture personnifiée) qui l'accompagne. »

x, 39, 7,

yuvâṃ sušutiṃ cakrathuḥ púraṃdhaye

« (O Açvins), vous avez procuré une belle progéniture (Agni) à la Puraṃdhi ; » vous avez allumé la libation.

I, 5, 3,

ā bhuvat. . sá púraṃdhyâm

« (Indra) s'est manifesté dans la libation », — comme au vers précédent du même hymne, « dans le soma *(sóme)* ».

IX, 90, 4,

samîçîné ā pavasvâ púraṃdhî

« (O Soma), allume les deux Puraṃdhis qui vont ensemble, (la libation sous ses deux formes, c'est-à-dire allumée et non allumée). »

V, 41, 6,

púraṃdhîr vásvîḥ. . . pátnîḥ

« Les riches Púraṃdhis, épouses (des dieux ou d'Agni). »

IV, 50, 11,

avišṭáṃ dhiyo jigṛtám púraṃdhîḥ

« (O Bṛhaspati et Indra), favorisez les pensées (dont les crépitements de la libation enflammée sont l'expression) ; éveillez les Puraṃdhis (faites que les libations coulent). »

XXVII. — ARÁṆI

D'après tous les interprètes, ce mot désigne les morceaux de bois dont on se servait pour allumer le feu en les frottant l'un contre l'autre[1]. Ce sens est exclusivement tiré des contextes, car l'étymologie d'après laquelle on rapporte le mot *aráṇi* à la rac. *ar* « aller » ne suffit pas pour le justifier. Bergaigne reconnaît d'ailleurs que « le mythe d'après lequel le feu devait être « considéré comme allumé dans le ciel par les mêmes procédés « que sur la terre, particulièrement par le frottement de deux « araṇis, n'est expressément formulé dans aucun texte du *Rig-* « *Véda*[2]. » Je serai d'autant plus autorisé par cette déclaration à soumettre la question à un nouvel examen et à voir si le sens traditionnel du mot *aráṇi* n'aurait pas été l'objet d'une de ces erreurs dont nous avons déjà rencontré tant d'exemples.

Je citerai tout d'abord ce passage du *Rig* (VII, 1, 1) qui a certainement pu donner naissance à l'erreur présumée :

agním náro. . . áráṇyor hástacyutî
janayanta

« Les forts (les Somas) ont engendré Agni par l'écoulement à l'aide des mains des deux *aráṇis* » ; — c'est-à-dire en faisant couler les libations qui se transforment en flammes (= les mains de la libation) et qui sous la forme mixte de liqueur et de flammes appartiennent aux deux araṇis (les deux qui s'agitent, cf. *dyâvâpṛthivî*, *ródasî*, etc.), ou aux libations sous ces deux formes[3].

Pour l'expression *hástacyuti*, cf. IX, 11, 5,

hástacyutebhir ádribhiḥ
sutáṃ sómam punîtana

[1] Voir surtout Kuhn, *Herabkunft*[2], p. 65-66 et *passim*.
[2] *Rel. Véd.*, I, 103.
[3] En d'autres termes, les flammes des araṇis sont comparées à des mains qui prennent la libation et qui coulent avec elles.

« Allumez le soma qui se répand en ruisseaux qui coulent avec les mains (paradoxe). »

La traduction de Grassmann fait bien voir encore de quelle façon l'erreur s'est produite :

« Les hommes ont engendré Agni en le tirant des morceaux de bois au moyen d'un mouvement des mains » (cf. Bergaigne *Rel. véd.* II, 7). — Qu'il me suffise d'ajouter que le mot *náraṣ* ne s'applique pas aux hommes, mais aux somas, et que *cyuti* ne désigne pas un mouvement indéterminé, mais bien celui d'un liquide qui s'écoule.

Le début de l'hymne III, 29, a surtout servi de preuve à Kuhn [1] pour sa théorie des aránis et du pramantha. J'en reproduis les passages les plus importants.

Vers I, 1er hémistiche,

ástîdám adhimánthanam
ásti prajánanaṃ kṛtám

« Voilà que l'agitation (de la flamme) a lieu à la surface (de la libation) ; voilà que la production (du feu) est faite. »

Traduction de Kuhn : « Voilà le morceau de bois (l'araṇi ou le pramantha préparé pour la friction), l'engendreur (*penis*) est prêt. »

Vers 2, 1er hémistiche,

aráṇyor nihito jâtávedâ
gárbha iva súdhito garbhíṇîṣu

« Jâtavedas (Agni) est déposé dans les deux aráṇis (les libations sous leur double forme), comme un fœtus bien placé dans celles qui le portent. »

Traduction de Kuhn : « Jâtavedas repose dans les deux morceaux de bois, comme dans (le sein des femmes) enceintes (repose) le fœtus bien gardé. »

1 *Herabkunft*², p. 64.

Les autres passages où figure le mot *aráṇi* s'expliqueront maintenant d'eux-mêmes.

x, 1010, 3,

hiraṇyáyî áráṇî
yaṃ nirmánthato açvinâ,
táṃ te gárbhaṃ havâmahe

« Nous invoquons ton fœtus (celui de la libation = Agni) que les Açvins ont fait sortir au moyen de l'aráṇi d'or (qui correspond ici au vajra d'Indra et qui n'est autre que la libation enflammée). »

Bergaigne *(Rel. véd.,* II, 103) a cru qu'il s'agissait ici d'un fœtus réel.

Aux vers I, 127, 4 (cf. I, 129, 5) l'expression *téjiṣṭhâbhir aráṇibhiḥ* désigne également les libations enflammées, très ardentes ou très pointues, dont le sacrifiant (ou l'oblation) se sert pour être agréable à Agni.

v, 9, 3,

yáṃ çiçuṃ yathâ návaṃ jániṣṭhâráṇî

« Lui que l'aráṇi (la libation) a engendré de nouveau comme un enfant. »

XXVIII. — SAṂVÁTSA, SAṂVATSARÁ

L'erreur commise sur ces deux mots est particulièrement curieuse. Au point de vue étymologique et réel, *saṃvátsa* est un composé possessif qui signifie « ayant un veau (ou son veau) avec soi » ; le dérivé *saṃvatsará* a le même sens à titre plus spécial d'adjectif, « ce qui concerne celui (ou celle) qui a un veau (ou son veau) avec lui (ou elle) ». Ces mots ayant toujours été employés dans le *Rig-Véda* avec une attribution métaphorique dont on ne s'est plus rendu compte, on a tiré des contextes le sens nouveau et tout à fait imaginaire d' « année » ou, adverbialement, « durant une année (accusatif et locatif) », qu'on a ajusté tant bien que mal aux nécessités de la grammaire et du sens général des passages où figurent les mots en question. L'erreur s'est perpétuée, autorisée qu'elle était par les ganas des grammairiens et des lexicographes, de telle sorte que *saṃvatsarà* (et *saṃvat*) a pris rang dans le sanscrit classique avec l'unique sens d'année qu'il ne devait qu'à une interprétation fautive des documents védiques.

Voici les passages du *Rig-Véda* accompagnés de leur explication véritable où ces mots se rencontrent :

IV, 33, 4,

yàt saṃvàtsam ṛbhàvo gā̃m àrakšan
yàt saṃvàtsam ṛbhàvo mā̃ àpiñçan,
yàt saṃvàtsam àbharan bhā̃so asyâs
tā̃bhiḥ çàmîbhir amṛtatvàm âçuḥ

« Lorsque les Rbhus se sont emparés du taureau (soma) qui a un veau (Agni) avec lui (le taureau avec un veau, — paradoxe) ; lorsque les Rbhus ont embelli (éclairé) la lune[1] qui a un veau avec elle ; lorsqu'ils ont eu pris l'éclat avec son veau de cette (active), ils ont obtenu l'immortalité à l'aide de ces actives. »

Les Rbhus sont les flammes d'Agni ou les somas-artisans qui les fabriquent ; pour obtenir l'immortalité, c'est-à-dire la vie, c'est-à-dire encore la manifestation sous la forme de ces flammes, ils requièrent : 1° le taureau soma (et son veau) ; 2° et 3° l'éclat de ces flammes (avec le veau dont il a été question plus haut). Il faut, en d'autres termes, l'union des libations et des flammes avec Agni comme fruit. A l'aide de ces différents éléments actifs, les Rbhus deviennent immortels. Au 3e pâda, *asyâs* antécédent de

[1] La libation non allumée, appelée ainsi par opposition au soleil-Agni.

tãbhis est pour *asyâḥ çámyâs*, source du *bhásaḥ sáṃvátsam* dont il est question au même pâda.

A rapprocher tout spécialement de ce qui précède les passages suivants du vers I, 110, 4,

çámî... mártâsaḥ sánto amṛtatvám ânaçuḥ... ṛbhávaḥ ... saṃvatsaré sám apṛcyanta dhîtíbhiḥ.

« Par le moyen de l'active (libation), les Rbhus qui étaient morts (inertes) ont acquis l'état de ceux qui ne sont pas morts (la vie, l'immortalité); au sein de celui qui a un veau (le taureau-soma), ils ont été arrosés par les pensées (les libations qui, en crépitant, semblent exprimer ce qu'elles pensent). »

I, 140, 2,

saṃvatsaré vâvṛdhe jagdhám î púnaḥ

« Dans le sein de celui qui a un veau (ce veau[1] = Agni, ou cette nourriture[2]) croît de nouveau après avoir été mangé. »

I, 161, 13,

saṃvatsará idám adyã vy ákhyata

« Voilà ce qui a brillé aujourd'hui au sein de celui qui a un veau. » — Les Rbhus qui s'éveillent ou s'allument dans la libation.

I, 4, 44, 16

saṃvatsaré vapata éka eṣâm

« L'un d'eux (des trois Agnis) est semé dans celui qui a un veau. »

[1] Agni.

[2] A laquelle Agni a été comparé au pâda précédent.

VII[1], 103, 1,

saṃvatsarám çaçayânā
brâhmaṇā vratacâriṇaḥ,
vācam parjányajinvitām
prá maṇḍûkâ avâdišuḥ

« Les fils du *brahman* (de la libation, c'est-à-dire les flammes d'Agni) qui après avoir séjourné dans celui qui a un veau, se meuvent au moyen du *vratá* (la libation), (pareils à des) grenouilles (parce qu'ils sortent des liquides du sacrifice) font entendre une voix (les crépitements) que Parjanya (le soma en tant qu'*arroseur)* met en mouvement. »

VII, 103, 7,

saṃvatsarásya tád áhaḥ pári ṣṭha
yán maṇḍûkâḥ prâvṛšīnam babhūva

« Ce jour (cette lumière) de celui qui a un veau, autour duquel vous vous dressez, ô grenouilles, est issu des pluies (des eaux du sacrifice). »

VII, 103, 9,

saṃvatsaré prâvṛšy āgatâyâṃ
taptā gharmā açnuvate visargám

« Les somas (appelés les hommes, les mâles, — *náras*, — à l'hémistiche précédent) qui se trouvent dans celui qui est avec son veau, (à savoir) la pluie qui est venue vers les allumées, vers les chaudes (les flammes d'Agni), ont atteint l'émission (c'est-à-dire ont jailli, se sont manifestés sous la forme de flammes). »

X, 190, 2,

samudrād arṇavād ádhi
saṃvatsaró ajâyata

1 On peut voir dans Zimmer entre autres, *Altindisches Leben*, 211, l'étrange explication qu'on a donnée de cet hymne. Cf. Berg. *Rel. véd.*, I, 292.

« De l'océan, du flot des libations est né celui qui a un veau avec soi (le couple Soma-Agni). »

Dérivés et composés :

x, 87, 17. — Le yâtudhâna ne doit pas boire le *saṃvatsarî̃ṇam pâya usriyâyâḥ*, « le lait de la vache que possède celui qui a le veau (le soma). »

x, 62, 2,

yé. . ábhindan parivatsaré valám

« (Les Aṅgiras) qui ont brisé l'enveloppe qui était sur (ou autour de) celui qui a un veau autour de lui (le soma enflammé). »

vii, 103, 8,

brâhmaṇẫsaḥ somino vẫcam akrata
bráhma kṛṇvántaḥ parivatsarî̃ṇam

« Ceux qui ayant bu le soma sont issus du brahman (les somas enflammés) ont fait entendre leur voix en rendant le brahman muni d'un veau (Agni) qui l'entoure. »

Cf. i, 72, 2, *vátsam pári ṣántam*: i, 110, 8, *sáṃ vatsénâsṛjatâ mâtáram púnaḥ*; ix, 104, 2, *sám î vatsáṃ ná mâtṛ́bhiḥ sṛjátâ*.

XXIX. — Çraddhâ' [1]

D'après tous les interprètes, ce mot signifierait « foi », dans son acception théologique habituelle.

C'est un composé de l'adjectif verbal *çrath*, « ce qui envoie » ou « envoie » et de *dhâ* « donner, établir, etc. ». Conformément

[1] Cf. *Rev. de l'Hist. des Religions*, numéro de janvier-février 1892.

à l'étymologie le vrai sens de *çraddhā* est « ce qui constitue l'envoi, ou l'oblation du sacrifice » ou simplement « l'oblation ».

La preuve nous en est fournie par l'hymne suivant, RV. x, 151, adressé, nous dit-on (Grassmann, Ludwig, etc.), à la Foi personnifiée. Non seulement aucun détail ne correspond à cette hypothèse, mais le plus souvent on n'arrive par là qu'à des non-sens ou à des contradictions. En revanche, si l'on restitue à *çraddhā* son vrai sens d'oblation, l'hymne en son entier devient d'une clarté parfaite et répond à l'idée, si fréquemment exprimée dans tel ou tel passage isolé, qu'il faut informer les dieux que le sacrifice s'apprête, afin qu'ils viennent y prendre part.

1

çraddháyā̃gníḥ sám idhyate
çraddáhyâ hû́yate havíḥ,
çraddhā̃m bhágasya mû́rdháni
vácasâ vedayâmasi

« C'est par le don (la libation) que le feu du (sacrifice) est allumé ; c'est par le don que la libation est versée ; c'est par la voix qui est dans la tête du bénéficiaire (de la libation, — Agni) que nous annonçons le don. »

La voix dont il est question au deuxième hémistiche est le crépitement du feu du sacrifice qui sort en quelque sorte de la bouche d'Agni. Ce crépitement fait connaître aux dieux que le sacrifice à eux destiné est en voie de s'accomplir. MM. Grassmann et Ludwig traduisent : « Nous célébrons avec notre parole la çraddhâ *sur le sommet du bonheur* », — ce qui est absolument incompréhensible et suffit pour dénoncer une erreur latente.

2

priyám çraddhe dádataḥ
priyám çraddhe didâsataḥ,
priyám bhojéṣu yájvasv
idám ma uditám kṛdhi.

« O don, rends proclamée (fais connaître en crépitant) cette chose agréable qui vient du donateur, cette chose agréable qui vient de celui qui a le désir de donner, cette chose agréable venant de moi qui se trouve (consiste) dans les libéralités[1] du sacrifice. »

3

yáthâ devã́ ásureṣu
çraddhā́ṃ ugréṣu cakriré
evám bhojéṣu yájvasv
asmā́kam uditám kṛdhi.

« De même que les dieux ont proclamé le don chez les ardents Asuras, de même rends proclamé notre (don) qui se trouve dans les libéralités du sacrifice. »

Les dieux et les Asuras sont les dénominations différentes de semblables personnifications, à savoir celles des flammes du sacrifice. Les uns sont censés annoncer l'oblation aux autres par leurs crépitements. Il faut évidemment sous-entendre, *uditā́m* avec *cakriré*, au premier hémistiche, et un synonyme[2] de *çraddhā́* avec *uditám*, au second.

4

çraddhā́ṃ devã́ yájamānâ
vâyúgopâ úpâsate,
çraddhā́ṃ hṛdayyáyā̃kûtyâ
çraddhā́yâ vindate vásu.

« Les dieux qui offrent le sacrifice entourent le don sous la garde du vent. Au moyen d'une attention qui vient du cœur[3], on obtient le don, au moyen du don, on obtient le bien (matériel, la nourriture). »

[1] Littéralement, les (choses) qui donnent.

[2] A moins de considérer comme tel *evám* qui peut être l'accusatif de *evá* avec le même sens que *éva*, malgré la différence d'accentuation.

[3] L'expression *hṛdayyâ' ā́kûti* est synonyme de *dhî* « prière » et désigne métaphoriquement la libation qui prie, c'est-à-dire qui crépite, quand elle est allumée.

Les dieux sacrificateurs sont Agni et Soma ; Vâyu ou le vent les protège en favorisant le développement de la flamme ; ce sont eux qui entourent ou développent l'oblation. Celle-ci, de son côté est trouvée ou obtenue par eux au moment du sacrifice.

5

çraddhãm prâtár havâmahe
çraddhãm madhyáṃdinam pári,
çraddhãṃ sṹryasya nimrúci
çráddhe çrád dhâpayehá naḥ.

« Nous proclamons le don le matin ; nous le proclamons au milieu du jour ; nous le proclamons au coucher du soleil. O don, fais parvenir (aux dieux) l'envoi (que nous leur faisons) d'ici. »

CHAPITRE V

LE TEXTE DU RIG-VÉDA EST GÉNÉRALEMENT CORRECT. — PREUVES FOURNIES PAR L'INUTILITÉ DES CHANGEMENTS PROPOSÉS

Sans éprouver un respect superstitieux pour le texte traditionnel du *Rig-Véda*, on peut poser ce principe, ce me semble, qu'on ne doit pas le mettre en suspicion et essayer de le corriger avant d'avoir acquis la certitude qu'il est inintelligible sous la forme que nous possédons.

Je voudrais essayer de démontrer que, dans la plupart des cas où on a voulu le rectifier, la tentative était inutile ; le texte tel quel donnait un sens satisfaisant qu'on n'a pas vu et qui d'avance rendait vaines ou fâcheuses les corrections proposées.

Ajouterai-je que, si la méthode d'interprétation que j'emploie a pour effet de justifier d'une manière presque constante l'exactitude du texte traditionnel, là-même où au point de vue des méthodes antérieures il paraissait incompréhensible, cette justification est réversible sur l'instrument auquel elle est due ? La clé dont je me sers n'exige pas qu'on change les serrures ; c'est que les serrures sont bonnes et que la clé leur convient. Cette conséquence est trop claire pour que j'y insiste autrement qu'en mettant les éléments de la question sous les yeux du lecteur.

Je passe en conséquence à l'examen critique des principales catégories d'irrégularités et d'erreurs que les interprètes occidentaux ont cru découvrir dans le texte de *Rig-Véda*.

1° Prétendue abréviation de certaines formes grammaticales du Rig-Véda

Des altérations de cette nature ont fait l'objet d'un Mémoire de M. Roth intitulé *Ueber gewisse Kürzungen des Wortendes im Veda*, et présenté par lui au Congrès des Orientalistes tenu à Vienne (Autriche) en 1886.

Je vais reprendre les exemples cités par ce savant avec l'espoir de montrer que *tous* s'expliquent d'une manière très suffisante sans qu'il soit besoin d'admettre les irrégularités qu'il suppose.

[I, 67, 10,

vi yó vîrútsu ródhan mahitvó-
tá prajấ utá prasû́šv antáḥ

Traduction de M. Roth, qui lit au deuxième pâda *utá prajấ u*, au lieu de *utá prajấ utá*, et qui suppose que *prajấ* est une sorte d'abréviation pour *prajẫsu* dont le but a été d'éviter la consonnance avec le mot suivant *prasû́šu* : « Agni, le puissant, a crû dans les plantes et dans les enfants qui se trouvent (encore) dans le corps de leur mère. »

De mon côté, je traduis sans rien changer au texte : « (Agni) qui a crû, soit par le grand (ou le puissant = soma) dans celles qui croissent (ses flammes ou les libations enflammées), soit comme engendreur, à l'intérieur de celles (ces mêmes libations) qui (le) produisent. »

Il est probable qu'au premier pâda *ródhat* a le sens causatif et qu'il faut entendre « celui qui fait croître (celles qui croissent ou font croître) », quoi qu'il soit en elles ; de même qu'au second pâdâ, Agni engendre (les engendreuses) au sein desquelles il réside. Rien de plus commun dans le *Rig-Véda* que cette façon d'exprimer sous une forme paradoxale l'idée que les libations mères d'Agni ne deviennent flammes et ne l'engendrent que par son concours.

Dans tous les cas, le parallélisme syntactique des deux phrases dans lesquelles *prajāḥ* correspond à *yás. . . ródhat* et *prasū́šu* à *vîrútsu*, écarte absolument l'hypothèse des altérations admises par M. Roth.

VIII, 11, 1,

tvám agne vratapā́ asi
devá ā́ mártyešv ā́,
tvám yajnéšv î́ḍyaḥ

M. Roth, après avoir proposé d'interpréter *devé* comme s'il y avait *devéšu*, traduit ; « O Agni, tu es le gardien de l'ordre parmi les dieux, parmi les mortels. »

J'entends, sans rien changer et en suivant le mouvement de la phrase indiquée par les coupes prosodiques : « O Agni, tu es buveur (ou possesseur) de vrata (= la libation) ; tu es le dieu (ou le brillant) objet de la libation *(î́ḍya)* dans les (libations) mortes (non encore enflammées, où il est *ajá*), dans les sacrifices (= les libations qui sacrifient, qui sont déjà enflammées, où il est *jâtá*). »

Ici encore, le parallélisme de *mártyešu* et de *yajnéšu* s'oppose à l'hypothèse de M. Roth[1].

VI, 3, 7,

vŕšâ rukšá óšadhîšu nûnot

« Le taureau (Agni) brillant (enflammé) a mugi dans les libations (littéralement *dans les plantes* d'où sont tirées les liqueurs du sacrifice) ».

[1] Cf. I, 77, 1, *yó (ágniḥ) mártyešv amṛta ṛtâvá... kṛṇóti devā́n;* « Agni qui actif dans les inactifs, pourvu de la libation, produit les dévas. »

M. Roth lit sans aucune nécessité *rukšé* pour *rukšésu* = *vṛkšeṣu* et traduit : « le feu crépite dans les bois et dans les herbes. »

I, 105, 5 et VIII, 58, 3,

trišv ā rocané diváḥ

D'après M. Roth, *rocané* est pour *rocáneṣu* : « Dans les trois espaces lumineux du ciel. »

La correction est inutile ; la formule signifie : « dans l'éclat du jour (c'est-à-dire d'Agni) qui se manifeste à trois moments (le matin, à midi et le soir, aux heures du sacrifice). » On peut encore entendre en considérant *trišú* comme apposé à *rocané*, « dans l'éclat dont il y a trois », ce qui revient du reste au même pour l'idée.

I, 81, 1,

tám in mahátsv âjišûtém árbhe havâmahe

M. Roth suppose que *árbhe* est pour *árbheṣu*.

Je suppose à mon tour avec Grassmann qu'il faut sous-entendre *âjaú* avec ce mot laissé tel quel.

I, 31, 7,

yás tâtṛšâṇá ubháyâya jánmane
máyaḥ kṛṇóši

M. Roth substitue pour le sens *tâtṛšâṇāya* à *tâtṛšâṇá*, sous prétexte qu'Agni qui a soif ne saurait être représenté comme apaisant la soif d'autrui. Il traduit en conséquence : — « Toi qui procures des rafraîchissements aux deux espèces (les hommes et les animaux) qui ont soif. »

Je vois un sens tout différent en maintenant le texte traditionnel : « Lui (Agni) qui, en éprouvant la soif (parce qu'il a chaud et qu'il se précipite au-devant des libations) donne à boire aux deux naissances (ou aux deux progéniteurs), à celle du taureau soma et de l'oiseau Agni (cf. x, 37, 11, où *cátušpad* s'applique au premier et *dvipád* au second). » Autrement dit, Agni qui a soif abreuve néanmoins (paradoxe) en aspirant les libations, le couple Agni-Soma qui correspond à deux races, ou qui engendre le sacrifice. L'idée qui paraît absurde à M. Roth a précisément pour effet d'assurer l'exactitude du texte, étant donné les habitudes de style des auteurs des hymnes et le paradoxe parallèle de l'hémistiche précédent où Agni est représenté comme donnant l'immortalité (ou plutôt la vie) au mort.

vi, 3, 1,

yáṃ tvám mitréṇa váruṇāḥ sajóšâ
déva pâsi tyájasâ mártam áṅhaḥ

Au premier pâda, M. Roth remplace *váruṇas* par *váruṇena* en s'autorisant de l'analogie de iv, 31, 3 *(mitréṇa váruṇena sajóšâḥ)*.

Cette correction n'en est pas moins inadmissible attendu que *váruṇas*, au vers vi. 3, 1, est en apposition à *tvám* = *ágnis*. Varuṇa considéré comme *enveloppeur* des libations est identifié à Agni [1]; il est donné de plus comme jouissant à l'aide de Mitra (c'est-à-dire de son ami, le soma) et avec lui *(sajóšâs)*, de la libation. Au vers iv, 39, 3, la construction est toute différente.

Au deuxième pâda, M. Roth lit *áṅhasâ* pour *áṅhas* en traduisant : « Le mortel que tu protèges dans l'abandon et le besoin. »

Ici, les objections s'accumulent : 1° le premier hémistiche du vers en question fait voir clairement qu'il ne s'agit pas d'un mortel au sens où on l'entend généralement, c'est-à-dire d'un homme (mais bien d'un élément du sacrifice considéré comme inactif, — Agni-Soma *ajá* ou non-né, auquel Agni *jâtá* communique sa flamme) ; 2° *tyájas* ne signifie pas « abandon », ni

[1] Cf. pour une explication différente, mais aussi peu acceptable que celle de M. Roth, Ludwig, *Ueber Methode*, p. 9.

áñhas « besoin » ; 3° la racine *pâ* « posséder, s'emparer, garder », et non pas « protéger », ne saurait admettre un régime à l'instrumental avec le sens que lui attribue M. Roth. Toutes ces raisons font, qu'à mon avis, il faut absolument faire de *mártam*, en antithèse avec *déva*, une sorte d'apposition à *áñhas* en antithèse de son côté avec *tyájasâ*.

Je traduis par conséquent : « Le mort, le lien que tu possèdes, ô dieu (= allumé, actif), au moyen de la délivrance *(tyájasâ)*. » — Ce qui revient à dire : « La libation qui, de morte et enchaînée qu'elle était, s'est enflammée quand tu l'as délivrée en t'en emparant ». La tournure est tout à fait dans le style des poètes védiques.

Au vers I, 26, 2, Agni est prié de déposer, de faire entendre (le verbe est sous-entendu) sa voix *(vácas)* au moyen de la chose brillante (sa flamme crépitante, — *divitmatâ)*.

M. Roth est d'avis que *vácas* est pour *vácasâ*, mot avec lequel *divitmatâ* serait en accord. On voit par l'explication qui précède que l'hypothèse n'est pas nécessaire ; il est difficile d'ailleurs d'admettre que le verbe sous-entendu ait pu requérir un complément à l'instrumental.

Aux vers II, 31, 5 ; VI, 48, 11 et VIII, 39, 2, l'expression *návyasâ vácas* équivaudrait, d'après M. Roth, à *návyasâ vácasâ*. Je crois de mon côté qu'il faut l'expliquer en supposant l'ellipse d'un substantif avec lequel *návyasâ* était en accord et d'un adjectif qualifiant *vácas*. La formule primitive et complète aurait été *návyasâ vácasâ pûrvyám (ou pratnám) vácas*.

Je traduirai donc VI, 48, 11,

â . . dhenúm ajadhvam úpa návyasâ vácaḥ

« Amenez la vache vers la voix (d'autrefois, habituelle), (attirés que vous êtes) par la plus nouvelle (celle qui se fait entendre en ce moment). »

J'appuie d'ailleurs ce procédé d'interprétation sur différents passages tels que les suivants :

VII, 94, 1,

iyám. . asyá mánmanaḥ. . pûrvyástutiḥ

« Cette expression ancienne (ou traditionnelle) de la prière actuelle. »

VIII, 44, 12,

agníḥ pratnéna mánmanâ
çúmbhânas tanvàm svâm

« Agni qui pare son corps de la prière traditionnelle », — c'est-à-dire de la libation accompagnée des crépitements.

Au vers VI, 4, 5, deuxième hémistiche,

turyâma yás ta âdiçâm árâtîr
átyo ná hrútaḥ pátataḥ parihrút

M. Roth suppose que *árâtîs* est pour *árâtis* et *parihrút* pour *parihrútas*. Il traduit en conséquence : « Puissions-nous l'emporter sur celui qui se refuse d'obéir à vos ordres, comme un coursier franchit les occasions de broncher (les obstacles) auxquelles sont exposés ceux qui vont vite ».

A mon sens, l'idée est bien moins simple. Quant à la construction, je supplée *tám* au premier pâda et je fais dépendre *árâtîs* de l'idée verbale contenue dans *parihrút*, que je conserve d'ailleurs tel quel. J'aboutis ainsi à cette traduction : « Puissions-nous vaincre (franchir en l'écartant) celui qui enveloppe (entrave) les absences de dons des libations à toi destinées, (lui qui) enveloppe (entrave) des enveloppes (ou des entraves) qui s'enfuient comme un cheval (débarrassé de ses entraves) ».

Celui qui retient les libations est Vṛtra ou le représentant d'une conception analogue. — Tant que les libations (*âdiças*, — les directrices) sont retenues, elles sont à l'état d'*árâti*. —

L'expression *hrútah pátatas* présente un paradoxe intentionnel : le démon retient *les enveloppes* (ou les entraves) *qui s'envolent.* — La comparaison « comme un cheval », à laquelle l'analogie de x, 6, 2 *(áparihvr̥to átyo ná)* permet d'ajouter « débarrassé de ses entraves », porte sur le mot *pátatas* « qui s'envolent, s'enfuient, courent, *comme un cheval*[1]. »

VIII, 64, 6,

tásmai nûnám abhídyave
vâcā́ virûpa nityayâ,
vŕ̥ṣṇe codasva suṣṭutím

M. Roth qui lit *virûpayâ*, au lieu de *virûpa*, traduit ainsi ce vers : « Fais entendre un beau chant de louange dans le ton modifié et habituel, c'est-à-dire d'après un mode ancien et un nouveau. »

Le texte traditionnel se prête à la traduction suivante, qui me paraît la seule bonne : « O toi dont la forme est différente (la libation non enflammée eu égard à celle qui est incandescente), produis pour ce mâle, qui est maintenant en regard du jour (d'Agni), un bel hymne avec ta voix habituelle (propre, — les crépitements de la libation). »

V, 52, 9,

utá sma té páruṣṇyâm
ū́rṇâ vasata çundhyávaḥ

Pour M. Roth, qui croit que *ū́rṇâs* est pour *ū́rṇâyâm*, le sens est : « Faisant leur toilette, ils (les Maruts) se sont enveloppés dans la toison mouchetée (ou frisée), — (c'est-à-dire, dans les nuages floconneux). »

Nous avons déjà vu plus haut que la véritable signification de ce passage est, sans qu'il y ait lieu de modifier le texte : « Ces

[1] M. Ludwig, *Ueber Methode*, etc., p. 9-10, maintient une explication en vertu de laquelle *árâtis* serait pour *arâtiyùs*, et qui ne vaut pas mieux que celle de M. Roth.

brillants (Maruts) ont revêtu des enveloppes (ou des toisons) dans la libation. »

I, 187, 7,

yád adò pito ájagan
vivásva párvatânâm,
átrâ cin no madho pitò
'ram bhakšâya gamyâḥ

M. Roth admet avec Sâyaṇa que *vivásva* est pour *vivásvatâm* et rend ce vers de la manière suivante : « Quand tu es allé, ô breuvage (du soma), dans ces montagnes brillantes, place-toi de façon à nous offrir toute prête une boisson, ô doux breuvage. » M. Roth ajoute : « Ces montagnes ne sont pas des nuages, comme l'a cru Sâyaṇa et ceux qui l'ont suivi, mais bien de véritables montagnes dont les sommets couverts de neige resplendissent sous les yeux du poète, et le breuvage est le soma qui a été apporté des hauteurs dans la vallée. »

Eh bien ! non, ces montagnes, nous le savons, ne sont pas des montagnes, mais des ruisseaux, et je pense qu'il faut traduire en prenant *vivásva* pour l'accusatif singulier de *vivásvan* (neutre) : « O soma, lorsque tu es venu ici dans ce qui fait briller les courants (Agni), il faut que tu viennes là même (encore), ô doux breuvage, pour être à la disposition du jouisseur (Agni). » — En résumé, l'idée est des plus puériles ; le poète, après avoir constaté que le soma s'est uni à Agni considéré comme feu, l'invite à s'unir de nouveau au même Agni considéré comme buveur de soma.

M. Ludwig avait précédé M. Roth dans la voie qui consiste à voir des formes écourtées là où celles que présente le texte traditionnel paraît difficile à interpréter. Il est même allé beaucoup plus loin que le professeur de Tubingue en fait d'hypothèses analogues, comme on peut en juger par le Registre (t. VI) où il a dressé la liste de ce qu'il appelle « les phénomènes les plus importants de la grammaire de la langue védique. » Je me bornerai, en ce qui le concerne, à l'examen critique des explications fournies par lui à propos des principales formes écourtées ou syncopées dont il fait mention dans son récent Mémoire sur la *Méthode propre à l'interprétation du Rig-Véda*, pages 8 seqq.

I, 85, 3,

gómâtaro yác chubháyante añjíbhis
tanûšu çubhrã́ dadhire virúkmataḥ

M. Ludwig pense qu'il n'est pas douteux que *çubrã́(ḥ)* ne soit pour *çubhrã́su* et traduit : « Ils (les Maruts) ont ajouté des ornements à leurs beaux corps. » — Aucune nécessité à ce changement, si l'on tient compte du premier pâda : c'est quand les Maruts ont été *rendus brillants*, que *brillants* ils placent les étincelants dans des corps (ils produisent les flammes dont ils sont la personnification).

III, 55, 5,

ấkšit pṹrvâsv áparâ anûrút
sadyó jâtã́su táruṇîšv antáḥ

D'après M. Ludwig, *áparâ(ḥ)* est pour *áparâsu;* Grassmann y voyait un accusatif pluriel féminin. — L'un et l'autre sont dans l'erreur. Le sens est : « Une postérieure (la flamme d'Agni) réside dans les antérieures (les libations) ; à l'intérieur des rapides (ces mêmes flammes), elle croît à leur suite aussitôt qu'elles sont nées. »

VI, 61, 13,

prá yã́ mahimnã́ mahinâsu cékite
dyumnébhir anyã́ apásâm apástamâ

D'après M. Ludwig, *anyã́(ḥ)* est pour *anyã́su.* — Le sens est en gardant le texte tel quel. « L'autre (la lumière d'Agni) qui par ses flammes est la meilleure des ouvrières (parce qu'elle les a produites) a brillé dans celles-là (les libations) par l'effet de la grande puissance (des libations). »

VI, 48, 6,

tirás támo dadṛçá ṹrmyâsv ã́ çyâvãsv
arušó vṛšã́ çyâvãḥ

M. Ludwig explique que *çyâvã(ḥ)*, au deuxième pâda, est pour *çyâvãsu* et se coordonne avec la même forme au premier pâda. — L'hypothèse est parfaitement inutile. Il faut traduire : « Le taureau s'est montré au delà de l'obscurité (des libations non allumées) dans les flots bruns ; le taureau rouge (est venu) vers les brunes ».

I, 64, 7,

yád ã́ruṇîšu távišîr áyugdhvam

M. Ludwig : *távišîḥ* est pour *távišîšu*. — C'est une erreur manifeste ; le sens est : « (O Maruts), quand vous avez attelé les rapides (libations) aux (flammes) rouges ».

IV, 21, 5,

úpa yó námo námasi stabhâyán

M. Ludwig : *námo námasi* est pour *námasi námasi*. — Erreur ; le sens est : « (Indra) qui fait tenir droit ce qui se courbe (la libation) dans ce qui se courbe (la flamme du sacrifice). »

L'expression *devã́n jánma* n'est pas pour *devã́nâṃ jánma* (Grassmann, Ludwig), comme l'atteste l'exemple suivant.

I, 71, 3,

apáso yanty áchâ devã́n jánma práyasâ vardháyantîḥ

« Les eaux (et non les œuvres) vont vers les dieux (les flammes d'Agni) faisant croître leur naissance avec leur breuvage. »

Formes verbales considérées à tort par M. Ludwig comme syncopées ou contractées : — 1° *huve* pour *hûyase*.

I, 76, 4,

prajā̃vatâ vácasâ váhnir âsā̃ ca huvé

« A l'aide d'une voix qui enfante (les crépitements de la libation enflammée, mère d'Agni) le porteur (le cheval-soma) invoque (Agni) ; moi je l'invoque avec ma bouche. »

2° *ahve* pour *ahvata* (passif).

III, 56, 4,

âdityā̃nâm ahve cā̃ru nā̃ma

« J'ai invoqué l'agréable aspect des Adityas. »

3° *avije* pour *avijata*

X, 51, 6,

dûrám âyam gauró ná kšepnór avije jyā̃yâḥ

« Je me suis éloigné, j'ai reculé comme un buffle devant la corde (ou la flèche) de l'arc (du chasseur). »

4° *huvé* pour *ahuvata*.

I, 30, 9,

yám te pûrvam pitā̃ huvé

« J'invoque celui qui est ton père, qui t'a précédé. »
La construction pleine serait : *yáṣ te pitā̃ ásti. . tám huvé.*

5° *jajñe* pour *jajñiše*

Au vers VII, 28, 3. L'hypothèse est évidemment fausse : *jajñe* a le même sujet que *açiçnat* au pâda suivant, même hémistiche.

6° *île* pour *îlethe*

III, 55, 12,

ṛtásya té sádas île antáḥ

« Je verse la libation à ces deux là (le couple de la vache libation et de sa fille, la flamme) dans le siège de la libation. »

7° *duhe* pour *duhate*

I, 105, 2,

rásaṃ duhe

Rien n'empêche, étant donné surtout le voisinage de *me*, de traduire : « Je fais couler le suc (la libation) ».

8° *çobhe* pour *çobhete*

I, 120, 5,

prá yā̃ ghóṣe bhṛgavâṇe ná çóbhe
yáyâ vâcā̃, etc.

La construction est elliptique ; il faut suppléer *tâm* devant *çóbhe* et traduire : « Cette voix qui est comme dans le bruit que fait entendre le fils de Bhṛgu (Agni ou sa flamme) moi (sacrificateur) je la fais briller (en versant la libation qui la produit en s'enflammant), cette voix par laquelle, etc.

9° *siñce* pour *siñcâmahe* ou *siñcâmahâi*

I, 30, 1 et x, 101, 6. L'hypothèse est bien superflue. Rien de plus fréquent que la substitution syntactique ou significative (et non pas par suite d'une altération grammaticale) du singulier au pluriel, et réciproquement, aux premières personnes des verbes.

° *vṛñje* pour *vṛñjate*

I, 142, 5,

stṛṇânâsaḥ... barhiḥ... vṛñjé

« Ceux qui s'étendent (les liquides du sacrifice) (sont là)... je répands le *barhis* (la libation). »

11° *huve* pour *havate*.

VIII, 55, 1,

gâyantah sutásome... huvé bhâram

Même construction elliptique que plus haut: « Ceux qui chantent (sont) dans le soma qui coule... J'invoque celui qui l'emportera. »

12° *tuñje* pour *tuñjante*.

I, 7, 7,

tuñjé tuñje yá úttare stómâh

« Les chants qui sont dans chacun de ceux du haut qui poussent (s'agitent). » — La flamme d'Agni à chaque sacrifice.

13° *niname* pour *ninamanta*.

III, 56, 1,

párvatâ ninâme tasthivâñsah

« Les ruisseaux (des libations) qui se dressent dans celui qui s'incline vers le bas (Agni, sa flamme). »

Ninâme est certainement un substantif, comme l'accentuation, la construction et le sens exigé par le contexte concourent à le prouver.

14° *çrnvé* pour *çrnvate*,

I, 37, 3,

çrnva eśâm kâçâh

« J'entends leurs fouets. »

15° *vevijé* pour *vevijate*.

I, 140, 3,

vevijé asya sakšitau

« J'ai (moi sacrificateur) mis en mouvement les deux (parents) qui habitent avec lui. » = C'est-à-dire les libations sous les deux formes, dans lesquelles Agni réside.

16° *saṃjagme* pour *saṃjagmâte*.

I, 164, 8,

mâtắ pitáraṃ... sáṃ hí jagme

« La mère est venue s'unir au père. »

17° *adhijajne* pour *jajnâte*.

vâlakh. 10, 3,

çitrắmaghâ yásya yóge 'dhijajné
táṃ vâṃ huvé

« J'invoque celui de vous deux dans la copulation duquel celle qui a des dons brillants est née. »

MM. Pischel et Geldner, s'autorisant des conclusions du Mémoire de M. Roth, se sont emparés de son hypothèse et l'ont appliquée à l'interprétation de nombreux passages du *Rig-Véda*. Nous allons voir, qu'à cet égard, ils n'ont pas été mieux inspirés que leurs devanciers.

Une des principales formes dont ils ont essayé de rendre compte à l'aide de cette théorie avait déjà attiré l'attention de Bergaigne. Il s'agit de l'accusatif pluriel *nṝn*, à propos duquel l'indianiste français s'exprimait en ces termes : « Il semble que cette forme se soit souvent introduite abusivement dans le texte de certains hymnes, à la fin d'un pâda, à la suite de mots qui la précédaient ailleurs dans des formules consacrées [1]. » = Ainsi, d'après lui, *nṝn* « serait inexplicable » au vers I, 146, 4, dont le deuxième hémistiche est ainsi conçu :

siṣ́āsantaḥ páry apaçyanta sindhum
âvír ebhyo abhavat sū́ryo nṝn

[1] *Rel. véd.* I, 130, note 1.

On peut entendre pourtant : « (Les somas allumés, personnifiés au premier hémistiche) cherchant à acquérir, ont aperçu alentour de la rivière (des libations) les mâles [1] (les somas non allumés) desquels le soleil (Agni) est sorti pour se manifester. »

Il en serait de même au vers VI, 2, 11,

vîhi svastim sukšitim divó nṝn

Je n'hésite pas davantage à traduire ce passage de la manière suivante : — « (O Agni), viens à celle qui a le bien-être, une bonne demeure (la libation), (viens) aux mâles du jour (ceux qui sont au service du jour, c'est-à-dire de la lumière d'Agni, — les somas). »

Les autres passages difficiles indiqués par Bergaigne s'expliqueraient d'une manière analogue, en tenant compte du sens métaphorique du mot en question.

D'après M. Pischel (*Ved. Stud.*, p. 42), *nṝn* est « une forme écourtée pour des raisons métriques qui peut tenir lieu de *tous les cas.* »

Ainsi *nṝn* serait employé pour le datif pluriel dans les deux passages qui viennent d'être discutés, explication qui, il faut le reconnaître, simplifie singulièrement les choses.

De même, au vers v, 7, 10,

átriḥ ... dásyûn išáḥ sâsahyân nṝn

nṝn serait pour le génitif pluriel. Je traduis en conservant à ce mot sa valeur grammaticale : « Qu'Atri se rende maître des Dasyus de la libation, des mâles ; » c'est-à-dire des démons qui enchaînent la libation et des somas qui la constituent. — *Dásyûn išáḥ*, comme *diváḥ ... dásyum*, au vers I, 33, 7.

Pour M. Pischel, l'accusatif *dásyûn* serait lui-même pour un

[1] *Nṝn* est construit en apposition à *sindhum*, la rivière, (à savoir) les hommes (les mâles). — Le soma est appelé le mâle (au pluriel, les mâles) par la même raison qu'on le personnifie sous la forme d'un taureau (*vṛšan*).

génitif pluriel, ainsi que le pensait déjà M. Ludwig. Il est difficile de pousser plus loin le mépris des textes.

Nṛ́n pour le datif duel.

I, 181, 8,

vâm ... gī́s tribarhiši sádasi pinvate nṛ́n

« La voix (des libations représentées par les Açvins) fait grossir les mâles (les somas) sur le siège où sont répandues les trois libations (quotidiennes). »

D'après M. Pischel, *nṛ́n* se rapporterait ici à *vâm* qui désigne les deux Açvins et *pinvate* serait sans régime.

Nṛ́n pour le datif singulier.

VI, 39, 5.

apá. . . gā́ árvato nṛ́n ṛcáse rirîhi

« O Indra, fais couler (ou donne, à Agni[1]) pour briller (ou pour chanter) les eaux... les vaches, les chevaux, les hommes ; » — c'est-à-dire les vaches-libations, les chevaux du sacrifice, autre forme des libations (enflammées), les hommes = les mâles, c'est-à-dire les somas.

M. Pischel traduit : « donne des eaux. . . des vaches, des chevaux *à l'homme qui le loue.* »

Nṛ́n pour le génitif singulier.

IV, 21, 2,

tásyéd ihá stavatha vṛ́šṇyâni
tuvidyumnásya tuvirấdhašo nṛ́n

[1] Appelé Vasudeya « celui qui doit recevoir la libation », au premier hémistiche du même vers.

« Célébrez ici les dons de ce taureau (Indra) au vif éclat, (dons qui sont) les mâles aux puissantes largesses; » — Indra qui fait couler les libations.

M. Pischel fait rapporter tous les termes du second pâda au mot *tásya* du premier.

Prétendus datifs en *â* pour *âya*, d'après M. Pischel (*Ved. Stud.* 61-77).

Sakyā́ pour *sakyā́ya.*

x, 10, 1,

ó cit sákhâyam sakhyā́ vavṛtyâm

« Il faut que j'enveloppe l'amie (la libation) avec l'ami (Agni). »

C'est le sacrificateur qui parle : il va allumer le feu du sacrifice; *sakhyā́* ne peut être qu'un instrumental, doublet de *sákhyâ*.

Ráṇâ pour *ráṇâya*

ix, 7, 7,

sá vâyúm indram açvínâ
sâkám mádena gachati,
ráṇâ yó asya dhármabhiḥ

« Il (le Soma) va avec sa liqueur à Vâyu, à Indra, aux Açvins. Que celui qui (existe) grâce aux supports qu'il lui fournit (Agni) (le) goûte ! »

Mádâ pour *mádâya*

Vâlakh. 1, 3,

ā́ tvâ sutā́sa índavo mádâ yá indra. . . pṛṇánti

« Les somas *coulés*, les breuvages, ô Indra, qui te nourrissent. »

Ratnadhéyâ pour *ratnadhéyâya*

IV, 34, 1.

imám yajnám ratnadhéyópa yâta

« Venez à cette oblation, à ces dons. »

Dânâ pour *dânâya*

V, 52, 14,

ácha ṛšẹ mârutam gaṇám
dânâ mitrám ná yošáṇâ

« O chanteur, viens vers la troupe des Maruts, (vers) des dons, comme quand une femme vient à son ami. »

Le chanteur est le soma crépitant qui est invité à s'unir avec ses dons aux flammes d'Agni comme une femme (la libation) qui s'approche de son ami (Agni) ; cf. le dialogue de Yama et Yamî, hymne X, 10.

V, 52. 15,

...*manvâná ešâm... dânâ saceta sûribhir yâmaçrutebhiḥ...*

« Celui qui pense à eux (le Soma qui pense aux Maruts) doit unir ses dons (ses liqueurs) aux brillants à la marche bruyante (mot à mot, « entendus par leur course », — les Maruts eux-mêmes). »

V, 87, 2,

krátvâ tád vo maruto nâdhṛše çávo
dânâ mahnâ tád ešâm ádhṛšṭâso nâdrayaḥ

« L'énergie que vous tenez du fabricant (soma) est irrésistible, ô Maruts ; les dons qui leur sont offerts par le grand (soma) voilà leur énergie[1], (ce sont) comme des courants irrésistibles. »

[1] Même formule (*dânâ' mahnâ' tád ešâm*) au vers VIII, 20, 14. Il s'agit aussi des Maruts et dans les deux cas le sens est évidemment semblable.

VIII, 33, 8. — Voir ci-dessus, pages 3 et 4[1].

Krâṇā̆ pour krâṇā̆ya

Krâṇā̆ est le nominatif féminin singulier de *krâṇá* participe présent moyen de *kar* « faire » ; *krâṇā̆* est donc « celle qui fait, produit ou fabrique » et, substantivement, « la mère ».

I, 58, 3,

krâṇā̆ rudrébhir vásubhiḥ puróhitaḥ

« (Il y en a) une (la libation) qui fabrique au moyen des Rudras (les flammes d'Agni) ; (il y en) un (Agni) qui est mis en avant par les riches (libations). »

La *krâṇā̆* de ce vers correspond à la *yóšâ* du vers I, 101, 7 : *rudrébhir yóšâ tanute pṛthú jráyaḥ*, « la femme étend au moyen des Rudras le large courant (des libations) ».

V, 7, 8,

sušū̆r asū̆ta mâtā̆
krâṇā̆ yád ânaçé bhágam

« La mère qui enfante bien a enfanté quand celle qui le produit a pris possession de celui qui l'obtient en partage. »

Agni nait de la libation quand celle-ci s'est emparée de lui tout en devenant sa nourriture.

X, 61, 1,

krâṇā̆ yád asya pitarâ. . . .
páršat pakthé áhann ā̆ saptá hótṝn

« Lorsque la productrice a fait passer les deux parents de celui-là (d'Agni), — les sept sacrificateurs dans le jour (qui est) le (soma) cuit (allumé = Agni). »

[1] Toutefois j'entends maintenant ce passage un peu différemment. Le *vâraṇá*, représente le soma qui, pareil à un quadrupède (*mṛgá*), porte sa marche ou son cours (*carátha*), qui constitue des dons (*dânā̆'*) en plusieurs endroits.

« La productrice » est la libation distinguée nominalement de ses *alter ego* « les sept sacrificateurs (les sept libations) », qui sont en même temps le père et la mère du feu du sacrifice ; elle les fait passer en lui en y passant elle-même.

Pájré pour *pajréšu* [1]

I, 122, 7,

râtir gávâṃ çatấ pṛkšáyameṣu pajrê

« Un don de centaines de vaches qui sont dans le mâle (le soma) qui est dans les voies suivies par le verseur (autre nom du soma). »

Sṛ́ṇyâ pour *sṛṇyâbhiḥ* [2]

I, 58, 4,

juhū́bhiḥ sṛ́ṇyâ tuvišváṇiḥ

« (Agni) qui retentit bruyamment par l'effet de la (liqueur) coulante produite par les libations. »

Išṭé pour *išṭébhiḥ* [3]

I, 143, 8,

ádabdhebhir ádṛpitebhir išṭé
'nimišadbhiḥ pari pâhi no jấḥ

« (O Agni) prends possession de ceux venant de nous (nos dons) qui (t')engendrent au moyen de celles qui ne sont pas opprimées, qui ne sont pas étourdies, qui ne sont pas endormies et qui résident dans (la liqueur) offerte en sacrifice (les libations). »

Vakšáṇâ pour *vakšáṇâsu* [4]

V, 52, 15,

nū́ manvâná ešâṃ devấn ácha ná vakšáṇâ,
dânấ saceta sûríbhir yấmaçrutebhir añjíbhiḥ

1 *Ved. Stud.*, p. 97.
2 *Ved. Stud.*, p. 116, n. 1.
3 *Ved. Stud.*, p. 162, n. 1.
4 *Ved. Stud.*, p. 178.

« Celui qui pense à eux (aux Maruts) (qui les appelle, — le soma) est comme une nourrice qui va vers les dieux. Il unirait ses dons aux brillants, aux étincelants, dont la marche est bruyante (les Maruts ou les flammes du sacrifice). »

Saparyán pour *saparyántam*

x, 105, 4,

sácâyór indraç cárkṛša ẫn upânasáḥ saparyán

L'incertitude où l'on est sur le sens de l'ἅπαξ λεγ. *upânasáḥ* rend très problématiques toutes les explications qu'on peut donner de ce passage. Il est extrêmement vraisemblable toutefois que *saparyán* est en accord avec *indras* et qu'il faut traduire : « Indra, qui l'accompagne, a crié à l'aide de celui qui est avec Ayu (l'actif, le soma réuni à Agni et par la voix duquel Indra son *alter ego* se fait entendre) ». — On ne saurait d'ailleurs s'arrêter aux conjectures de Grassmann qui décompose *sácâyós* en *sácâ ayós* ou de M. Pischel qui lit *sácâ yós*. On n'a aucune raison sérieuse pour changer la leçon du padapaṭha.

Stavẫn pour *stavânẫya*[2]

II, 19, 5,

sá sunvatá índraḥ sûryam ẫ
devó riṇaṅ mártyâya stavẫn

« Indra a fait couler le soleil (Agni) pour celui qui coule (le soma ; — il l'a allumé) ; le dieu (le brillant, le vif) l'a fait couler pour le mort (la libation inactive) en chantant (en crépitant). »

Jẫm pour *jâmi* [3]

IX, 89, 2,

duhá îṃ pitẫ duhá îm pitúr jẫm

1 *Ved. Stud.*, p. 198.
2 Id., ibid et p. 44.
3 *Ved. Stud.*, p. 198.

« Son père (du soma = les eaux) l'a allaité; il a allaité le fils de son père. »

Mahás pour *mahásë*, *etc.*

VI, 1, 2,

mahó râyé

« Pour la richesse du grand (soma). »

VIII, 25, 24,

mahó vâjinâu árvantâ

« Les deux coursiers pourvus de nourriture du grand (soma). »

2° Leçons défectueuses du padapâṭha, d'après M. Roth .

Au vers V, 12, 6, aucune nécessité de remplacer *sá pâti* par *sapâti*[3].

yás te agne námasâ yajñám ī́ṭṭa
ṛtáṃ sá pâty arušásya vṛ́šṇaḥ

Le tour de la phrase milite au contraire en faveur de l'indication du *padapâṭha*. Je traduis : « Celui qui arrose au moyen de ce qui se courbe (le soma), ton sacrifice, ô Agni, celui-là s'empare de la liqueur que verse le verseur rouge (le soma enflammé). » — *Tásya* à l'hémistiche suivant du même vers est pour *agnéḥ*; *tásya kšáyaḥ* est la demeure d'Agni, c'est-à-dire la libation au sein de laquelle il prend naissance.

IV, 17, 2,

dyaú réjat (bhûmiḥ)

M. Roth veut qu'on lise *dyaúr éjat*, quoique, dans les deux cas, le sens soit le même, parce qu'au vers V, 59, 2, le texte porte

[1] *Véd. Stud.*, p. 268, n. 3.

[2] Dans la *Zeitschrift für vergl. Sprachforschung*, t. XXVI, p. 45 seqq. Grassmann proposait de lire *ca pâti*.

bhûmir ejati et que partout ailleurs le participe présent de *rej* ne se rencontre qu'à la forme moyenne *(réjamâna)*. Ces raisons sont loin d'être décisives.

III, 30, 5,

utãbhaye puruhûta çrávobhir
éko dṛḷhám avado vṛtrahã sán

Je traduis : « Par les cris que tu pousses, ô toi qui es l'objet de nombreuses libations, dans celui qui n'a pas de crainte (le liquide des libations qui n'hésite pas à couler, qui a été répandu), tu as fait connaître au solide (à la liqueur encore retenue) que tu es le seul destructeur de Vṛtra. »

C'est donc sans nécessité que M. Roth propose de lire *áva daḥ* « tu as fendu » et Grassmann *avadhaḥ (avadho)* « tu as frappé ».

II, 34, 2,

rudráḥ. . . vṛ́šã́jani pṛçnyâḥ çukrá ṹdhani

« Rudra (le rouge) verseur (le soma enflammé) est né dans la brillante mamelle (autre forme de la libation qui s'allume) de la Pṛçni. »

M. Roth veut que *çukrá* soit pour *çukrás* et non pour *çukré*. Le sens ne l'exige pas, l'économie de la phrase s'y oppose et l'analogie de l'expression *çukradúghasya dhenóḥ* (VI, 35, 5) vient à l'appui de l'indication du padapâṭha.

X, 68, 4,

bṛ́haspátiḥ. . . bhṹmyâ udnéva vi tvácam bibheda

« Bṛhaspati a fendu la peau (de la libation) comme avec l'eau productrice. » — Quand il fait couler les eaux que les démons sont censés retenir, elles jaillissent comme si c'étaient elles qui aient servi à percer leur enveloppe.

Si on substitue *udnáḥ iva* à *udnã́ iva*, comme le voudrait M. Roth, l'expression n'a plus de sens, car il ne s'agit pas de

« fendre » la peau de la terre *(bhûmyâḥ)*, mais bien celle de l'eau.

Viçvét

a) Pour *viçvâ it*, d'après le padapâṭha ; pour *viçvâḥ it*, selon M. Roth :

I, 92, 3,

íšaṃ váhantîḥ sukṛte . . . . . .
viçvéd áha yájamânâya sunvaté

« (Les eaux de la libation) qui apportent la nourriture au bon ouvrier.... (qui apportent) toute chose au sacrificateur qui fait couler la libation. »

II, 13, 10,

viçvéd ánu rodhanâ asya paúṅsyaṃ
dadúḥ

« Tous ceux qui l'entourent lui ont donné la force. »

b) Viçvét pour *viçvâ it* (padapâṭha), pour *viçvân it* (M. Roth) :

VIII, 19, 14,

viçvét sá. . . jánâṅ áti. . . târišat

viçvâ est le régime de *târišat*, tandis que *jánân* dépend de *áti*.

c) Viçvét pour *viçvâ it* (padapâṭha), pour *viçve it* (M. Roth) :

X, 20, 8,

náro yé ké câsmád â
viçvét té vâmá â syuḥ

Viçvâ it est probablement ici une sorte de formule qui est comme apposée à *yé ké* et en résume l'idée reprise par le corrélatif *té* : « ceux quelconques, (tout cela) ceux-là. »

Vṛšabhéva pour *vṛšabhã iva* (padapâṭha), pour *vṛšabháḥ iva* (M. Roth) :

VI, 46, 4,

bâdhase jánân vṛšabhéva

Il n'est pas impossible que *vṛšabhã* soit ici un accusatif duel régime de *bâdhase*.

Apaséva pour *apásâ iva* (padapâṭha), pour *apásaḥ iva* (M. Roth) :

VI, 67, 3,

sáṃ yãv ápnaḥsthó apaséva... yatathaḥ

Apás est probablement synonyme de *ápnas* ; c'est au moyen de l'apás *(apásâ)* que celui qui est debout dans l'*ápnas* pousse, met en mouvement, etc.

Çandréva, dvãreva pour *candrã iva dvãrâ iva* (padapâṭha), — *çandrám iva, dvãram iva* (M. Roth) :

III, 61, 7,

mahĩ mitrásya váruṇasya mâyã
candréva bhânúṃ vi dadhe purutrã

« La grande production de Mitra et de Varuṇa a donné de l'éclat dans différentes directions (ou à différentes reprises), comme les brillants (le feux d'Agni) (ou la brillante, — sa flamme). »

VIII, 5, 21,

íšaḥ... ápa dvãreva váršathaḥ

« Vous avez fait couler les libations comme par une porte. »

Kévaléndraḥ pour *kévalâ indraḥ* (padapâṭha), pour *kévalâm indraḥ* (M. Roth) :

IV, 25, 6,

súšveḥ páktiṃ kṛṇute kévaléndraḥ

Le rôle exact de *kévalâ* dans ce passage est difficile à déterminer, mais la conjecture de M. Roth ne s'impose pas.

Padãpuḥ pour *padã apuḥ* (padapâṭha), pour *padâḥ apuḥ* (M. Roth) :

I, 164, 7,

çîršṇáḥ kšîráṃ duhrate gãvo asya
vavrìṃ vásâna udakám padãpuḥ

« Les vaches traient le lait de sa tête ; ayant revêtu celui qui enveloppe, elles boivent l'eau par le pied (séries de paradoxes). »

Vaṅkutárâdhi pour *vaṅkutárâ ádhi* (padapâṭha), — pour *vaṅkutáraḥ ádhi* (M. Roth) :

I, 51, 11,

índro vaṅkũ vaṅkutárãdhi tišṭhati

« Indra se tient debout sur les rapides, sur les très rapides. »

Çriyãdhi pour *çriyã ádhi* (padapâṭha), pour *çriyáḥ ádhi* (M. Roth) :

V, 61, 12,

yéšâṃ çriyãdhi ródasî vibhrãjante
ráthesv ã

« Par l'éclat desquels (des Maruts) les deux brillants (la libation sous ses deux formes) resplendissent sur (leurs) chars. »

Les prétendues erreurs analogues du padapâṭha signalées par M. Oldenberg (*Die Hymnen des Rigveda*, p. 385) ne sont pas plus réelles que celles qu'a cru découvrir M. Roth. Ainsi au vers I, 70, 1,

vanéma pûrvîr aryó manîšã
agníḥ suçóko viçvâny açyâḥ

manîšâ est bien un instrumental singulier, et non pas un accusatif pluriel. Il faut traduire en conséquence : « Puissions-nous procurer (produire) les nombreuses (libations) au moyen de la volonté de l'actif (le soma) ; qu'Agni bien enflammé obtienne ceux qui sont tout (les somas) ».

De même au vers I, 87, 4, il faut traduire

sà hi svasṛ̇t pṛ̇šadaçvo yúvâ ganò
'yẫ îçânàs tàvišîbhir ẫvṛtaḥ

« Voilà cette jeune troupe qui se meut de son propre mouvement, qui a pour cheval le verseur (soma) ; elle est puissante grâce à celle-là (la libation), elle est entourée par les forces (les libations qui procurent la force). — *Ayẫ* n'est donc pas pour *ayẫs*, mais ce pronom est employé ici comme au vers III, 12, 2 : *ayẫ pâtam imàm sutàm*, « qu'ils s'emparent du soma qui coule au moyen de celle-là (la libation) ».

3° Corrections au texte du Rig-Véda

a) Proposées par M. Roth, dans l'article précité :

VII, 37, 3,

nà sûnṛ̇tâ ni yàmate vasavyẫ

« La libation riche en biens ne se bride pas (ou ne retient pas ses richesses). »

M. Roth propose de lire *yamete* au lieu de *yamate*.

III, 54, 8,

éjad dhruvàm patyate viçvam ékam

« Le solide qui s'agite, maîtrise (ou épouse) le tout qui est un. » — Paradoxes qui reviennent à dire que le soma a coulé et qu'il s'est uni à Agni.

M. Roth propose de lire *pathyete* au lieu de *patyate*.

IV, 20, 6,

ãdartâ vájram sthávirạm ná bhîmá
udnéva kóçam vásunâ nyr̥̀ṣṭạm

« Il fend le *koça* comme avec l'eau (de la libation)[1]... arrosé par la richesse (le soma)... comme un vajra solide. »

La comparaison porte seulement sur le fait que le koça et le vajra sont arrosés l'un et l'autre par les eaux de la libation après que Vṛtra a succombé sous les coups d'Indra. A l'expression *vásunâ nyr̥̀ṣṭam* (IV, 20, 6; X, 42, 2), cf. *madacyút* épithète du vajra au vers VIII, 85, 5.

D'après M. Roth *vájram* serait ici pour *vrajám*.

II, 39, 3,

yâtaṃ rathyèva çakrâ

« O forts, allez comme si vous étiez sur des chars. »

D'après M. Roth, *çakrâ* serait ici pour *cakrã*.

II, 34, 2,

dyutayanta vṛṣṭáyaḥ

« Les pluies (les eaux du sacrifice) lancent des éclairs (s'allument). »

D'après M. Roth, *vṛṣṭáyaḥ* serait ici pour *r̥ṣṭáyaḥ*.

III, 38, 9,

gopãjihvasya tasthúṣaḥ

« (Agni) qui se tient debout, lui dont la langue boit (le lait de) la vache (=libation). »

D'après M. Roth, *gopãjihvasya* n'aurait pas de sens et serait pour *gopã jihmásya*.

[1] Cf. ci-dessus, vers X, 68, 4, p. 235-236. — Le koça est l'enveloppe qui est censée contenir la libation.

III, 1, 12,

didṛkšéyaḥ sûnáve

« (Le soma) visible pour (son) fils (Agni). »

D'après M. Roth, *sûnáve* serait ici pour *sunve.*

b) Corrections proposées par Grassmann [1].

I, 8, 3,

vájram ghanā́ dadîmahi

« Donnons (à Indra) le vajra, les armes avec lesquelles il tue (le serpent). » — C'est-à-dire versons les libations qui les lui donneront, et non pas recevons de lui le vajra, etc., qui n'est pas à l'usage des hommes.

Grassmann proposait de lire *ghanám* au lieu de *ghanā́.*

I, 15, 7,

draviṇodā́ dráviṇaso grā́vahastâsaḥ... devám îḷate

« Ceux qui donnent les liqueurs, ceux qui les ont en main (les somas) offrent la libation au dieu (à Agni). »

Grassmann proposait de lire *draviṇodám*, au lieu de *draviṇodā́.*

I, 32, 8,

máno rúhâṇâ áti yanty ā́paḥ

« Les eaux de la libation (délivrées de l'étreinte du serpent) vont au delà (jaillissent) en montant sur (se dirigeant vers) la pensée (représentée par le soma, — qu'elles pourront exprimer par leurs crépitements une fois unies à Agni). »

Grassmann proposait de prendre *mánaḥ* dans le sens de *mánasâ.*

1 Je prends les dix premières de quelque importance qui figurent aux *Anmerkungen* du 2e volume de sa traduction du RV.

I, 34, 1,

yuvòr hi yantràm himyéva vãsasah

« Le char qui vous conduit (ô Açvins) est comme les choses humides d'un vêtement ; » — c'est-à-dire comme un vêtement d'eau ou issu de l'eau qui vous couvrirait ; en d'autres termes, le soma allumé vous sert de char et de vêtement. Cf. *samudrá-vâsas*, épithète d'Agni aux vers VIII, 91, 4 et 5.

Grassmann proposait de lire *vâsah* au lieu de *vãsasah*.

I, 43, 8,

mã nah somaparibãdho
mãratayo juhuranta

« Qu'il n'y ait pas d'oppresseurs du soma venant de nous ; que les absences de dons venant de nous n'entravent pas (les libations). »

Grassmann proposait de lire *soma paribãdhah*, au lieu de *somaparibãdhah*.

I, 48, 6,

padám ná vety ódatî

« Elle coule (ou marche) sans prendre son pied (avec elle). » — Il s'agit de l'aurore, personnification de la libation enflammée qui développe ses flammes sans emporter son pied, sa base, c'est-à-dire la libation non allumée qui est son point de départ.

Grassmann proposait de lire *varti* au lieu de *veti*.

I, 60, 3,

tám návyasî hrdá ã jãyamãnam
asmát sukîrtir mádhujihvam açyâh

« Que cette nouvelle (libation) à la belle voix qui vient de nous arrive à celui né du cœur (sorti du sein — de la libation) dont la langue est dans le doux (soma) ; » — c'est-à-dire qu'elle arrive à Agni.

Grassmann proposait de lire *jãyamânâ* au lieu de *jãyamânam.*

I, 66, 8,

yamó ha jâtáḥ

« Le jumeau du soma est celui qui est né (Agni). » (Ou son jumeau (d'Agni) est né ; c'est-à-dire le soma s'est transformé en Agni).

Grassmann proposait de lire *jâtám*, au lieu de *jâtáḥ.*

I, 82, 2,

ákšann ámîmadanta hy áva priyã adhûšata... viprâḥ.

« Les agités (les flammes d'Agni), amis (des libations) les ont mangées, les ont bues, sont descendus (vers elles). »

Grassmann proposait de considérer *priyâ(ḥ)* comme un neutre pluriel.

I, 91, 19,

yã te dhãmâni havišâ yájanti
tã te viçvâ paribhũr astu yajnám

« Tes établissements (ô soma) qui sacrifient au moyen de la libation, ceux-là tous qui sont le sacrifice, qu' (Agni) les enveloppe. » — *Yajnám* apposé à *tã viçvâ* est en parallélisme parfait avec *yã... yájanti.*

Grassmann proposait de lire *yajnáḥ*, au lieu de *yajnám.*

c) Corrections proposées par M. Ludwig [1] :

I, 9, 4,

ásṛgram indra te giraḥ práti tvãm.. ájošâḥ

[1] Je relève les dix premières de quelque importance prises parmi celles dont il a donné la liste au tome VI, p. 90 seqq. de son grand ouvrage.

« Les voix (de la libation = la libation elle-même) ont coulé vers toi, ô Indra, elles qui n'ont pas la jouissance. » — C'est Indra qui l'a.

M. Ludwig propose de lire *sajóšâḥ* pour *ájošâḥ*.

I, 23, 8,

márudgaṇâ dévâsaḥ pûšarâtayaḥ

« Les dieux qui forment la troupe des Maruts, qui ont les dons de *Pûšân* (de Soma en tant que nourricier d'Agni). »

M. Ludwig propose de lire *çûšarâtayaḥ*, au lieu de *pûšarâtayaḥ*.

I, 25, 15,

utá yó mânušešv â yáçaç cakré. . .
asmâkam udárešv â

« (Varuṇa) lui qui a fait la lumière (ou le chant) dans les libations. . . dans nos ventres, » — c'est-à-dire dans les libations qui sont comme ses ventres et qui viennent des sacrificateurs.

M. Ludwig propose de lire *dúryešu* au lieu de *udárešu*.

I, 26, 9,

áthâ na ubháyešâm
ámṛta mártyânâm,
mithâḥ santu práçastayaḥ

« Puis, ô (Agni) vivant, qu'aient lieu les chants réciproques de nos deux sortes de morts ; » — c'est-à-dire que nos libations sous leurs deux formes (mortes et vivantes, mais appelées ici les unes et les autres les mortes) crépitent entre elles, que celles-ci allument celles-là. Cf. I, 60, 2.

M. Ludwig propose de lire *amṛtamartyânâm*, au lieu de *ámṛta mártyânâm*.

I, 30, 11,

asmâkam. . . sómapâḥ somapâvnâm

« Indra buveur de soma de nos buveurs de soma ; » — c'est-à-dire buveur du soma de nos libations. »

M. Ludwig propose de lire *sómapâ asomapâvnâm*, au lieu de *sómapâḥ somapẫvnâm*.

I, 36, 1,

yahvâm purûṇẫṃ viçẫṃ devayatî̃nâm agnim

« Agni, le fils des demeures nombreuses destinées aux dieux ; » — c'est-à-dire des libations.

M. Ludwig propose de lire *Pûrûṇâm* (prétendu nom de peuple) au lieu de *purûṇẫm*.

I, 37, 10,

tyé sûnávo giraḥ

« (Les Maruts) ces fils de la voix (des libations) ; » — c'est-à-dire des libations crépitantes.

M. Ludwig propose de lire *giriaḥ* ou *giréḥ*, au lieu de *giraḥ*.

I, 52, 10,

vṛtrásya yád badbadhânásya rodasî . . . ábhinac chíraḥ

« Lorsque, ô rodasî, il (Indra) a fendu la tête de Vṛtra s'efforçant de comprimer (les eaux de la libation). »

M. Ludwig propose de lire *ródasî*, au lieu de *rodasî*.

I, 57, 2,

yát párvate ná samáçîta. . . indrasya vájraḥ

« Lorsque le vajra d'Indra s'est aiguisé (ou allumé) comme dans un courant (dans le liquide des libations). »

M. Ludwig propose de lire *párvatena samáçîta*, au lieu de *párvate ná samáçîta*.

I, 61, 7,

asyéd u mâtúḥ sávaneṣu sadyó
maháḥ pitúm papivân. . .

« (Indra) après avoir bu sur le champ dans les coulées le breuvage de ce grand (soma) (qui est) sa mère. »

M. Ludwig propose de lire *bhrâtuḥ*, au lieu de *(asyéd u) mâtúḥ*.

4° Cas de la déclinaison soi-disant employés pour d'autres[1].

a) D'après M. Ludwig[2] :

Locatif pour le datif

I, 5, 4,

yásya saṃsthé ná vṛṇvâte
hárî samátsu çátravaḥ,
tásmâ indrâya gâyata

« Chantez pour cet Indra, lui dont les ennemis n'enveloppent pas les deux chevaux qui sont dans les libations quand il est dans son compagnon (le soma) ». — Les deux chevaux d'Indra *(hárî)* sont les libations sous les deux formes, qui naturellement sont dans les libations ou s'identifient avec elles. Leurs ennemis[3] ne sauraient les retenir, les empêcher de couler ou de courir quand Indra est dans son compagnon *(saṃsthé)*, le soma. — Pour M. Ludwig, *saṃsthé* aurait le sens de *saṃsthâya*.

I, 8, 6,

samohé vâ yá âçata náras tokásya sánitau

« Les mâles (somas) qui sont arrivés dans la réunion (qui se sont réunis) dans l'acquisition d'un fils (dans le fils qu'ils ont acquis, dans Agni). »

1 L'interprétation de tous les textes qui vont suivre a pour but de montrer que les substitutions proposées sont inutiles ou donneraient lieu à des contre sens.

2 Voir la liste des références au tome VI, p. 257 et 258 de son grand ouvrage.

3 Le sens étymologique de *çátru* est probablement « celui qui couvre, enveloppe; » cf. rac. *çat* et le sens étymologique de *ripú*.

I, 85, 5,

vâje ádrim maruto ranháyantaḥ

« O Maruts, vous qui faites couler la libation dans la nourriture » ; — c'est-à-dire, qui faites couler la libation nourrissante. — M. Ludwig attribue à *vâje* le sens de *vâjâya*.

I, 94, 15,

yásmai tvám sudraviṇo dádâço
'nâgâstvám adite sarvátâtâ

« Celui auquel, ô Agni, toi qui as de bonnes libations, toi qui es sans liens, tu as donné l'absence de liens dans sa totalité. » — M. Ludwig donne à *sarvátâtâ* le sens d'un datif.

I, 119, 2,

dhîtiḥ. . . ádhâyi çásman

« La prière a été placée dans le chant (dans la libation qui crépite ou chante). » — Pour M. Ludwig, *çásman* a le sens d'un datif.

Datif pour le locatif

I, 54, 11,

rákšâ ca no maghónaḥ pâhi sûrîn
râyé ca naḥ svapatyâ išé dhâḥ

« (O Indra), saisis nos dons, empare-toi des brillants (somas); établis (ces choses qui viennent) de nous pour la richesse, pour la bonne postérité (qu'elles produisent Agni), pour la libation ; » — c'est-à-dire qu'elles enrichissent, engendrent, nourrissent Agni. — M. Ludwig remplace pour le sens les datifs par des locatifs.

III, 6, 3,

dyaúç ca tvâ pṛthivî. . .
ni hótâraṃ sâdayante dámâya

« (O Agni), le jour et la large t'ont établi en qualité de verseur (des libations) pour (leur faire) une demeure. » — M. Ludwig attribue à *dámâya* le sens d'un locatif.

Locatif et instrumental employés l'un auprès de l'autre dans le même sens.

I, 5, 3,

sá ghâ no yóga ā bhuvat
sá râyé sá puraṃdhyâm

« Qu'il (Indra) soit dans notre attelage (celui que forment nos offrandes) ; qu'il (y) soit pour (sa) richesse ; qu'il (y) soit dans la libation. »

Explication semblable pour *râyé* au vers I, 10, 6.

I, 31 7,

tvám tám agne amṛtatvá uttamé
mártaṃ dadhâsi crávase divé dive

« O Agni, tu places ce mort (soma) dans le fait de n'être pas mort, dans la (partie) supérieure (dans la flamme du sacrifice), tu (le places) pour crier (pour crépiter), pour chaque jour (c'est-à-dire pour chaque Agni, chaque fois qu'a lieu le sacrifice). »

I, 9, 2,

ém enaṃ sṛjatâ suté
mandim indrâya mandine

« Faites couler cette liqueur (enivrante) dans le *coulé*, pour Indra qui s'en enivre. » — Distinction purement nominale entre le soma *mandi* et le *sutá*.

I, 116, 13,

ájohavîn nâsatyâ. . . vâm mahé
yâman. . . púraṃdhiḥ

« O Açvins, la libation vous a appelés dans le chemin (ou dans le char) pour le grand (soma) ; » — c'est-à-dire pour aller à lui.

IV, 16, 11,

kavir yád áhan pâryâya bhūṣât

« Lorsque le sage (soma) s'est agité dans le jour (Agni) pour l'enveloppe; » — pour l'envelopper.

Locatif et instrumental employés l'un pour l'autre.

I, 181, 8,

gór ná séke mánušo daçasyán

« Le Soma qui fait un don dans l'émission comme (dans la traite) d'une vache. » — La libation versée est un don dans lequel se trouve le soma, — qu'il constitue.

III, 55, 13,

káyâ bhuvã́ ni dadhe dhenúr ū́dhaḥ

« Au moyen de quelle productrice la vache a-t-elle établi sa mamelle ? » — La libation est comme la mamelle de la vache qui la personnifie.

IV, 26, 7,

púraṃdhir ajahâd árâtîr máde sómasya

« La libation (qui est) dans la liqueur du soma a laissé derrière elle les absences de libations. »

V, 25, 6,

agnír dadâti sátpatiṃ
sâsã́ha yó yudhã́ nṛ́bhiḥ

« Agni donne le maître de ce qui est[1] (c'est-à-dire s'établit tel), lui qui a pris des forces au moyen du guerrier, au moyen des mâles (le soma, au singulier et au pluriel.) »

I, 22, 4,

ráthena gáchathaḥ

« Vous allez, ô Açvins, par (le moyen d') un char. »

[1] L'être ou lui-même en tant que manifesté, par opposition à l'*ásat*, Agni avant sa naissance.

Locatif et instrumental en accord mutuel.

I, 47, 3 (cf. vers 6)

vásu bibhratâ ráthe. . . úpa gachatam

« Approchez-vous (placés) sur un char (qui se meut) au moyen de ce qui apporte la richesse (le soma). »

I, 155, 1,

yā̃ sā̃nuni párvatânâm. . . tasthátur árvateva sâdhúnâ

« Ceux qui se sont tenus bon sur les courants des libations, comme s'ils étaient (portés) par un bon cheval. »

I, 164, 8,

dhîty ágre mā̃nasâ

« Par une prière, par une pensée (allusion aux crépitements) qui est au sommet (ou dans la pointe — du feu du sacrifice). »

VIII, 26, 23,

váhasva maháḥ pṛthupákšasâ ráthe

« Arrive sur le char du grand (soma) au moyen de celui qui a de larges ailes (Agni). »

b) D'après MM. Pischel et Geldner

Génitif pour le datif et l'instrumental[1]

I, 117, 11,

sûnór mā̃nenâçvinâ gṛnânā̃

« O Açvins, vous qui êtes chantés (appelés) par la construction du fils (par les flammes d'Agni, fils du soma). »

[1] *Ved. Stud.*, p. 283, n. 1.

v, 59, 8,

ãcucyavur divyàṃ kòçam elà
ṛše rudràsya màrùto gṛṇânãḥ

« Ces Maruts, ô chanteur, étant appelés ont fait couler le brillant réservoir de Rudra (= soma). »

Instrumental pluriel adverbial[1]

I. 3, 10 et vi, 61, 4,

naḥ sàrasvatî vãjebhir vâjinîvatî

« La libation qui est pourvue de nourriture par nos nourritures ; » — celles qu'elle tient de nous.

vi, 45, 29,

purûnãṃ stotṛṇãm. . vãjebhir vâjayatãm

« Des chanteuses nombreuses (les libations) qui nourrissent par leurs nourritures. »

vii, 57, 5,

prà vãjebhis tirata pušyàse naḥ

« Traversez (avancez) pour grandir, ô Maruts, au moyen de nos nourritures. »

viii, 19, 18,

vãjebhir jigyur mahàd dhànam

« Qu'ils s'emparent de la grande oblation au moyen des nourritures ; » — en prenant les libations qui la constituent.

viii, 46, 11,

dhiyo vãjebhir àvitha

« (O Indra), tu as favorisé nos prières (nos libations qui crépitent) par des nourritures. »

1 *Ved. Stud.*, p. 11, n. 1.

IX, 18, 6,

pári yó ródasî ubhé
sadyó vâjebhir áršati

« (Le soma) qui coule toujours au moyen des nourritures (qui en sont l'essence) autour des deux brillants (les libations sous leurs deux formes). »

IV, 22, 3; cf. VI, 32, 4,

yó devó devátamo jâyamâno
mahó vâjebhir mahádbhiç ca çúšmaiḥ

« Le dieu qui est devenu tout à fait dieu par les grandes et ardentes nourritures du grand (soma). »

I, 64, 5,

vidyútas távišîbhir ákrata

« (Les Maruts) ont fait des éclairs (les flammes d'Agni) avec les rapides (les libations). »

VI, 17, 1.

ví yáḥ. . vádhišaḥ. . . víçvâ. . amítriyâ çávobhiḥ

« (Indra) qui a détruit toutes les choses hostiles au moyen des forts (les somas). »

Vâlakh. 5, 6,

prá sû tirâ çácîbhiḥ

« Traverse au moyen des puissantes. »

Pakthé aux vers X, 61, 1 et *Vâlakh.* 1, 10, n'est pas un locatif employé dans le sens d'un datif. Le mot est un des noms du soma « le chaud » ou « le cuit » et s'explique très bien au locatif en tenant compte de ce sens dans les deux passages où il figure.

Locatif dans le sens de l'instrumental[1].

IX, 71, 5,

sám î ráthaṃ ná bhurijor ahešata
dáça svásâro áditer upástha â

« Les dix sœurs (les libations) qui sont dans le sein d'Aditi l'ont mis en mouvement, comme le char des deux agités (probablement des libations sous leurs deux formes). »

IX, 20, 6 ; 36, 4 ; 64, 5 ; 65, 6,

mṛjyámâno gábhastyoḥ

« Rendu brillant dans les deux *gabhastis*[2]. »

I, 135, 9,

sûryasyeva raçmáyo durniyántavo hástayoḥ

« Les rayons de leurs deux mains (des libations dont les deux formes sont pareilles à des mains), comme ceux du soleil (Agni), sont difficiles à tenir. »

VI, 46, 14,

gṛbhîtấ bâhvór gávi

« Pris dans les deux bras qui sont dans la vache ; » = même explication pour ces deux bras que pour les deux gabhastis et les deux mains des passages précédents.

Génitif pour le nominatif[3]

Vés serait pour *vis* dans les passages suivants :

1 *Ved. Stud.*, p. 240-241.

2 Ce mot, comme la plupart des duels védiques, désigne sans doute métaphoriquement les deux formes de la libation.

3 *Ved. Studien*, p. 60-61 ; cf. *Sk.-Wörterb.* de MM. Roth et Böhtlingk et *Wörterb. zum RV.* de Grassmann au mot *vis.*

I, 173, 1,

gâyat sâma nabhanyàm yàthâ vèḥ

« Le chant qui vient des eaux de la libation a chanté comme (s'il venait) d'un oiseau (ou comme celui d'un oiseau.) »

III, 54, 6,

cakrâte sàdanam yàthâ vèḥ

« (Le couple *dyâvâpṛthivî)* a pris son assise comme celle d'un oiseau (il s'est posé comme un oiseau). »

VI, 3, 5,

yàḥ. . vèr nà drušàdvâ raghupàtmajaṅhâḥ

« Lui dont la course produite par ses ailes rapides se repose sur un arbre comme (celle) d'un oiseau. »

IX, 72, 5, cf. III, 54, 6,

vèr nà drušàc. . . âsadad dhàriḥ

« Le brillant (soma) s'est assis comme (l'assise) d'un oiseau qui s'assoie (l'assise) sur un arbre. »

X, 33, 2,

jàsur vèr nà vevîyate matiḥ

« La pensée (le soma prêt à crépiter) s'est agitée comme le lieu de repos d'un oiseau (quand il s'envole). »

âpés pour *âpis*.

X, 83, 6,

bodhy âpéḥ. — « Éveille (ton) ami. »

Dans tous les passages qui suivent MM. Max Müller[1], Roth, Grassmann[2], etc., considèrent à tort *sthâtùs* comme un nominatif.

[1] *Vedic Hymns*, préface, p. 72 seqq.

[2] *Sanskrit-Wörterbuch*, *Wörterbuch zum Rig-Veda*, etc., au mot *sthâtṛ'*.

I, 70, 7,

várdhân yám pûrvîḥ kšapó virûpâḥ
sthâtúç ca rátham[1] ṛtápravîtam

« Lui (Agni) et le char mis en mouvement par le soma de celui qui ne bouge pas[2], — puissent l'accroître les nuits nombreuses de différentes couleurs[3] ! »

I, 58, 5,

abhivrájann ákšitam pâjasâ rájaḥ
sthâtúç carátham bhayate patatréṇaḥ

« Allant au moyen de son éclat, vers l'obscurité qui n'est pas absente le mouvement (ou la marche) de celui qui ne bouge pas et qui a des ailes (Agni) éprouve un tressaillement. »

I, 68, 1,

sthâtúç carátham aktûn vy ûrṇot

« Le mouvement de celui qui ne bouge pas (Agni) a déroulé des flammes. »

Je crois inutile d'insister sur le paradoxe dans le style habituel des poètes védiques qui caractérise dans ces différents passages les expressions *sthâtúḥ. . rátham* et *sthâtúç carátham.*

[1] M. Max Müller propose sans nécessité de remplacer *ca rátham* par *carátham.*

[2] Celui qui ne bouge pas est encore Agni dont le char de flammes qui s'agitent est mis en antithèse avec lui.

[3] Ces nuits sont les libations non allumées (et allumées, — de là la diversité de leurs couleurs).

CHAPITRE VI

L'ORIGINE MÉTAPHORIQUE DU MYTHE DE L'AURORE

L'argument le plus spécieux qu'on puisse faire valoir en faveur des hypothèses naturalistes à l'aide desquelles on a tenté d'expliquer le *Rig-Véda* repose sur le fait qu'un grand nombre d'hymnes sont adressés à des personnifications des phénomènes de la nature, comme le soleil, l'aurore, etc. Mieux encore, les hymnes en question décrivent les divinités de ce genre sous des traits dont la plupart semblent convenir à l'aspect que le nom dont elles sont revêtues laisse attendre. Mais si, se plaçant au point de vue des invraisemblances qui surgissent de toute part quand l'on prend au propre la signification du nom et le caractère des détails qui concernent ces divinités, on essaie de les interpréter comme figurés ou métaphoriques, on ne tarde pas à voir qu'à l'aide de cette méthode l'illusion verbale se dissipe sans peine et que la véritable explication apparaît à la faveur de l'hypothèse d'après laquelle, ici comme dans les autres hymnes du même recueil, il doit être exclusivement question du sacrifice et du jeu des éléments qui le constituent.

C'est le mode d'exégèse que je me propose d'employer à propos des deux hymnes à l'aurore, *Rig-Véda*, I, 123 et 124. Sans méconnaître que les auteurs de ces hymnes, par un procédé de rhétorique qui est fréquent déjà dans cette littérature primitive, se sont efforcés de parsemer leurs œuvres de traits qui conviennent à l'aurore réelle, je compte démontrer que la seule signification continue et logiquement satisfaisante qui leur soit applicable résulte de la transposition ou de la transcription des prétendues données naturalistes en formules liturgiques ou, plus précisément encore, en descriptions de l'œuvre du sacrifice envisagé surtout dans les rapports de Soma et d'Agni.

Le premier de ces hymnes a été traduit par Bergaigne (*Rel. Véd.*, III, 283-318) qui en a fait l'objet d'une illustration particulière de sa méthode. A mon tour et à une époque où j'étais encore imbu des explications naturalistes, j'ai donné dans la *Revue de l'Histoire des Religions*, t. XXI, p. 63-96, une interprétation du même hymne en m'efforçant toutefois de trouver les détails réels sous la phraséologie du texte. De cette interprétation peu de chose restera dans celle-ci. Je tiens pourtant à constater à propos de ce premier essai de ma part d'explication indépendante des textes du *Rig*, que c'est en persévérant dans l'idée que les poètes védiques s'inspiraient de réalités que je suis parvenu, je le crois du moins, à découvrir le vrai sens de leurs œuvres.

Hymne I, 123

1

pṛthū́ rátho dákšiṇâyâ ayojy
áinaṃ devā́so amṛ́tâso asthuḥ,
kṛšṇā́d úd asthâd aryā́ viháyâç
cikitsántî mā́nušâya kšáyâya

« Le large char de l'oblation a été attelé ; les dieux non-morts (actifs) l'ont monté. L'active, l'alerte, s'est élevée au-dessus du noir dont elle sort dans le désir qu'elle a de briller pour la demeure du *mánus*. »

1er pâda. — D'après Bergaigne (*Rel. véd.*, I, 127 seqq. et III, 283 seqq.) le mot *dákšiṇâ* désigne exclusivement dans le RV.

« le salaire du sacrifice. » Qu'il me suffise, pour montrer son erreur, de traduire après lui le vers I, 125, 6, dont voici le texte :

dákšiṇâvatâm id imã́ni citrã́
dákšiṇâvatâṃ divi sṹryâsaḥ,
dákšiṇâvanto amṛ́tam bhajante
dákšiṇâvantaḥ pra tiranta ã́yuḥ

Il interprète, sans tenir compte du fait que *dákšiṇâvant* signifie « qui possède, qui a reçu la *dákšiṇâ* », et non pas « qui la donne : » — « Ces splendeurs appartiennent à ceux qui donnent la *dákšiṇâ;* à ceux qui donnent la *dákšiṇâ* appartiennent les soleils dans le ciel ; ceux qui donnent la *dákšiṇâ* ont en partage l'immortalité ; ceux qui donnent la *dakšiṇâ* prolongent leur vie. »

Le vrai sens que voici est tout différent : « Ces (feux) brillants sont à ceux qui ont reçu la libation (les flammes du sacrifice) ; les soleils qui sont dans le jour (ces mêmes flammes) sont à ceux, etc. ; ceux qui ont reçu la libation jouissent de (boivent) l'actif (le soma) ; ceux qui ont reçu la libation font traverser (poussent en avant) la vigueur (le soma auquel les flammes d'Agni doivent leur énergie [1]). »

2. — Le large char de l'oblation ou de la libation est le courant même de ses eaux enflammées sur lequel les dieux, ou les flammes d'Agni, sont montés ou s'élèvent.

3. — Le mot *aryã́* que Bergaigne corrigeait en *arya ã́* est probablement un dérivé de *ari* « actif » ; l'*aryã́* est la libation considérée comme active ou en rapport avec l'actif *(ari = sóma). Vihâyâs*, autre épithète de la libation, employée substantivement, signifie soit « la brillante », d'après les raisons que j'ai fait valoir autrefois en faveur de cette hypothèse, soit et plutôt l' « alerte », comme le pensait Bergaigne. — Le « noir » dont sort la libation qu'on allume n'est pas autre chose que l'obscurité

[1] Pour les raisons étymologiques qui appuient les sens d'oblation attribué par moi au mot *dáškiṇâ*, voir *Rev. de l'Hist. des Rel.*, article cité.

antérieure où se trouvait celle-ci. — Bergaigne, en se fondant sur la correction précitée, traduisait : « La (déesse) alerte est sortie du séjour du noir avare », c'est-à-dire « du démon de la nuit ».

4. — La demeure du *mánus*, que la libation se propose d'éclairer, est l'édifice des flammes d'Agni où réside le mânus = soma (voir ci-dessus p. 150, et sur le sens de *cikitšantî*, *Rev. de l'hist. des Rel.*, art. cit.). — Bergaigne qui prenait *mā̆nuša* dans le sens d' « homme » a traduit : « Frayant la voie à la race humaine. »

2

pū̆rvâ viçvasmâd bhúvanâd abodhi
jáyantî vā̆jam bṛhatī̆ sánutrî,
uccā̆ vy ákhyad yuvatíḥ punarbhū̆r
óšā̆ agán prathamā̆ pûrváhûtau

« Elle s'est réveillée (ou allumée) en avant (au-dessus) de tout le fécondant (soma), s'emparant de la nourriture, haute, conquérante (de la nourriture). La jeune qui renaît a éclairé les parties supérieures (des libations), l'Aurore est venue (est là), (elle qui est) la première (c'est-à-dire en avant, au-dessus) dans la libation qui a été versée d'abord (ou plutôt, à la partie supérieure de la libation.) »

1. — Bergaigne : « Elle s'est éveillée avant tout le monde. » — *Bhúvana*, conformément à l'étymologie, signifie « le producteur », ou « la libation productrice », et non pas, selon l'explication courante, « le monde ». Je fonde mon interprétation surtout sur les deux passages suivants : II, 3, 3, *agne... devā̆n yakši mā̆nušât pū̆rvo adyá* ; « ô Agni, étant en avant du soma dont tu sors, transmets aujourd'hui (la libation) aux dieux (à tes flammes) ; » — VII, 76, 1, *âvir akar bhúvanam viçvam ušā̆ḥ*, l'Aurore a rendu brillant tout le producteur[1]. »

[1] Les premiers pâdas de ce vers ne laissent aucun doute sur le sens métaphorique qu'il convient d'attacher au mot *ušás*.

2. — Les poètes védiques ne parlent que de choses réelles ; le fait d'attribuer à l'Aurore la conquête de la nourriture est un sûr indice que le mot *uṣâs* est pris au figuré et qu'il s'agit des feux du sacrifice s'emparant de la libation. — Bergaigne rend le mot *vâja* qu'il se reconnaît, comme ses devanciers, incapable de préciser, par « le terme vague de trésors ». — Loin d'avoir un sens vague, ce mot désigne *toujours* la nourriture fortifiante du sacrifice [1].

3. — Bergaigne : « Elle a ouvert les yeux là haut, la jeune fille, etc. » — *Uccâ* n'est pas un adverbe signifiant « en haut », comme tout le monde l'a répété à la suite des Hindous, mais bien l'accusatif pluriel neutre de *uccà* dont on trouve l'instrumental pluriel *uccais* au vers v, 32, 6. Ici, *uccâ* est le régime direct de *vi akhyat*, qui en requiert un. D'ailleurs le sens de ce verbe n'est pas « voir », mais « éclairer ». Il correspond ici à *âviḥ kar* du vers vii, 76, 1. Cf. aussi ix, 101, 7, *pátir viç-vasya bhûmano vy àkhyad ródasî ubhé*. « Le maître de tout le fécondant (le soma *punânà* personnifié) a éclairé les deux brillants (les libations sous leurs deux formes). »

4. — Bergaigne : « L'aurore est arrivée la première au sacrifice du matin. » — Je construis au contraire *pûrvàhûtau* directement avec *uṣâs* ; le verbe *â. . agan* est employé sans complément, comme au vers i, 1, 5, etc. Quant à *prathamâ*, je n'y vois pas un attribut eu égard à *agan*, mais un adjectif ayant pour but de marquer la position de l'aurore relativement à la *pûrvàhûti* (cf. vi, 64, 5) qui lui sert pour ainsi dire de base et d'où elle s'élève vers le ciel. On ne saurait trop redire que dans le sanscrit védique les cas de la déclinaison ont encore toute la valeur significative dont ils sont susceptibles.

[1] Voir *Rev. de l'Hist. des Rel.*, article cité.

3

yád adyá bhâgám vibhájâsi nŕbhya
úṣo devi martyatrā́ sujâte,
devó no átra savitā́ dámûnâ
ánâgaso vocati sū́ryâya

« Puisque tu partages le don aux mâles (aux somas enflammés), ô déesse (brillante, ardente) Aurore, toi qui as bien pris naissance parmi les morts (les inertes), que notre dieu Savitar qui est ici dans sa demeure annonce au soleil (Agni) que nous sommes sans liens (que nous sommes généreux, que nos libations ne sont pas retenues, que nous sacrifions). »

1. — La part que distribue la flamme-aurore est la libation, et « les mâles » auxquels elle en fait l'attribution sont, sous un autre nom, les libations enflammées dont elle est elle-même le symbole.

2. — Bergaigne joint *martyatrā́* à *nŕbhyas* et traduit : « Si tu fais aujourd'hui une distribution de biens *entre tous les mortels* ». La division des pâdas et l'antithèse *devi martyatrā́* sont des indices d'une erreur que le sens habituel des mots *nŕ* et *mártya* achève de rendre certaine. En réalité, *martyatrā́* est régime de *sujâte* (cf. la construction *gárbhe sújâtam* au vers I, 65, 4). — Bergaigne : *Sujâte*, « de noble race ». Pourquoi de noble race ? A quelle idée védique précise peut bien correspondre notre mot « noble » ?

3. — Le dieu Savitar est celui qui est censé faire couler la libation, la transmettre à Agni et aux dévas ; il est à ce point de vue un doublet d'Indra ou d'Agni *hótar*. — *Dámûnas* ne signifie pas « l'ami de la demeure » (Bergaigne), mais « celui qui a une demeure, une maison », laquelle est ici la libation enflammée ou non.

4. — Bergaigne : « Puisse le dieu Savitṛ. . . . nous déclarer innocents devant le soleil ». — *Anâgas* ne veut pas dire « inno-

cent » mais « sans lien[1] », et le soleil dont il est question ici n'est autre qu'Agni. Le sens général de ce vers est que, puisque le sacrifice a lieu et que la flamme-aurore en profite, Savitar son *alter ego* peut annoncer à Agni au moyen des crépitements que les sacrificateurs sont sans liens en ce qui regarde leurs libations, en un mot que celles-ci sont versées. C'est ainsi qu'au vers IV, 12, 4, le poète dit à Agni : *kṛdhî́ šv áṣmā́n áditer ánâgân*, « rends-nous sans lien pour Aditi ; » c'est-à-dire, fais en recevant notre libation, qu'elle soit déliée pour ce qui nous concerne ». Sens analogue au vers VII, 87, 7 : *vayáṃ syấma váruṇe ánâgâḥ*, « soyons sans lien dans Varuṇa » ; c'est-à-dire que Varuṇa (l'enveloppeur) n'empêche pas nos libations de couler. Le deuxième hémistiche du vers 2 de l'hymne VII, 60, *viçvasya sthâtúr jágataç ca gopấ ṛjú márteṣu vṛjinā́ ca páçyan*, qui semble impliquer que le soleil voit les actions bonnes ou mauvaises des hommes[2], signifie tout autre chose. Je le traduis maintenant de la manière suivante : « Le (soleil-Agni) berger (ou buveur) de tout ce qui ne bouge pas et de tout ce qui s'agite (de la libation sous ses deux formes), lui qui voit ce qui chez les morts (les inertes) se dirige (vers lui) et se détourne (de lui) ».

4

gṛháṃ gṛhám ahánấ yâty áchâ
divé dive ádhi nấmâ dádhânâ,
siṣâsantî dyotanấ çáçvad ấgâd
ágram agram íd bhajate vásûnâm

« La brillante vient tour à tour dans chacune de ses maisons, prenant en chaque jour (Agni) les signes qui la distinguent. Elle est venue vers l'actif (le soma) pour le conquérir, pour l'éclairer ;

[1] Voir ci-dessus, p. 196-197.
[2] Voir *Rev. de l'Hist. des Rel.*, t. XXI, p. 75.

elle obtient en partage la superficie sans cesse renouvelée des riches (libations). »

1. — Bergaigne : « Elle s'approche de chaque demeure, la (déesse) éternelle. » — Les demeures dont l'aurore s'approche, ou plutôt dont elle prend possession, sont ses flammes mêmes. La répétition *gṛhám gṛham* vise soit le mouvement constant de l'aurore-flamme personnifiée entrant dans sa demeure mobile, soit la répétition du même phénomène à chaque sacrifice ; semblable observation sur *divé dive* au pâda suivant. Je continue de voir dans *ahanâ* un dérivé de *áhan* « jour », ou de la racine dont ce mot dérive lui-même. Le sens est « brillant » et il faut probablement entendre (cf. pâda 3), « l'aurore qui vient éclairer chacune de ses maisons. »

2. — Bergaigne : « Elle apparaît chaque jour. » — L'expression *divé dive* a, nous le savons, un autre sens que celui de « chaque jour. » C'est en Agni (en chacun des Agnis) comparé au jour, que l'aurore (autre nom d'Agni) prend ses formes, ses caractères ou son éclat.

3. — Bergaigne : « Avide de conquêtes, elle ne manque jamais d'arriver avec la lumière. » — Cette idée si plate n'est nullement celle du texte. *Çáçvat*, que Bergaigne a pris pour un adverbe, ayant le sens de « constamment », est un singulier neutre employé substantivement de l'adjectif de même forme qui désigne la liqueur du sacrifice et qui sert de régime à la fois à *siṣâsantî*, à *ā̆gât* et peut-être à *dyotanā̆*. Bergaigne considérait ce dernier comme le locatif de *dyotanī̆*, à cause de la position de l'accent ; l'hypothèse n'est pas inadmissible, mais reste très problématique.

4. — *Agram agram... vásûnâm* signifierait, d'après Bergaigne, « les prémices de tous les biens. » — L'aurore ayant en partage les prémices de tous les biens, parce qu'elle est la première à les voir, est une idée qui n'a rien de védique. Du reste, *vásu* ne s'applique qu'à la libation, et non pas aux biens en général. Peut-être, au lieu de la superficie des libations, s'agit-il de la pointe des flammes où l'aurore réside.

5

bhágasya svásâ váruṇasya jâmir
úšaḥ sûnṛte prathamã́ jarasva;
paçcã́ sá daghyâ yó aghásya dhâtã́
jáyema tám dákšiṇayâ ráthena

« Sœur du bénéficiaire (du sacrifice = Agni), sœur de Varuṇa (ou de celui qui l'enveloppe), ô bruyante aurore, chante les premières (celles qui sont en avant de la libation = les flammes) (c'est-à-dire produis-les en crépitant; le fait qu'elle les rend crépitantes implique qu'elle les crée). Qu'il aille dans celles qui sont en arrière (les libations qui ne sont pas), celui qui (leur) donne un lien (qui retient les libations); triomphons de lui au moyen d'un char qui est l'oblation! »

1. — On ne s'explique guère que l'aurore soit la sœur d'Agni et de Varuṇa, c'est-à-dire des éléments personnifiés du sacrifice, que si elle-même représente un de ces éléments. La parenté générale des dieux entre eux, en entendant celle des dieux du sacrifice avec les prétendues divinités naturalistes, serait d'ailleurs à démontrer en tant qu'idée védique.

2. — Bergaigne : « O Sûnṛtâ, Aurore, chante la première. » — Il paraît évident que *sûnṛtâ* est une épithète de la libation enflammée en tant que crépitante ou chantante, mais l'étymologie est douteuse. Le rapport avec *sûnára* est probable, mais l'origine de celui-ci même n'est pas sûre. On peut songer à y voir un dérivé de la racine *svan* « résonner. » Quant au sens primitif proposé par Bergaigne pour *sûnṛ́tâ*, « la richesse en enfants mâles » (d'où « le nom d'une déesse personnifiant la libéralité des dieux ») il est difficile de l'admettre. Si le mot *sûnṛ́tâ* contenait le radical *nṛ*, *nar*, il n'y serait entré qu'avec son sens métaphorique de « mâle » qualifiant la liqueur du sacrifice. — *Prathamã́* n'est pas un nominatif féminin en accord avec *úšas*, comme l'a cru Bergaigne, mais bien un accusatif pluriel neutre employé substantivement comme régime de *jarasvá*. Pour une construc-

tion semblable, cf. VII, 9, 6, *puruṇîthâ jâtavedo jarasva* avec la variante *agniḥ puruṇîthé jarate* (I, 59, 7) ; « ô Jâtavédas, chante celles qui ont plusieurs directions (les libations enflammées) », et « Agni chante dans celle, etc., » formules qui représentent la même idée, à savoir qu'Agni crépite au sein des flammes qu'il développe. L'antithèse de *prathamâ* avec *paççâ*, au pâda suivant, vient d'ailleurs à l'appui de cette interprétation.

3. — Bergaigne : « Qu'il se trouve court, celui qui fait le mal. » — *Paccâ*, neutre pluriel est le régime de *daghyâs* et *aghá* est, non pas « le mal » en général, mais le fait de « serrer, retenir », ou plutôt « ce qui serre, le lien ». Le poète souhaite que celui qui met un lien à la libation, celui qui ne la verse pas ou qui empêche qu'elle ne soit versée (Vṛtra, Ahi, etc.), soit confiné dans les parties inférieures de la libation, au lieu de s'élever avec celles que développe l'aurore-libation. *Daghyâs* ne saurait être du reste qu'une seconde personne qui suppose l'ellipse de *tvam* : « (O toi) qui. . . puisses-tu, etc. »

4. — Le sacrificateur l'emporte sur celui qui retient la libation en faisant de celle-ci un char qui l'emmène aux dieux, la délivre.

6

úd îratâm sûnṛ́tâ út púraṃdhîr
úd agnáyaḥ çuçucânâso asthuḥ,
spârhâ vásûni támasâpagûḷhâ-
viš kṛṇvanty úšâso vibhâtîḥ

« Que les bruyantes s'élèvent, que s'élèvent celles qui portent l'oblation ! Les feux (du sacrifice) se sont dressés étincelants. Les aurores brillantes ont éclairé les biens mouvants que cachait l'obscurité. »

1. — Bergaigne : « Que les dons *du ciel* apparaissent ! » — Le texte dit le contraire ; les dons du ciel destinés aux hommes auraient à *descendre*, alors qu'il s'agit des libations enflammées qui *s'élèvent*. — Sur *púraṃdhi*, voir ci-dessus p. 198.

3 et 4. — Les *spârhấ vásûni* (Bergaigne, « les trésors précieux ») désignent d'une manière précise les libations qui se meuvent, s'agitent, coulent, cf. gr. σπέρχω.

Les flammes d'Agni comparées aux aurores éclairent ces biens en les allumant et chassent ainsi les ténèbres qui les enveloppaient, en ce sens qu'elles les revêtent de feux dont l'absence est assimilée aux ombres de la nuit.

7

ápânyád ety abhy ányád eti
víšurûpe áhanî sám carete,
parikšitos támo anyấ gúhâkar
ádyaud ušấḥ çóçucatâ ráthena

« L'un s'en va, l'autre arrive ; les deux jours de couleur différente marchent ensemble. Une autre (que l'aurore) a produit l'obscurité des deux enveloppantes au moyen d'une enveloppe ; (quant à) l'aurore, elle (les) a éclairées avec son char étincelant. »

1. — Ce premier hémistiche peut s'entendre de différentes manières, selon qu'on considère *anyát* répété comme sujet ou comme régime. Dans le premier cas, il s'agirait de la libation considérée en même temps comme s'éloignant de son point de départ et s'approchant de son but (Agni, les dévas) ; la distinction du point de vue en a entraîné une en ce qui regarde l'objet considéré, essentiellement un, mais regardé comme double dans la circonstance : ce qui s'en va (de là bas) et ce qui arrive (ici) est une seule et même chose. Si *anyát.. anyát* sont des régimes, il faut entendre que la libation s'éloigne d'un lieu pour aller vers un autre, forme différente de l'idée qui répond à la première hypothèse. Une troisième hypothèse et la plus vraisemblable à cause de la suite, c'est que celle qui s'en va est le jour obscur qui disparaît, alors que le jour brillant ou la libation enflammée arrive, se manifeste. Pour Bergaigne, il serait question ici des deux jours entendus au sens propre (le jour ou l'aurore, et la nuit) dont le pâda suivant continuerait de parler.

2. — Nous avons vu plus haut (p. 158 seq.) ce qu'il faut entendre par les deux jours de différentes couleurs ; ce sont les libations considérées sous leurs deux aspects, c'est-à-dire comme allumées ou non. Elles vont ensemble puisqu'elles sont inséparables l'une de l'autre. Bergaigne, qui entendait *áhanî* dans le sens du jour et de la nuit qui se succèdent, a été forcé par là de rendre *sám carete* par « ils se touchent » ; c'est une interprétation dont l'insuffisance évidente aurait pu le mettre sur ses gardes.

3. — Bergaigne : « (Des deux sœurs) l'une a caché les ténèbres enveloppant les (parents) qui embrassent tous les êtres (le ciel et la terre) ». — Rien de cela dans le texte. L'expression *támaḥ... gúhâkar* ne signifie pas «cacher les ténèbres » mais au contraire « produire l'obscurité » au moyen d'un voile, d'une couverture *(gúhâ*, instrumental de *gúh*, « ce qui enveloppe, cache »). — L'« autre » est le jour obscur, la libation non allumée considérée comme recouvrant d'un voile obscur « les deux qui habitent autour ou qui enveloppent *(parikšitos)* », à savoir les libations sous les deux formes et appelées ainsi, non seulement parce qu'elles se développent autour des éléments du sacrifice personnifiés (Soma, Agni, etc.), mais aussi par antithèse paradoxale eu égard à celle des deux (l'obscure) qui les enveloppe l'une et l'autre avec les ténèbres. — (4) L'aurore (qui est l'« une » implicitement opposée à l'autre dont il vient d'être question), la lumineuse, les éclaire au contraire à l'aide de son char brillant, c'est-à-dire avec ses flammes mouvantes qui sont les véhicules de la libation.

8

sadṛçîr adyâ sadṛçîr id u çvó
dîrghám̧ sacante váruṇasya dhā́ma,
anavadyā́s triñçátam̧ yójanâny
ékaikâ krátum pári yanti sadyáḥ

« Semblables sont celles d'aujourd'hui, semblables sont celles de demain ; elles s'attachent au long établissement de Varuṇa.

Non sans voix, formant trente attelages, chacune d'elles tournent à la fois (?) autour du fabricant. »

1. — Les flammes du sacrifice se ressemblent. Il est question de celles d'aujourd'hui et de demain par allusion aux aurores véritables qui, elles aussi, se ressemblent d'un jour à l'autre.

2. — Bergaigne : « Elles suivent la loi durable de Varuṇa. » — C'est substituer à tort des idées abstraites aux idées concrètes qui étaient seules dans l'esprit du poète. *Dhâman* signifie, comme l'étymologie l'indique, « ce qui pose, établit, soutient » ; c'est en général un nom du soma nourricier des dieux et ici particulièrement de Varuṇa. Il est qualifié de « long » (ou « droit ») parce que le feu du sacrifice l'élève dans les airs ; cf. *dîrghâtamas* », la libation obscure dressée (sur l'autel) au moment où elle s'enflamme. » Aux aurores qui suivent la libation ou s'y attachent, cf. Indra appelé *dhâmasâç*, « qui s'attache à (son) soutien », au vers III, 51, 2.

3 et 4. — Bergaigne : « Irréprochables, elles parcourent rapidement les trente yojanas ; elles traversent aussi en un instant l'intelligence (pour l'éclairer). » *Anavadyá* ne signifie pas « ce qui ne saurait être blâmé. » Le primitif est *vâda* ou *vâda* « cri, chant, parole » et, en particulier, le crépitement de la libation enflammée. Par conséquent, le mot *avadyá (a-vadya)* désigne ce, ou celui, qui n'a pas le *vada*, qui ne peut pas l'avoir, c'est-à-dire la libation non versée et considérée comme captive. Au contraire, *anavadyá* s'appliquera aux éléments du sacrifice, aux dévas, etc., en tant qu'actifs et susceptibles de produire le *vada* ou de crépiter sur l'autel. — Il me semble impossible de faire, comme Bergaigne, de *yójanâni*, avec le sens de mesure de distance, le régime de *yanti*. Les exemples qu'il invoque se retournent contre son interprétation, particulièrement ce passage du vers II, 16, 3, *yád âçúbhiḥ pátasi yojanâ purú*, qui signifie « quant à l'aide des rapides tu gagnes, (ô Indra), les nombreux attelages, » c'est-à-dire quand, par le moyen des somas enflammés, tu te réunis à (tu obtiens) des attelages qui sont les flammes mêmes du soma. L'hypothèse de Bergaigne écartée, il en reste

deux autres de possibles. Ou bien *yójanâni* est une sorte d'attribut ou de mot apposé à *anavadyā̃s*, ou bien il faut sous-entendre *yanti* entre les deux mots. Dans le premier cas, on traduira : « Les aurores (qui sont comme) trente attelages (leurs flammes portent l'oblation)[1] ; » dans le second, le sens sera analogue à celui du vers II, 15, 3, qui vient d'être cité : « Les aurores se joignent aux trente attelages (à leurs flammes en nombre indéfini). » — *Krátu*, nous l'avons vu (ci-dessus, p. 173, seq.), signifie tout autre chose qu' « intelligence » ; c'est un des noms du soma édificateur d'Agni que les aurores-flammes ne cessent de venir entourer. Le sens proposé par Bergaigne pour le pâda tout entier est d'ailleurs éminemment inadmissible.

9

jânaty áhnaḥ prathamásya nā̃ma
çukrā̃ kṛšṇā̃d ajanišṭa çvitîcī̃,
ṛtásya yóšâ ná minâti dhā̃mā-
har ahar niškṛtám âcárantî

« Connaissant ce qui est l'essence (?) du jour qui est en avant, la brillante, l'éclatante (?) est née de l'obscur. L'épouse de la libation ne diminue pas l'élément (du sacrifice = le soma), elle qui ne cesse de s'unir au jour (Agni) une fois qu'il a été produit. »

1.-2. — Bergaigne : « Connaissant la nature du premier jour (c'est-à-dire sachant s'il s'agit du blanc ou du noir, du jour ou de la nuit). » — Le *áhar prathamá* est le jour qui est en avant de l'autre, c'est-à-dire la libation enflammée. L'aurore qui lui est identique en connaît l'essence, à savoir le soma que le mot *nā̃man*, quel qu'en soit le sens propre exact, désigne certainement ici par métaphore, et c'est ainsi qu'elle peut s'unir à lui et sortir du noir ou du non être (ou même, comme le veut Bergaigne, du jour noir, mais entendu dans le sens de la liba-

[1] *Ekaikâ* semble faire antithèse à *triṅçátam* et justifier cette interprétation.

tion non enflammée) pour apparaître brillante[1]. — *Çvilîçî* dont l'analyse étymologique est difficile, ne saurait être, comme l'a pensé Bergaigne, qu'une sorte de synonyme de *çukrâ*.

3. — Bergaigne : « La jeune femme ne viole pas la loi établie ». — Nous avons vu (ci-dessus, p. 185, seq.) que le mot *ṛtá* ne signifie pas « loi ». La racine *mî (minâti)* ne signifie pas davantage « violer (une loi, etc.) », mais bien « diminuer, réduire à rien, refuser ». L'aurore-flamme, l'épouse du soma (*ṛtá*; il est impossible de ne pas faire dépendre *ṛtásya* de *yóšâ*) n'est pas semblable à Vṛtra aux Arâtis, etc. ; loin de retenir l'élément essentiel du sacrifice *(dhâma)*, c'est elle qui le fait couler, le dirige vers Agni et les dévas.

4. — Bergaigne : « Elle vient chaque jour au rendez-vous ». — Je considère l'expression *áhar ahar niškṛtám* comme le régime de *âcárantî*; l'aurore-flamme vient s'unir à chacun des jours produits (par le sacrificateur) c'est-à-dire à la libation prête pour le sacrifice. Dans tous les passages cités par Bergaigne à l'appui de son interprétation de *niškṛtá* par « rendez-vous », la véritable signification de ce mot est « (le liquide) préparé ». Voir tout particulièrement IX, 86, 32, *pátir jánînâm úpa yâti niškṛtám* « l'époux des (eaux) mères (Agni = le Soma enflammé) va vers ce qui a été produit pour lui (la liqueur qui le nourrit). »

10

kanyéva tanvâ çâçadânâň
éši devi devám iyakšamâṇam,
saṃsmáyamânâ yuvatiḥ purástâd
âvir vákšâṅsi kṛṇuše vibhâtî

« T'agitant comme une jeune fille au moyen de celui qui est étendu (le soma) tu vas, ô déesse, vers le dieu qui désire sacrifier (Agni, qui aspire à s'emparer de la libation). Jeune (fille) qui

[1] Il n'est pas impossible d'ailleurs que *jánatî* dépende de *jan* « engendrer », et non de *jñâ* « connaître. »

sourit, issue de celui qui est en avant, tu éclaires les mamelles en brillant. »

1. — Bergaigne : « Comme une jeune fille triomphante de beauté ». — Le mot *tanú*, qu'on a pris l'habitude de traduire par « corps » et que Bergaigne rend ici par « beauté », est en réalité un adjectif pris substantivement « l'étendu » et qui désigne le soma. Quant à *çâçadâna*, je ne saurais y voir non plus le sens traditionnel d' « être fier, triompher ». Il est probable que la racine *çad* est parente de *skand* « aller, sauter » du gr. σκάζω, etc. Il s'agit ici des mouvements de la flamme du sacrifice excitée par la libation et comparée à une jeune fille pleine de vivacité ou peut-être à une enfant qu'enivre le lait maternel.

2. — Bergaigne : « Tu t'avances, ô déesse, à la rencontre du dieu qui cherche à te mériter par le sacrifice ». — Cette traduction énigmatique ne rend pas le sens réel de ce pâda. Le dieu en question est Agni qui désire tout simplement sacrifier, c'est-à-dire recevoir et s'identifier l'oblation que l'aurore-flamme lui apporte.

3. — Le sourire de la jeune aurore est probablement une allusion aux crépitements de sa flamme. Je considère *purástât* comme l'ablatif de *purasta*, adjectif dérivé de *purás* et pris substantivement dans le sens de « celui qui est en avant » (Agni) ; l'expression « la jeune (issue) de celui qui est en avant » est identique à *duhitar divás* qui désigne fréquemment l'aurore-flamme dans les hymnes du *Rig-Véda*.

4. — Bergaigne : « Tu brilles et découvres devant lui ton sein ». — J'entends ce pâda tout autrement ; *vákšas* « mamelle, poitrine » désigne la libation nourricière et c'est elle que l'aurore-flamme éclaire de sa lumière ou enflamme. Je reconnais pourtant qu'on peut comprendre aussi qu'il s'agit des mamelles de l'aurore (la libation qu'elle a reçue) qu'elle éclaire afin qu'Agni les voie et vienne en goûter le lait. Mais dans l'un et l'autre cas, il est évident qu'on ne peut songer à l'aurore réelle.

11

ṣusaṃkâçẫ mâtṛmṛšṭeva yóšâ-
viṣ taṇvàṃ kṛṇuše dṛçé kàm,
bhadrẫ tvàm ušo vitaràṃ vy úccha
nà tàt ṭè anyẫ ušàso naçanta

« Bien brillante comme une (jeune) femme que sa mère a lavée, tu as éclairé l'étendu (le soma) pour voir (ou pour qu'il voie) le bon. O toi, brillante aurore, éclaire celui qui s'étend (le soma). Les autres aurores n'ont pas pris possession de ce (soma) qui est à toi. »

1. — Bergaigne : « Comme une jeune femme que sa mère a parée ». — La mère de l'aurore est la libation qui fait mieux que la parer ; elle la lave au sens littéral du texte.

2. — Bergaigne : « Tu découvres ton corps pour le montrer ». — J'arrive à un sens bien différent et bien autrement satisfaisant, ce me semble, en prenant *tanú* dans la même acception qu'au vers 10 et en interprétant l'expression *dṛçé kàm* dans un sens qui sera expliqué plus loin, à propos du vers I, 124, 6.

3. — Bergaigne : « Répands au loin tes rayons, ô Aurore ! en nous apportant le bonheur ». — *Bhadrà* a un sens plus précis que le latin *faustus* dont Bergaigne le rapproche. C'est plutôt le correspondant phonétique et significatif du grec φαιδρός. Je vois encore dans *vitaràm* une épithète de la libation, employée substantivement et servant de régime à *vy úccha;* autrement, le mot *tàt* au pâda suivant devient explétif, ce qui est inadmissible *a priori*.

4. — Bergaigne : « Tu seras la plus libérale des aurores ! » Je suis de nouveau en désaccord complet avec la traduction à laquelle je compare la mienne. Selon moi, le sacrificateur fait remarquer que la libation actuelle reste à la disposition de l'aurore-flamme. Celles qui l'ont précédée n'ont pas tout pris, n'ont pas eu sa part ; je laisse ainsi à *naçanta*, dont Bergaigne fait

« un subjonctif impropre (?) », sa valeur régulière et j'emploie les régimes *tát te* qu'il n'utilise qu'imparfaitement.

12

áçvâvatîr gómatîr viçvávârâ
yátamânâ raçmíbhiḥ sûryasya,
párâ ca yánti púnar â ca yanti
bhadrâ nâma vahamânâ ušâsaḥ

« Ayant des chevaux, ayant des vaches, ayant tous les biens (toutes les oblations), attelées par les brides du soleil (Agni), les aurores s'en vont et reviennent en emportant les essences brillantes. »

1. — Les chevaux de l'aurore sont les flammes qui la conduisent et ses vaches celles qui sont censées la nourrir de leur lait, c'est-à-dire de la liqueur des libations.

2. — Bergaigne : « S'élançant avec les rayons du soleil. » — Il s'agit du soleil-Agni dont les flammes de l'aurore peuvent être considérées comme des chevaux qu'il dirige avec des rênes.

3. — Les flammes de l'aurore s'en vont et semblent revenir en ce sens qu'elles ne cessent de s'élever des libations, ceci d'ailleurs avec allusion à la succession des aurores réelles.

4. — Bergaigne : « Prenant des formes propices. » — La racine *vah,* même au moyen, ne saurait signifier « prendre, s'approprier » ; les aurores emportent en s'en allant les somas *(nâma)* brillants, enflammés.

13

ṛtásya raçmím anuyáchamânâ
bhadrám bhadraṃ kratum asmâsu dhehi,
úšo no adyá suhávâ vy úchâ-
smâsu râyo maghávatsu ca syuḥ

« Te dirigeant selon la rêne de la libation, établis parmi nous le constructeur qui ne cesse de briller. O aurore, éclaire aujourd'hui nos (libations) aux belles clameurs. Que les biens (du sacrifice, — les libations) soient parmi nous et parmi ceux qui ont les dons (les somas). »

1. — Bergaigne : « Obéissant à la rêne de la loi. » — Le *rtá* n'est pas « la loi », mais la libation. La rêne du *rtá* que suit (ou dirige?) l'aurore est la flamme du feu du sacrifice qui, sous un nom différent, n'est autre qu'elle-même.

2. — Bergaigne : « Donne-nous des idées de plus en plus salutaires. » — Ce vœu n'a rien de védique et pour cause : *krâtu* ne signifie pas « idée » et *dhehi* veut dire « établis », et non « donne ». L'aurore est priée d'enflammer la libation, c'est-à-dire de faire en sorte que le sacrifice s'accomplisse en présence des sacrificateurs, au milieu d'eux.

3. — Bergaigne : « Brille aujourd'hui, ô Aurore! en répondant à nos invocations. » — *Suhâva* signifie simplement « qui a une belle voix ». Qu'est-ce que la voix de l'Aurore prise au propre? Comment répondrait-elle (par sa voix) aux invocations des hommes? Du reste, il est infiniment probable que *suhâvâ* est le pluriel neutre d'un adjectif employé substantivement, régime de *vy úcha* et signifiant « (les libations) à la belle voix », c'est-à-dire « bien crépitantes », une fois qu'elles sont allumées.

4. — Bergaigne : « Comble-nous de richesses ainsi que ceux pour qui nous offrons le sacrifice. » — C'est habiller les hymnes à la moderne de traduire *maghâvat* par « celui qui offre le sacrifice ». Cet adjectif désigne exclusivement les dons du sacrifice, libations ou somas. Le poète exprime le vœu qu'il y ait des biens (les libations) parmi les sacrificateurs (en leur présence) et parmi les libations elles-mêmes, ce qui revient à souhaiter que les libations soient versées.

Hymne I, 124

1

ušã uchántî samídhânė agnã
udyánt sũrya urviyã jyótir açret,
devó no átra savitã nv ártham
prãsâvîd dvipát prá cátušpad ilyai

« L'aurore brille dans le feu qui a été allumé ; le soleil qui se lève a atteint la lumière (est devenu lumineux) au moyen de celle qui s'étend (la libation). Le dieu a fait couler en lui ce qui coule ; il a fait couler ce qui a deux pieds pour aller dans ce qui en a quatre. »

1. — Ce premier pâda, comme les suivants, exprime l'idée qui s'y attache sous une forme paradoxale : dire l'aurore brille dans le feu, c'est émettre à la fois un paradoxe et une tautalogie, attendu que cette aurore et ce feu sont une seule et même chose. M. Ludwig, en dépit de la grammaire, se borne à rendre l'idée du locatif au moyen d'une conjonction de temps : « Quand le feu est allumé ».

2. — Opposition paradoxale du soleil-Agni qui se dresse sur l'autel avec « la large » dont il tient sa lumière. C'est à tort d'ailleurs qu'on a pris l'habitude de considérer *urviyã* comme un adverbe qui signifierait « au loin » ; ce mot n'est autre chose que l'instrumental féminin singulier de l'adjectif *urú* « large », employé substantivement pour désigner la libation.

3. — Je considère *ártha* comme le synonyme de *ṛtá*, dont ce mot est une ancienne forme ; l'un et l'autre sont des noms de la libation que le dieu Savitar, c'est-à-dire la libation enflammée fait couler dans Agni (*átra*). L'interprétation de MM. Grassmann et Ludwig : « Le dieu Savitar nous a excités au travail », ne soutient pas l'examen.

4. — MM. Grassmann et Ludwig n'ont pas compris ce pâda

qui signifierait à les en croire : « Il (le dieu Savitar) a mis en mouvement les bipèdes et les quadrupèdes » (Ludwig), ou « les hommes et les animaux » (Grassmann). Il s'agit de la libation personnifiée sous la forme d'un oiseau (un aigle sans doute) qui pénètre dans les flammes du sacrifice considérées de leur côté comme des chevaux. Cf. surtout VIII, 27, 12 : *ni dvipâdaç càtuš-pâdo arthinò 'viçran patayišṇàvaḥ* ; « les bipèdes prenant leur vol ont pénétré dans les quadrupèdes qui possèdent les somas ».

2

àminatî daivyâni vratâni
praminatî manušyâ yugâni,
îyùšînâm upamâ çàçvatînâm
âyatînâm prathamòšâ vy àdyaut

« Ne diminuant pas les libations enflammées, diminuant les attelages de celles qui ne le sont pas, l'aurore a éclairé les parties postérieures des fortes (libations) qui s'en sont allées, les parties antérieures de celles qui arrivent. »

1-2. — Les mots *daivyâni vratâni* ne désignent pas, nous le savons, « les choses établies par les dieux » (Grassmann), ou « les œuvres divines » (Ludwig), mais bien les libations enflammées que l'aurore, loin de diminuer, produit et édifie. En revanche, elle diminue en les transformant, en les enflammant, les attelages faits avec le soma (*manušyâ*), c'est-à-dire les libations non allumées destinées à former les attelages des dieux. Pour MM. Grassmann et Ludwig, les *manušyâ yugâni* seraient les races humaines que l'aurore, assimilée au temps, réduit, diminue !

3-4. — Les mots *upamâ* et *prathamâ* sont des neutres pluriels, régimes de *adyaut*. Les *çâçvatis*, nous le savons, sont les libations enflammées. Les feux de l'aurore, qui en figurent une autre forme, ont éclairé en quelque sorte la queue de celles qui s'en sont allées, qui ont disparu, qui se sont éteintes, comme elles éclairent la tête de celles qui arrivent pour se dresser sur l'autel. Les précédents interprètes qui font accorder *upamā̃* et *prathamā̃* avec *ušā̃s* ont attribué à tort un tout autre sens à cet hémistiche.

3

eṣā̃ divó duhitā̃ práty adarçi
jyótir vásânâ samanā̃ purástât,
ṛtásya pánthâm ánv eti sâdhú
prajânatī̃va ná diçó minâti

« Cette fille du jour est apparue, revêtant la lumière, (revêtant) les semblables (celles qui vont avec elle, qui l'accompagnent) issues de celui qui est en avant (d'elles, — Agni). Elle va dans le bon en suivant la route du *ṛtá* (= soma) ; prévoyante en quelque sorte, elle ne diminue pas celles qui montrent (les indicatrices, les flammes). »

1. — L'aurore-flamme est la fille du jour, — Agni qui l'allume en quelque sorte.

2. — MM. Grassmann et Ludwig : « Toute revêtue de lumière, à l'orient ». — *Purástât* ne signifie pas « à l'orient » et *samanā̃*, neutre pluriel, est un second régime de *vásânâ*.

L'aurore revêt la lumière et (ou, à savoir) celles qui accompagnent celui qui les précède et dont elles sortent, c'est-à-dire les flammes d'Agni désignées au moyen d'une périphrase compliquée d'un paradoxe. Cf. surtout pour le sens de *purástât* et de *samanā̃*, IV, 51, 8 : *tā̃ ā̃ caranti samanā̃ purástât samânátaḥ samanā̃ paprathânā̃ḥ*; « celles-là (les aurores) vont vers les (c'est-à-dire s'unissent aux) *samanā̃* qui viennent du *purásta* (les libations qui sont issues d'Agni) en étendant les *samanā̃* qui viennent de celui qui est avec elles (les libations non allumées qui viennent du soma). »

3. — Le *sâdhu* « le bon » est le soma que l'aurore-flamme atteint en suivant le chemin du ṛtá (ce même soma) en étendant ses flammes au-dessus de lui. M. Ludwig : « Elle va droit au chemin de l'ordre (?). »

4. — Grassmann : « Elle ne se trompe pas de direction. » — M. Ludwig : « Elle ne confond pas les points cardinaux. » — *Diç* ne signifie ni « direction », ni « points cardinaux ». Au pluriel, ce mot, qui correspond au latin *dex* dans *index*, etc., désigne les libations enflammées considérées comme des indicatrices « celles qui montrent, font voir, éclairent ». — L'aurore ne les amoindrit pas, puisque c'est elle qui les produit sous cette forme.

4

úpo adarçi çundhyúvo ná vakšo
nodhā́ ivâvir akṛta priyā́ni,
admasán ná sasató bodháyantî
çaçvattamā́gât púnar eyúšîṇâm

« Elle est apparue comme le sein d'une (forme) lumineuse ; comme *nodhás* elle a éclairé les choses agréables. Réveillant les endormis, comme celui qui est assis dans la nourriture, elle est venue dans les plus actives de celles qui sont revenues. »

1. — L'aurore-flamme est brillante ; c'est ainsi qu'elle éclaire la mamelle à laquelle elle paraît être comparée en tant que nourricière d'Agni, à moins qu'il ne faille entendre la libation-mamelle qui la nourrit elle-même.

2. — A en juger par le vers I, 64, 1, cf. I, 61, 14 et I, 62, 13, le mot *nodhás* ne saurait désigner que le soma pavamâna ou allumé. L'aurore éclaire comme lui les boissons qui lui sont chères ou les libations non encore allumées. MM. Grassmann et Ludwig qui regardent *nodhás* comme le nom d'un sacrificateur n'ont pas compris ce pâda. L'un et l'autre proposent une modification au texte qui est parfaitement inutile.

3. — L'aurore réveille les somas endormis, c'est-à-dire qu'elle les emploie au sacrifice. Le mot *admasát* est une périphrase pour désigner Agni (cf. *admasádvan*, VI, 4, 4) qui crépite en brûlant la libation et réveille par là les endormis. Geldner

et Kægi : « Hôtesse matinale (Grassmann : « Commensale ») elle réveille les endormis. »

4. — *Çaçvattamâ*, neutre pluriel, est le régime de *âgât* et désigne les plus actives des libations revenues *(púnar eyúṣīnâm)*, celles qui se présentent les premières chaque fois que le sacrificateur en verse de nouvelles et auxquelles la flamme du sacrifice se hâte de s'unir. Grassmann : « Elle est arrivée la plus jeune (la dernière) de celles qui se renouvellent sans cesse. » La traduction de M. Ludwig est difficilement compréhensible.

5

pû́rve árdhe rájaso aptyásya
gávāṃ jánitry akṛta prá ketúm,
vy ú prathate vitaráṃ várīya
óbhā́ pṛṇántî pitrór upásthā́

« Dans la moitié antérieure de l'obscurité aqueuse, la mère des vaches a dressé une lumière. Elle s'étend dans (ou elle étend) le plus étendu, le plus large (le soma) remplissant les deux matrices de (ses) deux parents (la libation sous ses deux formes) ».

1-2. — « La moitié antérieure de l'obscurité aqueuse » est une métaphore périphrastique pour dire la superficie de la libation obscure non allumée ; c'est sur elle que l'aurore élève sa flamme. De plus, l'aurore est la mère des vaches-libations, en ce sens que c'est seulement à l'aide de la flamme du sacrifice qu'elles remplissent leur rôle et deviennent réellement nourricières. — Tous les précédents interprètes ont compris qu'il s'agissait de l'aurore apparaissant au milieu des vapeurs matinales. Aucun passage ne saurait montrer avec plus d'évidence à quel point l'explication naturaliste est insuffisante et impropre.

3. — Je considère les mots *vitaráṃ várīyas* comme des régimes de *prathate* qui désignent le soma que l'aurore-flamme étend ou sur lequel elle s'étend.

4. — Même idée ; les matrices des somas allumés ou non

allumés, parentes de l'aurore, sont les libations mêmes en tant que non allumées. Ces matrices sont au nombre de deux à cause des deux parents qui sont appelés « pères », c'est-à-dire le père et la mère ; cf. l'expression « les deux jours » pour dire le jour et la nuit. L'aurore remplit (c'est-à-dire s'étend sur) les matrices en question.

6

evéd eṣâ purutámâ dṛçé kám
nâjâmiṃ ná pári vṛṇakti jâmím,
arepásâ tanvâ çâçadânâ
nârbhâd îṣate ná mahó vibhâtî.

« Très développée pour ce qui voit le bon, elle n'enveloppe pas en l'opprimant sa sœur (comme elle ferait pour) une qui ne serait pas sa sœur. S'agitant au moyen de l'étendu (le soma) qui a cessé d'être obscur, elle brille sans s'éloigner du grand (soma) comme (elle ferait) du petit. »

1-2. — Tous les interprètes ont compris que l'aurore s'offrait aux regards de chacun, parents et étrangers. Le sens réel est bien différent. Au premier pâda *kám* n'est pas seulement, comme on le dit, une particule d'origine pronominale destinée à renforcer le sens du datif qu'il accompagne généralement. Je vois dans ce mot un doublet de *çám* « ce qui est bon ou bien », l'un des noms du soma. Dans notre passage il sert de régime à *dṛçé*. L'aurore prend toute son ampleur *pour ce qui voit le kám* ; or, comme c'est celle qui est censée le voir, la formule revient à dire « pour qu'elle voie le *kám* » et de là le rôle d'infinitif attribué à *dṛçé*, alors que cette forme n'est autre chose que le datif régulier de *dṛç*, adjectif verbal (identique à la racine *dṛç*) qui jouit de la faculté, comme tous les mots de même nature dans la langue des Védas, de gouverner un accusatif ainsi que le ferait une forme verbale proprement dite.

Au deuxième pâda, le premier *ná* est négatif et porte sur *vṛṇakti*, tandis que le second est comparatif et en rapport avec *ájâmim*. La sœur de l'aurore-flamme est la libation qu'elle enveloppe sans l'étreindre pour l'empêcher de couler. L'idée est la même que celle qu'expriment aux vers I, 124,9 et ci-dessus 2, les expressions *ná minâti* et *áminatî*. *Ajâmim ná* n'est pour ainsi dire que pour la symétrie : la conduite de l'aurore envers sa sœur est le contraire de ce qu'elle serait à l'égard de toute autre qui ne serait pas sa sœur.

3. — Cf. l'explication donnée ci-dessus à propos du vers I, 123,10, pâda 1. — Le *répas* est, comme le *támas*, la chose qui est censée noircir, obscurcir, envelopper (rac. *rip-rep* « enduire) » la libation non allumée. Le soma *arepás* est par conséquent identique au soma pavamâna. Par là, nous avons l'explication étymologique de *ripú* dont le sens primitif n'est pas simplement « ennemi », mais bien celui qui enveloppe, ternit, obscurcit la libation, c'est-à-dire l'empêche d'être brillante ou de couler.

4. — Même construction avec *na* négatif et *ná* comparatif qu'au pâda 2. L'aurore ne s'éloigne pas du grand (fort, etc.) soma, comme elle le ferait d'un petit. Ici encore « petit » est dit surtout pour la symétrie antithétique et équivaut à « peu » ou « rien ». L'aurore--flamme ne s'unit à la libation que là où elle est. Les divergences des précédents traducteurs, dont aucun du reste n'a vu le vrai sens, sont curieuses, — MM. Geldner et Kaegi : « Elle ne refuse sa lumière ni en haut ni en bas »[1]; M. Ludwig : « A son lever, elle n'évite ni le faible ni le puissant. »

7

abhrâtéva puṅsá eti pratîcî
gartârúg iva sanáye dhánânâm,
jâyéva pátya uçatî suvâsâ
ušâ hasréva ni riṇîte ápsaḥ

« Comme celui qui n'a pas (encore) de frère (Agni), elle va au-devant des mâles (les somas) et, comme celui qui crève la

[1] La traduction de Grassmann exprime à peu près la même idée.

fosse (Indra), pour la conquête des richesses. L'aurore pareille à une épouse aimante, couverte de beaux vêtements, fait couler d'en bas l'eau pour son mari (Agni), comme la rieuse (la libation qui crépite). »

1. — Les précédents interprètes traduisent : « Comme une femme qui n'a pas de frères, elle court après les hommes, ou s'associe aux hommes. » — *Abhrâtâ* désigne Agni qui va au-devant des mâles, c'est-à-dire des somas ses frères, et qui est sans frères tant qu'il ne les a pas rejoints. (Sur Agni frère (du soma), cf. surtout I, 161, 1, etc). De même fait l'aurore à titre de forme féminine d'Agni.

2. — *Gartârug* est, conformément à l'indication du *pada-pâṭha*, pour *garta-ârug*, « celui qui brise la fosse ou la caverne », à savoir Indra. L'aurore l'imite en plongeant sa flamme dans la libation pour conquérir les richesses qu'elle recèle. L'interprétation traditionnelle qui consiste à considérer *gartârug* comme formé de *garta* qui signifierait « siége » et de *âruh* « qui monte sur », est complètement viciée par cette fausse analyse.

3.-4. — Le mari pour lequel, dans son beau vêtement de flammes, la riante (c'est-à-dire la crépitante) aurore fait couler l'eau de la libation n'est autre qu'Agni [1]. Le mot *apsas*, auquel M. Roth donne le sens de « joue » et Grassmann celui de « sein » ou de « vêtement qui couvre les seins », est en réalité un dérivé de *ap (aps)* « eau » et en a le sens (cf. le vers I, 122, 15 où le char de Mitra et Varuṇa reçoit l'épithète de *dîrghâpsâs* « celui qui allonge les eaux, les fait couler en les allongeant »). J'ajoute que les différentes traductions proposées jusqu'ici pour ce pâda sont aussi divergentes qu'inexactes.

[1] Probablement, le texte implique en même temps une allusion obscène.

8

svásâ svásre jyãyasyai yónim âraig
ápaity asyâḥ praticákšyevá,
vyuchántî raçmíbhiḥ sûryasyâ-
ñjy áṅkte samanagã iva vrãḥ

« La sœur a laissé sa matrice à sa sœur aînée; elle s'est éloignée d'elle après l'avoir en quelque sorte éclairée (ou regardée). Rendue brillante par les rênes (ou les rayons) du soleil (Agni), elle s'embellit avec celui qui embellit, comme celles (les libations) qui enveloppent (les flammes) s'embellissent avec ceux qui vont avec elles (les somas). »

1. — L'aurore a quitté sa matrice (la libation) pour faire place à la naissance de sa sœur aînée (la libation qui la suit immédiatement et qui va naître après elle sous la forme de flammes). D'après les précédents traducteurs, il s'agirait de la nuit qui cède la place à sa sœur l'aurore; mais pour en arriver à cette interprétation, on est obligé de donner abusivement à *yóni* le sens de séjour, ce qui suffit à dénoncer l'erreur.

2. — En s'éloignant de sa sœur la libation, l'aurore semble la regarder, sa flamme étant comparée à des yeux.

3. — L'aurore allume ses flammes à celles d'Agni-soleil, — allusion à l'aurore et au soleil réels.

4. — Le mot *áñji* désigne très probablement le soma qui pare l'aurore-libation en lui fournissant les éléments de sa toilette. La même idée est reprise dans la comparaison *samanagã iva vrãḥ;* le dernier mot qui s'applique aux flammes en tant qu'enveloppantes (rac. *vṛ-var)* est sujet et *samanagã*, neutre pluriel, désignant les somas, régime direct. — L'explication courante: « Elle se pare avec une parure, comme une troupe qui se rend à une fête (Grassmann) », est de pure fantaisie.

9

âsâm pûrvâsâm áhasu svásṝṇâm
áparâ pûrvâm abhy éty paçcât,
tâḥ pratnavân návyasîr nûnám asmé
revád uchantu sudínâ ušâsaḥ

« Dans les jours (flammes) de ces sœurs qui vont en avant, une qui la suit et qui sort de ce qui est au-dessous (en arrière, = le soma) vient après celle qui la précède. Que ces nouvelles aurores, brillantes, éclairent maintenant pour nous cette richesse qui (les) précède. »

1.-2. — Allusion à la succession des aurores réelles, mais l'ensemble des détails ne saurait recevoir une application convenable que si l'on se place au point de vue des aurores métaphoriques qui ne sont autres que les libations enflammées.

3.-4. — *pratnavát* et *revát* ne sont pas des adverbes, selon l'interprétation courante, mais bien des épithètes, désignant le soma comme antérieur à la libation enflammée et comme apportant avec lui la richesse du sacrifice, qui servent de régimes à *uchantu*[1].

10

prá bodhayošaḥ pṛṇató maghony
ábudhyamânâḥ paṇáyaḥ sasantu,
revád ucha maghávadbhyo maghoni
revát stotré sûnṛte jâráyantî

« Réveille ceux qui (te) nourrissent, ô toi qui as reçu nos dons, que les Paṇis non réveillés restent endormis! Éclaire, ô toi qui as reçu nos dons, la richesse qui vient des généreux en faisant chanter, ô harmonieuse, le riche pour le chanteur. »

1.-2. — La comparaison avec I, 29, 4, *sasántu tyấ árâ-*

[1] Il est bien probable que *nûnám* doit être rangé sur le même pied (le soma) « d'à présent, que voilà ».

tayo bodhantu çûra râtâyaḥ, fixe bien le sens qu'il convient d'attribuer aux mots *pṛṇatás* et *paṇáyas :* le premier désigne les dons du sacrifice et le second personnifie les obstacles qui sont censés retenir les libations. Le sens radical de *paṇi* est probablement le même que pour *pâṇi* « main », « ce qui retient, tient bon, etc. »

3. — Comme au vers précédent, *revát* « (le soma) riche » est le régime de *ucha*. *Maghávadbhyas* est un ablatif qui s'applique également aux somas, — le *revát* qui vient des *maghávans*.

4. — *Járáyantî* n'a pas le sens de « faisant vieillir » que lui donnent les précédents interprètes, mais de « faisant chanter, crépiter » ; l'aurore fait crépiter le soma pour le chanteur, c'est-à-dire pour qu'il chante, le *stotár* n'étant autre que le *revát* lui-même.

11

áveyám açvaid yuvatiḥ purástâd
yuṅkté gávâm aruṇãnâm ánîkam,
vi nûnám uchâd ásati prá ketúr
gṛháṃ gṛham úpa tíṣṭhâte agníḥ

« Cette jeune (fille) a jeté son éclat par en bas, (issue qu'elle est) de celui qui est en avant (Agni) ; elle s'attelle à la partie antérieure des vaches rouges. Que la flamme qui est en avant éclaire le nouveau soma qui est dans ce qui n'est pas ! Qu'Agni se tienne debout dans chacune de ses maisons ! »

1. — *Purástât*, cf. ci-dessus, vers I, 123,10.

2. — L'aurore s'attelle au front des vaches rouges (les libations qu'elle allume par le haut). Paradoxe à un double égard : l'aurore *s'attelle* au *front* des vaches au lieu de les atteler pour *elle* et *par derrière*. MM. Geldner-Kægi et Grassmann rendent *ánîka* par « troupe », et M. Ludwig par « forme ». Aucun d'eux n'a vu le vrai sens.

3. — MM. Grassmann et Ludwig, en dépit de l'accentuation,

et de la manière habituelle de conjuguer la rac. *as* « jeter », paraissent y rattacher la forme *ásati*, locatif singulier de *ásant* « ce qui n'est pas ». Le sacrificateur exprime le vœu que la flamme d'Agni (ou de l'aurore, ce qui est la même chose) vienne éclairer le soma nouveau qui est dans le non être, qui attend son emploi.

4. — Pour l'expression *gṛhám̩ gṛham*, cf. i, 123, 4. Il ne s'agit pas des demeures des hommes, comme tous l'ont entendu, mais de celles d'Agni, à savoir chacune des libations au-dessus desquelles il élève des flammes. Le fait que, dans le même vers, un hémistiche concerne l'aurore alors que l'autre est relatif à Agni, s'ajoute à toutes les autres preuves qui indiquent que celle-là n'est autre que le nom féminin de celui-ci.

12

út te váyaç cid vasatér apaptan
náraç ca yé pitubhā́jo vyùṣṭau,
amā́ saté vahasi bhū́ri vāmám
úṣo devi dāçúṣe mártyāya

« Les oiseaux qui sont dans ta lumière, quoiqu'ils soient à toi, se sont envolés de leur résidence, ainsi que les mâles qui goûtent à la boisson (les somas). O déesse aurore, tu apportes beaucoup de beauté à celui qui est là tout près, au mortel généreux. »

1-2. — MM. Geldner, Kægi et Grassmann traduisent : « Quand tu brilles, les oiseaux s'envolent de leur nid et les hommes cherchent leur nourriture. » — J'ai déjà eu l'occasion de faire remarquer que le locatif (*vyùṣṭau*) ne saurait exprimer une circonstance de temps. Les oiseaux en question sont les flammes qui s'élèvent en volant de l'autel, de même que les mâles, ou les hommes dont il s'agit, personnifient les somas nourris pour ainsi dire de la boisson à laquelle ils sont identiques, et qui en s'allumant s'élèvent avec les flammes au sein desquelles ils résident.

3-4. — « Celui qui est là » est le soma non-allumé auquel

l'aurore-flamme apporte l'éclat, la beauté ; il est mort ou mortel précisément parce qu'il n'est pas encore allumé, et généreux à cause des dons qu'il possède. On ne s'étonnera pas que les précédents interprètes aient entendu cet hémistiche au sens propre.

13

ástoḍhvaṃ stómyâ bráhmaṇâ mé
'vîvṛdhadhvam uçatîr uṣâsaḥ,
yuṣmãkaṃ devîr ávasâ sanema
sahasṛṇaṃ ca çatinaṃ ça vãjam

« Vous avez fait chanter les chanteuses au moyen du fortifiant (soma) que je vous ai donné ; vous avez fait grandir les ardentes, ô aurores. O déesses, par l'effet de ce qui vous a favorisées (le soma), puissions-nous acquérir une nourriture consistant en (ou comparable à) mille, cent (vaches). »

1. — Je considère le mot *stómyâs* auquel j'attribue le sens de « chanteuses », — « celles qui ont le *stóma* » —, comme le régime de *ástoḍhvam* qui a un sens causatif, ainsi que *avîvṛdhadhvam* au pâda suivant. Ces chanteuses sont les libations enflammées.

2. — Même construction avec *uçat îs* régime de *avîvṛdhadhvam*, qu'au pâda précédent.

3-4. — On demande aux divinités du sacrifice l'analogue de ce qu'on leur a donné. On les a nourries, qu'en retour on obtienne de la nourriture ; qu'on l'obtienne mille fois, ou sous la forme du lait de mille (vaches), cent (vaches). Mais on peut entendre aussi, et plutôt, qu'il s'agit de la nourriture qu'on a acquis (pour elles), qu'on leur procure.

CHAPITRE VII

LE PRÉTENDU MYTHE DE LA DESCENTE DU SOMA

Le sacrifice repose-t-il, dans l'esprit des poètes védiques, sur des conceptions tout à la fois mystiques et mythiques dont on peut retrouver l'expression dans les hymnes? Kuhn et Bergaigne se sont tout particulièrement prononcés pour l'affirmative. Le titre seul du célèbre ouvrage du premier de ces savants sur la *Descente du feu et du soma* est suffisamment significatif. Quant au second, toute la théorie sur laquelle est fondée sa *Religion védique* implique l'origine céleste des éléments du sacrifice. Pour l'un et pour l'autre, la cérémonie sacrificatoire qui a lieu sur terre est au sentiment de ceux qui l'accomplissent, soit la mise en œuvre au profit des dieux des principes fécondants, — le feu et l'eau, — que les hommes tiennent d'eux, soit l'imitation ici bas, à l'aide de ces mêmes principes, du sacrifice que les dieux célèbrent dans leurs demeures célestes pour conquérir la lumière et les eaux.

En ce qui concerne plus particulièrement celles-ci, le mythe de l'aigle qui, du haut du ciel, apporte le soma sur terre fournirait, d'après les savants précités, une preuve des plus convaincantes en faveur de l'origine divine de l'élément liquide du sacrifice[1].

[1] Les Hindous, comme on peut en juger, par exemple, par le commentaire de Sâyana sur le vers IV, 27, 4, croyaient déjà que c'était au ciel que l'aigle était allé chercher le soma.

Cette conception est tout à fait incompatible avec les idées réalistes qui, à ce qu'il me semble, ressortent du texte des hymnes et d'après lesquelles les dieux et toutes les figures qui s'y rattachent n'existaient pas en dehors des manifestations ignées de l'oblation. En un mot et contrairement à Kuhn et à Bergaigne, je suis persuadé que le sacrifice était exclusivement terrestre et embrassait en lui les seuls principes dont le culte, sous leurs apparences réelles, constituait toute la religion védique.

Pour établir la justesse de cette vue sur le point particulier qui nous occupe actuellement, il faut prouver d'abord que les documents où l'on a cru voir l'indication de la croyance à un soma céleste (sous la forme d'une liqueur ou de la plante qui la fournit), qui aurait été apporté du ciel par un aigle, ont été mal compris. C'est ce que je vais entreprendre en traduisant et en commentant les deux hymnes du *Rig-Véda*, IV, 26 et 27, qui servent tout particulièrement de base aux idées courantes sur la descente du soma. Je crois pouvoir arriver sans peine par là à démontrer que cette prétendue descente est en réalité une ascension, et que l'aigle dont il s'agit, au lieu de prendre le soma au ciel pour l'apporter sur terre, s'en saisit au pied de l'autel et s'élève avec la liqueur dont il est la personnification dans les régions plus hautes, — le ciel du sacrifice —, où le soma développe ses flammes et se métamorphose en Agni.

Indépendamment de la place qu'il occupe dans les traductions entières du *Rig-Véda*, l'hymne IV, 27, a été l'objet d'interprétations plus ou moins complètes et détaillées de la part de Kuhn [1], de M. Roth qui en a soumis le texte à des corrections peu heureuses [2], de Bergaigne [3], de MM. Koulikovski [4], Pischel [5] et

[1] *Herabkunft* 2, p. 124-125.

[2] *Zeitschrift der deutschen morgenländischen Gesellschaft*, t. XXXVI. p. 353-360.

[3] *Rel. véd.*, t. III, p. 322-335.

[4] *Revue de linguistique et de philologie comparée*, t. XVIII, p. 1-9. L'auteur a fait précéder la traduction de l'hymne IV, 27 de celle de l'hymne IV, 26,

[5] *Vedische Studien*, p. 215, seqq.

Hillebrandt [1]. A mon avis, l'étude de Bergaigne est, parmi toutes les autres, celle qui atteste le plus de pénétration et de connaissance intime des textes védiques se rattachant à la question ; c'est donc avec elle qu'il y a le plus à compter, et je l'aurai surtout en vue dans les discussions qui seront nécessitées par le nouvel examen auquel je vais soumettre, après tant de devanciers, ces antiques témoignages des idées qui présidaient à la célébration du sacrifice.

Hymne IV, 26

1

ahám mánur abhavam sûryaç câ-
hám kakšîvân ṛšir asmi vipraḥ,
ahám kutsám ârjuneyám ny ṛñje
'hám kavir uçánâ páçyatâ mâ

« J'étais le penseur, le soleil ; je suis celui qui a les bridés (les attelés), le chanteur, l'agité. Je fais descendre (je darde) le trait qu'a produit la blanche ; je suis le sage Uçanâ. Regardez-moi ! »

1.-2. — Cet hymne est placé dans la bouche d'Indra, qui commence par s'identifier aux éléments du sacrifice personnifié sous différentes dénominations habituelles. Manu, nous le savons, désigne plus généralement le soma, mais aussi Agni, l'un et l'autre étant considérés comme « penseurs », parce qu'ils sont susceptibles d'être parleurs ou chanteurs, ce qui suppose une pensée préalable. — C'est surtout comme *alter ego* d'Agni qu'Indra s'identifie au soleil. — Le nom de *kakšîvan* dérive de

[1] Dans son tout récent ouvrage intitulé *Vedische Mythologie*, — *Soma und verwandte Götter* (1891). Autant que j'ai pu en juger, l'auteur est disposé à suivre la voie imprudemment ouverte par MM. Oldenberg, Pischel et Geldner, Bloomfield, etc. Comme eux, il explique le *Rig-Véda* par la littérature postérieure et essaie de prouver, par exemple, que l'identification tardive de Soma et de la lune est en réalité une conception ancienne qui peut rendre compte du rôle védique du premier de ces dieux.

kakšin, « celui qui a la bride, — cheval », signifie vraisemblablement « celui qui a des chevaux » et, convient à merveille à Indra si souvent présenté comme conduisant les (chevaux) haris. Il serait facile, du reste, de montrer que dans tous les passages du RV. où il figure, le mot *kakšîvan* s'applique à l'un des deux éléments du sacrifice considéré comme pourvu de chevaux. — C'est à titre de crépitant qu'Indra est *ṛši* ou « chanteur » et le mouvement des flammes qu'il personnifie justifie son titre de *vipra* « agité ».

3.-4. — *Kutsá ârjuneyá* est un des noms du vajra personnifié. Le *kutsá* (racine *kud, cud)* est proprement l'instrument qui pousse ou frappe; il est *ârjuneyá*, c'est-à-dire fabriqué par *árjuna* « le blanc », l'un des noms de la libation, cf. *rájas* et l'expression *árjunaṃ vájram* (III, 44, 5). Mais comme le vajra n'est lui-même qu'une forme d'Agni considéré comme l'arme qui perce et fait couler la libation, Kutsa s'identifie également avec Agni, par exemple au vers I, 63, 3 : *çúšṇam... yûné kútsâya dyumáte... ahan*, « Indra a tué Çušṇa pour le jeune (et) brillant Kutsa = Agni » ; c'est pour lui qu'il a fait couler le soma. — Le mot *uçánâ* ne saurait être qu'un dérivé de *uçan(t)* + suffixe *an* (cf. *râjan*) nominatif *uçánâ* (cf. *râjâ*) datif *uçáne* pour *uçanne* (cf. *râjñe*). Le sens est en conséquence « celui qui est issu de *uçant* (l'un des noms du soma) ou qui en est pourvu. » C'est à ce titre qu'Indra est Kavir Uçanâ, — Uçanâ l'éclairé, le sage, — Indra brille sur l'autel, il peut donc inviter le sacrificateur (ou les somas) à le considérer.

2

ahám bhûmim adadâm âryâyâ-
háṃ vṛšṭiṃ dâçúše mártyâya,
ahám apó anayaṃ vâvaçânâ
máma devâso ánu kétam âyan

« J'ai donné la production (ou la productrice) à l'actif; j'ai donné la pluie au mort qui offre (l'oblation). J'ai amené les eaux désireuses (de couler)[1]; les dieux ont suivi mon signal. »

1. — *Bhûmi*, nous le savons, est un des noms de la libation considérée comme génératrice ou productrice. Indra l'a donnée à l'ârya, ce qui ne veut pas dire, comme on l'a cru, à l'Aryen, mais à la personnification de la libation libérée ou versée. Le mot *ârya*, en effet, n'a pas plus de valeur ethnique que les mots *dâsa* et *dásyu* qui lui font généralement antithèse. Alors que ceux-ci désignent celui qui est censé retenir ou lier (rac. *das*) la libation, *ârya* dérivé de *ari* « actif » (rac. *ar* « aller ») s'applique à celui qui la délivre ou la met en mouvement. Les deux passages suivants contribueront à le faire voir : x, 102, 3, *dâsasya vâ maghavann âryasya vâ sanutár*, « ô Indra, toi qui t'empares soit du dâsa, soit de l'ârya », c'est-à-dire de la libation personnifiée sous la forme de quelqu'un qui la retient ou de quelqu'un qui la délivre ; x, 138, 3, *sûryaḥ... vidád dâsâya pratimânam âryaḥ*, « le soleil (Agni) qui a trouvé (procuré) pour le dâsa le développement de l'ârya », c'est-à-dire qui a allumé la libation et fait par là que celle qui ne l'était pas a pris les proportions de celle qui l'est.

2. — *Vṛṣti* est ici le synonyme de *bhûmi*, ou du moins les deux mots désignent une seule et même chose, à savoir la liqueur du sacrifice. Pareillement, l'expression *dâçúṣe mártyâya* est l'équivalent de *âryâya* au pâda précédent. La rac. *dâç* signifie « donner » ; le *márta* ou le *mártya dâçvás* est la libation qui, « de morte » qu'elle était, est devenue active dans son union avec l'élément igné du sacrifice et en même temps donatrice, son office propre étant de s'offrir en sacrifice. Elle doit d'ailleurs son existence à « la pluie » qu'Indra fait jaillir à l'aide du vajra. Le passage suivant tiré du vers I, 45, 8 : *viprâḥ... bṛhád bhâ bibhrato havir... mártâya dâçúṣe*, « les agités (les somas allumés) qui apportent une libation consistant dans une grande lumière au *márta dâçvás* », est de nature à prouver que l'ex-

[1] Ou mugissantes (crépitantes).

pression ne peut s'appliquer, comme on le dit couramment, à un sacrificateur (mortel) réel, qui ne saurait recevoir ni libation, ni lumière.

1. — *Kéta* est un doublet de *ketu*. De part et d'autre, le sens est « éclat » ou « signe ». Les dieux, ou les flammes du sacrifice suivent l'éclat d'Indra, s'unissent à lui.

3

ahâṁ púro mandasânó vy aíram
náva sâkâṁ navatīḥ çámbarasya,
çatatamâṁ veçyâṁ sarvátâtâ
divodâsam átithigvaṁ yád ā̂vam

« En m'en enivrant, j'ai fait couler les quatre-vingt-dix-neuf nourritures (ou citadelles) de Çambara; alors que j'ai favorisé au moyen de la totalité l'habitant de la maison qui a tout à fait la centaine, celui qui enveloppe le jour et qui a des vaches pour hôtesses. »

1. — Pour le sens de *púr* voir ci-dessus, p. 199.

2. — La signification étymologique de *çámbara* est difficile à déterminer d'une manière sûre. Ce mot est probablement apparenté à *çabála* et à *kšáp* « l'obscurité, la nuit ». Mais le rôle de Çambara n'est pas douteux, il personnifie, comme Vṛtra, Ahi, les Rakšas, etc., les obstacles qui s'opposent à l'écoulement de la liqueur du sacrifice.

3-4. — L'expression *çatatamâṁ veçyâm* s'explique très clairement, si on la rapproche de VII, 19, 5: *nivéçane çatatamā̂-vivešīḥ*, « tu as saisi, (ô Indra), celles qui sont tout à fait au nombre de cent dans leur demeure ». Dans les deux passages, il s'agit du soma qu'Indra va chercher au sein de la libation où il réside. C'est par une sorte de jeu de mot, eu égard aux quatre-vingt-dix-neuf citadelles dont il a été question aux précédents hémistiches, que le poète le qualifie de *çatatamá* « qui forme bien la centaine ». Même allusion, sans doute, dans l'emploi du mot *sarvátâtā̂* « la totalité », dont le poète se sert pour désigner l'instrument (le soma sous un autre nom) qu'Indra utilise pour être favorable au *çatatáma veçyá*. — *Divodâsa* n'est pas un nom propre, mais une apposition à *veçyá* et, par suite, une épithète du soma considéré comme enveloppant le jour ou la flamme d'Agni. Il en est de même de *átithigva* dont le dernier terme est un dérivé de *gó* ; le sens est en conséquence celui qui donne l'hospitalité aux vaches, c'est-à-dire à leur lait, l'une des formes (métaphorique ou réelle) de la liqueur du sacrifice.

4

prá sú ṣá vibhyo maruto vír astu
prá çyenáḥ çyenébhya âçupátvâ,
acakráyâ yád svadháyâ suparṇó
havyám bháran mánave devájuṣṭam

« O Maruts, que cet oiseau s'élance pour être à ces oiseaux, que cet aigle au vol rapide s'élance pour être aux aigles, alors que l'oiseau a apporté au *mánu*, au moyen de celui qui s'établit par lui-même et qui n'a pas de roue, la libation savourée par les dieux. »

1-2. — Le poète, après avoir donné la parole à Indra dans les trois premiers vers, s'adresse aux Maruts pour qu'ils prêtent main-forte à l'accomplissement du sacrifice. Ce sont eux qui, à titre de personnifications des flammes d'Agni, allumeront la libation. — L'oiseau du premier pâda et l'aigle du second représentés comme s'unissant, grâce aux Maruts, aux oiseaux et aux aigles, figurent la libation qui, à mesure qu'elle prend feu, s'unifie aux flammes du sacrifice personnifiées de leur côté par les mêmes oiseaux désignés au pluriel. L'emploi du préfixe *prá*, pour marquer le mouvement que doivent exécuter l'oiseau et l'aigle, indique bien qu'il ne s'agit pas pour eux de descendre, mais de monter.

3-4. — Le mot *svadhâ* est un des noms de la libation considérée comme jouissant de « sa nature propre », par opposition sans doute à Agni qui est le résultat d'une transformation de la libation et qui, à ce titre, pourrait être appelé *anyahita*. — La *svadhâ* est dite sans roue pour mettre en relief l'espèce de paradoxe contenu dans l'idée de celle qui apporte quelque chose sans avoir de roue, c'est-à-dire de char. — Le *suparṇá* qui apporte la libation au moyen de la *svadhâ*, c'est-à-dire de la libation elle-même désignée sous un autre nom, est évidemment identique à l'oiseau et à l'aigle du premier hémistiche ; aussi le *mánu* qui la reçoit équivaut aux oiseaux et aux aigles du même hémistiche. Ce n'est ni l'homme (Grassmann), ni le père de l'humanité (Ludwig), mais bien le même *mánu* dont il est question, par exemple, au vers x, 43, 8 : *sá sunvaté maghávâ jîrádânavé 'vindaj jyótir mánave havíṣmate*, « ce généreux Indra a trouvé la lumière pour le manu (le soma allumé) coulant, aux dons liquides, pourvu de libations. »

5

bhárad yádi vír áto vévijânaḥ
pathórúṇâ mánojavâ asarji,
tûyaṃ yayau mádhunâ somyéno-
tá çrávo vivide çyenó átra

« Si l'oiseau apporta (le soma) en s'élançant d'ici, (si) rapide par l'effet du manas il fut entraîné par la large voie, et s'il alla gagner le fort grâce au doux soma, là même l'aigle trouva le cri. »

1. — L'oiseau est, comme précédemment, la personnification du soma qui s'allume. D'après MM. Grassmann et Ludwig, il s'agissait du départ de l'aigle allant chercher le soma au ciel ; mais pour cela le premier rend, contre toute vraisemblance, *bhárat* par « il s'emporte[1] », alors que le second a recours à cette interprétation de pure fantaisie : « Quand l'oiseau voulut l'apporter. »

1 La preuve évidente de son erreur résulte de ce fait que *bhárat* est répété d'après le vers précédent par une sorte de jeu de mots que l'on constate encore aux vers 6 et 7.

2. — *Mánojavâ* ne signifie pas « rapide comme la pensée », mais « rapide par l'effet du manas », autre nom du soma. — La large voie qui, personnifiée en quelque sorte est censée lancer l'oiseau, est celle que suit la libation en coulant au moment où elle est versée sur l'autel.

3. — MM. Grassmann et Ludwig entendent ici que l'oiseau *revient avec le soma;* or, *yáyâu* ne signifie pas « revenir » et l'instrumental *sómyéna* ne peut que vouloir dire « par le soma », « grâce au soma », et non pas « avec le soma ». — *Tûyam* n'est pas un adverbe, mais une épithète employée substantivement, de l'objet (Agni) vers lequel l'oiseau se dirige.

4. — MM. Grassmann et Ludwig : « L'aigle a trouvé par là la gloire ». — Le sens est tout différent : en s'unissant à Agni, en s'enflammant, l'aigle-soma a trouvé le cri (et non la gloire), c'est-à-dire qu'il a crépité.

6

ṛjîpî́ çyenó dádamâno añçúm
parâvátaḥ çakunó mandráṃ mádam,
sómam bharad dâdṛhâṇó devā́vân
divó amúṣmâd úttarâd âdā́ya

« L'aigle rapide s'étant attribué le soma, l'oiseau (s'étant attribué) la liqueur réjouissante (ou coulante) de celui qui s'en va, — uni aux dévas (allumé), il a emporté le soma en le faisant tenir debout, après l'avoir enlevé à la partie supérieure de ce jour. »

1.-2. — MM. Grassmann et Ludwig ont entendu *parâvátas* dans le sens d'un ablatif qui signifierait « de loin » : « L'oiseau a apporté de loin la plante du soma ». Mais d'abord rien ne prouve que le mot *añçú* ne désigne pas purement et simplement le soma liqueur, comme on l'admet d'ailleurs pour un grand nombre de passages. En second lieu, *parâvátas* n'est autre qu'un génitif dépendant de *máda* et dont le sens est (cf. ci-dessus, p. 117) « de celui (le soma) qui s'en va, qui coule, qui s'écoule », dans la direction du feu du sacrifice.

3. — *Devâvân*, — Grassmann, « celui qu'entourent les dieux » ; M. Ludwig, « l'ami des dieux ». Le vrai sens est « pourvu des dieux », « muni de leurs flammes », « enflammé, allumé ». — *Dâdṛhâṇà*, — MM. Grassmann et Ludwig : « Tenant solidement (le soma) ». Le vrai sens est « (le) rendant solide » ou « se rendant solide », c'est-à-dire transformant le liquide en flammes qui se dressent ou se tiennent bon, au lieu de couler.

4. — Pour déterminer le sens exact de l'expression *divó amúśmât*, il faut se rappeler : 1° que *dyaús* signifie métaphoriquement Agni : 2° qu'il y a deux *dyaús (dyâvâ)* comme il y a deux *pṛthivî*, ou plutôt deux *áhanî*, dont l'un (celui-ci, celui d'en bas, — *adás*) désigne la partie non encore enflammée de la libation (ou le soma), auprès de celle d'en haut (ou Agni). C'est du premier qu'il s'agit ici ; c'est à lui que l'aigle prend la liqueur du sacrifice pour la porter au second. Cf., du reste, VIII, 34, 1-15, le refrain : *divó amúšya çâsato divám yayá divâvaso*, « vous êtes allés (toi et tes chevaux), ô Indra, dans le jour de ce jour qui t'invite (par ses crépitements). » Le « jour de ce jour-ci » est Agni qui allume le soma (le jour d'ici-bas). Cf. aussi I, 164, 10 : *divó amúšya pṛṣṭhé*, « dans le courant (la liqueur) de ce jour-ci (le soma). »

7

âdấya çyenó abharat sómaṃ
sahásraṃ savấn ayútaṃ ca sâkám,
átrâ púraṃdhir ajahâd árâtîr
máde sómasya mûrấ ámûraḥ

« Après s'en être emparé, l'aigle a emporté le soma ; (il en a emporté) mille coulées avec un nombre infini d'autres. Ici-bas, celle qui offre la nourriture (à Agni) a laissé de côté les

[1] La preuve absolue, à mon avis, que l'aigle Soma ou porteur du Soma vient d'en bas et s'élève dans les airs est fournie par le vers IX, 48, 3, où l'auteur, après avoir parlé des cent citadelles (cf. IV, 27, 1), dit que l'oiseau a apporté *de là* le Soma, la richesse : *átas tvâ rayím... suparṇó bharat.* Or les citadelles en question ne sont pas au ciel, puisqu'elles sont l'image des libations non versées.

absences de dons ; l'actif qui (réside) dans la liqueur du soma (a laissé de côté) les inactifs. »

2. — Le sens étymologique de *sahásra* est « fort » et celui de *ayúta* est « non comprimé ». Il est permis de se demander si, dans les passages de ce genre, le sens numérique de ces mots est nettement dégagé du sens étymologique, et s'il ne faut pas entendre en ce qui concerne *ayúta*, par exemple, « (le soma) que rien ne retient plus » ?

3. — Pour le sens de *púraṃdhi*, voir ci-dessus, page 198. La formule revient à dire, l'oblation a quitté l'absence d'oblation, elle est devenue une oblation réelle (cf. I, 29, 4) ; en d'autres termes, le sacrifice a lieu [1].

4. — Pour le sens étymologique des mots *mûrá* et *ámûra*, voir *Rev. de l'hist. des Rel.*, t. XV, p. 46 seq. Ici, l'*ámûra* personnifie le soma en tant qu'employé au sacrifice et équivaut à la *púraṃdhi* du pâda précédent. Les *mûrás* sont, au contraire, les somas qui attendent le moment d'être offerts en sacrifice ; cf. aussi les *árâtis* du pâda précédent.

Hymne IV, 27

1

gárbhe nú sánn ánv eṣâm avedam
aháṃ devânâṃ jánimâni viçvâ,
çatáṃ mâ púra âyasîr arakṣann
ádha çyenó javásâ nir adîyam

« Étant dans la matrice, j'ai connu tous les générateurs de ces dieux. Cent nourritures (ou citadelles) d'airain me retenaient, puis un aigle ; d'en bas je me suis envolé à l'aide du rapide. »

[1] M. Ludwig (*Rig Véda*, III, 278 et *Ueber Methode*, 66) trouve invraisemblable l'explication qui consiste à considérer *árâti* comme la négation de *râti*. Il est beaucoup plus probable, d'après lui, que ce mot est un dérivé de *ari* au moyen d'un suffixe *âti!*

1-2. — Comme aux premiers vers de l'hymne précédent, la parole est à Indra-Agni qui indique de quelle manière il est passé de l'état d'*ajá* (non né) à celui de *jâtá* (né). — Sa matrice est la libation et là même il voit, puisqu'il est dans leur sein, les éléments liquides (le soma) d'où les dieux, ou les flammes du sacrifice, tirent leur origine.

3. — Les nourritures (ou les citadelles) d'airain, parce qu'elles sont censées solides et obscures, qui retenaient Indra-Agni correspondent aux *árâtis* et aux *mûrás* du vers IV, 26,7 ; ce sont les somas non versés ou non enflammés qui, comme tels, retiennent prisonnier Indra *ajá*.

4. — Le soma inactif est représenté maintenant comme un aigle qui, pareil aux citadelles d'airain voudrait retenir l'*ajá*, mais celui-ci s'échappe néanmoins, s'envole à l'aide des forces qu'il tient du « rapide » soma. Remarquer la différence du rôle de l'aigle de l'hymne IV, 26, et celui de notre vers. Dans cet hymne, il justifie sa nature d'oiseau de proie en ravissant le soma à la libation inactive. Ici, au contraire, il représente d'abord cette dernière et entre en lutte avec le dieu Indra-Agni, qui a pris la forme d'un oiseau pour échapper à sa prison ou à l'aigle son ennemi.

Il est intéressant de présenter le tableau des différentes interprétations auquel ce vers a donné lieu au point de vue surtout des divergences qu'elles accusent sur la personne du dieu qui y prend la parole. C'est le cas ou jamais de dire *quot capita tot sensus*.

Explication de Sâyaṇa [1]

Vâmadeva, l'auteur de l'hymne qui a revêtu la forme d'un aigle à la parole :

[1] Sâyaṇa a prétendu retrouver dans cet hymne une suite d'allusions au système philosophique du Vedânta. L'hypothèse est aussi extraordinaire et l'anachronisme aussi évident que dans la tentative qui consisterait à rendre compte des théories de Platon par le symbole de Nicée, ou à rechercher dans Pindare les traces du système d'Épicure.

« Étant encore dans la matrice, j'ai connu toutes les naissances (la succession des naissances au point de vue de la transmigration) de tous ces dieux (Indra, etc.), — à savoir que tous les dieux sont issus de l'âme suprême. — Auparavant cela (avant ma naissance actuelle), cent citadelles d'airain, c'est-à-dire de nombreux corps qu'il était difficile de détruire (dans mes diverses naissances) m'ont protégé (renfermé), — en ce sens que cette réclusion empêchait que je connusse l'âme en tant que distincte du corps. Maintenant, sous la forme d'un aigle, je me suis envolé rapidement, — c'est-à-dire connaissant la nature de mon âme j'ai pu la séparer de mon corps. »

Traduction de Langlois

A Indra surnommé Syéna.

(Indra parle). « Je n'étais pas encore au jour; mais je suivais avec attention la naissance successive de tous ces *Dévas*. Cent villes de fer me gardaient. J'en suis sorti avec rapidité; me voici sous la forme de Syéna (l'épervier). »

Traduction de Kuhn

C'est Indra qui parle :

« J'étais encore dans la matrice que je connaissais déjà bien toutes les naissances de ces dieux. Cent forteresses d'airain me tenaient enfermé; pourtant je me suis envolé avec impétuosité sous la forme d'un faucon. »

Traduction de Grassmann

L'aigle divin : — « Comme j'étais encore dans la matrice, j'ai connu dès lors toutes ces races divines; cent citadelles bardées de fer me protégeaient; puis, moi l'aigle, je me suis envolé d'une aile rapide. »

Traduction de M. Ludwig[1]

C'est le Soma qui parle :

« Quand j'étais encore dans la matrice, j'ai acquis la connaissance de toutes ces races de dieux. Cent forteresses d'airain me retenaient prisonnier; puis je me suis envolé avec rapidité sous la forme d'un faucon[2]. »

Traduction de M. Roth

C'est le Soma qui parle :

« Dans ma captivité, j'ai éprouvé le pressentiment du voisinage de toutes les troupes de nos divinités. Cent murs d'airain me retenaient quand l'aigle est venu brusquement s'abattre sur moi. »

Au 4e pâda, M. Roth pour mettre le texte d'accord avec l'idée préconçue qu'il avait du sens à lui donner, a corrigé *nir adîyam* en *nir adîyat*.

Bergaigne a montré d'une manière généralement très juste et très pénétrante comment cette correction était inutile et s'alliait à une intelligence défectueuse de l'ensemble du vers.

Traduction de Bergaigne

Soma (ou Agni) : « Étant encore dans la matrice, j'ai connu parfaitement toutes les naissances des dieux (c'est-à-dire, avant d'être né je savais déjà comment tous les dieux sont nés). »

Soma : « Cent forteresses d'airain me retenaient prisonnier; alors je suis sorti d'un vol rapide sous la forme d'un aigle. »

Au premier hémistiche, c'est Agni qui semble parler; au second, c'est Soma certainement qui est en scène. La raison de l'hésita-

[1] Cf. l'ouvrage du même savant, *Ueber Methode*, etc., p. 64, seq.

[2] Comme c'est un faucon qui l'emporte, le soma peut dire qu'il s'enfuit avec la rapidité du faucon.

tion qu'on peut éprouver en ce qui regarde Agni résulte du fait que les formules mythiques dont il est l'objet peuvent toutes se trouver appliquées, au moins accidentellement, à Soma. Bergaigne, après cette constatation et celle du désaccord des interprètes sur le personnage mythique dont il s'agit réellement, ajoute : « Qu'importe ce personnage pour le sens de la formule elle-même (celle où il s'agit du fœtus qui connaît la naissance des dieux au 1er hémistiche)? » Il importe beaucoup, au contraire, de le déterminer au point de vue du sens même du vers 1 et de celui de l'hymne entier, et c'est précisément parce que l'interprétation de l'indianiste français ne tranche pas nettement la question qu'il y a tout lieu de la croire inexacte.

Traduction de M. Koulikovski.

Le Soma. — « En étant dans le sein (de ma mère) j'ai connu toutes les générations de ces dieux. Cent bourgs d'airain me gardaient, mais je m'envolai vite (comme) faucon ».

Traduction de M. Pischel.

Pâdas 1-3. — Indra : « Quand j'étais encore dans la matrice, je connaissais bien toutes les espèces de dieux qui sont ici, (et c'est pourquoi) cent citadelles d'airain servaient à me protéger. »

Pâda 4. — L'aigle : « Moi l'aigle je me suis envolé d'ici avec le rapide (Indra) ».

M. Pischel appuie sa traduction sur des indications empruntées au *Suparṇâdhyâya ;* mais c'est une méthode qui ne saurait qu'égarer : les hymnes peuvent servir à l'explication des mythes dont il est question dans cet ouvrage, qui leur est très postérieur, sans que l'inverse soit vrai.

Traduction de M. Hillebrandt.

Le Soma : « J'étais encore dans la matrice que je connaissais toutes les races des dieux ; cent forteresses d'airain me gardaient. Là un aigle arriva à tire d'aile[1]. »

2

ná ghâ sá mẫm ápa jóṣaṃ jabhârâ-
bhĩṃ âsa tvákṣasâ vîryéṇa,
îrmẫ púraṃdhir ajahâd árâtîr
utá vẫtâñ atarac chũçuvânaḥ

« Il ne m'a pas emporté pour (en faire sa) proie ; j'ai eu le dessus par la vigueur et l'héroïsme (le soma énergique, source de force et de vaillance). — La rapide (?) oblation a laissé en arrière les absences d'oblation, ou bien il (Indra-Agni) prenant des forces a traversé les airs. »

1. — D'après Bergaigne, le soma continuerait de parler. Il lui fait dire : « Ce n'est pas lui (l'aigle) qui m'a emporté à sa guise.. » — Mais il est évident qu'il s'agit du soma transformé en deva ou en Indra-Agni, — Pour M. Pischel comme pour Bergaigne, le premier hémistiche est un discours du soma, mais là s'arrête leur accord. « Il (l'aigle) ne m'a pas emporté », traduit M. Pischel, « malgré la volonté (d'Indra), car il (Indra) lui était supérieur en habileté et en force. » — Je ne m'attarderai pas à montrer tout ce qu'il y a de fantaisie dans cette interprétation.

3-4. — Le mot *îrmẫ* a été très diversement interprété. J'y vois pour ma part, un adjectif dérivé de la rac. *îr* « s'agiter » employé substantivement et apposé à *púraṃdhis* : « l'active, la rapide (libation), la Puraṃdhi, etc. »

[1] L'auteur substitue *adîyat* à *adîyam*, sous prétexte que le mot suivant (quoiqu'il appartienne à un autre vers) commence par un *n* d'où le saṃdhi *adîyan*, facilement transformé en *adîyam* !

Pour l'expression *ajahâd árâtîs* (cf. IV, 26, 7). Les vents que traverse le soma personnifié dont les forces s'accroissent (4e pâda) désignent métaphoriquement les obstacles dont triomphe la libation du moment où elle est versée.

3

áva yác chyenó ásvanîd ádha dyór
ví yád yádi vâta ûhúḥ púraṃdhim,
sṛjád yád asmâ áva ha kšipáj jyãṃ
kṛçãnur ástâ mánasâ bhuraṇyán

« Quand l'aigle poussa des cris du jour (du ciel) ou bien quand ils envoyèrent d'ici bas l'oblation, (ou) quand elle coula pour lui, l'archer Kṛçânu s'agitant par l'effet du manas lança d'en haut sa flèche. »

Ce vers commence par une série de phrases subordonnées à une proposition principale qui se trouve au deuxième hémistiche, et déjà à cet égard je suis en désaccord avec Bergaigne disposé à sous-entendre au 3e pâda un quatrième *yád* avec *kšipát* et à chercher la proposition principale au vers suivant, ce qui serait absolument anormal.

1. — L'aigle, personnification du soma qui s'élève des libations non enflammées, pousse des cris (allusion aux crépitements), du ciel, c'est-à-dire de la partie supérieure des libations, là où s'effectue la jonction de *pṛthivĩ* avec *dyaús* = Agni; cf. les remarques qui ont été faites sur l'expression : *divó amúšmâd uttarâd* du vers IV, 26, 6, et la formule : *sãnum upamãd iva dyóḥ* (VI, 67, 6) appliquée au courant des libations qui jaillit en quelque sorte de leur surface incandescente. — Bergaigne traduit : « Soit que l'aigle ait poussé un cri de là haut. »

2. — La comparaison de ce pâda avec le vers IV, 26, 7, montre que le sujet sous-entendu de *ûhúḥ* est *áratâyas* ou *mûrãs*. Les absences de dons ont cessé et, par là, ont laissé partir, ont envoyé, expédié, la Puraṃdhi, désignation métaphorique ou plutôt périphrastique de l'aigle-soma. — Bergaigne, sans tenir compte

de la coupe des pâdas, construit *dyós* avec *ûhús* et traduit : « Soit qu'on ait emporté Puramdhi du ciel ou d'ici bas ». L'alternative qu'il suppose et d'après laquelle il y aurait une Puramdhi céleste et une Puramdhi terrestre [1] lui semble trouver sa confirmation au vers IX, 90, 4, où dit-il, « soma est prié d'amener en coulant les deux Puramdhis. » Le texte est : *samîcînê â pavasvâ púramdhî* et signifie réellement : « allume les deux Puramdhis qui vont ensemble », c'est-à-dire celle qui est allumée et celle qui ne l'est pas. Autrement dit, le couple des deux Puramdhis n'est qu'un autre nom de celui de *dyâvâpṛthivî*, etc.[2].

3.-4. — L'archer Kṛçânu [3] est certainement un doublet d'Indra armé du vajra ou d'Agni distingué de sa flamme considérée comme une arme dont il se sert pour percer la libation, ou les personnifications qui la représentent, avant qu'elle ne soit allumée. Tout naturellement, il lance sa flèche contre l'aigle-soma. Il est vrai qu'on traduit couramment *jyâ*, auquel on compare le grec βιός « arc », par « corde d'arc ». Le sens de « trait » me paraît convenir au contraire à tous les passages védiques où ce mot est employé ; voir tout particulièrement X, 51, 6, *kšepnór avije jyâyâḥ*.

Au 3e pâda, *sṛját*, dont le sujet sous-entendu est le soma que figure l'aigle au 1er pâda et Puramdhi au 2e, est à rapprocher de *asarji* au vers IV, 26, 5, dont la construction *(yádi... átaḥ...)* a beaucoup de rapports d'ailleurs avec celle de notre vers. — Au 4e pâda, l'expression *mánasâ bhuraṇyán* trouve son explication au vers IX, 77, 2, qu'il importe du reste à tous égards de rapprocher de celui que nous expliquons. Ce vers est ainsi conçu :

[1] En réalité, l'alternative est entre les deux propositions du premier hémistiche, et non pas entre différents régimes de *ûhús*, au 2e pâda.

[2] « M. Roth déclare qu'il ne peut trouver aucun sens au second pâda, tel qu'il nous a été conservé : *yád yádi* lui paraît inadmissible. Il propose donc, en supprimant l'accent de *vi* de lire *viyad* et de traduire : « Quand on aida le hardi à s'échapper dans le libre espace. » (Berg. *Rel. véd.*, III, 326).

[3] Le mot *kṛçânu* est très probablement un dérivé des racines *karš-kṛš*, *kleç-kliç*, « déchirer, blesser ». — Cf. le Kersâni des textes avestiques. Aussi est-il très douteux qu'il faille y voir avec M. J. Darmesteter un nom d'Alexandre-le-Grand.

sá pûrvyáḥ pavate yáṃ divás pári
çyenó mathâyád iṣitás tiró rájaḥ,
sá mádhva ấ yuvate vévijâna it
kṛçânor ástur mánasâha bibhyúṣâ

« Celui (le soma) qui est au-dessus s'allume autour du jour (Agni), lui qu'a agité l'aigle qui s'est élancé à travers le sombre (la libation non allumée)[1]. Celui-là (l'aigle) s'empare des douces liqueurs en s'éloignant à la hâte par l'effet du manas qui redoute l'archer Kṛçânu. »

Le *mánas* qui excite d'un côté la colère ou l'ardeur de Kṛçânu, de l'autre la crainte de l'aigle porteur du soma ne diffère pas du soma même dont tous les deux sont censés s'être abreuvés. Il est leur *mánas* ou leur pensée, si l'on se place à leur point de vue, parce qu'il agite leurs esprits ou plutôt se confond avec les sentiments que le poète leur prête. D'autre part, le soma reçoit le nom de *mánas*, abstraction faite de toute considération extérieure, parce qu'il est une pensée, ou qu'il a une pensée, qu'il manifestera par ses crépitements une fois allumé.

4

ṛjîpyá îm índrâvato ná bhujyúṃ
çyenó jabhâra bṛható ádhi ṣṇóḥ,
antáḥ patat patatry ásya parṇám
ádha yấmani prásitasya tád véḥ

« L'aigle rapide l'a enlevé (le soma) d'au-dessus du grand courant, comme il a enlevé Bhujyu du (flot) puissant (des libations). Ce qui s'agite en volant à l'intérieur (du soma) est l'aile de cet oiseau, puis cela (cette aile) est dans le véhicule (ou la voie suivie par lui) quand il s'envole. »

De même que le vers précédent présente de nombreuses ana-

[1] Ici, comme aux hymnes IV, 26 et 27, l'aigle personnifie le soma qui prend son envolée en s'allumant, sans que le poète cesse de considérer en même temps le soma rée..

logies de sens et de forme avec le vers IV, 26, 5, celui-ci, au premier hémistiche, peut être considéré comme une autre rédaction de IV, 26, 6.

1.-2. — Je suis d'accord avec Bergaigne pour considérer *bhujyú* (probablement « celui qui consiste en nourriture) ou qui nourrit » comme une personnification du soma. En général, Bhujyu est tiré des eaux (du sacrifice) par des oiseaux (les flammes du soma allumé) que les Açvins emploient à cet effet (cf. surtout I, 117, 14 et VI, 62, 6). L'aigle remplit tout à la fois le rôle des oiseaux et des Açvins ; il a enlevé le soma comme il a enlevé Bhujyu. En ce qui regarde le soma, il le prend au-dessus du grand courant des libations (cf. IV, 26, 6, *dàdamâno añçum parâvátaḥ... sómam... divó amuśmâd uttarâd âdâya);* relativement à Bhujyu, le mot *indrâvatas* doit être un ablatif construit parallèlement à *snóḥ* et qui ne peut que désigner le lieu d'où il a été tiré, à savoir le flot ou l'océan des libations qui est *indrâvat* au sens étymologique du mot, c'est-à-dire pourvu d'ardeur, de force, etc. — Bergaigne, qui voyait dans *snú* un mot désignant la surface du ciel, traduit : « L'aigle a apporté Bhujyu, c'est-à-dire le soma ainsi nommé du haut du ciel comme il apporte les compagnons d'Indra (*indrâvatas* considéré comme un accusatif pluriel), c'est-à-dire les Maruts ou plus généralement les dieux. » — MM. Roth et Grassmann lisent *indrâvantas*. M. Ludwig propose de son côté *indrâvatos*[1]. Voir d'ailleurs Bergaigne (*loc. cit.*) sur le sens qu'ils tirent de l'hémistiche ainsi corrigé et les critiques qu'encourt leur interprétation.

Enfin M. Pischel (*Ved. Stud.*) fait de *indrâvatas*, et je l'ai suivi en ceci, un ablatif singulier, régime de *jabhâra ;* seulement il croit (à tort, à mon avis) que c'est une épithète du ciel.

3.-4. — Le bouillonnement de la libation non encore transformée en flammes par l'effet du feu qui la surmonte est comparé à l'aile de l'aigle qui s'agiterait au dedans d'elle. Puis cette aile est représentée comme attachée au char de l'oiseau qui s'envole

[1] Ou aussi maintenant, *paravâtó;* voir *Ueber Methode*, p. 66.

et qui figure les flammes de la libation. *Prásitasya* au 4ᵉ pâda (cf. *prásiti* pour le sens) fait antithèse à *antás* au 3ᵉ pâda : l'aigle avec son aile (ou ses ailes) est au dedans (des libations), puis il s'envole au dehors, au loin. — Bergaigne traduit : « L'aile de cet oiseau parcourant sa route a volé entre (le ciel et la terre). » Ce qui précède suffit, je crois, à la critique de cette interprétation.

5

ádha çvetáṃ kaláçaṃ góbhir aktám
âpipyânáṃ maghávâ çukrám ándhaḥ,
adhvaryúbhiḥ práyataṃ mádhvo ágram
índro mádâya práti dhat píbadhyai
çúro mádâya práti dhat píbadhyai

« Puis le généreux Indra, le héros, établit pour la liqueur du sacrifice, afin de (pouvoir) la boire, une cruche brillante arrosée par (le lait des) vaches, un liquide (?) enflammé qui se développe, une pointe issue du doux que lui offrent les sacrificateurs. »

1 et 4. — Indra établit pour boire le soma une cruche brillante ointe de lait qui n'est autre que la flamme sur laquelle on verse la libation assimilée à une cruche qui sert de réceptacle à celle-ci; cf. IX, 96, 22 : *aktó góbhiḥ* (le soma arrosé par le lait, c'est-à-dire consistant en lait ou en liquides nutritifs analogues) *kaláçâñ â viveça.*

2. — Indication d'une autre forme de la flamme qu'Indra fait naître pour le *máda*, c'est-à-dire qu'il développe en lui : un *ándhas* allumé ou brillant qui prend de l'extension. Mais que faut-il entendre au juste par *ándhas*, si souvent rapproché de *máda* « liqueur » et de verbes ayant le sens de boire? Doit-on y attacher comme on l'a cru, le sens de plante et, en particulier, celle d'où on tirait le soma (cf. *óṣadhi*)? Il est permis de conjecturer que ce mot doit être un synonyme de *támas*, *rajás*, etc., et désignait la libation considérée comme obscure (cf. *andhá* et les trois passages I, 62, 5 ; I, 94, 7 et VII, 88,2, où Grassmann attribue à *ándhas* le sens d'obscurité).

3. — Troisième forme de la flamme développée par Indra (identique d'ailleurs à lui-même) : la pointe du feu (cf. le vajra) venant du doux soma (*mádhvas*, ablatif) et offerte, présentée, portée en avant, tendue par les sacrificateurs, c'est-à-dire les somas qui font l'oblation du sacrifice puisqu'ils la constituent. — En résumé, le texte du 2ᵉ pâdas et du 3ᵉ est en quelque sorte formé d'appositions au sens exprimé par le texte du pâda 1 et en particulier par le mot *kalâça* qui, lui seul, est en rapport logique direct avec le sens des pâdas 4 et 5.

En dehors du paragraphe du troisième volume de la *Religion védique* où Bergaigne a interprété, contradictoirement à MM. Roth, Grassmann et Ludwig, l'hymne IV, 27, il a touché encore au mythe de la descente du soma au tome I, p. 173-174, et au tome II, p. 247-248, du même ouvrage. Ce qui précède me dispense de le suivre dans ces exposés où, à part les textes que nous venons de voir, l'auteur ne trouve guère d'appui pour sa théorie qu'au vers VIII, 89, 8, duquel il résulterait que « c'est dans le ciel que l'oiseau lui-même s'est fait l'échanson d'Indra. »

Voici ce vers dont le sens réel est bien différent sur le point qui nous intéresse de celui qu'y voyait Bergaigne :

mánojavâ áyamâna
âyásîm atarat puram,
dívaṃ suparṇó gatvâya
sómaṃ vajríṇa âbharat

« L'oiseau s'en allant avec une vitesse qu'il tenait du *mánas* (cf. ci-dessus, p. 306) a franchi la nourriture (ou la citadelle) d'airain ; il a apporté le soma au porteur de vajra (Indra) pour qu'il (le soma) aille au ciel (c'est-à-dire dans Agni, ou simplement, pour qu'il passe dans la lumière, dans le jour, qu'il devienne brillant, qu'il s'enflamme). »

Nous en tirerons une conclusion que suggèrent tous les aspects sous lesquels on peut examiner le contenu des hymnes, si l'on prend soin de rendre préalablement aux mots importants leur sens véritable, c'est que les sacrificateurs védiques n'avaient pas encore l'imagination hantée par des mythes. Ils étaient positivistes par absence de facultés idéalistes et, de même que tous les mots de leur langue n'avaient qu'un sens concret, toutes leurs idées religieuses ne reposaient guère jusque là que sur les impressions matérielles provoquées en eux par le jeu respectif des éléments du sacrifice.

Quant à la question de savoir si, à l'origine, l'institution même du sacrifice n'impliquait pas un idéal, je me réserve de la traiter plus tard et de montrer comment la solution qu'elle comporte est conciliable avec le caractère essentiellement positif des hymnes.

APPENDICE

LE MYTHE DE ROHITA

TRADUCTION RAISONNÉE DU TREIZIÈME LIVRE DE L'ATHARVA-VÉDA

En reprenant, après M. V. Henry, la traduction du treizième livre de l'*Atharva-Véda* [1] dans le dessein de permettre la comparaison de ma méthode avec la sienne et de faire en sorte qu'on puisse juger entre elles d'après les résultats, mon premier soin sera de fournir quelques indications sur l'histoire du mythe auquel les hymnes de ce livre sont consacrés. D'après M. Henry (Préface, VIII), « le dieu Rohita, incarnation *évidente* du soleil, avec son épouse Rohiṇî, qui *sans doute* représente l'aurore, n'apparaît guère que dans ce livre même et parfois çà et là dans la littérature postérieure. « Ainsi le dieu Rohita et le couple Rohita-Rohiṇî, ajoute-t-il plus loin, sont inconnus au *Rig-Véda.* »

Ces assertions sont des plus contestables ; pour en admettre l'exactitude, il faut supposer, entre le *róhita* « vraiment nom propre » dans l'*Atharva*, et le *róhita* « simple épithète, désignant un attribut, suggérant toujours un nom sous-entendu » du *Rig-Véda*, une différence d'origine et de nature d'autant moins justifiée *a priori* qu'un des procédés les plus fréquents et les

[1] *Les Hymnes Rohitas. — Livre XIII de l'Atharva-Véda*, traduit et commenté par V. Henry (1891). — Les trois premiers hymnes de ce livre avaient déjà été traduits par M. Ludwig au t. III, p. 536-544, de son grand ouvrage sur le *Rig-Véda*.

plus sûrs de l'évolution mythique dans les Védas consiste précisément dans l'élévation au rang de désignation divine, ou de nom propre d'un dieu, d'une épithète qualifiant d'abord purement et simplement l'antécédent de ce dieu [1]. Aussi, ne disjoindrai-je pas les deux Rohitas, dans la persuasion où je suis que la meilleure méthode pour fixer la nature du second est de commencer par étudier celle du premier.

ROHITA, ROHIT ET ROHINÎ DANS LE RIG-VÉDA

Aux vers I, 39, 6, et VIII, 7, 28, le *prâṣṭi* (?) *rôhita* traîne le char auquel sont attelées les *pṛṣatîs*, ou les vaches laitières, qui personnifient les libations. Le *rouge* y personnifie donc à son tour le cheval-Agni dont les flammes traînent ou portent les eaux du sacrifice.

Aux vers VIII, 3, 22 et 24, le (cheval) *rôhita* est un don de Pâkasthâman, « celui qui a son séjour dans la (nourriture) cuite », personnification du soma qui est le nourricier *(bhojá)* du cheval en question. Ici encore il s'agit de la libation enflammée ou d'Agni.

Au vers V, 36, 6, Çrutáratha, « celui dont le char se fait entendre », c'est-à-dire Agni en tant que forme du soma enflammé, a manifesté les deux (chevaux) rouges qui possèdent le *vája (vâjinau)* ou la nourriture du sacrifice, la libation. Toujours le même symbole, — les chevaux rouges, ou les flammes d'Agni, distingués de lui-même sont au nombre de deux, à cause du char dont ils forment l'attelage *(bigæ)*.

Explication analogue pour les deux rohitas du vers VIII, 57, 15, — les deux coursiers *(átyâ)* rohitas arrosés de *ghṛtá* du vers IV, 2, 3, — les deux rohitas du vers X, 60, 6, — les deux rohitas rouges *(aruṣâ)* excités par le vent *(vâtajûtâ)* qu'Agni à la voix de taureau attelle à son char, du vers I, 94, 10, les-

[1] Le sens propre de *rôhita* est « rouge », substantivement « le rouge » ; *rohit* le même sens et *rôhiṇî* est le féminin correspondant à l'un et à l'autre

quels sont évidemment les mêmes que les deux rohitas rouges *(aruṇâ)* attelés par le vent *(vâyú)* au vers I, 134, 3, = les deux rohitas bruns *(çyâvā́)* ou rouges *(aruṣā́)* du char d'Agni au vers II, 10, 2, = les deux rohitas du sacrifice, baignés de *ghṛtá* qu'Agni est prié d'atteler à son char, vers III, 6, 6, = les deux rohitas que (les prêtres) attellent au sacrificateur au large éclat qui reçoit de nombreuses libations *(purumî̇lhā́ya)*, c'est-à-dire à Agni.

Au vers IV, 6, 9, les chevaux d'Agni (au pluriel cette fois =, ses flammes) sont les rohitas baignés de *ghṛtá*, rapides, etc.

L'emploi significatif de *róhita* dans ces différents passages a pour équivalent celui de *rohít* dans plusieurs autres.

Aux vers I, 45, 2 ; IV, I, 8 ; VIII, 43, 16 ; X, 7, 4, et X, 98, 9, Agni est appelé *rohídaçva*, « celui qui a des chevaux rouges. »

Aux vers I, 14, 12, et VII, 42, 2, le sacrifiant prie Agni d'atteler ses chevaux rouges, dans le premier à son char, dans le second au soma *(sutè)*, ce qui montre d'une manière aussi précise que possible de quels chevaux il s'agit.

Même prière est adressée, vers V, 56, 6, aux Maruts, dont les chevaux rouges sont aussi les flammes du sacrifice.

Dans un seul passage, vers I, 100, 16, le *rohít* est le cheval d'Indra

Le féminin *róhiṇî* s'emploie, d'après l'analogie des masculins *róhita* et *rohít*, à la désignation des flammes du sacrifice. C'est ainsi qu'au vers I, 62, 9, le poète s'adressant à Indra lui dit qu'il a placé le *pakvá*, ou le lait cuit, dans les (mamelles) crues, et le lait brillant dans les noires (devenues) rouges ; ce qui signifie qu'il a enflammé les liqueurs du sacrifice. Les mamelles crues sont les réceptacles de la libation avant qu'ils n'aient reçu le *pakvá* = *ghṛtá*, de même que les noires sont les flammes encore absentes qui doivent s'en élever et qui apparaîtront ou deviendront rouges par la combustion du *pakvá*.

La même figure revient au vers VIII, 82, 13, dans lequel on dit à Indra qu'il a placé le lait brillant dans les noires qui sont rouges.

On peut conclure avec certitude de ces différents passages que dans le *Rig-Véda*, le *rôhidaçva*, le *rôhita áçva* ou le *rôhita* tout court, est le symbole de la flamme d'Agni distinguée de lui-même, c'est-à-dire un *alter ego* d'Agni considéré comme la libation enflammée.

C'est dans un sens identique que nous retrouvons les mots *rôhita* et *rôhiṇî* employés dans l'*Atharva*, hymne I, 22. Cet hymne dont le sens primitif, comme il est presque toujours arrivé, a été complètement oublié à l'époque brâhmanique et où l'on a vu une conjuration contre la jaunisse, s'adresse en réalité à Agni et concerne exclusivement le sacrifice.

Au vers 1, l'éclat *(harimâ)* du cœur d'Agni est invité à s'élever vers le soleil ; quant à lui, il doit se souffler (c'est-à-dire faire en sorte de s'allumer) avec l'éclat du bœuf rouge *(rôhita)*. L'éclat du bœuf rouge (ou de la libation enflammée) l'allumera comme s'il se soufflait avec lui.

Au vers 2, premier hémistiche, formule analogue : on dit à Agni qu'il s'allume avec de rouges éclats pour vivre longtemps.

Le deuxième hémistiche, dont le premier pâda est emprunté au *Rig-Véda* (x, 137, 5), présente une difficulté sur le sens de *âharita*, mais qui n'est pas de nature à modifier l'interprétation de ce qui précède.

Au vers III, Agni s'allume (et par là revêt leur éclat et leur force) avec les divinités rouges, les vaches rouges *(rôhiṇî)*, — c'est-à-dire, comme précédemment, les libations enflammées [1].

Le Rohita du treizième livre de l'*Atharva* ne diffère du précédent qu'en ce que sa personnalité a pris un caractère tout à fait indépendant : ce n'est plus le cheval rouge d'Agni, mais le Rouge, changement d'ailleurs tout de style et qui n'intéresse pas les idées issues de la conception originelle d'après laquelle ce cheval rouge est le résultat d'une métaphore appliquée à la flamme du

[1] Je continue à traduire sans hésiter, en m'appuyant sur l'étymologie et sur les nécessités du contexte, *devatyâ* pour *devatyâs*, pluriel de *devatyâ*, fém., par « divinités ».

sacrifice servant de véhicule à la libation. Ces idées, nous allons les retrouver dans les hymnes de l'*Atharva*, et il ne suffira pas, pour que nous hésitions à les y reconnaître, de voir Rohita appelé expressément le Soleil *(sûrya)*, ou comparé à l'astre de ce nom. La rhétorique védique nous a trop habitués à la valeur réelle de ces identifications de pure forme pour que nous en soyons dupes, et que nous nous laissions glisser par là dans une erreur semblable à celle dont la mythologie indo-européenne tout entière est issue.

Hymne XIII, 1 de l'Atharva-Véda

1

udéhi vâjin yó apsv àntár
idám râṣṭrám prá viça sûnṛ́tâvat,
yó róhito viçvam idám jajấna
sá tvâ râṣṭrấya súbhṛtam bibhartu.

« Élève-toi, ô possesseur du *vấja*, toi qui es dans les eaux ; pénètre cette direction qui est riche en libations. Que Rohita qui a engendré tout ce (sacrifice) t'apporte bien porté à la direction. »

Il faut se représenter le sacrificateur devant l'autel et s'adressant aux éléments (ou aux divinités) du sacrifice.

Pâda 1. — *Vâjin*, M. Henry : « conquérant du butin ». Et en note : « Il ne peut être, dans l'acception naturaliste, que le soleil couché. » — Le *vâjin* est celui qui a le *vấja*, c'est-à-dire la nourriture (la fortifiante) en quoi consiste la libation ou les eaux dont parle le texte. En d'autres termes, c'est Agni naissant invoqué par le sacrificateur. Tout ceci est liturgique et l'acception naturaliste qu'indique M. H. est purement imaginaire.

2. — M. H. : « Pénètre ce royaume de la jeune vigueur. » — *Râṣṭrá* ne saurait signifier ici « royaume », ou « contrée sur

laquelle on règne », et à l'hémistiche suivant « fait de régner » (*râṣṭrâya*, « pour que tu règnes », M. H.). Le sens réel dans les deux cas est « direction, acte qui consiste à diriger, à gouverner. »

Agni dont le rôle est de diriger l'oblation vers le ciel, est invité à l'exercer, — « pénètre cette direction », revenant à dire « dirige ».

M. H. (en note) : « Quel que puisse être le sens originaire du mot *sûnṛtâ*, on peut affirmer que *sûnṛtâvat* est ici un neutre adverbial, et non une simple épithète de *râṣṭrám.* » — C'est exactement le contraire qui est vrai ; le sens est d'ailleurs « pourvu de dons », et non pas « vigueur juvénile. »

3-4. — Rohita, personnification des flammes d'Agni, est distingué d'Agni proprement dit, d'Agni abstrait en quelque sorte : celui-là apporte, amène, celui-ci pour qu'il exerce la direction dont il a été question précédemment. Rohita, en tant que porteur de la libation, est par excellence l'auteur du sacrifice. *Bibhartu*, M. H. : « Qu'il te nourrisse ; » — faux sens.

2

úd vấja ấgan yó apsv àntár
viça ấ roha tvádyonayo yấḥ,
sómaṃ dádhâno' pá óṣadhîr gấç
cátuṣpado dvipáda ấveçayehá.

« Il s'est élevé le *vấja*, qui est dans les eaux. Monte sur les demeures qui sont tes matrices. T'emparant du soma, des eaux, des *óṣadhîs*, qui sont des vaches, fais pénétrer ici des quadrupèdes (qui deviennent) des bipèdes. »

1. — Le *vấja* s'est élevé par l'intermédiaire du *vâjin* : Agni entraîne dans ses flammes le soma volatilisé.

2. — M. H. : « Monte sur les tribus dont tu fus la matrice », et en note : « Il s'agit dans le sens mythique des tribus divines, des dieux ou êtres lumineux, tous nés du soleil. » — *Viças*

signifie ici « demeures » et non pas « tribus » ; ces demeures sont les eaux où séjournait Agni à l'état *d'ajá* (non né), avant de s'élever au-dessus d'elles avec ses flammes. Quant à l'expression *tvádyonayo yā̃ḥ*, elle ne saurait signifier que : « Elles (ces demeures qui sont les eaux du sacrifice) qui sont tes matrices. » La traduction adoptée par M. H., d'après le *Dictionnaire de Saint-Pétersbourg*, est difficile à mettre d'accord avec la grammaire et sans conciliation possible avec les exigences du contexte, d'où l'explication de pure fantaisie que nous avons reproduite.

Dans ce pâda, le poète s'adresse à Rohita nettement identifié maintenant avec Agni.

3. — Le soma, les eaux, les *óṣadhis* et les vaches, qui produisent simultanément les liqueurs du sacrifice, sont une seule et même chose, à savoir ces liqueurs mêmes dont Rohita-Agni est invité à s'emparer.

4. — M. H. : « Empare-toi... des quadrupèdes, des bipèdes et fais-les pénétrer ici. » — Fausse construction ; selon toute vraisemblance, *cátuṣpadaṣ*, avec *dvipádas* qui lui est apposé, est le seul régime de *ā̃veçaya*. Les quadrupèdes sont les vaches dont il vient d'être question, et les bipèdes font allusion aux oiseaux qui figurent si souvent dans les hymnes védiques les flammes d'Agni. L'idée est présentée deux fois de suite (pâdas 3 et 4) sous la forme paradoxale si chère aux rishis. Cf. ci-dessous III, 24.

3

yûyám ugrā̃ marutaḥ pṛçnimâtara
índreṇa yujā̃ prá mṛṇîta çátrûn,
ā̃ vo róhitaḥ çṛṇavat sudânavas
triṣaptā̃so marutaḥ svâduṣaṃmudaḥ.

« Ô vous robustes Maruts qui avez la Pṛçni pour mère, brisez les ennemis avec l'aide d'Indra. Que Rohita vous écoute, ô vous qui avez de beaux flots, ô vous, les vingt et un Maruts, qui vous enivrez des douces (liqueurs). »

1-2. — Les Maruts sont les flammes d'Agni personnifiées, c'est à ce titre qu'ils ont la vache (Pṛçni) pour mère. — Les ennemis qu'ils forcent avec l'aide d'Indra, sont les obstacles qui peuvent s'opposer à la célébration du sacrifice. Ces obstacles également personnifiés, ne sont souvent que la négligence du sacrificateur que représentaient, par exemple, les *árâtis* (absences d'oblations, non célébration du sacrifice), par opposition aux *râtis* (dons, sacrifices).

3. — M. H. : « Que Rohita vous exauce ». — Rohita n'a pas à exaucer des Maruts qui n'ont rien à lui demander ; mais il peut prêter l'oreille au bruit qu'ils font en coulant ou en crépitant une fois allumés, et leur donner accès auprès de lui.

4. — M. H., en note : « Il se peut donc que *trišaptá* soit un nombre de pure fantaisie ». — Les libations étant au nombre de sept à chaque sacrifice, les Maruts qui viennent d'elles sont les trois (fois) sept, eu égard aux trois moments quotidiens du sacrifice.

4

rúhô ruroha róhita ấ ruroha
gárbhô jánînâṃ janúšâṃ upástham,
tấbhiḥ sáṃrabdham ánvavindant šáḍurvî̂r
gâtúṃ prapáçyann ihá rấšṭrám ấhâḥ.

« Rohita a monté sur celles qui montent ; le fœtus des mères a monté sur la matrice des naissances. Les six larges ont trouvé celui qu'elles ont enveloppé ; ayant en vue l'arrivée ici, il (Rohita) a pris la direction (qui y conduit). »

1. — M. H. : « Il a gravi les rampes ». — Celles qui montent ne sont pas les rampes. Il s'agit, comme auparavant, des eaux de la libation qui s'élèvent dans les airs à l'aide d'Agni, mais sur lesquelles celui-ci peut être considéré comme s'élevant d'abord lui-même.

2. — Les génératrices ou « les femmes » (M. H.) dont Rohita est le fœtus, sont également les libations. — La matrice des naissances est dite pléonastiquement pour le lieu où les naissances (d'Agni) prennent naissance, c'est-à-dire les liqueurs du sacrifice. D'ailleurs, le fœtus qui monte sur sa matrice est une formule paradoxale, dans le style des poètes védiques.

M. H. a raison de comparer l'expression « le giron » (proprement « la matrice ») des naissances, avec celle du vers 2, *tvád-yonayaḥ ;* mais il aurait dû y voir l'indication de l'erreur qu'il a commise en traduisant cette dernière par « la matrice des dieux », alors que, dans l'un et l'autre cas, il s'agit des eaux mères d'Agni, ou les matrices dont il sort.

3. — M. H. : « De concert avec les femmes, ils ont trouvé les six larges (cieux et terres) ; » — grave contresens. Il est de toute impossibilité grammaticale que, dans l'expression *tā́bhiḥ sáṃrabdham*, le second mot, qui est à l'accusatif singulier, soit une sorte de préposition ayant le sens d'« avec », servant de sujet, avec son complément *tā́bhiḥ*, au verbe à la troisième personne du pluriel *ánvavindant.* Il serait difficile à M. H. de trouver une seule « syllepse » du même genre dans toute la littérature sanscrite. *Urvī́ḥ* est le vrai sujet du verbe dont *sáṃrabdham* est le régime direct. Les six « larges » sont les sept libations moins une que représente Rohita, lequel correspond au *bṛhát* du vers du RV. x, 14, 16 ; cf. aussi RV., i, 164, 6, où l'*un* (Agni) fait tenir debout les six *rájas* (les libations, abstraction faite d'Agni qui compte pour une). — Les larges (eaux) enveloppent Agni qu'elles ont trouvé, vers lequel elles ont été versées.

4. — Agni voit sa route, parce qu'il brille, qu'il s'éclaire ou est éclairé. — « L'arrivée ici » — ; il sort des eaux pour entrer dans l'atmosphère ambiante ou le ciel. — M. H. : « Il a apporté ici la royauté ; » — pas de sens précis ou qui soutienne l'analyse. Agni, se proposant de venir *ici*, prend, saisit la *direction* (personnifiée en quelque sorte ; les poètes védiques voient tout en images) qui y conduit (cf. ci-dessus vers 1).

5

ā́ te rāṣṭrám ihá róhitó 'hārṣīd
vyā́sthan mṛ́dho ábhayam te abhūt,
tásmai te dyāvāpṛthivī́ revátībhiḥ
kā́mam duhātâm ihá çákvarībhiḥ.

« Rohita a pris la direction pour t'amener ici ; il s'est séparé des tardifs ; la sécurité t'a été acquise. Que par l'effet des *revátîs* (les riches) et des *çákvarîs* (les puissantes), le brillant et la large [1] fassent couler pour toi ce qui t'est agréable. »

1. — Cf. le pâda 4 du vers précédent ; distinction, comme au vers 1, entre Rohita et Agni.

2. — L'expression *vyā́sthan* (pour *vyā́sthân* ?) *mṛ́dhaḥ* équivaut probablement pour l'idée à *ajahâd árâtîḥ*, RV. IV, 26, 7. — M. Henry : « Il a dispersé les ennemis ; » — *mṛ́dh* ne signifie pas « ennemi », mais « celle qui tarde, retarde ou empêche (le sacrifice de s'accomplir, les libations de couler »). Quand les *mṛ́dhas* sont écartées ou laissées de côté, le sacrifice peut avoir lieu et la sécurité est acquise à Agni.

3-4. — M. H. : « puissent pour toi le ciel et la terre, par les *revátîs*, à ton désir, se laisser traire par les *çákvarîs* ; » — et en note : « Il s'agit bien entendu des stances du Raivata-Sâman et du Çâkvara-Sâman : « ces riches » et ces « puissantes » sont les trayeuses ; le ciel et la terre (sont) les vaches ; le lait (est) l'objet du désir, *kā́mam*, accusatif régi par un verbe au sens passif. »

Autant de mots, autant d'erreurs : *duhatâm* [2] n'a pas le sens passif, mais le sens actif ; les flammes du sacrifice et la libation réunies (et non pas le ciel et la terre) distillent ou font couler au moyen des *revátîs* et des *çákvarîs*, c'est-à-dire des

[1] Pour le sens de *dyā́vāpṛthivī́*, voir ci-dessus, p. 163.

[2] Il est absolument impossible, et sans exemple, que ce verbe ait pour sujet logique un mot à l'instrumental.

libations personnifiées (cf. RV. x, 30, 8 et 12; x, 71, 11; vii, 33, 4, etc.) le *kâma* ou l'agrément (la liqueur agréable), grâce qui à Agni s'élève tranquillement sur l'autel.

6

róhito dyā̆vâpṛthivī̆ jajā̆na
tátra tántuṃ parameṣṭhī̆ tatā̆na,
tátra çiçriye 'já ékapâdó
'dṛṃhad dyā̆vâpṛthivī̆ bálena

« Rohita a engendré le brillant et la large; c'est en lui que Paramešthin a étendu son fil; c'est en lui qu'est allé Aja-Ekapâda. Il a affermi le brillant et la large par sa force. »

1. — Rohita-Agni a engendré (c'est-à-dire réalise) l'union des flammes du sacrifice et de la libation.

2. — Au point de vue étymologique, Paramešthin est celui qui se tient tout au-dessus, à savoir Agni, opposé au soma qui est au pied de l'autel et distingué sous ce nom de son doublet Rohita, dans lequel *(tátra)* il étend son fil ou sa flamme.

3. — Aja-Ekapâda, « le non né qui n'a qu'un pied », autre nom d'Agni en tant que plongé dans la libation. Là, il ne brille pas, ou n'est pas né, mais il a comme un pied qui supporte sa partie brillante. Du reste, en sortant de là, en naissant, il s'unit à Agni proprement dit ou à Rohita. — M. H. : « A ce (fil) s'est appuyé Aja-Ekapâda ». — *Tátra* ne se rapporte pas à *tántum*, et *çiçriye* ne signifie pas « il s'est appuyé », en dépit du rapprochement qu'on peut établir entre cette forme et le grec κέκλιται.

4. — Rohita-Agni, solidairement avec ses *alter ego*, Paramešthin et Aja-Ekapâda, affermit l'union et assure l'ascension des flammes et de la libation par la force dont il dispose, c'est-à-dire par la libation même.

7

róhito dyā̆vâpṛthivī̆ adṛṃhat
téna svà stabhitáṃ téna nā̆kaḥ,
ténântárikšaṃ vimitâ rájâṃsi
téna devā̆ amṛ́tam ánvavindan

« Rohita a affermi le brillant et la large ; le ciel, l'atmosphère a été soutenu par lui ; par lui, l'espace intermédiaire ; par lui, les *rájas* ont été édifiés ; par lui, les dieux ont trouvé ce qui n'est pas mort. »

Mêmes idées qu'au vers précédent. — M. H. : « Le svár est le ciel suprême et mystérieux, connu des dieux seuls et soutenu par la « voûte » du firmament ; » — fantaisies pures.

Au pâda 4, M. H. traduit : « Par lui, les dieux ont trouvé le (principe) immortel ; » et en note : « Ou l'ambroisie, le soma céleste qui les fait immortels ». En réalité, l'expression revient à dire que les dieux, d'inertes qu'ils étaient, ont trouvé la vie avec la production des flammes du sacrifice.

3. — M. H. : « Par lui, ont été mesurés l'atmosphère et les espaces. » — La racine *mâ* précédée du préfixe *vi* ne signifie pas « mesurer », mais « construire » ; ici, le régime à l'accusatif *rájâṃsi* exprime, non pas l'objet construit, mais la matière employée à la construction. Ce sont les *rájas*, les eaux de couleur sombre des libations, que Rohita-Agni a édifiées, dressées (dans le ciel) au moyen de ses flammes.

8

vi róhito amṛçad viçvárûpaṃ
samâkurvâṇáḥ prarúho rúhaç ca,
divaṃ rûḍhvā̆ mahatā̆ mahimnā̆ sáṃ
te râšṭrám anaktu páyasâ ghṛténa

« Rohita (le rouge) s'est uni à (s'est incorporé) Viçvarûpa (celui qui a toutes les couleurs ou toutes les formes), en produisant celles qui montent, celles qui vont en avant. Ayant monté au ciel par l'effet de sa haute grandeur, qu'il fournisse à ta direction le beurre et le lait (ou le lait qui est le ghṛta, c'est-à-dire du ghṛta, qui est pour toi comme du lait nourricier). »

1. — Le rouge qui s'unit à celui qui a toutes les couleurs (le soma), sorte de paradoxe.

Pour le sens de *vi mṛç*, cf. RV. x, 88, 16, *mánasâ vimṛṣṭam (agnim)*.

M. H. : « Rohita a palpé l'ensemble des formes »; et en note : « *Viçvárûpam* neutre équivaut à *viçvaṃ rûpám* : le soleil caresse de ses rayons tous les êtres ». — Grave erreur au point de vue grammatical; l'usage constant de la langue ne permet pas de traduire *viçvárûpam* par « toutes les formes », ou par le trompe-l'œil « l'ensemble des formes ». De plus, l'idée n'a rien de védique et il ne s'agit pas du soleil.

2. — De l'union ou du rapprochement de Rohita et de Viçvarûpa, naissent les libations enflammées et personnifiées, « celles qui montent, etc. »

M. H. : « En gravissant ses rampes et ses montées », — traduction impossible pour bien des raisons, ne serait-ce que parce que les mots *rúh* et *parúh*, ne sauraient être que des noms d'agents. La note suivante qui se rapporte à ce passage, est bien étrange : « Les montées et les descentes (où est-il question de descentes ?) du soleil sont exactement égales, et c'est parce qu'elles le sont qu'il caresse également toutes les formes. »

3. — Il faut prendre tous les mots du texte dans le sens le plus concret : Rohita-Agni s'élève dans le ciel par la hauteur même avec laquelle ses flammes s'y développent.

4. — Le texte revient à dire que Rohita, en apportant à Agni la libation de beurre clarifié, facilite sa marche, la direction qu'il prend vers le ciel. — M. H. : « Puisse-t-il oindre ta royauté de lait et de beurre; » — non sens.

9

yā̆s te rúhaḥ prarúho yā̆s ta ârúhō
yā̆bhir âpṛṇā̆si divam antárikšam,
tā̆sâṃ bráhmaṇâ páyasâ vâvṛdhânó
viçi râšṭré jâgṛhi róhitasya

« Les tiennes qui montent, s'avancent, s'élèvent, (elles) à l'aide desquelles tu remplis le jour, l'*antárikša*, — croissant par *bráhman*, (pareil à) du lait, éveille-toi dans cette résidence qui est la direction de Rohita. »

Rohita-Agni est comparé à un nourrisson, — celui de ses filles de tout à l'heure (les libations personnifiées), (paradoxe) —, qui remplissent, c'est-à-dire nourrissent le couple *dyā̆vâpṛthivī̆* auquel correspond l'expression *divam antárikšam*. Sur ce dernier mot, voir plus haut, page 159, seqq.

Il grandit en savourant leur lait, c'est-à-dire la liqueur fortifiante *(bráhman)* qu'elles lui offrent. Le poète l'engage d'ailleurs à s'éveiller, c'est-à-dire à s'allumer dans sa demeure qui est une direction, — entendons, le mouvement de bas en haut auquel obéit la flamme sur l'autel, et qui est considéré, par une comparaison bien védique, comme la résidence du feu personnifié.

M. H. : « Tes rampes, tes montées et tes ascensions *(rúh, prarúh*, etc., je l'ai déjà dit, ne peuvent être que des noms d'agents), dont tu emplis le ciel et l'espace (« emplir », appliqué ici aux montées prétendues du soleil dans le ciel est un pur gallicisme), pour elles (le texte dit « d'elles »), fortifié de sainteté (ce mot n'a pas de sens dans le Véda) et de lait, veille dans la tribu *(viç* signifie ici « demeure », et non « tribu »), dans le royaume de Rohita. » — Contresens continu.

10

yā̆s te viçás tápasaḥ sambabhûvúr
vatsáṃ gâyatrī̆m ánu tā̆ ihā̆guḥ,
tā̆s tvā̆ viçantu mánasâ çivéna
sáṃmâtâ vatsó abhyétu róhitaḥ

« Tes demeures, qui sont nées du feu, ont suivi ici le veau qui est la *gâyatrî*; qu'elles pénètrent en toi par le désir, par le propice (le soma); que le veau Rohita arrive avec sa mère. »

1-2. — Les demeures de Rohita-Agni (les libations enflammées) ont suivi sur l'autel le veau-*gâyatrî*, c'est-à-dire Agni lui-même considéré maintenant comme un veau (qui tète la vache-libation) et qui crépite, ou beugle la *gâyatrî* ou l'hymne.

3. — Les demeures de Rohita-Agni (les libations) sont invitées à le pénétrer (paradoxe), à l'aide du soma désigné souvent, nous le savons, par le mot *mánas*.

4. — Même idée sous une nouvelle forme : le veau Rohita est Rohita-Agni, fils de la vache-libation que le sacrificateur appelle sur l'autel en compagnie de sa mère.

A quelque point de vue qu'on se place, et qu'on applique ce vers au « taureau-soleil » ou à Agni, il présente dans l'interprétation de M. H., un logogriphe indéchiffrable : « Les tribus (?), qui sont nées de ta chaleur ont suivi ici le veau (?) et la *gâyatrî* qui (l'accompagne) : qu'elles pénètrent en toi (?) d'un cœur propice (?) ; qu'avec sa mère s'avance le veau rouge (Rohita). »

11

úrdhvó róhitó ádhi nâke asthâd
viçvâ rûpâṇi janáyan yúvâ kaviḥ,
tigménа agnír jyótiṣâ ví bhâti
tṛtîye çakre rájasi priyâṇi

« Rohita se tient debout tout droit dans le ciel (auquel Agni est comparé), jeune, sage, produisant toutes les formes (du sacrifice). Agni, de sa flamme ardente (ou acérée), brille (dans les airs) ; il se procure des choses agréables dans un troisième (lieu qui est) le *rájas*. »

1-2. — M. H. : « Rohita s'est dressé debout contre la voûte » ; *ádhi nâke*, signifie « dans le ciel », et non « contre la voûte ». — Il s'agit de l'ascension et du séjour d'Agni au ciel, c'est-à-dire de sa manifestation sous la forme de flammes brillantes dont l'éclat est comparé à celui du ciel.

4. — M. H. : « Dans le troisième espace ». — Il eût été plus intéressant de nous apprendre quel est cet espace, que de nous parler de *samasyâpûrti*, ce dont nous n'avons que faire ici, en dépit de l'érudition que témoigne la connaissance de ce procédé d'amplification à l'usage de l'exégèse brâhmanique. Au vers 9, le poète a énuméré deux séjours d'Agni ; l'un, dans le *dyaûs* et l'autre dans l'*antárikša*. Il s'agit maintenant d'un troisième dans le *rájas* ou le (liquide) sombre (des libations). Ce passage, on le voit, est des plus importants pour la détermination du sens védique du mot *rájas*. — M. H. : « Il a pris (les formes) qui (nous) sont chères ». — L'hypothèse d'une *samasyâpûrti* a égaré M. H. ; il ne fallait pas sous-entendre ici *rûpā́ṇi* et encore moins ajouter « nous » au texte. Les choses chères ou agréables (à Rohita-Agni) sont les libations.

12

sahásraçṛṅgo vṛšabhó jâtávedâ
ghṛtā́hutaḥ sómapṛšṭhaḥ suvī́raḥ,
mā́ mâ hâsîn nâthitó nettvā́ jáhâni
gópošáṃ ca me vīrápōšáṃ ca dhehi

« Le taureau aux mille cornes, Jâtavedas, très fort est arrosé de ghṛta et arrosé de soma ; soigné (par moi), qu'il ne m'abandonne pas. Que je ne t'abandonne pas, et établis pour moi l'abondance de vaches (ou de lait) et l'abondance de force (ou de ce qui rend fort, la nourriture) [1]. »

2. — M. H. : « Dont l'échine porte le soma. » — Même en donnant à *pṛšṭhá* le sens de dos ou d'échine, il est bien difficile de justifier cette traduction du composé *sómapṛšṭha*.

3. — M. H. : « Puissé-je dans ma détresse ne point t'aban-

[1] C'est-à-dire donne (aux dieux) l'abondance de la nourriture (la libation) qui vient de moi, etc.

donner ». — *Nâthitá* signifie « protégé, soigné », et non pas « en détresse ». Le premier hémistiche est précisément consacré à rappeler les soins dont le taureau Agni est l'objet de la part du sacrificateur. D'ailleurs, le verbe *hâsît*, en tête de l'hémistiche, exige un sujet qui est *nâthitá*.

13

róhito yajñásya jánitā́ múkham ca
róhitâya vā́cā́ çrótrena mánasâ juhomi,
róhitam devā́ yanti sumanasyámânâh
sá mâ róhaih sâmityai rohayatu

« Rohita est le père et la bouche du sacrifice. Je fais la libation à Rohita par la voix, l'ouïe et la pensée. Les dieux, d'un cœur rendu bienveillant, viennent à Rohita. Qu'il me fasse croître par ses marches ascendantes dans lesquelles je l'accompagnerai. »

1. — Rohita-Agni est l'exécuteur et, par conséquent, le père du sacrifice ; de même, il en est la bouche : c'est lui qui boit la libation afin que le sacrifice s'accomplisse.

2. — Il faut entendre que l'hymne chanté, écouté, et pensé par les sacrificateurs, est comme une libation qu'ils versent à Rohita, ou plutôt que la libation s'effectue par la voix, l'ouïe et la pensée du Soma qui crépite et prête l'oreille aux crépitements d'Agni.

3. — *Sumanasyámânâh* ; M. H. : « (les dieux) lui témoignant leur bienveillance. » — La forme montre que le sens doit être passif. Les dieux dont il s'agit sont, sans doute, les Somas.

4. — M. H. : « Qu'il me fasse monter par les rampes, afin que je m'unisse à lui. » — Le texte n'a pas été compris. *Róha* ne signifie pas « rampes », mais « élévation » (de la flamme d'Agni dans les airs). Ici les mots ont été attirés par les mots ou par les jeux de mots. Dès l'instant où Rohita monte, il est censé pouvoir faire monter ou croître (en richesse, en puissance, etc., celui qu'il favorise). M. H. substitue bien inutilement *sâmityai* à *sami-*

tyai(r). Ce mot ne signifie pas nécessairement, comme il a l'air de le croire, « (les montées) qui dépendent des assemblées religieuses » ; mais ici le sens est « (les ascensions) qui admettent compagnie » : Rohita fera monter le sacrificateur (ou ses oblations) avec lui.

14

róhito yajñám vyadadhâd viçvákarmaṇe
tásmât téjâṃsy úpa memẫny ã̂guḥ,
vocéyaṃ te nã̂bhiṃ bhúvanasyã̂dhi majmáni

« Rohita a distribué le sacrifice (l'oblation) à Viçvakarman (ou, pour créer toutes choses) ; c'est de lui que sont venues vers moi ces flammes. Puissé-je appeler ton nombril (la libation, ta nourriture) dans la grandeur (le développement igné) du producteur (le soma) ! » — Puissé-je faire (dit le sacrificateur en versant la libation) que le soma crépite et appelle en quelque sorte de nouvelles offrandes destinées à nourrir Rohita.

1. — M. H. : « C'est Rohita qui a distribué le sacrifice *pour* Viçvakarman ». — C'est donner au datif une valeur qu'il ne possède pas. L'idée d'ailleurs est fausse. Viçvakarman est à peine personnifié ; dans tous les cas, il ne représente ici que l'action d'Agni, développant le sacrifice par l'oblation.

2. — M. H. : « C'est de lui, que sont venues à moi les forces que voici ». — Le sens habituel de *téjas* est « flamme » ou « chaleur » du feu. Il n'y a aucune raison pour en voir un autre ici : les flammes d'Agni se manifestent pour le sacrificateur, viennent en quelque sorte au-devant de lui, quand le sacrifice s'accomplit.

3.-4. — M. H. : « Puissé-je invoquer ton moyeu sur la grandeur du monde ! ; » ou, en tenant compte du jeu de mots sur *nã̂bhi* : « Puissé-je proclamer ton origine ... ! »

Dans les deux cas, il y a un contresens pour la première partie, compliqué d'un non-sens pour la seconde. *Nã̂bhi* ne signifie ici ni « moyeu », ni « origine », mais « nombril » = cause productrice, et non effet produit.

15

â tvà ruroha bṛhaty ûtà paṅktir
â kakúb varçasâ jâtavedaḥ,
â tvâ rurohošṇihâkšarò vašaṭkârá
â tvâ ruroha róhito rétasâ sahá

« O Jâtavedas, à l'aide de la flamme s'est élevée vers toi la grande (ou la *bṛhatî)*, la *paṅkti*, la *kakúbh*. Vers toi s'est élevée la syllabe qui est l'*ušṇih*; (vers toi s'est élevé) celui qui prononce le *vašaṭ*; vers toi s'est élevé Rohita au moyen de la semence. »

Tout ce vers est rempli de jeux de mots sur les noms de mètres qui désignent étymologiquement, en outre, quelque autre partie des éléments du sacrifice.

1-2. — *Várcaṣâ*, M. H. : « Avec la splendeur ». — Le sens réel est beaucoup plus précis ; c'est *par le moyen de sa flamme* que Jâtavedas-Agni fait monter à lui, s'adjoint, la *bṛhatî*, c'est-à-dire à la fois la libation (la grande) et le mètre appelé ainsi, qu'il chante par ses crépitements, — la *paṅkti*, qui est aussi une sorte de mètre et un ensemble de cinq libations, — la *kakúbh*, encore une sorte de mètre, mais en même temps le « sommet » de la flamme d'Agni.

3. — M. H. : « Sur toi est montée l'invocation *váṣaṭ*, dont les syllabes font une *ušṇih*. » — Cette traduction est accompagnée d'une longue note où M. H. recherche oiseusement la signification de « l'étrange épithète *ušṇihâkšará* appliquée au cri *váṣaṭ* ». D'abord, il n'est pas sûr que cette application soit réelle ; on peut entendre : la syllabe qui est dans le cou (et qui est l'*ušṇih*, sorte de mètre) du feu du sacrifice, (et) celui qui pousse le cri *váṣaṭ*, à savoir le taureau-soma une fois uni au feu qui crépite (*vašaṭ-kârá* est ici, conformément à son aspect grammatical, un nom d'agent et non pas un nom d'action). Dans le cas où l'on admet l'accord, il faut traduire : « Celui qui pousse le cri *váṣaṭ*, dont

les syllabes sont dans le cou (du feu), ou forment l'*uṣṇih*; mais sans que l'auteur ait voulu faire entendre par là que le cri *váṣaṭ* a la même valeur métrique que l'*uṣṇih*, le jeu de mots ayant été sa principale préoccupation

4. — M. H. : « Sur toi est monté Rohita avec (son) sperme. » Il valait la peine d'expliquer que le sperme de Rohita, distingué ici d'une façon purement nominale d'Agni-Jâtavedas, n'est autre que la liqueur du sacrifice ou le soma. Du reste, il ne faut pas dire qu'il est monté *avec* son sperme (les instrumentaux de concomitance étant sinon absents, du moins bien rares dans le Véda), mais *par* l'effet de son sperme (cf. l'emploi de *várcasâ* au deuxième pâda), qui allume et alimente la flamme d'Agni.

16

ayáṃ vaste gárbhaṃ pṛthivyâ
divàṃ vaste 'yáṃ antárikṣam,
ayáṃ bradhnásya viṣṭápi
svár lokân vyânaçe

« Il (Rohita) se revêt du fœtus de la large (la libation); il (se revêt) du ciel (la flamme d'Agni), il se revêt de l'*antárikṣa*. Il a pénétré le ciel, les espaces (qu'occupent les flammes du sacrifice) dans le support du brillant (soma)[1]. »

1. — Le fœtus de la large que revêt, (c'est-à-dire dont on enveloppe) Rohita-Agni, est le soma.

3-4. — M. H. : « Lui qui, sur la surface supérieure du brun (soleil), a atteint le svár et (tous) les mondes ». — Sens incompréhensible et absolument inexact. La note où il est dit que la surface supérieure (invisible) du soleil est le chemin par lequel on monte au *svár* ou ciel invisible, augmente encore les obscurités de la traduction. — *Bradhná* (cf. *babhrú*) est, comme souvent (voir le *Lexique* de Grassmann à ce mot), une épithète du

[1] Ce support n'est d'ailleurs autre que lui-même.

soma. *Viṣṭáp* est un composé de la racine *stambh* et du préfixe *vi*, qui signifie « ce qui supporte ». Le support du soma est Agni, dont les flammes élèvent dans les airs la liqueur du sacrifice. Cf. d'ailleurs ci-dessus, p. 111.

17

vâ̆caspate pṛthivî̆ naḥ syonâ̆
syonâ̆ yónis tálpâ naḥ suçévâ,
ihaiva prâṇáḥ sakhyé no astu
tám tvâ parameṣṭhin páry agnir â̆yuṣâ várcasâ dadhâtu

« O Vâcaspati, que la large venant de nous (te) soit douce, que la matrice (te) soit douce, que la couche venant de nous (te) soit très chère. Que notre souffle vital soit ici à (notre) ami. Qu'Agni, ô Parameṣṭhin, t'entoure de vigueur et d'éclat ! »

1. — Vâcaspati, le maître de la parole, est un autre nom d'Agni, considéré comme chantant l'hymne au moyen de ses crépitements. Ce vers et les deux suivants ont trait à l'inauguration du sacrifice par l'allumage du feu. M. H., qui traduit : « La terre *nous* soit douce » et ainsi de suite, fait à tort un datif de *nas :* c'est un génitif ; autrement on n'aboutit qu'à des incohérences. La large, la matrice, la couche, qui doivent être molles pour Vâcaspati, représentent les libations où il repose au moment où on l'allume. Les deux passages du RV. (I, 73, 1 et VII, 42, 4) dans lesquels Agni reçoit l'épithète de *syonaçî̆*, « celui qui est couché mollement (ou dans la chose molle) », rendent cette explication tout à fait sûre.

3. — M. H. : « Que l'haleine ici même ne manque pas à notre ami ». — *Nas*, au contraire, dépend de *prâṇás*. Le sacrificateur souffle pour allumer le feu du sacrifice et transmet ainsi, en quelque sorte, sa respiration à Vâcaspati.

M. H. demande, dans une note, si l'ami en question est un dieu ou le jeune homme que l'on consacre, attendu que, d'après les rituels, les vers 16–20 s'emploient dans une cérémonie où a lieu la consécration du jeune homme à l'époque de sa puberté. Mais peut-on douter que de pareilles attributions soient postérieures à la rédaction des hymnes de l'*Atharva*?

4. — Parameṣṭhin, autre synonyme d'Agni-Vâcaspati. C'est celui qui est tout en haut sur l'autel, par opposition aux libations qui sont en bas. Agni peut donner son ardeur et son éclat, ou le soma qui en est la source, à son *alter ego* Vâcaspati, parce que, dès l'instant où les noms diffèrent, les êtres divins auxquels ils se rapportent sont considérés à leur tour et par l'effet d'une sorte de loi mythologique, comme différents l'un de l'autre.

18

vâcaspata ṛtávaḥ páñca yé no
vâiçvakarmaṇâḥ pári yé sambabhûvúḥ,
ihaiva, etc.

« (Soient à lui), ô Vâcaspati, les cinq *ṛtús* qui viennent de nous et ceux qui étant de la nature de Viçvakarman ont apparu autour (de lui). Que notre souffle vital, etc. »

1-2. — Le mot *ṛtú* est ici, comme dans les hymnes du *Rig-Véda*, un nom métaphorique des libations. C'est encore elles que désigne l'adjectif *vaiçvakarmaṇá* « qui est de la nature de Viçvakarman (le soma *pavamâna*) », qui édifie toute l'œuvre du sacrifice. — M. H. (2) : « Les cinq saisons qui sont issues de Viçvakarman *et lui appartiennent.* » — Il est difficile de voir la correspondance de cette traduction avec le texte. M. H. en note : « On souhaite au jeune homme de vivre, etc. » — Nous avons déjà vu que l'application de ces vers à la circonstance indiquée par les rituels ne doit rien avoir de primitif.

19

vâcaspate saumanasám mánaç ca
goṣṭhé no gâ janáya yóniṣu prajâḥ,
ihaiva prâṇaḥ sakyé no astu
tám tvâ parameṣṭhin páry ahám âyuṣâ várcasâ dadhâmi.

« (Soient à lui), ô Vâcaspati, bienveillance et intelligence. Produis des vaches dans notre étable, des progénitures dans les matrices. Que notre souffle vital, etc .. Je t'entoure, ô Paramešṭhin, de vigueur et d'éclat. »

1. — L'objet de ce vers et des deux précédents est le fait de donner la vie à Agni-Paramešṭhin, assimilé à un homme. Pour qu'il ait toutes ses facultés, il lui faut non seulement un *prâṇá*, mais aussi un *mánas* que le soma lui fournit. C'est ce que le sacrificateur lui souhaite dans ce pâda, que M. H. a mal compris, à mon avis, en traduisant : « (Engendre pour nous) la bienveillance et l'intelligence ».

2. — L'étable est la libation du sacrificateur Vâcaspati, est prié d'y faire naître les vaches, c'est-à-dire d'allumer les libations nourricières ; même explication pour les matrices dont il doit faire sortir des progénitures.

4. — Le refrain comporte ici une variante : le sacrificateur est substitué à Agni comme donateur de la vigueur et de l'éclat, ce qui d'ailleurs est conforme à la réalité quand il verse le soma et allume le feu du sacrifice.

20

pári tvâ dhât savitā́ devó agnír
várcasâ mitrā́varuṇâv abhí tvâ,
sárvâ árâtîr avakrā́mann éhî-
dáṃ râšṭrám akaraḥ sûnṛ́tâvat

« Le dieu Agni, celui qui fait couler (la libation), t'a entouré d'éclat ; Mitra et Varuṇa t'ont entouré (d'éclat). Viens en franchissant les absences de dons. Tu as rendu cette direction féconde en oblations. »

1. — M. H. : « Puisse le dieu Savitar, puisse Agni t'environner (de splendeur). » — *Dhât* n'est pas un subjonctif : le feu de l'autel est allumé comme l'indique le contexte. D'ailleurs il ne faut pas dire « Savitar et Agni », mais Agni-Savitar.

3. — M. H. : « Foulant aux pieds tous les ennemis impies ; » — contresens qui, selon l'usage, aboutit à un non-sens. *Avâ-kram* ne signifie pas, n'en déplaise à Grassmann, « fouler aux pieds », mais « dépasser, laisser de côté » ; *árâti* est un nom d'action et non un nom d'agent, composé de *a* privatif et de *râti* « don ». Aller au delà des absences de dons, c'est entrer dans le domaine des dons, c'est-à-dire recevoir ou donner. Cf. surtout RV. IV, 26, 7 et IV, 27, 2.

4. — M. H. : « Tu as empli le royaume de jeunes vigueurs ; » — contresens et non-sens ; voir ci-dessus vers 1, pâda 2.

21

yáṃ tvâ pṛšatî ráthe
práštir váhati rohita,
çubhẫ yâsi riṇánn apáḥ

« O Rohita, toi que traînent dans ton char la vache laitière, l'étalon, tu t'avances en faisant couler les eaux au moyen de la brillante (la libation enflammée). »

1-2. Rohita est, nous le savons, la personnification d'Agni sous la forme d'un taureau ou d'un cheval rouge. Le char du Rouge est sa flamme figurée en même temps sous la forme d'une vache laitière *(pṛšatî)* et d'un mâle *(práṣṭi)* qui traînent ce char.

Pṛṣatî, je l'ai montré plus haut[1], ne signifie pas « la mouchetée » (M. H.). Ce mot est proprement le participe présent féminin de la racine *pṛç* ou *pṛš*, « arroser, répandre », « celle qui répand son lait. » *Práṣṭi* est une forme masculine correspondante, avec l'état fort de la même racine, qui désigne le cheval ou le taureau en tant que verseur de semence ; cf. *vṛ́šan*. En aucun cas, on ne saurait traduire, « *la jument* de volée » (M. H.) ; la grammaire s'y oppose.

3. — La flamme d'Agni fait couler en les aspirant les eaux de

[1] P. 102.

la libation. — M. H. : « Tu marches *avec* éclat » ; *çubhā̃* n'est pas un instrumental de concomitance. Le vrai sens est : « Tu marches *par* ta flamme » ; ou plutôt encore, en faisant dépendre *çubhā̃* de *riṇán* : « En faisant couler les eaux *au moyen* de ta flamme »

22

ánuvratâ rôhiṇî rôhitasya
sûriḥ suvárṇâ bṛhatî survárçâḥ'
táyâ vā̃jân viçvárûpâṃ jayema
táyâ viçvâḥ pṛ́tanâ abhi šyâma

« Rohiṇî (la rouge) est le *vratá* qui suit Rohita (le rouge); elle est brillante, de belle couleur, haute, douée d'un bel éclat. Par elle, conquérons les nourritures de toutes formes ; par elle, emparons-nous de tout ce qui donne de la force. »

1. — M. H. (en note) : « Rohiṇî... est *naturellement* l'Aurore, et elle en a tous les caractères »...

Cette explication n'est *naturelle* qu'au point de vue naturaliste. — *ánuvratâ* « dévouée » (M. H.). Voir l'étude spéciale sur le sens de *vratá* et des mots de même famille[1].

3. — Sur le sens du mot *vā̃ja*, que M. H. traduit par « butin », voir ci-dessus vers 1.

4. — *Pṛ́tanâ*, M. H. : « batailles ». — J'ai montré plus haut[2] que tel n'est pas le sens de *pṛ́t* et de *pṛ́tanâ*.

23

idáṃ sádo rôhiṇî rôhitasyâ-
saú pánthâḥ pṛ́šatî yéna yā̃ti,
tā̃ṃ gandharvā̃ḥ kaçyápâ únnayanti
tā̃ṃ rakšanti kaváyô' pramâdam

« Rohiṇî est le siège que voilà de Rohita ; ce chemin est celui par lequel marche la (vache) laitière. Les Gandharvas Kaçya-

1 Page 177.
2 Page 103.

pas la font monter ; les sages veillent à ce qu'elle soit en permanence. »

1. — Rohita (Agni) est assis, repose sur Rohiṇî (la libation). M. H. (en note) : «... Quand le soleil « s'assied » sur l'Aurore, il semble encore reposer sur terre. » — De pareilles explications sont de pure fantaisie.

2. — Le chemin, dans le sens primitif et védique de « ce qui marche », est la flamme d'Agni, véhicule de la vache-libation ; c'est par lui qu'a lieu le *râṣṭrá* (la direction) dont il est question aux vers 1, 8, etc.

3. — Les Gandharvas Kaçyapas sont les flammes d'Agni personnifiées. C'est à ce titre que les Gandharvas sont les époux des eaux de la libation, personnifiées de leur côté sous le nom d'Apsaras. Ici, les Gandharvas élèvent dans les airs la vache-libation.

4. — Les sages dont il s'agit sont les Somas, si souvent appelés *kavis*, distingués ici d'une manière purement nominale de la vache-libation. Leur rôle naturel est de faire en sorte qu'elle ne s'éloigne pas du sacrifice. — *ápramâdam*, M. H. : « avec vigilance ». — Aucune raison pour ne pas garder le sens étymologique. L'*ápramâda* est proprement l'absence de *pramâda* ou du fait de couler, partir, s'en aller. J'y vois un synonyme d'*akṣára*. D'ailleurs la diversité des sens que les lexiques (voir *Dict. de Saint-Pétersb.*, *sub verbum*) attribuent à ce mot, est la preuve sûre que ces sens sont inexacts.

24

sûryasyâçvâ hárayaḥ ketumántaḥ
sádâ vahanty amṛtâḥ sukháṃ rátham,
ghṛtápâvâ róhito bhrâjamâno
divaṃ deváḥ pṛṣatîm â viveça.

« Les chevaux brillants, lumineux du soleil traînent sans cesse, actifs qu'ils sont, le char bien roulant. Rohita, buveur de ghṛta étincelant, dieu, a pénétré le ciel (la flamme du sacrifice); il a pénétré la (vache) laitière. »

1. — Il est évident que le soleil équivaut ici à Rohita-Agni. Or, la question est de savoir, si c'est le soleil qui est comparé à Agni, ou Agni qui l'est au soleil. Tout l'ensemble de l'hymne fournit la preuve sûre que cette dernière hypothèse est la seule vraie. Les chevaux du soleil sont ici ceux d'Agni (ses flammes), qui est le soleil terrestre (cf. vers 25, pâda 2).

2. — *Sukhá*, M. H. : « au bon « moyeu » ; — *khá* ne signifie pas « moyeu », mais autant qu'il semble, « cours, marche ». Un char *sukhá* est celui qui marche bien, dont l'allure est facile ou rapide.

3. — L'épithète « buveur de ghṛta » appliquée à Rohita, ne laisse aucun doute sur son identité avec Agni.

4. — Comme dieu ou brillant, il a pénétré le ciel du sacrifice *(divaṃ deváḥ)*, jeu de mots. — M. H. : « Le dieu a pénétré dans le ciel moucheté ». — Confusion de deux phrases distinctes. En tant que dieu, Rohita-Agni a pénétré le ciel ; en tant que taureau-rouge, il a pénétré (sailli) la vache-laitière ; c'est-à-dire qu'il a pénétré la libation en l'enflammant. Le tout avec allusion au couple *dyā̆vâpṛthivī̆*. M. H. fait suivre sa traduction de cette étrange note : « Ici c'est « la mouchetée », formellement assimilée au ciel, qui semble devenir la femelle de Rohita. La poésie védique est un kaléidoscope. » — Pour ceux qui la comprennent d'une certaine manière. La Rohiṇî et la Pṛšatî sont deux personnifications (qui ne diffèrent que par le nom) d'une seule et même chose, la libation.

25

yó róhito vṛšabhás tigmáçṛṅgaḥ
páry agníṃ pári sū́ryaṃ babhū́va,
yó višṭabhnā́ti pṛthivī́ṃ dívaṃ ca
tásmâd devā́ ádhi sṛ́šṭīḥ sṛjante.

« Le taureau rouge aux cornes acérées (ou brûlantes) a enveloppé Agni, il a enveloppé le soleil (ou le brillant). C'est lui qui supporte la large et le brillant ; c'est de lui que les dieux tirent les productions qu'ils produisent. »

2. — Le taureau rouge a enveloppé Agni, c'est-à-dire n'a fait qu'un avec lui, il lui est identique ; — cf. l'emploi du mot *paribhû* dans le RV. — M. H. : « Qui a fait le tour d'Agni ; » — non-sens. — Sûrya (le soleil, ou le brillant, ou le céleste) est ici synonyme d'Agni ; cf. le vers précédent.

3. — Rohita-Agni soutient la large, c'est-à-dire qu'il élève la libation dans les airs ; *divam*, ou « le ciel », est ajouté pour la symétrie et par allusion à l'expression *dyâvâpṛthivî*.

M. H. : « Qui étaie *en les séparant* la terre et le ciel ». — Dans les idées védiques, le ciel (du sacrifice) quand il fait couple avec la terre (ou plutôt avec l'eau de la libation), n'est pas séparé d'elle ; du moins il la touche : tout ce qui n'est pas celle-ci est celui-là.

4. — Les dieux dont il s'agit sont Agni et Soma qui *produisent des productions*, qui ne sont autres qu'eux-mêmes sous une forme ignée. — M. H. : « C'est de lui que les dieux tirent leur naissance ». — Contresens que la grammaire dénonce hautement : *sṛṣṭîḥ sṛjante* ne saurait signifier que : « Ils émettent des émissions, des productions ».

26

rôhitô divam âruhan
mahataḥ pâry arṇavât,
sârvâ ruroha rôhitô rûhaḥ.

« Rohita s'est élevé dans le ciel en venant du grand océan (des libations). Rohita s'est élevé dans toutes celles qui s'élèvent. »

1-2. — Rohita-Agni élève dans le ciel du sacrifice sa flamme qui sort de l'océan des libations.

3. — Celles qui s'élèvent et dans lesquelles Rohita-Agni s'élève lui-même sont ses flammes ou les libations qu'elles emportent avec elles dans les airs. — M. H. : « Rohita a gravi toutes les rampes »; — non-sens.

27

vi mimîšva páyasvatîṃ ghṛtãçîṃ
devãnâṃ dhenúr ánapaspṛg ešã,
índrah sómaṃ pibatu kšémo astv
agníḥ prá stautu vi mṛ́dho nudásva.

« Donne naissance à la (vache) laitière qui se meut par (ou dans) le ghṛta. C'est la vache des dieux ; elle ne refuse pas son lait. Qu'Indra boive le soma ; que sa résidence soit (ici); qu'Agni chante (l'hymne). Écarte les négligences. »

Ce vers est adressé par le sacrificateur aux différents éléments du sacrifice.

1.-2. — La vache des dieux qui ne refuse pas son lait est la libation à laquelle le sacrificateur donne naissance en la répandant sur l'autel. — *Ghṛtãcîm*, M. H. : « Qui se tourne vers le beurre; » — non-sens. La vache-libation est identique au ghṛta qui forme la libation.

3. — M. H. : « Que la paix soit (avec nous) ». — *Kšéma* signifie « séjour ». Indra, ce semble, est prié de s'installer au sacrifice pour y boire le soma.

4. — M. H. : « Qu'Agni chante (ta) louange ». — Il ne fallait pas suppléer « ta ». Agni chante l'hymne d'une manière générale par ses crépitements, une fois qu'il brûle sur l'autel. Toutes ces formules se rapportent sans doute au moment où le sacrifice est prêt.

M. H. : « Heurte et renverse (tes) ennemis ». — *Mṛdh* signifie simplement « ce ou ceux qui négligent, omettent ou entravent le sacrifice, etc. » Écarter les négligents, ou les négligences, ou les entraves, c'est célébrer le sacrifice.

28

sámiddho agníḥ samidhâno
ghṛtávṛddho ghṛtãhutaḥ,
abhîšãḍ viçvâšãḍ agníḥ
sapátnân hantu yé máma.

« Agni allumé et allumant, qui croît par le ghṛta et qui est arrosé par le ghṛta, — Agni qui conquiert, qui conquiert toutes choses, qu'il tue ceux qui sont mes rivaux ! »

1. — *Samidhãnas*, M. H. : « (Agni)... tandis qu'on l'allume ». — Contresens anti-grammatical ; *samidhãna* fait antithèse, au sens actif, à *sámiddha*, participe passé passif. Agni est allumé par le sacrificateur et il allume les libations.

4. — Les *sapátnas*, ou les *sapátnîs*, sont les rivaux ou les rivales, selon que la libation reçoit un nom masculin (*sóma*, etc.) ou féminin (*iḍâ*, etc.), de celui ou de celle qu'Agni s'approprie entre plusieurs. Ce sont les somas que Vṛtra est censé retenir, ceux qui ne servent pas encore au sacrifice, qui ne sont pas allumés ; voir surtout RV. x, 145, 1-5, et x, 166, 1 et 2. Dans les passages comme ceux-ci, le sens primitif védique a été transporté aux ennemis ou aux rivaux du sacrificateur (ces somas rivaux viennent de lui, lui appartiennent).

29

hántv enân prá dahatv á-
rir yó naḥ pṛtanyáti,
kravyãdâgninâ vayáṃ
sapátnân prá dahâmasi.

« Qu'il les tue ; qu'il brûle l'ennemi qui enlève notre nourriture (celle que nous offrons en sacrifice). Nous brûlons (ou puissions-nous brûler) nos rivaux à l'aide d'Agni mangeur de choses crues. »

2. — M. H. : « L'impie qui nous combat ». — *Pṛ́t* et *pṛ́tanâ* ne signifient pas « combat », mais « nourriture », et le dénominatif *pṛtanyati* veut dire « acquérir la nourriture, la prendre à quelqu'un », et non pas « combattre ».

3. — M. H. : « Par Agni mangeur de cadavres ». — C'est en tant que comparé à un carnassier, qu'Agni est appelé *kravyā́d*. Voir RV. x, 16, 6-9.

30

avâcī́nân áva jahī́ndra
vájreṇa bâhumā́n,
ádhâ sapátnân mâmakā́n
agnéṣ téjobhir ā́diṣi.

« Frappe de haut, ô Indra, avec ton *vájra*, toi qui as des bras (forts), ceux qui sont en bas. Maintenant, je me suis emparé de mes rivaux à l'aide des flammes d'Agni. »

1-2. — M. H. : « A bas, abats-les, ô Indra, avec le foudre qui arme ton bras puissant. » — Au lieu de « à bas », il fallait dire « ceux qui sont en bas », primitivement, les somas rivaux de celui qu'Agni a élevé (voir ci-dessus, vers 28 et 29) et identiques aux *sapátnas* dont il est question au second hémistiche. — Indra n'est pas un dieu solaire, mais un doublet d'Agni. Par conséquent, le *vájra* n'est pas le foudre, mais la flamme d'Agni distinguée d'Agni-Indra.

4. — *Téjobhis*, M. H. : « Au moyen des forces (d'Agni) »; — le vrai sens est « lueurs, flammes. »

31

agne sapátnân ádharân pâdayâsmád
vyathàyâ sajâtám utpipânaṃ bṛhaspate,
indrâgnî mitrâvaruṇâv ádhare padyantâm
ápratimanyûyamânâh.

« O Agni, détruis nos rivaux qui sont en bas; ô Bṛhaspati, renverse le jumeau qui s'élève et grandit. O Indra et Agni, ô Mitra et Varuṇa, puissent s'abattre ceux qui ne rendent pas courroux pour courroux (qui ne crépitent pas au contact des flammes ! »

Il s'agit toujours des mêmes ennemis, les libations retenues qui semblent en lutte avec les libations versées et enflammées.

1. — *Sapátnân ádharân* = *avacânân* du vers précédent la traduction de M. H. : « Mets nos rivaux à nos pieds, » est donc incomplète et ne tient pas suffisamment compte de la valeur des régimes à l'accusatif eu égard au verbe *pâdaya*.

2. — *Sajâtám*, littéralement, « celui qui est né en même temps », la libation jumelle de celle qu'Agni a allumée, et qui est représentée comme l'ennemie de celle-ci. — M. H. : « Celui de nos parents qui se lève (contre nous) ». — Le vrai sens n'a pas été compris.

4. — M. H. : « Impuissants dans leur courroux ». — Il fallait tenir compte du préfixe *práti* qui implique l'idée d'un courroux réciproque ; il ne s'agit d'ailleurs que d'une allusion aux crépitements.

32

udyáṃs tvám deva sûrya
sapátnân áva me jahi,
ávainân áçmanâ jahi
té yantv adhamáṃ támaḥ.

« O Dieu soleil (ou brillant), en te levant frappe pour renverser mes rivaux. Frappe-les avec ta pointe ; qu'ils aillent dans l'obscurité inférieure. »

1-2. — Agni qui se dresse sur l'autel est comparé au soleil qui s'élève sur l'horizon.

3. — *áçmanâ*, M. H. : « (abats-les) avec la pierre ». — Le vrai sens est « pointe, flèche » ; ici, celle du feu du sacrifice.

4. — « L'obscurité inférieure », celle qui règne au sein des eaux du sacrifice où Agni est censé reléguer les libations qu'il n'enlève pas dans ses flammes.

33

vatsó virā̃jo vr̥šabhó matînā̃m
ā̃ ruroha çukrápr̥šṭho 'ntárikšam,
ghr̥ténârkám abhyárcanti vatsáṃ
bráhma sántaṃ bráhmaṇâ vardhayanti.

« Le veau de la *virā̃j*, le taureau des pensées (des crépitements) arrosé par le brillant (soma), s'est élevé dans l'*antárikša*. Au moyen du ghr̥ta, ils chantent un hymne qui est un veau ; il est le *bráhman* et ils le font croître, une fois qu'il est (né), au moyen du *bráhman*. »

1-2. — La mesure prosodique appelée virâj, les pensées qu'expriment les paroles des hymnes ont, celle-là un veau, celle-ci un taureau, dont elles sont le cri; ce veau ou ce taureau est Agni qui crépite en flambant quand il est arrosé de soma et s'élève dans les airs. — Pour M. H. (note), « virâj femelle (?) assimilée à une vache personnifie, soit l'aurore, soit la prière, dont le soleil est à la fois le fils et l'époux ». — C'est de la fantaisie pure. — M. H. (traduction) : « (Le veau...) à l'échine brillante ». — *Pr̥šṭhá* ne signifie pas « échine ».

2. — M. H. : « En lui offrant le beurre, ils chantent un hymne au veau ». — Le vrai sens est « que les sacrificateurs chantent au moyen du ghr̥ta enflammé, un hymne qui est le veau Agni lui-même en tant que crépitant. On peut entendre aussi, à cause du double sens de la racine *arc* : « Ils allument un feu avec le ghr̥ta qui est le veau (Agni). »

3. — M. H. : « Lui qui est sainteté ». — La grammaire n'autorise guère cette traduction des mots *bráhma sántam*. Du reste, qu'est-ce que « la sainteté », au point de vue védique ? Le premier de ces mots, qui est apposé à *vatsám*, signifie la chose forte ou fortifiante (le soma), et le second est le régime direct de *vardhayanti*, avec son sens habituel de « qui est là, présent », par opposition à Agni *ajá* ou *ásant*.

Le veau Agni est le *brâhman* eu égard aux dieux (ses flammes) auxquels il porte la libation nourricière. Remarquer l'antithèse paradoxale du veau *brâhman* que nourrit le *brâhman*.

34

divam ca rôha pṛthivîṃ ca roha
râṣṭrâṃ ca rôha drâviṇaṃ cà roha,
prajâṃ ca rôhâmṛtaṃ
rôhitena tanvàṃ sáṃ spṛçasva.

« Pénètre le brillant et pénètre la large ; pénètre ce qui dirige (la libation) et pénètre la liqueur (du sacrifice). Pénètre la progéniture et pénètre le non mort (l'actif). — Revêts l'étendu (le sôma) avec le rouge (Rohita-Agni).

Ce vers s'adresse à Agni, considéré à la fois comme identique à Rohita et distinct de lui ; puis il a dû s'appliquer, comme c'est souvent le cas dans l'*Atharva*, à la personne qui offre le sacrifice. — Il pénètre le ciel du sacrifice et les eaux des libations par ses flammes ; il pénètre ces mêmes flammes qui dirigent la libation, et les libations elles-mêmes, puisqu'il ne fait qu'un avec les unes et les autres. Quant à la progéniture, c'est-à-dire la manifestation du sacrifice, il la pénètre en la produisant par la libation à laquelle il est également uni. Ces observations suffisent à mettre en relief l'insuffisance et l'inexactitude de la traduction de M. H. : « Gravis le ciel et gravis la *terre*, gravis la *royauté* et gravis la *richesse*, gravis la *postérité* et gravis *l'immortalité*. » .... — Tous les mots en italique traduisent mal le texte.

35

yé devâ râṣṭrabhṛto
bhîtô yânti sûryam,
taiṣ ṭe rôhitaḥ saṃvidânô
râṣṭrâṃ dadhâtu sumanasyámânaḥ.

Les dieux qui soutiennent ce qui dirige vont autour du soleil. Que Rohita s'étant uni à eux, et rendu bienveillant, établisse pour toi (Agni?) la direction. »

1.-2. — Les dieux en question sont les somas enflammés qui entourent Agni-Sûrya. Agni est appelé le soleil par une métaphore analogue à celle qui fait désigner si souvent sous le nom de mer le soma ou la liqueur du sacrifice. — M. H. : « Les dieux soutiens de la *royauté* qui entourent Sûrya ». — Mot à mot inexact et vague.

3.-4. — *Saṃvidânâs*, M. H. : « De concert (avec eux) ». — Faux sens; il s'agit de l'union décrite au premier hémistiche. — *Sumanasyámânas*, M. H. : « En (te) témoignant sa bienveillance ». — Voir ci-dessus, vers 13.

36

út tvâ yajñấ bráhmapûtâ vahanty
adhvagáto hárayas tvâ vahanti,
tiráḥ samudrám áti rocase 'rṇavám.

« Des sacrifices (libations) allumés par le *bráhman* te portent en haut; des chevaux qui suivent les routes (habituelles) te conduisent. Tu brilles, après l'avoir traversée, au-dessus de la mer, du flot (des libations). »

1. — M. H. : « Les sacrifices que *clarifie la prière* te *font* lever en te traînant. » — Comment est-ce que la prière peut « clarifier » les sacrifices? Il s'agit, on ne saurait trop le répéter, non pas du soleil, mais d'Agni que les libations élèvent, font briller sur l'autel.

2. — Les chevaux d'Agni sont ses flammes

3. — M. H. : « Et ton éclat va dépassant la mer, dépassant l'océan. » — Il est toujours question d'Agni élevant sa flamme au-dessus de la mer des libations. M. H. demande en note, si les mots *samudrám... arṇavám* ne désigneraient pas « les deux

océans céleste et terrestre ». Le premier n'a jamais existé que dans l'imagination des interprètes du Véda mal compris.

37

róhite dyā̃vâpṛthivī̃ ádhi çrité
vásujiti gójiti saṁdhanấjiti,
sahasrám yásya jánimâni saptá ca
vocéyam, etc. (Comme au pâda 4 du vers 14).

« Le brillant et la large reposent sur Rohita conquérant du bien, conquérant des vaches, conquérant de la richesse. Il a mille et sept naissances (ou productions), etc. »

1. — Le brillant et la large reposent sur (ou plutôt *en)* Rohita, en ce sens que celui-ci consiste dans les flammes du sacrifice alimentées par les eaux de la libation. — M. H. : « Sur Rohita s'appuient le ciel et la terre» (?).

2. — Rohita est le conquérant du bien, etc., c'est-à-dire des libations qui représentent le bien sous toutes ses formes.

3. — S'il s'agit de *ses* naissances, c'est une allusion à la succession indéfinie des sacrifices ; si le poète a eu en vue les choses qu'il produit, qu'il fait naître, l'idée est qu'il vivifie tout le sacrifice Dans la première hypothèse, le nombre sept, ajouté à l'indéfini mille, vise sans doute les sept libations.

38

yaçā̃ yâsi pradíço díçaç ca
yaçā̃ḥ paçū̃nā̃m utá carṣaṇī̃nā̃m,
yaçā̃ḥ pṛthivyā̃ adityā̃ upásthe
'hám bhûyấsam savitéva cā̃ruḥ.

« Tu vas brillant (dans la matrice) de celle qui dirige et qui indique, (tu vas) brillant dans (la matrice) du bétail et des *carṣaṇis* ; (tu vas) brillant dans la matrice de la large Aditi. Puissé-je devenir le bienvenu (ou le brillant) comme Savitar (Agni qui fait couler le soma)! »

Il est infiniment probable que *pradiças* et *diças* sont des génitifs (singuliers), comme *paçûnãm*, *pṛthivyãs*, etc. et que *upásthe*, au pâda 3, les régit tous. De plus, chacun des mots au génitif désigne la libation au singulier ou au pluriel.

1. — M. H. « Glorieux, tu te diriges vers les sous-régions et les régions. » — *Yaçás* signifie « brillant », et non pas « glorieux ». Les mots *pradiç* et *diç* ne désignent pas les points cardinaux, mais sont employés au sens étymologique.

2. — M. H. : « Glorieux aux yeux des animaux et des hommes. » — *Paçú* signifie le « bétail », et non pas les « animaux » en général; d'ailleurs, le bétail est dit ici métaphoriquement pour le lait qu'il donne et les libations auxquelles le lait est employé. *Carṣaṇînâm*, « celles qui s'agitent, qui coulent » (les libations), et non pas les « hommes ». Comment admettre qu'un mot ayant ce dernier sens soit au féminin?

3. — M. H. : « Glorieux *sur* le giron de la terre, d'Aditi. » — *Pṛthivyãs*, ici, qualifie *adityãs*. D'ailleurs, c'est *au sein* même de la libation personnifiée sous le nom d'Aditi que Rohita-Agni pénètre en brillant.

39

amútra sánn ihá vetthe-
táḥ sáṃs tãni paçyasi,
itáḥ paçyanti rocanám
divi sũryaṃ vipaççitam.

« Étant là-bas, tu vois ici; d'ici, quand tu y es, tu vois les choses qui sont là-bas. D'ici, ils (les sacrificateurs) voient ce soleil qui brille dans le ciel où il s'agite (?). »

1.-2. — Le vrai commentaire de ce passage se trouve RV. IX, 81, 2, où il est dit à propos du taureau soma : *áthâ devãnâm ubháyasya jánmano vidvãn açnoty amúta itáç ca yát.* « Puis voyant l'une et l'autre naissance des dieux, il atteint ce qui est d'ici et de là; » — ce dont il faut rapprocher, d'autre part, l'hymne X,

72. Agni a deux états : il est *ajá* ou *ásant*, au sein de la libation ; *jâtá* ou *sánt*, sur l'autel. Mais comme il a toujours le pied dans la libation qui l'alimente, même sur l'autel il est à la fois *ásant* et *sánt*, absent et présent, *ici* et *là*. Grâce à cette ubiquité, il voit d'ici (de l'autel) ce qui est là (dans la libation) ; et de là, ce qui est ici. D'après M. H. (note) il s'agirait de « l'ubiquité du principe divin », explication qui n'est exacte qu'en tenant compte de ce qui vient d'être dit, et en entendant que ce principe est Agni.

3.-4. — Les sacrificateurs, quand ils ont allumé le feu sur l'autel, le voient briller dans le ciel du sacrifice semblable au soleil. — M. H. : « (Les hommes) voient l'éclatant *au ciel*, *Sûrya l'inspiré* ». — Les mots en italiques donnent un sens inexact.

40

devó devân marcayasy
antáç çarasy arṇavé,
samânám agním indhate
táṃ viduḥ kaváyaḥ páre.

Dieu, tu réunis les dieux ; tu marches au sein du flot. C'est le même Agni qu'allument et que reconnaissent les différents sages. »

1. — Agni s'incorpore et identifie en lui les dieux ou les flammes du sacrifice. — M. H. : « Dieu, tu fais tort aux (autres) dieux », avec une note où l'imagination du traducteur s'est donné libre carrière.

La racine *marc* a le même sens que la variante *març*, « toucher, atteindre », et au causatif, « faire toucher, réunir ». Particulièrement probant est le vers VIII, 56, 9 du RV., où les deux racines sont employées l'une auprès de l'autre : *mấ no mṛcấ ripûṇấm... abhi prá mṛkšata :* « (O dieux), ne nous touchez pas du contact des ennemis. » De même, l'expression *marçayati dvayéna* (RV. I, 147, 4 et 5) signifie : « Il réunit par dualité (le bon et le méchant) », — il fait que le bon réuni au méchant ait à souffrir de ce contact.

2. — Agni *ajá* réside dans le flot des libations. Il serait difficile aux mythologues solaires d'appliquer ce passage à Sûrya, sans la fameuse mer atmosphérique dont on prête si gratuitement la conception aux rishis.

3-4. — M. H. : « Ils (l')allument, feu (Agni) commun (à tous les hommes); tel ils l'ont connu, les sages d'autrefois »; et en note : « Ils », ce sont les dieux qui allument le Soleil en tant qu'Agni du sacrifice céleste, en opposition à l'Agni humain ou terrestre, et les Sages mythiques ont reconnu son essence. » — M. H. n'a pas remarqué que l'idée porte sur l'antithèse de *samânám* (épithète qui suffit à détruire sa laborieuse explication) et de *páre*. Les sages (qui sont ici, en même temps, les sacrificateurs et les somas), tout différents qu'ils sont les uns des autres, reconnaissent l'identité d'Agni *devá* ou *jâtá* et d'Agni *ajá* qui séjourne dans la libation.

41

Pour le texte, la traduction et l'explication, voir le chapitre consacré à l'hymne du RV. I, 164, (17)[1].

1. — M. H. : « Au-dessous du supérieur et au-dessus de l'inférieur. » — Ni *avás* ni *parás* ne gouvernent réellement l'instrumental; *paréṇa* et *ávareṇa* s'accordent avec *padâ* qui suit.

Toute la note sur ce vers est consacrée à des explications de fantaisie. Il s'agit bien d'une « devinette », mais le mot n'en est pas « l'aurore » qui « porterait le soleil à son pied » !

42

Pour le texte, la traduction et l'explication des pâdas 1-2, voir RV. I, 164, 41, pâdas 2 et 3. Pour le pâda 4, voir RV. I, 164, 42, pâda 1.

[1] La traduction de l'hymne I, 164, figurera dans la deuxième partie de cet ouvrage.

Pâda 3. — *Sahásrâkšarâ bhúvanasya paṅktíḥ*.

« Elle (la vache-libation) est le mètre paṅkti à mille syllabes du producteur (soma). »

C'est-à-dire, elle crépite au contact des flammes ; la mention comparative de la paṅkti est amenée, comme l'a vu avec raison M. H., par celle des pieds de la vache qui peuvent s'entendre dans le sens de pieds rythmiques. Mais quelle étrange façon de traduire : « Stance quinaire de l'univers, scandée à mille syllabes » !

C'est une erreur du reste de voir ici (M. H., note) la suite de la devinette du vers précédent. La place de ces vers dans le RV. en est la preuve. Quant à « l'amphigouri » que M. H. y constate, il n'y est pas plus marqué qu'au même vers précédent.

Enfin, on peut demander à M. H. comment il croit pouvoir appliquer à l'aurore le pâda 4 qu'il traduit : « C'est d'ell que les océans découlent en tous sens? »

43

ârôhan dyâm amṛtaḥ prâva me vácaḥ.

(Le reste = vers 36, pâdas 1 et 2).

« En montant dans le ciel (du sacrifice), que le non mort favorise ma prière et la pousse en avant. »

M. H. : « Seconde ma prière ». — La nuance du préfixe, qui ici a sa valeur, n'est pas rendue.

44

veda tát te amartya
yát ta âkrámaṇaṃ diví,
yát te sadhástham paramé vyòman.

« Je sais, ô non mort, que ce qui est ici à toi est la même chose que ton ascension dans le ciel (du sacrifice), la même chose que ton siège au haut du soma enflammé. »

Agni, tel qu'il apparaît sur l'autel, est le même qui est uni à l'élément liquide du sacrifice. M. H. (sans tenir compte des corrélations syntactiques et sans avoir saisi le sens réel) traduit : « Je la connais, ô immortel, ta marche dans le ciel, ta demeure au ciel suprême. »

45

sū́ryo dyā́ṃ sū́ryaḥ pṛthivī́ṃ
sū́rya ā́pó 'ti paçyati,
sū́ryo bhūtásyaikaṃ cákšur
ā́ ruroha divaṃ mahī́m.

« Le soleil (Agni comparé au soleil) fait planer ses regards sur le ciel (les flammes du sacrifice), sur la large, sur les eaux. Le soleil est l'œil unique de (tout) ce qui est (le sacrifice) ; il est monté dans le ciel élevé. »

1.-2. — M. H. : « Le ciel, Sûrya, les eaux, Sûrya... *les franchit* de son regard ». — L'idée du texte est qu'il les voit de haut.

3.-4. — Il faut évidemment entendre qu'Agni-Sûrya est toute clarté.

46

urvī́r ā́san paridháyo
védir bhū́mer akalpata,
tátraitā́v agnī́ ā́dhatta
himáṃ ghraṃsáṃ ca róhitaḥ.

« Les eaux furent les entourages ; la productrice fut employée pour l'autel. C'est là que Rohita a placé les deux Agnis, le froid et le chaud. »

M. H. (en note) : « Cette stance est le début d'un long développement mythico-liturgique, où la suite des idées se dérobe complètement ». — L'idée générale, au contraire, est fort claire. L'auteur, comme celui de l'hymne au Puruša (RV., x, 90), s'est proposé de décrire la production du sacrifice avec allusion, mais allusion seulement, à celle de l'univers. Rohita, qui n'est autre que le résultat de l'union d'Agni et de Soma personnifiés, institue le sacrifice au moyen des deux principes dont il est formé.

1. — M. H. : « Les *cieux* et *terres* furent *ses* enceintes. » — *Urvîs*, au pluriel, ne signifie ici ni le ciel ni la terre, mais comme toujours dans le RV., « les grandes, les larges », à savoir les eaux (du sacrifice). Il ne s'agit pas ici des enceintes de Rohita, mais de celles du sacrifice dont il est l'initiateur. Les eaux entourent les deux Agnis dont il va être question.

3-4. — M. H. (en note) : « Rohita considéré comme un sacrificateur céleste, dont le sacrifice embrasse l'année entière a donc disposé deux Agnis au lieu d'un, le soleil de la saison froide et celui de la saison chaude, dont la double action produit le sacrifice annuel. » — Fantaisie pure. Les deux Agnis sont, comme souvent, le *sánt* et l'*ásant*, le *jâtá* et l'*ajá*. L'*ajá* est appelé ici le froid parce qu'il n'est pas allumé, alors que le *jâtá*, qui brille sur l'autel, est le chaud ou l'allumé. Les deux du reste n'en font qu'un, puisque l'*ajá* est le pied du *jâtá* et le *jâtá* la tête de l'*ajá*.

47

himám ghramsám ádhâya
yûpân kṛtvâ párvatân,
varšájyâv agnî îjâte
róhitasya svarvídah.

« Après qu'il (Rohita) eut placé l'(Agni) froid et l'(Agni) chaud, après qu'il eut fait des poteaux avec les courants (des eaux de la libation), les deux Agnis de Rohita qui trouve le ciel (s'unit aux flammes) sacrifièrent en employant la pluie des libations. »

2. — Les *yûpa* sont, soit les poteaux, soit les liens qui retiennent sur l'autel l'oblation comparée à un bétail (*paçú*). Ici,

ce sont les eaux qui en jouent le rôle et, comme elles constituent l'oblation, elles s'enchaînent ou s'enveloppent elles-mêmes. Le sens de « montagne » généralement adopté pour *párvata* (M. H. suit à cet égard la tradition) est faux et ne donne ici qu'une idée bizarre.

3. — M. H. : « En faisant tomber la pluie en guise de beurre sacrifièrent les deux Agnis ». — Le texte ne dit pas cela et le sacrifice ne consiste pas à faire tomber la pluie, mais à verser l'oblation *(âjya)* sur le feu du sacrifice.

4. — M. H. : « Qui sait trouver le svar, » et le *svàr* serait, d'après lui (note sur le vers I, 7) « le ciel suprême et mystérieux, connu des dieux seuls, etc. » — C'est une explication que rien ne justifie.

48

svarvido róhitasya
bráhmaṇâgníḥ sámidhyate,
tásmâd ghraṃsás tásmâd dhimás
tásmâd yajñó 'jâyata.

« Par le *bráhman*, l'Agni de Rohita qui trouve le ciel est allumé; c'est de lui qu'est né l'(Agni) chaud, de lui l'(Agni) froid, de lui le sacrifice. »

1-2. — Le *bráhman*, la (chose) fortifiante, la liqueur du sacrifice, le soma. — M. H. : « Agni s'allume *au nom* de la prière ». — Traduction qui paraît en rupture ouverte avec la grammaire : le sujet logique est *bráhmaṇâ*.

3-4. — M. H. : « De lui le chaud... est né » — Qui est-ce « lui » ? Rohita ? Le contexte et surtout le vers suivant montrent, au contraire, avec évidence que c'est au *bráhman* qu'est due, au moins à titre d'intermédiaire, la naissance des deux formes d'Agni, et du sacrifice.

49

bráhmaṇâgnî vâvṛdhânaú
bráhmavṛddhau bráhmâhutau,
bráhmeddhâv agnî ijâte
róhitasya svarvidaḥ.

« Les deux Agnis accrus par le *bráhman*, arrosés par le *bráhman*, grandirent par l'effet du *bráhman*. Les deux Agnis de Rohita qui trouve le ciel, allumés par le *bráhman*, accomplirent le sacrifice. »

Ce vers détermine bien le sens qu'il convient d'attribuer au mot *bráhman*.

50

satyé anyáḥ samâhitô
'psv ányáḥ sámidhyate,
bráhmeddhâv, etc. (Comme au vers 49, 3-4).

« L'un est déposé dans l'être, l'autre est allumé dans les eaux. »

1. — Le premier est le *sánt* ou le chaud, celui qui est visible et brille sur l'autel. Le *satyá* (de *sát*) est le fait d'être, d'apparaître. M. H. (qui n'a pas compris le sens de ce passage, comme sa note le montre surabondamment) : « L'un est déposé au sein de la vérité(?) ». En note : « Le premier, qui repose dans l'ordre divin (?), est sûrement une entité solaire ». — Voilà un « sûrement » qui semble téméraire.

2. — Le second, qui est dans les eaux (de la libation), est l'*ásant* ou le froid. M. H. (note) y voit « le soleil qui s'allume au sein de l'océan terrestre ou céleste » !

51

yáṃ vâtaḥ pariçúmbhati
yáṃ véndro bráhmaṇaspátiḥ,
bráhmeddhâv, etc.

« Celui que le vent fait briller de tous côtés, celui que (fait briller) Indra, le maître du *bráhman.* »

1-2. — M. H. : « Celui qu'apprête le vent et celui qu' (apprête) Indra Brahmaṇaspati. »

En note, M. H. propose l'alternative suivante pour l'explication du pâda 1 : « Agni-éclair allumé par le vent d'orage ? ou, tout simplement, le feu visible (il aurait fallu ajouter, sur l'autel) qu'active le souffle ? » — Cette seconde hypothèse est la bonne. Sur le pâda 2, M. H. ajoute, cette fois bien à tort : « Mais le feu allumé par Indra en qualité de « chef du service divin » ne paraît pas correspondre à la conception de l'Agni du *satyá.* » — Indra fait briller l'Agni allumé en faisant couler vers lui les eaux du sacrifice. *Bráhmaṇaspáti*, « le maître de la liqueur fortifiante », est très inexactement désigné par les mots « chef du service divin ».

52

védiṃ bhū̃miṃ kalpayitvā̃
dívaṃ kṛtvā̃ dákšiṇâm,
ghraṃsáṃ tadagniṃ kṛtvā̃
cakā̃ra viçvaṃ âtmanvád
varšéṇā̃jyena róhitaḥ.

« Après avoir fait de la *védi* [1] la (libation) productrice un autel, après avoir fait de l'oblation le ciel (la flamme), après avoir fait du chaud cet Agni, Rohita a rendu tout cela animé (il a donné en quelque sorte la vie au sacrifice), au moyen de la pluie des libations. »

2. — M. H. : « Il fit du ciel sa *dákšiṇâ* ». — C'est l'inverse que dit le texte.

4.-5. — M. H. : « (Il) créa tout être vivant en se servant de la pluie comme beurre. » — La création dont il s'agit n'est que

[1] Quel que soit le sens étymologique et propre du mot *védi*, il est certain que, dans le Véda, il désigne métaphoriquement la libation. — Les mots *bhū̃mim* et *divam* correspondent au couple *dyâvâpṛthivî.*

celle du sacrifice. C'est par des jeux de mots seulement que le poète prête à entendre qu'il est question de l'univers.

53

varṣám âjyam ghraṃsó agnir
védir bhûmir akalpata,
tátraitân párvatân agnir
gîrbhir ûrdhvân akalpayat.

« La pluie devint la libation, le chaud devint Agni et la *védi* devint la productrice. Ces eaux qui étaient en elle, Agni les dressa en l'air avec ses chants. »

3.-4. — Le sacrifice s'exécute quand Agni aspire les eaux de la libation ; c'est l'opération que décrit ce passage. Sur le vrai sens du mot *párvata*, voir ci-dessus, p. 124 ; les formules dans le genre de celle-ci mal comprises lui ont fait attribuer faussement la signification de montagne.

M. H. : « Et sur terre ces montagnes, Agni par ses hymnes les a disposées debout. » — Agni crépite en flamblant ; de là, sa voix qui s'élève et élève en quelque sorte avec elle les libations du sacrifice.

54

gîrbhir ûrdhvân kalpayitvâ
róhito bhûmim abravît,
tváyîdaṃ sárvaṃ jâyatâṃ
yád bhûtáṃ yád vâ bhâvyám.

« Après avoir dressé les eaux en l'air avec ses chants, Rohita dit à la productrice : « Que tout ceci (le sacrifice) naisse en toi, ce qui a été et ce qui sera. »

3.-4. — « Ce qui a été et ce qui sera, » — le sacrifice d'autrefois et le sacrifice futur avec jeu de mots entre *bhûmi* « ce qui produit », *bhûtá* « ce qui a été produit » et *bhâvyá* « ce qui le sera ».

55

sá yajñáḥ prathamó
bhûtó bhâvyó ajâyata,
tásmâd dha jajña idám sárvam
yát kiṃ cedáṃ viròcate
ròhitena ṛṣiṇā́bhṛtam.

« Il (Rohita) est le premier sacrifice, il est devenu ce qui a été et ce qui sera. De lui naquit tout ce sacrifice et tout ce qui brille, apporté et supporté par le chanteur Rohita. »

56

yáç ca gā́ṃ padā́ sphuráti
pratyáṅ sū́ryaṃ ca méhati,
tásya vṛçcâmi te mûlaṃ
ná châyā́ṃ karavó'param.

« Celui qui touche la vache du pied et qui urine dans la direction du soleil, — de celui-là, que tu es, je coupe la racine (pour que) tu ne donnes plus d'ombre à celui d'en bas (Agni *ajá*).

M. H. en note : « Stance de conjuration contre les ennemis. Il s'agit, bien entendu, d'êtres démoniaques qui veulent blesser l'aurore et souiller ou éteindre le soleil. » — Il s'agit au contraire de l'ennemi habituel du sacrifice personnifié d'ordinaire sous le nom de Vṛtra et qui est censé empêcher la libation de couler. Les vers qui précèdent ont été consacrés à décrire la célébration du sacrifice en général et l'inauguration du sacrifice particulier que l'hymne actuel accompagne. Maintenant qu'il s'accomplit, le sacrificateur doit veiller à ce que rien n'en trouble la régularité.

1-2. — Le démon touche (ou frappe) du pied la vache-libation pour la comprimer ; il urine vers le soleil, c'est-à-dire que de ses eaux obscures il empêche le soleil-Agni *(ajá)* de briller.

3. — Le sacrificateur coupe sa racine (cf. pour cette formule, RV. x, 87, 10), c'est-à-dire le détruit, par allusion à l'idée d'arbre que suggère *châyâ* au pâda suivant.

M. H. : « Puisses-tu désormais ne plus faire d'ombre. » — *Aparam* qui désigne Agni *ajá* est régime de l'expression *ná châyâm karavaḥ*. L'ombre en question est l'équivalent de l'enveloppe qui, dans les textes analogues, empêche la libation de couler.

57

yó mâbhichâyám atyéši
mâm câgnim cântarâ
tásya, etc.

« Toi qui me couvres de ton ombre, et qui es entre moi et Agni *(ajá)*, — de celui-là, etc. »

Même idée qu'au vers précédent ; il s'agit toujours du démon qui s'interpose entre la libation où réside Agni *ajá* et le sacrificateur

1. — M. H. : « (Toi qui me dépasses) *dans le sens de l'ombre* » ; — traduction empruntée à M. Roth et inspirée bien plutôt par un contexte mal compris, que par une analyse grammaticale régulière.

M. H. en note : « Ces trois stances (57-59) ont tout l'air de viser une éclipse de soleil. » — Elles n'en ont que l'air.

58

yó adyá deva sûrya
tvâm ca mâm cântarâyati,
dušvápnyam tásmimçhamalám
duritâni ca mṛjmahe.

« Faisons disparaître en les frottant le mauvais sommeil, la souillure, les obstacles qui sont en celui qui aujourd'hui, ô dieu soleil, se place entre moi et toi. »

1-2. — Même sens qu'au vers précédent, pâda 2 ; Sûrya est substitué par métaphore à Agni.

4. — *duritâni*, M. H. : « nos péchés ». — Faux sens. Il s'agit des choses qui peuvent empêcher la libation de couler et qui sont le propre de Vṛtra : le mauvais sommeil avec lequel il tient les libations endormies, la souillure à laquelle est due leur obscurité et les obstacles qui s'opposent à ce qu'elles jaillissent.

59

mâ prá gâma pathó vayáṃ
mâ yajñâd indra sominaḥ,
mânta sthur no árâtayaḥ

« Ne quittons pas notre chemin; ne nous écartons pas, ô Indra, du sacrifice pourvu de soma ; que nos absences de dons ne se placent pas entre (nous et nos dons) ! »

2. — M. H. fait accorder *sominas* avec *mâ;* il est bien plus vraisemblable que ce mot est une épithète de *yajñât.*

3. — M. H. : « Que les ennemis impies ne nous fassent pas obstacle. » — Sens tout à fait à côté du réel. Voir ci-dessus, vers 20.

60

yó yajñásya prasâdhanas
tántur devéṣv âtataḥ,
tám âhutam açîmahi.

« Le fil étendu parmi les dieux, qui est l'exécuteur du sacrifice, obtenons-le arrosé par les libations. »

2. — M. H. : « Qui fait réussir le sacrifice; » — nuance significative inexacte. Le fil dont il est question est la flamme d'Agni qui se développe parmi les somas enflammés, et non pas « le fil de la lumière céleste (M. H. note). »

3. — Obtenons-le, c'est-à-dire faisons en sorte qu'il soit (arrosé par nos libations).

Hymne II

1

údasya ketávo divi
çukrâ bhrâjanta îrate,
âdityásya nrçákšaso
máhivratasya mîḍhúšaḥ.

« S'élèvent dans le ciel les rayons brillants, étincelants de l'Aditya (Agni) qui tient son éclat des mâles (les somas) dont le *vratá* [1] vient du grand (soma) qui a reçu la libation. »

4. = M. H. : « Dont la loi est vaste, *qui fait merci.* » = C'est à juste titre que M. H. donne sa traduction de *mîḍhúšas* comme conjecturale ; la racine *mih* ne saurait signifier que « répandre un liquide. »

2

diçâm prajñânâm svaráyantam arcišâ
supakšám âçúm patáyantam arṇavé,
stávâma sûryam bhúvanasya gopâm
yó raçmíbhir diça âbhâti sárvâḥ.

« Célébrons l'oiseau qui chante au moyen de l'éclat des flammes savantes (parce qu'elles sont éclairées ?) et qui rapide, vole sur le flot (des eaux du sacrifice) ; (célébrons) le soleil (Agni), berger du producteur (soma), qui éclaire avec ses rayons toutes les directrices. »

1. 2. = M. H. : « Le signe distinctif des régions célestes, éblouissant de splendeur, le rapide aux belles ailes qui vole sur l'océan. »

[1] Sur le sens de ce mot, voir ci-dessus p. 177.

Il s'agit d'Agni comparé à un oiseau aux belles ailes (les flammes) qui vole au-dessus des eaux de la libation; *svaráyantam* ne signifie donc pas « qui brille », mais, selon l'acception ordinaire, « qui chante ou siffle » et, paradoxalement, avec ses flammes (les crépitements d'Agni). Le sens précis de *diçãṃ prajñãnâm* peut prêter au doute. M. H., d'après M. Roth, corrige ce dernier mot en *prajñãnam*, mais c'est un changement qui ne donne pas un meilleur sens que le texte traditionnel. *Diç* signifie proprement « ce qui montre, ce qui indique »; avec *arciṣâ*, il est très vraisemblable que ce sont les libations enflammées que ce mot désigne.

3. — Sûrya-Agni est le gardien des vaches-libations ou des somas qui l'alimentent.

4. — Ses rayons ou ses flammes illuminent, éclairent, les eaux de la libation appelées les indicatrices une fois qu'elles sont éclairées.

3

yát prãñ pratyáñ svadháyâ yãsi çĩbhaṃ
nãnârûpe áhanî kárṣi mâyáyâ,
tád âditya máhi tát te máhi çrávo
yád éko víçvaṃ pári bhũma jãyase.

« Par suite du fait qu'allant en avant, revenant en arrière, tu atteins la clarté au moyen de la libation, tu fais par ta création les deux jours de différentes couleurs. Ce grand, ce grand bruit qui vient de toi (tes crépitements), ô Aditya, a lieu quand tu nais seul autour du producteur, du tout (le soma). »

1. — Cf. RV. I, 164, 38, *ápâñ prãñ eti svadháyâ*. Le feu du sacrifice s'en va, et revient en quelque sorte, selon que le sacrifice est célébré ou cesse de l'être. — M. H. : « D'occident en orient et d'orient en occident tu cours selon ta nature. » — Contresens continu. La *svadhã*, comme souvent et peut-être comme toujours, est ici la libation à laquelle Agni doit son acti-

vité. L'expression *yâ çîbham* est une variante de *yâ çúbham*, et ne signifie pas, par conséquent « aller vite », mais « aller à l'éclat, briller », ce qui s'applique exclusivement sans doute à Agni *prấn*.

2. — Selon qu'Agni va en avant ou revient, c'est-à-dire brille ou ne brille pas, le jour ou la nuit du sacrifice se produisent; les libations restent obscures ou deviennent brillantes. — M. H. : « De par ta puissance magique. » — La *mâyấ* est simplement la production de ses flammes auxquelles Agni donne naissance par la libation.

4. — M. H. : « Tu es l'unique dont la naissance fait le tour de tous les mondes. » — Le texte ne dit rien de tel, à moins qu'on n'escamote le sens des mots; du reste l'ensemble de cette phrase est inintelligible. En réalité, *bhûman* est un des noms de la libation productrice qu'Agni enveloppe de ses flammes.

4

vipâçcitaṃ tarániṃ bhrấjamânaṃ
váhanti yáṃ haritaḥ saptá bahvîḥ,
srutấd yám átrir divam unninấya
táṃ tvâ paçyanti pariyấntam âjím.

« L'agité, le franchisseur, le brillant, que portent les sept brillantes, les nombreuses, lui qu'Atri a élevé au ciel (du sein) de l'eau, — celui-là que tu es, ils (les sacrificateurs ou les somas) te voient entourant la libation. »

1. — *Taráṇim*, M. H. : « Le diligent », — faux sens. Il s'agit d'Agni considéré comme traversant ou franchissant les difficultés (ou l'espace) qui entravent sa course.

2. — Les sept brillantes, les nombreuses, sont les libations qui, transformées en flammes, servent de véhicule à Agni.

3. — Atri, dédoublement d'Agni, le prend sur les eaux de la libation pour le conduire au ciel (pour faire qu'il s'allume).

4. — M. H. : « (les hommes) te regardent faire le tour *de la*

carrière; » — *âji* ne signifie pas « carrière », mais « libation »; voir l'étude spéciale dont ce mot a été l'objet. Les verbes de mouvement prennent en général pour complément à l'accusatif un mot marquant le but de ce mouvement; *âjim* construit avec *pariyãntam* ne saurait donc en aucun cas signifier la course même.

5

mã tvâ dambhan pariyãntam ájiṃ
svastí durgãn áti yâhi çĩbham,
dívaṃ ca sûrya pṛthivĩṃ ca devĩm
ahorâtré vimimâno yád éši.

« Qu'on ne t'opprime pas tandis que tu enveloppes la libation; salut (à toi)! franchis les passages difficiles pour (atteindre) la clarté, alors que tu vas, ô soleil, vers le jour et vers la large, la déesse, en produisant le jour et la nuit. »

1. — M. H. : « Que nul ne t'engeigne dans le tour de ta carrière. » — *Dambhan* (pluriel) vise les obstacles apportés par Vṛtra, etc.; » sur *âji* voir la remarque ci-dessus, vers 4.

2. — M. H. : « Sain et sauf franchis vivement les mauvais pas. » — *Svasti* ne saurait être employé ici qu'à titre de formule de souhait, comme au vers suivant; *çĩbham* ne signifie pas « vivement », et *yâhi* exige un complément direct qui fait défaut dans la traduction de M. H.

3.-4. — M. H. : « Alors que tu vas mesurant le jour et la nuit et le ciel, etc. » — *Divam* et *pṛthivĩm* sont les régimes directs de *éši* et non de *vimimâna*. C'est en se développant dans la libation sous ses deux formes qu'Agni-Sûrya produit le jour et la nuit, autre métaphore pour désigner cette même libation; cf. ci-dessus vers 3. *Vimimâna*, en effet, ne signifie pas, « mesurer », mais « produire, créer ». La formule *ahorâtré vimimâna* correspond exactement à *nãnârûpe áhanî kárši mâyáyâ* du vers 3 (de part et d'autre, emploi de la racine *mâ* pour désigner les créations d'Agni).

6

svasti te sûrya carâse râthâya
yénobhâv ántau pariyâsi sadyáḥ,
yáṃ te váhanti harito váhiṣṭhâḥ
çatám áçvâ yádi vâ saptá bahvīḥ.

« Salut à ton char qui marche, ô soleil, lui au moyen duquel tu vas rapidement aux deux extrémités, — toi que transportent les cent cavales brillantes, excellentes porteuses, ou les sept, les nombreuses. »

2. — M. H. : « Qui fait en un instant le tour des deux bornes »; et (en note) « d'occident et d'orient. » — En réalité, les deux extrémités sont celle dont Agni part (la libation) et celle à laquelle il arrive (sa flamme).

3.-4. — Il s'agit des libations enflammées, comme plus haut vers 4.

7

sukháṃ sûrya rátham aṃçumántaṃ syonáṃ
suváhnim ádhi tiṣṭha vâjínam,
yáṃ te, etc. (Comme au vers précédent, 2e hémistiche).

« O soleil, monte sur le char qui roule bien, chargé de soma, doux, bon porteur, muni de nourriture, etc. »

1. — Sur *sukhá*, voir ci-dessus, vers I, 24.

2. — *Vâjínam*, M. H. : « Qui conquiert le butin », — faux sens ; voir ci-dessus, vers I, 1.

La note de M. H. qui correspond à ce vers témoigne éloquemment, à côté de bien d'autres du même genre, des incertitudes au milieu desquelles il se débat en voulant voir dans ces textes la combinaison de « concepts » naturalistes et liturgiques. Ils sont superposés par des artifices de rhétorique et non pas *combinés*.

8

saptá sûryo harito yãtave ráthe
hiranyatvaçaso bṛhatîr ayukta,
ámoci çukró rájasaḥ parástâd
vidhûya devás támo dívam ãruhat.

« Le soleil a attelé sept (cavales) brillantes à la peau d'or, grandes, pour faire marcher son char. Il s'est dégagé, brillant, du sombre (du milieu des eaux); écartant l'obscurité, le dieu (le brillant) a atteint (le jour, le ciel, — il a revêtu ses flammes). »

2. — M. H. : « Harnachées d'or. » — Aucune raison pour traduire *tvác* par « harnais ».

3. — M. H. : « Le brillant a été lâché au delà de l'espace. » — Non-sens; *rájas*, d'ailleurs, ne signifie pas « espace ».

9

út ketúnâ bṛhatã devá âgann
ápâvṛk támo' bhi jyótir açrait,
divyáḥ suparṇáḥ sá vîró vyakhyad
áditeḥ putró bhúvanâni viçvâ.

« Le dieu, se levant, est venu au moyen de sa grande flamme; il a écarté l'obscurité; il est allé à la lumière. Cet oiseau qui est dans le ciel, (ce) héros fils d'Aditi, a contemplé (ou éclairé) tous les producteurs (les somas). »

1. — M. H. : « *Avec* son étendard auguste (?) le dieu s'est levé et il est venu. » — Toujours l'instrumental considéré à tort comme impliquant une idée de concomitance.

2. — M. H. change *açrait* en *açvait* et considère *jyótis* comme sujet. La correction est inutile et la véritable construction a été méconnue, comme on le voit par la comparaison de notre passage avec RV., I, 124, 1, et VII, 76, 1.

10

uydán raçmī́n ā́ tanuše
viçvā́ rûpā́ṇi pušyasi,
ubhā́ samudraú krátunâ vi bhâsi
sárvâṃl lokā́n paribhū́r bhrā́jamânaḥ.

« En t'élevant (dans le ciel) tu étends tes rênes (ou tes rayons); tu nourris toutes les formes. A l'aide du fabricant (le soma), tu éclaires les deux mers en illuminant et en pénétrant tous les lieux (ou tu résides, les somas). »

2. — M. H. : « Tu prospères (en revêtant) tous les aspects » ; — contresens. Il est tout à fait inexact d'affirmer (M. H., note) que « le verbe *puš* est intransitif ici comme partout ». C'est le contraire qui est vrai. Agni nourrit toutes les formes (du sacrifice), c'est-à-dire les flammes qu'il déploie au moyen de la libation.

3. — M. H. : « De par ton vouloir divin tu illumines les deux océans. » — *Krátu* signifie simplement, et d'après l'étymologie, « ouvrier, fabricant ». Les deux mers en question sont les libations au moment où on les verse, et les mêmes libations transportées au ciel par les flammes d'Agni, c'est-à-dire sous leurs deux formes.

11

pûrvâparám carato mâyáyaitaú
çíçû krī́ḍantau pári yâto arṇavám,
víçvâny6 bhúvanâ vicáṣṭe
hairaṇyair anyáṃ harito váhanti.

« Par l'effet de la création (d'Agni), ces deux petits courent l'un après l'autre et circulent en jouant autour de l'océan (des libations). L'un contemple (ou éclaire) tous les producteurs, (les cavales) brillantes emportent l'autre avec des (chars) d'or. »

Description énigmatique des libations sous leurs deux formes comparées aux deux petits de l'océan (des libations) qui courent l'un après l'autre.

Traduction de M. H. : « D'arrière en avant et d'avant en arrière, de par leur pouvoir magique, ils circulent, les deux jeunes animaux, en se jouant, ils font le tour de l'océan : l'un contemple tous les êtres ; l'autre, les Harits le traînent au moyen des clous d'or. »

Cette traduction est suivie d'une très longue note à l'égard de laquelle je me contenterai de dire que des explications de ce genre sont faites pour justifier tous les sarcasmes dont MM. Gaidoz et Lang abreuvent les mythologues *naturalistes*.

3. — *hairaṇyaiṣ*, « (les choses, ici les chars) d'or. »

12

divi tvătrir adhârayat
sûrya măsâya kártave,
sá eṣi súdhṛtaṣ tápan
viçvá bhûtăvacăkaçat.

« Atri, ô Soleil, t'a fait tenir bon dans le ciel (du sacrifice) pour produire la lune (autre nom d'Agni-Soleil) ; bien affermi, brillant (ou brûlant), tu vas dans tous les êtres en jetant de l'éclat (ou tes regards) de haut en bas. »

1.-2. — Agni, porteur de la libation, est fixé au ciel du sacrifice par son *alter ego* Atri afin d'y produire la lune, c'est-à-dire ses flammes.

3.-4. — M. H. : « Et tu vas... contemplant à tes pieds tous les êtres. » — *Viçvá bhûtă* est à la fois le complément de *eṣi* et de *avacăkaçat*. C'est en leur envoyant sa lumière, ou en les regardant, qu'Agni s'identifie aux somas enflammés désignés ici sous le nom de *viçvă bhûtă*.

13

ubhā̃v ántau sámarṣ̌asi
vatsáḥ saṃmâtárâv ivā,
nanv étād itáḥ purā̃
bráhma devā̃ amī̃ viduḥ.

« Tu fais couler les deux extrémités (de la libation), comme un veau (ferait couler le lait de deux vaches qui seraient) l'une et l'autre sa mère. Auparavant cela, ces dieux ne connaissaient pas ce *bráhman.* »

Agni absorbe la libation à son extrémité inférieure et la transforme en flammes à son extrémité supérieure ; il la fait donc couler des deux bouts (ou met en mouvement ses deux bouts). C'est quand le sacrifice a lieu ainsi, que les dieux qui y goûtent (ses flammes) connaissent le *bráhman* ou la liqueur fortifiante.

1.-2. — M. H. corrige le texte en séparant *sám* de *mâtárau;* le « simple accent de plus » qui en résulte est encore de trop, attendu qu'on aboutit par là à cette traduction qui n'est qu'un tissu de contresens et de non-sens : « Tu unis, (ô Soleil), les deux bornes (d'orient et d'occident) en allant de l'une à l'autre, comme le veau (Agni ?) unit ses parents (les deux *araṇis*). »

3.-4. — M. H. : « Certes, il y a bien longtemps que les dieux là-haut ont connu ce saint mystère. » — Rien n'a été exactement compris, et *nanu*, considéré comme affirmatif, a donné lieu à un grave contresens.

14

yát samudrám ánu çritáṃ
tát siṣ̌âsati sū̃ryaḥ,
ádhvásya vitato mahā̃n
pûrváç câparáç ca yáḥ.

« La mer qui l'approche, le soleil cherche à la conquérir. Son chemin est étendu, grand; il y a le supérieur et l'inférieur. »

1. — M. H. (qui fait à tort de *samudrám* le complément de *ánu)* : « (Tout) ce qui réside au long de l'océan. » — C'est l'océan même des libations que Sûrya-Agni conquiert ou acquiert.

4. — M. H. : « Celui d'avant (le chemin du soleil) et celui d'arrière »; et en note : « Le chemin diurne et le chemin nocturne. » — Fausse interprétation. Le « chemin supérieur » d'Agni est celui que suivent ses flammes; l' « inférieur » est au point de jonction du liquide non enflammé et des flammes.

Cf. vers 11, pâdas 1 et 2.

15

tám sámâpnoti jûtibhis
táto nấpa cikitsati,
ténâmṛ́tasya bhakšám
devā́nâm nā́va rundhate.

« Il s'en empare (de la mer des libations) par ses mouvements ardents; c'est par elle qu'il ne cesse pas de briller. C'est par elle qu'ils (les sacrificateurs) ne privent pas les dieux de la nourriture du non-mort (de la libation qui les vivifie). »

1. — C'est en s'agitant à la surface des libations qu'Agni les enveloppe et les absorbe.

2. — M. H. : « Il ne cherche pas à s'en écarter. » — Le traducteur ne nous dit pas si c'est de l'océan ou du chemin. En tout cas, il donne un faux sens au désidératif *cikitsati*, qu'aucune raison n'oblige à séparer absolument de la signification du simple correspondant.

3.-4. — M. H. : « Grâce à ce (chemin), le breuvage d'immortalité qui appartient aux dieux, (les démons) ne le détournent pas à leur profit. » — *Téna* ne saurait raisonnablement avoir d'autre antécédent que celui de *tám* (pâda 1) et de *tátas* (pâda 2); c'est l'océan des libations qui fournit l'ambroisie dont les dieux s'abreuvent. *Ava rundhate* signifie simplement « ils retiennent, ils arrêtent. » La force du moyen ne saurait aller jusqu'à lui donner le sens de « ils (ne) le détournent (pas) à leur profit. » L'idée est que, sans la libation (et l'entremise d'Agni), les sacrificateurs ne pourraient pas fournir l'ambroisie aux dieux.

16

úd u tyáṃ jâtávedasaṃ
devám vahanti ketávaḥ,
dṛçé viçvâya sûryam.

Les vers 16-24 reproduisent, avec quelques variantes, les premiers vers de l'hymne I, 50 du RV. Cet hymne, qui est censé adressé au soleil *(sûrya)*, célèbre en réalité Agni comparé à cet astre.

« Les flammes emportent dans les airs ce dieu Jâtavedas, (ce) soleil pour qu'il voie tout (le sacrifice ou ce qui l'alimente, le soma). »

1.-2. — M. H. : « C'est lui le dieu... que hissent ses étendards » ; et en note : « Les étendards ou flammes du soleil sont *naturellement* les rayons ou nuages lumineux qui le précèdent et semblent l'amener. » — Renvoyé à l'appréciation de M. Gaidoz.

3. — M. H. : « Pour être vu de tous. » — Les deux datifs *dṛçé viçvâya* dépendent l'un de l'autre ; si l'on rapporte le second au premier, on traduira « pour la vue pour tout », c'est-à-dire « pour tout voir ». C'est, du reste, le sens qu'indique l'analogie du vers 17 (pâda 3).

17

ápa tyé tâyávo yathâ
nákšatrâ yanty aktúbhiḥ,
sûrâya viçvácakšase.

« Pareils à ces *tâyús*, les *nákšatras* s'en vont à l'aide des libations pour le soleil (Agni) qui voit tout (ou pour qu'il voie tout). »

M. H. : « Et voici que, comme des larrons, les étoiles s'enfuient avec la nuit, devant Sûra qui voit tout. »

1. — Il est douteux que *tâyú* signifie « larron » ; en tout cas, ce mot est employé ici dans un sens métaphorique.

2. — Il est au moins aussi douteux que *nákšatra* signifie « étoile », et *aktú* n'a certainement pas le sens de « nuit. » D'après l'étymologie, *nákšatra* serait la chose qui atteint ou qui fait atteindre, aller vers; ce mot désigne probablement les flammes d'Agni en tant qu'elles conduisent les libations. *Aktú* s'applique aux libations enflammées qui font mouvoir les *nákšatras* d'Agni. L'instrumental *aktúbhiṣ* n'exprime pas d'ailleurs une idée de concomitance.

3. — La relation marquée par le datif ne saurait correspondre à celle que rend notre préposition « devant. » Ici, les libations sont destinées au soleil.

M. H., pour qui le sens réel de ce vers paraît être resté lettre close, le trouve « d'un effet très pittoresque » : il n'y a que la foi qui sauve.

18

ádṛçrann asya ketávo
vi raçmáyo jánāṅ ánu,
bhrājanto agnáyo yathâ.

« Ses flammes, ses rayons, ont apparu parmi ceux qui l'engendrent (les somas) (ou parmi les hommes), comme des feux étincelants. »

Ce vers et le suivant peuvent s'entendre à la fois d'Agni sur l'autel et, métaphoriquement, du soleil levant.

19

taráṇir viçvádarçato
jyotiškṛ́d asi sûrya,
viçvam ā bhâsi rocanā.

« Tu es, ô soleil, franchisseur (des obstacles), visible à tous, artisan de la lumière. O brillant, tu éclaires tout. »

1. — M. H. : *Taraṇis*, « diligent », — faux sens ; voir ci-dessus les remarques sur le vers 4.

20

pratyáṅ devā̃nām viçaḥ
pratyáṅ údeši mā̃nušīḥ,
pratyáṅ víçvaṃ svàr dṛçé.

« Tu t'élèves en face des demeures des dieux, en face de celles des manus en face du tout (le soma), pour voir le ciel (du sacrifice). »

1. — M. H. : « En face des *tribus* des dieux. » — Je ne vois pas de raison pour ne pas conserver à *viças* son sens habituel de « demeure » ; Agni s'élève en face, au-dessus, des demeures des dieux et des manus, c'est-à-dire des libations où ils résident.
3. — M. H. : « Pour voir le svar. » — Agni s'élève sur l'autel pour voir le ciel, c'est-à-dire pour s'identifier à ses flammes.

21

yénâ pâvaka cákšasâ
bhuraṇyántaṃ jánâṅ ánu,
tváṃ varuṇa páçyasi.

« C'est par cette lumière (ou cet œil), ô brillant, que tu vois, ô Varuṇa, celui qui s'agite parmi ceux qui l'engendrent (ou les mâles, les somas). »

Cf. RV. I, 155, 4, *dvé íd asya krámaṇe svardṛço 'bhikhyā̃ya mártyo bhuraṇyati* : « Il y a deux voyages (cf. ci-dessus, vers 14) de celui qui voit le ciel, le mort (l'Agni-*ajá*) s'agite pour le voir.

2. — *Bhuraṇyántam*, M. H. : « Celui qui se donne de la peine »; et en note : « L'homme pieux qui sacrifie et fait le bien. » — Faux sens ; le passage n'a pas été compris.

22

vi dyãm eši rájas pṛthv
áhar mimâno aktúbhiḥ,
páçyañ jánmâni sûrya.

« Tu vas dans le ciel en employant le large *rájas* à faire le jour au moyen des libations (enflammées), — en considérant, ô soleil, les générations (des somas donnant naissance à Agni). »

L'emploi fréquent de la racine *mâ* avec *rájas* et le préfixe *vi* dans le sens de « employer le *rájas* à une construction », et la formule *rájaso vimãnas* appliquée à Agni en tant que metteur en œuvre du *rájas*, indiquent quelle est la véritable syntaxe de notre vers : *vi* doit porter sur *mimânas*, dont *rájas* est le complément direct, avec *áhar* en guise d'apposition. Quant au sens, on peut le résumer en disant qu'Agni emploie l'eau des libations à produire le jour, c'est-à-dire ses flammes.

1.-2. — M. H. : « Tu te répands au ciel, dans le vaste espace, mesurant le jour avec la nuit. » — Tissu de contresens.

23

saptá tvâ harito ráthe
váhanti deva sûryá,
çociškéçam vicakšaṇám.

« Sept (cavales) brillantes t'emportent dans (ton) char, ô dieu soleil, toi qui as une chevelure de flammes, toi qui brilles (ou qui vois) de différents côtés. »

24

áyukta saptá çundhyuvaḥ
sûro ráthasya naptyáḥ,
tâbhir yâti sváyuktibhiḥ.

« Le soleil a attelé les sept brillantes, les filles de (son) char. Unies entre elles, c'est par elles qu'il se meut. »

Le char d'Agni est le soma dont les libations enflammées sont les filles. — M. H. (en note et à tort) : « Les Harits sont filles du soleil et le soleil naturellement se confond avec son char. »

3. — Le premier terme *sva*, dans le composé *svàyuktibhis*, indique probablement l'union intime et réciproque des sept libations.

25

ròhito dìvam ắruhat
tàpasắ taspasvî́,
sà yònim aìti sà u jâyate pùnaḥ
sà devắnâm àdhipatir babhûva.

« Rohita s'est élevé au ciel (du sacrifice), lui qui a de la flamme (ou de la chaleur) au moyen de la flamme. Il se dirige vers une matrice et renaît ; il est le maître suprême des dieux. »

1. — M. H. : « Il a gravi le ciel avec la chaleur. » — Cette traduction résulte encore de l'attribution fautive d'une valeur de concomitance à l'instrumental *tàpasâ*. C'est *par* sa flamme, *par* sa chaleur, que Rohita-Agni monte au ciel.

3. — M. H. : « Il *retourne* en *sa* matrice. » — Traduction insuffisante. Les flammes d'Agni, nous le savons, voyagent dans les deux sens ; non seulement elles montent ; mais elles descendent. C'est ainsi qu'en s'approchant des libations elles prêtent à dire qu'elles entrent dans une matrice (paradoxe) d'où elles semblent renaître par leur mouvement ascensionnel.

4. — Il faut entendre qu'Agni est le maître de ses flammes. Remarquer comme les formules dans le genre de celle du troisième pâda ont pu facilement donner naissance au système de la transmigration.

26

yò viçvácarṡaṇir útá viçvátomukhò
yò viçvátaspâṇir utá viçvátasprthaḥ,
sáṃ bâhúbhyâṃ bhárati saṃ pátratair
dyã̂vâpṛthivĩ́ janáyan devá ékaḥ.

« Lui qui tient son activité du soma *(viçva)*, lui qui tient sa bouche du soma, lui qui tient sa main du soma, la paume de la main (?) du soma, avec ses deux bras, avec ses ailes, il supporte à lui seul, le dieu, et tout à la fois, le brillant et la large en les engendrant. »

1. — *Viçvácarṡaṇis*, M. H. : « Lui qui franchit tout ; » — faux sens. La traduction habituelle des composés insolites comme *viçvátomukha* (Agni dont la bouche ou le visage est partout) adoptée par M. H., est des moins sûres, autant au point de vue de la grammaire que des exigences de l'idée. Agni personnifié doit tous ses membres au soma dont il provient.

3. — M. H. : « Il unit de ses deux bras, il unit de ses ailes le ciel et la terre. » — *Bharati*, même avec le préfixe *sám* (qui porte ici sur *dyã̂vâpṛthivĩ́*) ne saurait signifier simplement « il unit ». Le poète a voulu dire qu'avec ses bras et ses ailes, c'est-à-dire ses flammes, Rohita-Agni soutient l'union du feu du sacrifice et de la libation dont il est l'auteur.

27

ékapâd dvipado bhṹyo vi cakrame
dvipât tripâdam abhyéti paçcât,
dvipâd dha ṡáṭpado bhṹyo vi cakrame
tá ékapadas tanvám sámâsate.

« Celui qui n'a qu'un pied va plus loin que celui qui en a deux ; celui qui a deux pieds va auprès de celui qui en a trois ; celui qui a deux pieds va plus loin que celui qui en a six ;

ceux-là (tous) se réunissent dans le corps de celui qui n'a qu'un pied. »

Je ne chicanerai pas M. H. sur les contresens qu'il a commis en traduisant un texte énigmatique, dont il reconnaît d'ailleurs que la signification cachée lui échappe.

1. — *ékapâd* est Agni dont le pied est dans la libation. Comme tel il va dans un lieu inaccessible au même Agni comparé à un oiseau, à cause de ses flammes identifiées aux ailes d'un bipède. — 2. — Sous cette forme, il s'approche du sacrifice qui a trois pieds, ou trois places, par allusion aux trois moments du jour auxquels on l'allume. — 3. — Mais, de même que *ékapâd* est dans les eaux où Agni-oiseau n'est pas, les libations qui le contiennent et s'identifient avec lui ne vont pas comme telles dans les airs ; c'est ainsi qu'Agni à deux pieds va plus loin que celles qui ont six pieds, c'est-à-dire les sept libations moins *ékapâd* qui compte pour septième (cf. RV. I, 164). — 4. — Enfin, ces six libations s'unissent dans le corps d'*ékapâd* quand il s'allume sur l'autel.

28

átandro yâsyán harito yád ásthâd
dvé rûpé kṛṇute rócamânaḥ,
ketumấn udyánt sáhamâno rájâṃsi
viçvâ âditya pravátó vi bhâsi.

« Lorsque, devant se mettre en marche, il est monté plein d'activité sur les (cavales) brillantes, il produit en brillant les deux formes (de la libation, ou les siennes). T'élevant étincelant, t'emparant des *rájas*, tu éclaires, ô Aditya, tous les courants (des libations). »

2. — Cf. RV. I, 115, 5 ; ce vers ne laisse aucun doute sur le vrai sens de la formule *dvé rûpé kṛṇute*. Agni produit le jour et la nuit du sacrifice : le jour en brillant sur l'autel, la nuit par le contraste que présente la libation enflammée avec celle qui ne l'est pas encore.

3. — *Sáhamâno rájâṃsi.* M. H. : « En forçant les espaces sombres » ; — *rájas* ne signifie « espaces sombres » que si l'on entend par là ceux que remplissent les eaux de la libation.

4. — M. H. : « Tu rayonnes sur toutes les pentes. » — Contresens ; *pravátas* ne signifie pas « pentes », mais « celles qui descendent en coulant, les libations. »

29

bán mahā̃ñ asi sûrya
báṭ âditya mahā̃ñ asi,
mahā̃ṃs te maható mahimā̃
tvám âditya mahā̃ñ asi.

« Oui, tu es grand, ô soleil ; oui, tu es grand, ô Aditya. Tu es grand et grande est ta grandeur ; tu es grand, ô Aditya. »

Exclamations du sacrificateur quand le feu du sacrifice s'élève sur l'autel.

30

rócase divi rócase antárikṣe
pátaṃga pṛthivyā̃ṃ rócase rócase apsv ántaḥ,
ubhā̃ samudraú rúcyâ vyā̃pitha
devó devâsi mahiṣáḥ svarjit.

« Tu brilles dans le ciel, tu brilles dans l'*antárikṣa*, ô oiseau, tu brilles dans la large, tu brilles à l'intérieur des eaux ; par ton éclat (ou ta flamme) tu as pénétré les deux océans ; ô dieu, tu es dieu (ou brillant), buffle (?), conquérant du jour. »

2. — *pátaṃga*, M. H. : « O oiseau *fougueux*. » — Pourquoi « fougueux » ?

3. — M. H. : « Ta clarté atteint *de part et d'autre* les deux océans. » — Il s'agit simplement de la libation considérée, soit comme liquide, soit comme volatilisée, enveloppée par Agni, c'est-à-dire sous ses deux formes. Voir ci-dessus vers II, 10.

31

árvâñ parástât prayató vyádhvâ
âçúr vipáçcit patáyan patamgáḥ,
víšṇur vicitráḥ çávasâdhitíšṭhan
prá ketúnâ sahate víçvam éjat.

« S'étendant vers nous de là-bas, se frayant un chemin (à travers les eaux); rapide, agile, oiseau volant; — actif, brillant (ou de diverses couleurs), planant au moyen du fort (le soma); il s'avance à l'aide de sa flamme pour s'emparer de tout ce qui s'agite. »

1. — M. H. : « Tourné vers nous *et vers l'au delà, planant à mi-route.* » — Toute la partie soulignée est à contresens du texte. La signification de *vyadhván* est bien fixée par l'étymologie et par RV., I, 141, 7.

3. — M. H. : « Višṇu visible s'avançant avec vigueur. » — Višṇu est certainement employé ici au sens adjectif; *adhišṭhâ* signifie pour ainsi dire le contraire de « s'avancer », et *çávas*, ne veut pas dire simplement et vaguement « force, vigueur », mais « ce qui est fort, ce qui fortifie »; comme tel, ce mot est un synonyme de soma.

4. — M. H. : « Par son étendard lumineux, il triomphe de tout ce qui grouille »; et en note : « Le grouillant » désigne un ver, un insecte nuisible, un être de nature ténébreuse et démoniaque. » — Il s'agit, bien loin de là, du liquide agité de la libation dont Agni s'empare avec ses flammes.

32

citráç cikitvâñ mahišáḥ suparṇá
ârocáyan ródasî antárikšam,
ahorâtré pári sûryam vásâne
prâsya víçvâ tirato vîryâṇi.

« Brillant, étincelant, buffle ailé qui éclaire les *ródasî*, l'*antárikša;* le jour et la nuit, se revêtant du soleil, prolongent toutes ses énergies. »

1. — M. H. : « Buffle et aigle. » — *Suparṇás* qualifie *mahišás;* cf. les taureaux ailés de la mythologie. Il s'agit du taureau (ou buffle) soma qui prend des ailes en s'enflammant sur l'autel.

2. — *ródasî*, M. H. : « Les deux mondes ; » — faux sens.

3.-4. — L'éclat de Sûrya-d'Agni s'unit aux deux formes des libations qui prolongent ainsi ses énergies, c'est-à-dire les forces qu'il reçoit d'elles. — M. H. « prolongent tous ses *exploits* » ; — faux sens.

33

tigmó vibhrâjan tanvàm çíçâno
'raṃgamâ̆sah pravâlo rárâṇaḥ,
jyótišmân pakšî̆ mahišó vayodhâ̆
viçvâ̆ â̆sthât pradiçaḥ kálpamânaḥ.

« Aigu, brillant, donnant à l'étendu (le soma) la forme d'une pointe, s'emparant des courants (de soma) rapides (ou propices) ; enflammé, buffle ailé, (lui) qui met en œuvre la nourriture (du sacrifice), il se tient bon sur toutes les directrices dont il est le créateur. »

1. — *tanvàṃ çíçânas*, M. H. : « S'aiguisant lui-même » ; — il s'agit du soma et non de lui-même.

2. — M. H. : « (Nous) procurant les pentes qui s'inclinent vers (nous). » — Pur non-sens résultant des contresens qui consistent à donner à *pravát* le sens de « pentes » et à *araṃgamá* celui de « qui s'inclinent vers ».

3. — *pakšî̆ mahišás*, M. H. : « Ailé, buffle etc. » ; — voir la remarque sur le vers précédent, pâda 1.

4. — M. H. : « Il a, suivant un ordre propice, pris successivement pour monture chacune des régions célestes. » — Nouveaux

faux sens sur les *pradiças* qui sont les libations enflammées en tant qu'indicatrices ou directrices de la course d'Agni, c'est-à-dire les équivalentes des Harits, — et sur *kálpamânas*, dont la signification est tout simplement « qui fait, qui crée ». Agni les crées en les enflammant

34

citrám devã̂nâm ketúr ánîkam
jyótišmân pradiçaḥ sûrya udyán,
divâkaró' ti dyumnais tâmâmsi
viçvâtârîd duritâni çukrâḥ.

« Flamme brillante (qui est) la bouche des dieux, le lumineux soleil en s'élevant sur les directrices, l'auteur du jour, a dépassé les ténèbres au moyen de ses clartés ; le brillant a franchi tous les passages difficiles. »

1. — M. H. : « Brillant visage des dieux, du (dieu) brillant. » Il appuie cette façon de traduire sur une correction absolument inutile (abstraction faite de considérations métriques dont il est fort imprudent de s'inspirer pour modifier le texte), si l'on comprend le vrai sens de ce pâda.

2. — *pradiças*, M. H. : « Les régions célestes. » — Voir ci-dessus vers 33.

3-4. — C'est-à-dire qu'Agni est sorti des ténèbres des eaux pour faire briller ses flammes sur l'autel.

35

citrám devã̂nâm údagâd ánîkam
cákšur mitrásya várunasyâgnéḥ,
ã̂prâd dyã̂vâpṛthivî̃ antáriksam
sûrya âtmã̂ jágatas tasthúšaç ca.

« La brillante figure (ou la bouche) des dieux s'est dressée (dans les airs), l'œil (ou l'éclat) de Mitra, de Varuṇa, d'Agni.

Le soleil, le souffle vital de ce qui s'agite et de ce qui est immobile (Soma et Agni, la libation sous ses deux formes, etc.), a rempli le brillant et la large, l'*antáriksa*.

36

uccā́ pátantám aruṇáṃ suparṇáṃ
mádhye diváṣ taráṇiṃ bhrā́jamânam,
páçyàma tvâ savitā́raṃ yám ā́hur
ájasraṃ jyótir yád ávindad átriḥ.

« Considérons l'oiseau rouge qui vole vers le haut au milieu du ciel, le franchisseur, le brillant, toi qu'on appelle Savitar, la lumière infatigable qu'Atri a découverte. »

2. — *táráṇim*, M. H. : « diligent ». — Voir ci-dessus la remarque sur le vers II, .

37

diváṣ pṛṣṭhé dhā́vamânaṃ suparṇám
ádityâḥ putráṃ nâthákâma úpa yâmi bhîtáḥ,
sá naḥ sûrya prá tira dîrghám ā́yur
mā́ riṣâma sumátaú te syâma.

« Désireux d'un protecteur, je m'approche rempli d'effroi de l'oiseau qui se baigne dans le courant du ciel, le fils d'Aditi. O soleil, prolonge l'énergie qui vient de nous (fais couler le soma) ; ne (te) causons aucun mal, soyons pour toi dans celle qui a de bonnes pensées (il faut que nous te versions la libation) ! »

1. — M. H. : L'aigle qui court sur l'échine du ciel ». — Cette désignation bizarre repose sur un faux sens ; *pṛṣṭhá*, je l'ai fait voir, ne signifie pas « échine ».

2. — *nâthákâma*, M. H. : « (Je vais à lui) suppliant », — sens faux ou tout au moins qui rend imparfaitement l'idée du texte. Il est vrai, qu'en note, M. H. dit qu'il faut supprimer ce composé. Mais alors où prend-il l'idée de supplier ?

4. — *Mãriśâma*, — M. H. : « Puissions-nous être saufs. » — C'est par erreur qu'on a pris l'habitude d'attribuer à cette formule un sens passif que rien ne justifie. Au moment où le sacrificateur sollicite la protection d'Agni, il s'exhorte et engage ses acolytes à ne rien faire qui puisse nuire au développement régulier du feu sur l'autel.

38

sahasrâhṇyáṃ viyatâv asya pakšaú
hárer haṃsásya pátataḥ svargám,
sá devân sárvân úrasy upadádya
saṃpáçyan yâti bhúvanâni viçvâ.

« Sont étendues les deux ailes de ce cygne brillant qui vole vers le ciel (du sacrifice) où sont des milliers de jours (c'est-à-dire de libations transformées en flammes). Il a pris tous les dieux dans sa poitrine, en les contemplant il va dans tous les producteurs (les somas). »

1. — *Sahasrâhṇyám* ne peut être qu'un adjectif en accord avec *svargám*. La traduction de M. H. : « Sur l'espace de mille jours sont épandues ses ailes », qui choque la grammaire et qui se comprend mal, constitue donc un contresens.

3. — M. H. : « Il a chargé tous les dieux *sur* sa poitrine. » — Le vrai sens est qu'il réunit en lui, dans ses flammes, tous les dieux somas.

4. — M. H. : « Il va contemplant tous les êtres » ; — sens incomplet : *bhúvanâni viçvâ* est régime à la fois de *saṃpáçyan* et de *yâti*.

39

róhitaḥ kâló abhavad
róhito' gre prajẫpatiḥ,
róhito yajñânâṃ múkhaṃ
róhitaḥ svàr ãbharat.

« Rohita a été le temps ; Rohita a été à la superficie (des libations) Prajâpati ; Rohita a été la bouche des sacrifices ; Rohita a apporté le svar. »

1. — Agni produit les jours ou les flammes du sacrifice et par conséquent, le temps avec lequel il s'identifie.

2. — Le sens primitif dans les hymnes du mot *prâjâpati* est « le maître des (somas) engendreurs (d'Agni) ».

3. — *Mûkham*, M. H. : « Visage » ; — à tort, c'est à l'aide d'Agni que le sacrifice mange en quelque sorte l'oblation.

4. — C'est-à-dire, vraisemblablement, qu'il a procuré la lumière (en s'enflammant).

40

rohito lokò abhavad
ròhito' tyàtapad divam,
ròhito raçmibhir bhûmim
samudràm anu sàm carat.

« Rohita a été l'espace brillant (occupé par le sacrifice); Rohita a allumé le jour en le traversant. Rohita a suivi au moyen de ses rênes (ou de ses rayons) la productrice (la libation), l'océan. »

3.-4. — M. H. : « C'est Rohita dont les rênes au long de la terre, au long de l'Océan, se tendent dans la course. » — Cela est tout à fait à côté du vrai sens. Les rênes ou les rayons (= les flammes d'Agni) viennent des eaux de la libation ; c'est par elles que Rohita se meut ; on peut donc dire qu'il suit à leur aide la libation fécondante et l'océan qui la désigne par métaphore.

41

sarvâ diçaḥ sàmacarad
ròhito' dhipatir divàḥ,
divam samudràm âd bhûmim
sàrvam bhûtàm vi rakšati.

« Il a suivi toutes les directrices, Rohita, souverain du ciel. Il surveille (ou tient bon, possède) le ciel, l'océan, la productrice, tout être. »

1. — M. H. : « Il a visité toutes les régions célestes. » — Faux sens.

3.-4. — Il surveille ou garde tout ce que produit la (libation) productrice. Briller et voir sont, en général, synonymes dans le Véda.

42

ârôhan chukrô bṛhatîr átandrô
dvé rûpé kṛṇute rôçamânaḥ,
citráç cikitvân mahišó vâtamâyâ
yâvato lokân abhi yád vibhâti.

« Le (taureau) blanc, infatigable, montant sur les grandes, produit en brillant deux formes, alors que buffle bigarré, étincelant, création du vent, il envoie son éclat vers les espaces (du sacrifice) autant qu'il en est. »

1. — M. H. (en note) : « Les femelles sont les *diças* et les *pradiças* souvent nommées dans ce morceau. » — Oui, si l'on entend par là les libations enflammées.

2. — Sur la formule *dvé rûpé*, etc., voir ci-dessus, vers II, 28.

3. — *vâtamâyâ*, M. H. change ce mot, qu'il trouve inintelligible en *vâtam âpo*. Cette correction est d'autant plus risquée qu'elle aboutit à ce sens étrange : « Le buffle (soleil) qui répand sa clarté *sur le vent !* ». *Vâtamâyâ* peut s'entendre au contraire dans le sens d' « (Agni) créature du vent »; cf. ci-dessus vers I, 51.

43

ábhy ányad eti páry ányad asyate
'horâtrâbhyâm mahišáḥ kálpamânaḥ,
sûryam vayám rájasi kšiyántam
gâtuvidam havâmahe nâdhamânâḥ.

« Le buffle, (les) produisant au moyen du jour et de la nuit (de sa présence ou de son absence), va vers l'une (des deux formes) et écarte l'autre. Ayant besoin de protection, nous invoquons le soleil résidant dans le *rájas* et qui trouve la voie (pour en sortir). »

1.-2. — M. H. : « L'un (de ces deux aspects) vient vers (nous), l'autre se retourne, (tel est) le buffle s'adaptant (successivement) au jour et à la nuit. » — Long contresens dû principalement à ce que les verbes du premier pâda n'ont pas reçu leur véritable sujet qui est *mahišás*, et à la fausse signification attribuée à *kálpamānas*.

3. — M. H. : « Sûrya qui séjourne *dans l'espace.* » — Il fallait dire *dans l'obscurité* des eaux de la libation ; cf. la formule *sū́ryaṃ támasi kšiyántam*, RV., I, 117, 5 et III, 39, 5.

44

pr̥thivîprò mahišò nā́dhamânasya
gātúr ádabdhacakšuḥ pári viçvaṃ babhū́va,
viçvaṃ sampáçyant suvidátro
yájatra idáṃ çr̥notu yád áhaṃ brávîmi.

« Le buffle qui pénètre la large...[1] a entouré le tout (le soma). Lui qui voit le tout, qui sait bien trouver (l'issue), qui sacrifie, qu'il écoute ce que je lui dis. »

2. — *Pári viçvaṃ babhū́va*, M. H. : « Il fait le tour de l'univers ; » — faux sens ; voir ci-dessus vers II, 10.

3. — *Suvidátra*, M. H. : « Qui dispense de beaux présents ; » — faux sens. Il faut décomposer *su-vidatra*, racine *vind ;* cf. *yájatra* pour la formation.

Yájatra, M. H. : « Adorable » ; — faux sens. La signification

1 Je m'abstiens de traduire le commencement du 2e pâda dont le sens me semble trop douteux et qui différera sensiblement selon qu'on verra dans *gâtús* un nominatif ou un génitif.

est essentiellement active. Agni est, par excellence, l'agent du sacrifice.

45

páry asya mahimā́ pṛthivī́ṃ samudrám
jyótiṣā vibhrā́jan pári dyā́m antárikṣam,
sárvam sampáçyant, etc. (Comme au vers 44, 3.-4).

« Sa grandeur qui étincelle entoure par sa flamme la large l'océan, le jour, l'*antárikṣa*

1.-2. — M. H. : « Sa grandeur environne la terre et l'océan... rayonnante de clarté. »

46

ábodhy agníḥ samídhâ jánânâṃ
práti dhenúm ivâyatī́m uṣā́sam,
yahvā́ iva prá vayā́m ujjihânâḥ
prá bhânávaḥ sisrate nā́kam ácha.

« Agni s'est éveillé par le combustible des mâles vis-à-vis de l'aurore (la libation enflammée) qui s'approche pareille à une vache. Les flammes se sont dirigées vers le ciel pareilles à des enfants qui quitteraient le (lait) nourricier.

1. — M. H. : « Grâce à la bûche l'Agni des hommes s'est éveillé. » — Nulle part à ma connaissance il n'y a de distinction réelle dans les Védas entre un Agni des hommes et un Agni des dieux. L'idée est que les somas ont éveillé ou engendré Agni en l'allumant sur l'autel.

2. — Il est plus que douteux qu'il s'agisse ici, comme le croit M. H., de l'aurore véritable. Le poète a bien plutôt en vue la vache-libation (comparée à l'aurore) que tète le veau Agni.

3. — Je suis d'accord avec M. H. pour le sens de *yahvá*. Ce mot signifie probablement « l'enfant, le jeune «. Quant à *vayā́*

c'est le sens de nourriture (cf. *váyas)*, et non celui de « bourgeon », qui lui convient partout. Les flammes s'élevant au-dessus des libations sont donc comparées ici, non pas à des jeunes oiseaux (pourquoi seraient-ils jeunes ?), mais à des jeunes enfants qui abandonneraient le sein qui les allaite. M. H. s'extasie devant « la grâce descriptive, tout à fait rare dans la poésie védique », de cette comparaison. Me sera-t-il permis de faire remarquer le caractère un peu risqué de cet enthousiasme que provoque un texte mal compris ?

Hymne III

1

yá imé dyắvâpṛthivī́ jajấna
yá drấpiṃ kṛtvấ bhúvanâni vá́ste,
yásmin kšiyánti pradíçaḥ šáḍurvī́r yấḥ
pataṃgó ánu vicấkaçîti.
tásya devásya kruddhásyaitád âgo
yá evám vidvấṃsaṃ brâḥmaṇáṃ jinấti
údvepaya rohita prá kšiṇīhi
brahmajyásya práti muñca pâçân.

« Celui qui a engendré le brillant et la large, qui, s'en étant fait une tunique, a revêtu les producteurs, celui dans lequel résident les six grandes qui sont les directrices, (lui) l'oiseau regarde autour (de lui) (ou brille).

« Le lien qui retient ce dieu irrité (crépitant) qui s'empare du soma connaissant l'actif, secoue-le, ô Rohita, détruis-le, délie les lacets de celui qui s'empare du *bráhman*. »

Le refrain de tous les vers de cet hymne s'applique à Rohita (Agni *jâtá*) appelé à délivrer Agni *ajá* de sa captivité, c'est-à-dire à lui donner la vie ou à l'allumer, et à faire par là que le sacrifice s'accomplisse. Les épithètes *kruddhásya* et *brahmajyásya* visent le rôle d'Agni une fois qu'il sera délivré.

1.-4. — L'oiseau-Agni qui regarde ou brille, tandis qu'un autre oiseau qui l'accompagne et qui est perché sur le même arbre que lui en goûte les fruits (Agni en tant qu'attaché à libation), est le sommet du feu ou toute la partie des flammes qui émerge des eaux du sacrifice. Cf. RV. I, 164, 20. Le véritable sens a échappé à M. H. « Celui en qui résident les six régions vastes *au long desquelles l'oiseau fougueux épand son regard!* » — *ánu* est une variante pour *abhi*, cf. RV., *loc. cit.* Agni a revêtu les êtres en les pénétrant. Les six *pradiça urvīs* qui résident en lui sont les libations. Sur leur nombre de six, voir ci-dessus la remarque sur le vers II, 27.

5. — M. H. : « C'est de ce dieu irrité que (relève) ce péché. » — Construction et traduction tout à fait arbitraires.

6. — M. H. : « (Le péché) de celui qui violente un brâhmane. » — *ā́gas* est le lien qui est censé retenir Agni *ajá* dans la libation non enflammée. La racine *ji* dans le Véda ne signifie pas « violenter », mais « prendre, s'emparer de ». *Brâhmaṇa* est un nom du soma (voir ci-dessus p. 150) et *evám* est très probablement l'équivalent de *évam* désignant Agni. »

7.-8. — M. H. : « Fais-le chanceler, Rohita, anéantis-le, le violenteur du brâhmane. » — Rohita, qui n'est autre qu'Agni, est invoqué, non pas contre le prétendu violenteur du brâhmane, mais contre l'obstacle qui s'oppose à la naissance d'Agni *ajá*. Qu'il l'écarte, le secoue ! D'ailleurs le composé *brahmajyásya*, qui ne saurait être le régime direct des verbes *údvepaya*, *prá kṣiṇīhi*, ne signifie pas « violenteur de brâhmane », mais « celui qui conquiert le *bráhman* » ou le soma, à savoir Agni une fois qu'il sera délivré.

8. — M. H. : « Enveloppe-le de tes lacets. » — Construction et traduction fausses. La racine *muc* avec le préfixe *práti* signifie « détacher ». Rohita est invité à délier les attaches qui paralysent Agni *ajá*.

2

yásmâd vắtâ ṛtuthắ pávante
yásmâd samudrắ ádhi vikšáranti,
tásya devásya, etc.

« Celui en venant duquel les vents s'allument (ou s'éclairent) à chaque moment (du sacrifice, ou à chaque libation), celui duquel coulent les océans en différents sens. Le lien, etc. »

1. — M. H. : « Celui de qui les vents sortent purifiés selon l'ordre des saisons. » — La racine *pu* ne signifie pas « se purifier», même au moyen, et *ṛtuthắ* ne s'applique pas ici aux saisons. — Agni s'allume à l'aide du vent ; on peut donc dire que le vent s'allume à son contact, ou en le traversant, et cela chaque fois que le sacrifice a lieu.

2. — La libation transformée en flammes s'échappe en quelque sorte d'Agni.

3

yó mâráyati prâṇáyati
yásmât prâṇánti bhúvanâni viçvâ,
tásya, etc.

« Celui qui fait mourir et qui fait respirer ; celui de qui vient le souffle vital de tous les producteurs. Le lien, etc. »

Agni anime ou non la libation et les flammes du sacrifice qui en sortent.

4

yáḥ prâṇéṇa dyắvâpṛthivī́ tarpáyaty
apânéna samudrásya jaṭháraṃ yáḥ píparti,
tásya, etc.

« Celui qui nourrit le brillant et la large par le souffle qu'il exhale ; celui qui remplit le ventre de l'océan par le souffle qu'il dirige de haut en bas. Le lien, etc. »

1. — M. H. : « Celui qui de son haleine *inspirée* rassasie le ciel et la terre ». — Le texte dit juste le contraire : le *prâṇá* est ici le souffle qui va de bas en haut *(pra)*; il figure les mouvements d'Agni dans la direction du ciel.

2. — M. H. : « Qui de son haleine *expirée* remplit le ventre de l'océan. » — Indication métaphorique d'un mouvement en sens contraire du précédent : ce sont les parties basses de la flamme qui remplissent ou enveloppent les libations.

5

yásmin virā̂ṭ paraméšṭhī̂ prajā̂patir
agnír vāiçvânaráḥ sahá pánktyā̂ çritáḥ,
yáḥ párasya prâṇám paramásya téja ádadé,
tásya, etc.

« Celui en qui s'est retiré par l'effet de la pankti, Virâj, Paramešṭhin, Prajâpati, Agni Vaiçvânara ; celui qui s'est approprié le souffle de celui qui est au-dessus, la flamme de celui qui est tout au-dessus. Le lien, etc. »

1-2. — Agni résume par l'effet de la libation (pankti) les différentes manifestations sous lesquelles il est connu, Virâj, Agni en tant qu'allumé sur l'autel, et non pas « le seigneur, le dieu souverain » (M. H. en note), — Paramešṭhin, celui qui se tient tout en haut du sacrifice, — Prajâpati, Agni maître des somas nourriciers, — Vaiçvânara, Agni comprenant en soi tous les somas.

3-4. — M. H. : « Qui s'est approprié l'haleine du *suprême*, la vigueur du *suprême*. » — Le *pára* est Agni *au-dessus* ou *au delà* du liquide des libations. C'est là qu'il est *jâtá*, qu'il vit, qu'il a un *prâṇá*. Le *paramá* est celui qui est *tout au-dessus*, qui se manifeste surtout par sa flamme. La traduction de M. H. ne tient pas compte de ces distinctions.

6

yáṣmint ṣ̌áḍurvīḥ pánca diço ádhi çritāç
cátasra āpo yajñásya tráyo'kšárâḥ,
yó antarā́ ródasî kruddháç cakšušaikšata
tásya, etc.

« Celui en qui se sont retirées (concentrées) les six larges, les cinq directrices, les quatre eaux, les trois permanentes du sacrifice; celui qui, lorsqu'il est irrité (quand il crépite), voit par son œil à l'intérieur des deux-*ródasî*. Le lien, etc. »

Jeu de mots énigmatique qui consiste à représenter Agni comme renfermant en soi différentes entités formant une série descendante de six à deux, eu égard au nombre d'unités dont chacune est formée. Ces entités désignent toutes avec double sens les eaux du sacrifice.

1. — M. H. : « Les six cieux et terres ; » — *urvīs* n'a jamais ce sens. Il s'agit des sept libations sacramentelles, moins une. Voir ci-dessus vers II, 27.

« Les cinq directrices », — les libations enflammées qui dirigent Agni (cf. la pañkti du vers précédent), allusion probable aux cinq points cardinaux, les quatre de l'horizon et le zénith.

« Les quatre eaux ». L'allusion porte peut-être sur quatre rivières particulièrement connues des sacrificateurs védiques.

M. H. : « Les trois syllabes du sacrifice. » — Qu'est-ce que ces « trois syllabes » ? Le vrai sens est « les trois (liqueurs) qui ne s'écoulent pas », qui sont toujours là quand a lieu le sacrifice. Elles sont au nombre de trois par allusion au trois moments du sacrifice.

3. — Agni plonge sa flamme ardente ou son œil pénétrant dans les deux *ródasî*, les « deux (libations) brillantes » (et non « les deux mondes » [M. H.],) qui correspondent au couple *dyā́vâpṛthivī́*.

7

yò annâdò ánnapatir
babhûva bráhmaṇaspátir utá yáḥ,
bhûtó bhaviṣyád bhúvanasya yás pátiḥ
tásya, etc.

« Celui qui fut le mangeur de la nourriture, le maître de la nourriture, celui qui (fut) le maître du *bráhman*; celui qui a été et qui sera le maître du producteur. Le lien, etc. »

1. — Agni mange l'oblation et dispose d'elle au profit de ses flammes. Ce rôle suffit pour indiquer qu'il ne s'agit pas du soleil.

2. — M. H. : « Le maître de la sainteté; » — *bráhman* ne signifie pas « sainteté », mot qui, du reste, ne correspond à aucune idée védique.

8

ahorâtrair vimitaṃ triṃçádaṅgaṃ
trayodaçáṃ mâsaṃ yò nirmimîte,
tásya, etc.

« Celui qui a créé le treizième mois aux trente membres, formé par les jours et les nuits (les libations sous les deux formes). Le lien, etc. »

Le treizième mois ou la treizième lune est le mois métaphorique, la lune des libations allumées, qui s'ajoute en quelque sorte aux douze mois réels. — M. H. en note : « Il est parfaitement exact de dire que le soleil crée le mois en passant d'un signe à l'autre du zodiaque ; mais à un autre point de vue, c'est la lune qui fait le mois et alors le soleil ne crée que le « treizième mois » dont l'insertion est nécessaire pour rétablir la concordance entre l'année lunaire et l'année solaire. » — Toutes ces subtilités supposent chez les sacrificateurs védiques des connaissances raisonnées en astronomie qu'ils ne possédaient certainement pas.

« Les trente membres » (du mois du sacrifice), par allusion tout à la fois aux *nombreuses* libations et aux trente jours du mois réel.

1. — M. H. : « Mesuré par les jours » ; — *vimitam* ne signifie pas « mesuré ».

9

kr̥ṣṇáṃ niyā̃nam hárayaḥ suparṇā̃
apó vásânâ dívam útpatanti,
ta ā̃vavr̥trant sádanâd r̥tásya
tásya, etc.

« Les (chevaux) brillants aux belles ailes ayant revêtu les eaux (de la libation), s'envolent au ciel au sortir du chemin noir. Ils quittent le siège (que leur offrait) la libation. Le lien, etc. »

2. — M. H. en note : « Les « eaux » sont *naturellement* les eaux célestes ou nuées. » — Erreur absolue.

3. — M. H. : « Du séjour de l'ordre divin ils se sont dirigés vers (nous). » — Le texte dit le contraire : les flammes d'Agni partent de l'autel dans la direction du ciel.

10

yát te candráṃ kaçyapa rocanā̃vad
yát saṃhitáṃ puškaláṃ citrábhânu,
yásmint sū̃ryâ ā̃rpitâḥ saptá sâkáṃ
tásya, etc.

« Ton (essence) brillante, ô Kaçyapa, qui répand l'éclat, fixée (en toi?), nourricière, à la lueur étincelante ; elle en qui sont insérés de concert les sept soleils. Le lien, etc. »

2. — *Puškaláṃ*, M. H. : « Magnifique » ; — faux sens. L'étymologie est *puš-kara* « qui produit la nourriture. »

3. — « Les sept soleils », les sept libations enflammées.

11

bṛhád enám ánu váste purástâd
rathaṃtarám práti gṛhṇâti paçcât,
jyótir vásâne sádam ápramâdam
tásya, etc.

« Le grand (soma) le revêt en avant (ou venant de celui qui est en avant), celui qui s'empare du char le saisit en arrière (ou venant de celui qui est en arrière) — les deux (formes de la libation) se revêtant de la lumière constante qui ne s'écoule pas. Le lien, etc. »

1. — Allusion probable au chant appelé *bṛhát* qui est l'effet des crépitements d'Agni.

M. H. : « Le *bṛhatsâman* le revêt par devant », — ce qui est un non sens, surtout appliqué au soleil.

2. — C'est-à-dire, la partie inférieure d'Agni s'empare de la libation. Allusion probable, comme précédemment, au chant du sâman appelé *rathaṃtará*.

M. H. : « Par derrière, il tire à lui le rathaṃtara. » — Selon toute apparence (cf. le vers suivant), c'est, au contraire, le composé *rathaṃtarám* qui est le sujet de la phrase.

3. — Il s'agit des deux aspects de la libation dans leurs rapports avec Agni. — Sur *ápramâdam* qui qualifie *jyótis* et qui est ici synonyme de *akšára*, voir ci-dessus vers I, 23. — M. H. traduit ce mot par la formule « avec vigilance. »

12

bṛhád anyátaḥ pakšá âsîd
rathaṃtarám anyátaḥ sábale sadhrîcî,
yád róhitam ájanayanta devâḥ
tásya, etc.

« Le *bṛhát* fut l'aile qui vient de l'un, le *rathaṃtará* (fut l'aile) qui vient de l'autre ; ils n'avaient qu'une même force, qu'une même direction, quand les dieux ont engendré Rohita. Le lien, etc. »

Les deux aspects des libations ne constituent qu'un seul et même être que les dieux (les somas enflammés) ont engendré et que le sacrificateur célèbre en ce moment sous le nom de Rohita.

1.-2. — M. H. : « Le *bṛhát* fut l'une de ses ailes, le *rathaṃtará* l'autre; » — traduction peu correcte. — M. H. en note: « *Bien entendu*, les deux sâmans *bṛhát* et *rathaṃtará* sont dits « les deux ailes » du soleil (et du sacrifiant) en ce qu'ils sont respectivement assimilés au ciel et à la terre. » — Comment veut-on que de semblables explications ne laissent pas sceptiques tous ceux qui s'intéressent à nos études sans idées préconçues? Les justifications tirées des passages parallèles des *Brâhmaṇas* n'ont aucune valeur, étant donné que les auteurs de ces ouvrages avaient, dans la plupart des cas, perdu plus ou moins complètement l'intelligence exacte des textes védiques.

13

sá váruṇaḥ sâyám agnír bhavati
sá mitró bhavati prâtár udyán,
sá savitấ bhûtvấntárikšeṇa yâti
sá indro bhûtvấ tapati madhyató divaṃ
tásya, etc.

« Il est Varuṇa, il est Agni; quand il s'élève, le matin (ou en avant) sur l'autel, il est Mitra (ou l'ami). En tant que Savitar (celui qui fait couler la libation), il se meut au moyen de l'*antárikša;* en tant qu'Indra, il échauffe (ou allume) le ciel (du sacrifice) par l'effet de celui qui est au milieu (le soma). Le lien, etc. »

Agni, est identifié aux différents dieux qui, tout en portant des noms autres que le sien, ont la même essence que lui.

1. — M. H. : « Le soir il est Varuṇa *et* Agni. » — Le traducteur ajoute arbitrairement au texte la copule « et » qui dénature

complètement le sens de ce vers. J'ajoute que *sâyâm* est évidemment pour *sá ayám* avec allusion seulement, à cause de *prâtár*, ou sens de *sâyám* « soir ».

3. — M. H. : « Il est Savitar et marche *à travers* l'espace. » — Le rapport exprimé par l'instrumental *antárikšeṇa* ne saurait être rendu par la préposition « à travers. »

14

Répétition pure et simple du vers II, 38.

15

ayáṃ sá devó apsv ántáḥ
sahásrámûlaḥ puruçâko átriḥ
yá idáṃ viçvaṃ bhúvanaṃ jajâna
tásya, etc.

« Ce dieu qui est au sein des eaux, Atri aux mille racines, aux nombreuses énergies (ou causes d'énergie, = nourriture, libation), c'est lui qui a engendré tout ce producteur (en ce sens qu'il crée les développements ignés du soma). Le lien, etc. »

2. — M. H. : « Aux nombreuses branches » ; et en note : « Il me semble que la suite de la métaphore amène irrésistiblement *puruçâkho*, au lieu de *puruçâko*. » — Une considération qui doit l'emporter sur le souci de retrouver dans les textes de l'*Atharva* des métaphores qui se suivent, est celle qui consiste à tenir compte des formules du *Rig*. Or, ce recueil ne connaît que *puruçâka*. Je ne nie pas l'allusion à l'idée que présente la correction de M. H., mais ce n'est pas une raison suffisante pour modifier le texte.

16

çukráṃ vahanti hárayo raghušyádo
devaṃ divi várcasâ bhrâjamânaṃ,
yásyordhvâ divaṃ tanvâs tápanty
arvâṅ suvárṇaiḥ paṭárair vibhâti
tásya, etc.

« Les (chevaux) brillants, à l'allure rapide, portent le brillant, le dieu qui resplendit dans le ciel avec sa flamme, — lui, dont les corps (ou les somas) dressés échauffent (ou allument) le ciel (du sacrifice) ; s'élançant en avant, il brille au moyen de ses flammes aux belles couleurs. Le lien, etc. »

4. — M. H. : « Tourné vers nous, il répand au loin ses rais colorés. » — Le sens constant de *arvâñ* est « qui va en avant, qui s'élance », et non pas « tourné vers nous », quoiqu'en disent les lexiques dont M. H. s'est inspiré. — *Paṭarâ*, — le sens exact de ce mot est inconnu ; l'analogie de *pâṭala* « rouge » semble indiquer, en même temps que le contexte, la signification de « chose brillante, flamme, etc. »

17

yénâdityẫn harítaḥ sáṃvahanti
yéna yajñéna bahávo yánti prajânántaḥ,
yád ékaṃ jyótir bahudhấ vi bhấti
tásya, etc.

« C'est lui par lequel les (cavales) brillantes conduisent de concert les Adityas ; c'est lui, le sacrifice par lequel plusieurs s'en vont qui savent (où ils vont) ; c'est lui l'unique lumière qui brille en divers lieux (où le sacrifice s'accomplit). Le lien, etc. »

1. — Les libations enflammées ou les flammes d'Agni transportent à son aide les fils d'Aditi ou de la libation, c'est-à-dire ces mêmes flammes en tant que contenant en elles la nourriture du sacrifice.

2. — M. H. : « Lui, sacrifice en vertu duquel vont en grand nombre ceux qui savent ». — Il néglige, et pour cause, de nous donner le mot de cette énigme. Le sacrifice, chaque jour, met en mouvement les Agnis-Somas qui, éclairés qu'ils sont, connaissent leur chemin et savent le rôle qu'ils ont à remplir.

18

saptá yuñjanti rátham ékacakram
éko áçvo vahati saptánâmâ,
trinâbhi cakrám ájaram anarvám
yátremâ víçvâ bhúvanâdhi tasthúḥ
tásya, etc.

Voir pour la traduction I, 164, 2.

1-2. — M. H. en note : « Pour les sept atteleurs et le cheval à sept noms, comparer les sept Harits et les sept Sûryas (supra 10), dont chacun porte un nom distinct. »

Nous voilà bien renseignés ! Dans les deux cas, il s'agit des sept libations.

3. — M. H. en note : « La roue (le soleil) est unique ; mais elle a trois moyeux par allusion à la triple naissance d'Agni (soleil, éclair, feu terrestre) : mélange de concepts naturalistes et mystiques ». — La roue n'est pas le soleil, mais le feu du sacrifice ; il s'agit bien de la triple naissance d'Agni, mais non pas sous les formes indiquées : Agni naît trois fois par jour sur l'autel, le matin, à midi et le soir. Tous ces « concepts » sont purement liturgiques ; c'est en voulant y voir du naturalisme qui n'y est pas qu'on s'égare dans d'inextricables labyrinthes. Quant au mysticisme, il n'y existe que dans la forme ; les poètes védiques se sont amusés à déguiser des choses très simples et très positives au fond sous des dehors énigmatiques.

M. H. (en note) : « Le vrai sens de *anarvá paraît* être *décidément* « sans blessure ». — Ce vrai sens est, conformément à l'étymologie (cf. *árvat*, *arvâc*, etc.), « qui ne s'en va pas, permanent ».

19

aṣṭadhā́ yuktó vahati váhnir ugráḥ
pitā́ devā́nâṃ janitā́ matînā́m,
ṛtásya tántuṃ mánasâ mimā́naḥ
sárvâ diçaḥ pavate mâtariçvâ,
tásya, etc.

« L'ardent traîneur attelé huit fois traîne (l'oblation), lui père des dieux, père des prières ; produisant par le *mánas* le fil de la libation, Mâtariçvan allume toutes les directrices. Le lien, etc. »

1. — Parfois, Agni étant déduit du nombre sept, qui est en général celui des libations, celles-ci ne sont plus que six. Voir vers II, 27. Ici, c'est par un calcul inverse et qui consiste à ajouter Agni aux sept libations habituelles, qu'il est question des huit fois où il est attelé, c'est-à-dire mis en contact avec la liqueur du sacrifice ; cf. RV. II, 5, 2 et X, 114, 9.

2. — Agni est le père des dieux ou de ses flammes qu'il nourrit avec les libations ; il est le père des prières identifiées à ses crépitements.

3. — M. H. : « Mesurant en esprit le fil de l'ordre divin. » — Cette traduction enchérit sur l'obscurité du texte qu'elle dénature d'ailleurs, attendu que *mimā́nas* signifie « créant » et non « mesurant ».

C'est à l'aide du mánas ou du soma (voir ci-dessus p. 306) qu'Agni produit le fil, c'est-à-dire la flamme de la libation.

4. — M. H. : « Mâtariçvan *se clarifie* (en clarifiant) toutes les régions. » — Faux sens ; sur la véritable signification de *pavate*, voir ci-dessus, vers III, 2.

20

samyáñcaṃ tántuṃ pradíço 'nu sárvâ
antár gâyatryā́m amṛ́tasya gárbhe,
tásya, etc.

« Toutes les directrices suivent ce fil dont la marche est une, à l'intérieur de celle qui chante, dans le fœtus du non mort. Le lien, etc. »

2. — Celle qui chante est la libation à l'intérieur de laquelle Agni produit des crépitements.

3. — Le fœtus (M. H. : « la matrice ») du non mort ou de la libation est Agni *ajá* qu'Agni *jâtá* va rejoindre à l'aide des libations enflammées ou du fil igné qui réunit l'un à l'autre.

La longue note dont M. H. accompagne ce vers est démentie par le texte même (mal compris), Av. x, 7, 42-43, sur lequel il prétend l'appuyer. Là, comme ici, l'idée est purement liturgique et n'a pas affaire avec le prétendu naturalisme indo-européen.

21

nimrúcas tiṣró vyúṣo ha tisrás
trīṇi rájâṃsi divo aṅgá tisráḥ,
vidmā́ te agne tredhā́ janitraṃ
tredhā́ devā́nâṃ jánimâni vidma
tásya, etc.

« Celles qui cachent (ou éteignent) sont trois; celles qui allument (ou éclairent) sont trois; il y a trois obscurités et trois jours. Nous savons, ô Agni, que ta naissance est triple; nous connaissons les triples naissances des dieux (somas qui naissent en Agni). Le lien, etc. »

Série d'allusions aux trois moments du sacrifice.

1.-2. — Les obscurités dont il s'agit sont les instants qui précèdent celui où Agni est allumé, ceux où il est caché sous la forme d'*ajá* au sein des libations; le jour a lieu, au contraire, quand les flammes d'Agni apparaissent sur l'autel.

3. — *janitram*, M. H. : « Lieu de naissance » ; — faux sens. La forme grammaticale indique le sens réel, « ce qui engendre, ce qui produit, génération, naissance ».

22

vi yá aúrṇot pṛthivī̃ṃ jā̃yamâna
ā̃ samúdram ádadhâd antárikše,
tásya, etc.

« Celui qui, en naissant, a enveloppé la large, qui a placé l'océan dans l'*antárikša*. Le lien, etc. »

1. — M. H. : Celui qui a découvert la terre » ; — faux sens : *pṛthivī̃* signifie « la large (libation) ».

2. — M. H. : « Celui qui a disposé l'océan dans l'espace », et en note, « les eaux célestes ». — Il s'agit en réalité des liqueurs du sacrifice qu'Agni transforme en *antárikša*, autre nom de la libation dont il se nourrit.

23

tvám agne krátubhiḥ ketúbhir hitó
'rkaḥ sámiddha údarocathâ divi,
kim ábhyârcan marútaḥ pṛ́çnimâtaro
yád róhitam ájanayanta devā̃ḥ
tásya, etc.

« O toi, Agni, lumière (ou hymne) établi, allumé, par des constructeurs qui sont tes flammes, tu as brillé dans le ciel. Qu'ont chanté les Maruts qui ont la Pṛçni pour mère, quand les dieux ont engendré Rohita ? Le lien, etc. »

1. — M. H. : « C'est toi, ô Agni, qui par tes *divins vouloirs* et tes *étendards*, *aiguillonné*... as resplendi au ciel. » — Faux sens à tous les mots en italiques.

3. — Les Maruts, fils de la vache-libation, personnifient les flammes crépitantes d'Agni.

4. — Les dieux, c'est-à-dire les somas enflammés.

24

yá âtmadấ baladấ yásya viçvá
upấsate praçíšam yásya devấḥ,
yó 'syéçe dvipádo yáç cátušpadaḥ
tásya, etc.

« Celui qui donne le souffle vital, qui donne la force, celui dont tous les dieux entourent le signal —, celui qui est le maître de ce bipède, de ce quadrupède. Le lien, etc. »

2. — M. H. : « Celui dont tous les dieux *révèrent* la *prescription* ». — Faux sens ; *upâs* ne signifie pas « révérer » et *praçíšam* doit être pris au sens physique de « chose qui montre, indique » ; ici, c'est la flamme d'Agni.

3. — M. H. : « Qui règne sur ces bipèdes et sur ces quadrupèdes. » — Le texte a le singulier : le bipède et le quadrupède en question sont, très probablement, l'oiseau-Agni et le taureau-Soma ; cf. le vers suivant.

25

ékapâd dvipado bhū́yo vi cakrame
dvipât tripâd abhyéti paçcất,
cátušpâc cakre dvipadâm abhisvaré
sampáçyan paṅktim upatišṭhamânaḥ
tásya, etc.

Pour la traduction et l'explication des pâdas 1 et 2, voir ci-dessus II, 27 (1.-2).

Pâdas 3-4 : « Celui qui a quatre pieds a fait la paṅkti dans le chant de ceux qui ont deux pieds, en la considérant et en se tenant au-dessus d'elle. Le mal, etc. »

Celui qui a quatre pieds est le taureau-Soma ; il fait la paṅkti, ou chante l'hymne, au moyen de ce mètre dans le chant des bipèdes, c'est-à-dire des oiseaux-Agnis qui crépitent à son contact. Mais la paṅkti désigne aussi l'ensemble de cinq libations au-dessus desquelles se tient la flamme d'Agni et que, dans son éclat, celle-ci semble voir ou considérer. Je passe sur les paradoxes intentionnels qui se mêlent à tous ces jeux de mots et d'esprit. Cf. d'ailleurs RV. x, 117, 8.

M. H. traduit sans grand souci de la grammaire : « Il *s'est fait* quadrupède *à l'appel* des bipèdes, contemplant d'un regard la paṅkti (l'ensemble des cinq races) au-dessus de laquelle il se tient. » Il trouve ce sens « clair » et fait suivre sa traduction de l'explication suivante qui la vaut : « Le soleil « vient sous forme de quadrupède » — on sait qu'il est souvent représenté par un taureau ou par un fauve au pelage éclatant — ou bien « il revêt la forme d'un quadrupède » pour venir à l'appel des « bipèdes », à la voix des prières récitées par les hommes. »

26

kṛṣṇấyâḥ putrò árjuno
rấtryâ vatsò 'jâyata,
sá ha dyấṁ ádhi rohati
rúho ruroha ròhitaḥ.

« Le veau blanc fils de la nuit noire est né. Il s'est élevé au ciel ; Rohita a monté celles qui montent. »

Toutes ces métaphores ont été expliquées précédemment. L'idée du reste s'applique bien à la conclusion du sacrifice dont l'objet est l'ascension de Rohita-Agni.

Hymne IV

1

sá eti savitā̃ svàr
divás pṛṣṭhé 'vacā̃kaçat.

« Savitar (celui qui fait couler le soma) va vers le ciel (du sacrifice), dans le courant du ciel (la liqueur du sacrifice qui arrose Agni comparé au jour ou au ciel) en brillant. »

2. — M. H. : « Sur l'échine du ciel, dirigeant son regard vers le bas » ; — faux sens.

2

raçmibhir nábha ā̃bhṛtam
mahendrá ety ā̃vṛtaḥ.

« Entouré de ses rayons, le grand Indra va vers l'eau qu'ils lui ont apportée.

M. H. : « Vers la nuée *traversée* de ses rênes lumineuses le grand Indra va entouré », et en note : « de son cortège d'épouses célestes, probablement. » — Inacceptable.

Relation d'Agni-Indra avec les eaux de la libation d'où ses flammes sortent et qu'elles semblent lui apporter.

3

sá dhâtā̃ sa vidhartā̃
sá vâyúr nábha úcchritam.

« C'est lui qui donne (ou qui établit), c'est lui qui soutient (le sacrifice), c'est lui le souffle (vital ?) ; (c'est lui) l'eau qui a été dressée (dans les airs). »

2. — M. H. « (Il est) la nuée dressée », — oui, en ce sens qu'il s'identifie le soma ; et en note « Ou bien faut-il sous-entendre le verbe du verset précédent : « (il va) à la nuée » ; — ceci est tout à fait inadmissible.

4 et 5

sò 'ryamā̃ sá vàruṇaḥ
sá 'rudráḥ sá mahâdeváḥ.
sò agníḥ sá u sū̃ryaḥ
sá u evá mahâyamáḥ.

« Il est Aryaman, il est Varuṇa, il est Rudra, il est Mahâ deva, il est Agni, il est Sûrya, il est le grand Yama (ou le grand jumeau, le soma). »

6

tám vatsā̃ úpa tiṣṭhanty
ékaçîrṣâṇo yutā̃ dáça.

« Dix veaux réunis qui n'ont qu'une seule tête sont vers (ou, en) lui. »

Le veau Agni avec sa tête de flamme suce les libations qui sont comme autant de corps attachés au même chef. En général, les poètes védiques comptent sept libations, mais aussi parfois dix ; cf. RV., IX, 38, 3 et *passim*.

7

paçcā̃t prā̃ñca ā̃ tanvanti
yád údéti ví bhâsati.

« Venant de celui de derrière (le soma), ils s'étendent en avant. Quand il s'élève, il brille (allusion au soleil réel). »

1. — Le sujet est probablement les veaux-Agnis du vers précédent. La formule, en tous cas, revient à dire que les flammes se dressent sur l'autel.

M. H. : « Ils tendent de l'occident vers l'orient » ; et en note : « Je comprends que les hommes tournés vers l'orient, tendent en cette direction le tissu du sacrifice et que, quand ils l'ont tendu, le soleil se lève et il fait jour. » — Il n'est question ici du soleil que par allusion ou comparaison.

8

tásyaiṣá mấruto gaṇáḥ
sá eti çikyấkṛtáḥ.

« Lui auquel appartient cette troupe des Maruts, celui-là va formé par le çikya (?). »

2. — M. H. : « Elle va et ses parties constituantes sont (comme) des courroies de portefaix. »

Il est contraire aux règles habituelles de la syntaxe de ne pas considérer, en pareils cas, *sá* comme en corrélation avec *tásya*. Quant à la traduction proposée par M. H. pour *çikyấkṛtás*, elle est inacceptable à tous les points de vue ; *çikya* est, selon toute probabilité, un nom du soma.

9

Texte identique à celui du vers 2.

10

tásyemé náva kóçâ
viṣṭambhấ navadhấ hitấḥ.

« Il a ces neuf seaux placés en neuf places (et) qui (le) soutiennent. »

Ces seaux sont le symbole des eaux de la libation qui soutiennent les flammes d'Agni.

Ils sont au nombre de neuf, non pas comme le veut M. H. (note) à cause des trois mondes multipliés par trois, mais en raison des trois moments du sacrifice ; cf. surtout RV. VII, 101, 4. A ce passage, et pour la raison qui vient d'être dite, il est question des trois jours ou cieux, des trois eaux et des trois seaux dans esquels reposent tous les somas *(bhúvanâni)*. L'addition de ces différents chiffres a sans doute suggéré le nombre neuf de notre vers où les seaux tiennent à eux seuls le rôle des divers éléments précités.

11

sá prajā̃bhyo vi paçyati
yác ca prânáti yác ca ná.

« C'est lui qui voit ce qui respire et ce qui ne respire pas pour les engendreurs (les somas).

Agni voit le soma non enflammé et enflammé.

M. H. (contrairement à la grammaire; *prajā̃bhyas* est un datif, cf. vers 19) : « Il veille sur les créatures, sur ce qui respire ou ne respire pas. »

12

tám idáṃ nigataṃ sáhaḥ
sá eṣá éka ékavṛd éka evá.

« Cette force (le soma) l'a pénétré. Il est le seul, le seul qui se meuve simplement. »

1. — M. H. : « En lui a pénétré la force triomphante (?) que voici »; et en note : « La puissance du soleil qui se lève procède de celle du sacrifice terrestre qu'on célèbre. » — Il ne s'agit pas du soleil, et la force en question est celle de la libation qui alimente et pénètre Agni.

2. — Il unifie en lui les somas.

13

eté asmin devā̃ ekavṛ́to bhavanti.

« Ces dieux (les somas enflammés) sont unifiés en lui. »

14

kîrtiç ca yáçaç cāmbhaç ca nábhaç ça,
brâhmaṇavarçasáṃ cānnaṃ cânnādyaṃ ca.

15

yá etáṃ devám ekavṛtaṃ védā.

« Voix, éclat, force, eau, vigueur venant du *bráhman*, nourriture mangée, nourriture mangée et nourriture devant être mangée. »

« A celui qui connaît ce dieu qui est un (en qui tous les éléments du sacrifice s'unifient). »

1-2. (14). — M. H. : « *Renommée* et *gloire* et *violence* et *nuée* et *sainteté* et nourriture et *aliment* ». — Faux sens pour tous les mots en italiques. La *kîrti* s'applique aux crépitements d'Agni; le *yáças* à sa flamme, l'*ámbhas* à la force qu'il tient du *nábhas* ou de la liqueur des libations; le *brâhmaṇavarcás* est l'éclat que lui procure le *bráhman*, ou la liqueur fortifiante du sacrifice. L'*ánna* est la libation en tant qu'absorbée par Agni, et l'*âdya* cette même nourriture en tant que destinée à alimenter Agni.

16-18

ná dvitîyo ná tṛtîyaç
caturthó nāpy ucyate.
ná pâñcamó ná šašṭáḥ
saptamó nāpy ucyate.
nāšṭamó ná navamó
daçamó nāpy ucyate.

« Il ne s'appelle ni le deuxième ni le troisième, ni non plus le quatrième ;

« Il ne s'appelle ni le cinquième, ni le sixième, ni non plus le septième;

« Il ne s'appelle ni le huitième, ni le neuvième, ni non plus le dixième. »

Le sens intime paraît être qu'Agni est un, et que les autres dieux se joignent et s'identifient à lui.

19

sá sárvasmai ví paçyati
yác ca prâṇáti yác ca ná.

« Il voit ce qui respire et ce qui ne respire pas pour le tout (le soma). »

1. — M. H. : « Il veille sur tout », — faux sens, cf. vers 11.

20 et 21

Même texte qu'aux vers 12 et 13.

22-24

bráhma ca tápaç ca kîrtiç ca yáçaç cấ-
mbhaç ca nábhaç ca brâhmaṇavarcasáṃ
cấnnaṃ cânnấdyaṃ ca.
bhûtáṃ ca bhávyaṃ ca çraddhấ ca
rúciç ca svargáç ca svadhấ ca
yá etáṃ deváṃ ekavṛ́taṃ véda.

« Force et chaleur et voix, etc. (Comme au vers 14); — ce qui a été, ce qui sera (au sacrifice), le don, la lumière, le ciel, l'oblation, — à celui qui connaît ce dieu qui est un. »

22., 1. M. H. : « *piété* et *austérité* », — faux sens.

23., 1-2. M. H. : « Et *passé* et *présent* et foi et éclat. » — La *çraddhấ*, n'est pas la foi; voir ci-dessus p. 208 seq.

25

sá evá mṛtyúḥ sò' mṛ́tam
sò' bhvám sá rakšáḥ.

« Il est la mort, il est le non-mort, il est le néant, il est le *rakšás*. »

1. — Agni est tantôt *ajá* et tantôt *jâtá*.
2. — *Abhvám*. — M. H. : « Le monstre ; » — faux sens. Agni en tant qu'*ajá* est le néant, ou celui qui n'est pas encore.
Rakšás. — M. H. : « Le démon » ; — oui, mais il importe d'ajouter que c'est comme *ajá* qu'Agni est identifié au démon qui le retient dans cet état, qui l'empêche de naître.

26

sá rudró vasuvánir vasudéye
namovâké vašaṭkâró' nu sáṃhitaḥ.

« Il est Rudra qui goûte le bien (le soma) dans ce qui le donne (le soma lui-même). Celui qui prononce l'exclamation *vášaṭ* (soma) est placé dans celui dont la voix est produite par le *namas*[1] (le feu crépitant d'Agni). »

1. — M. H. : « Il est Rudra le conquérant de la richesse, *en tant qu'il donne la richesse.* » — Sens énigmatique, mais inexact autant qu'il peut être compris.
2. — M. H. : « En tant qu'il présente l'hommage oral, il est l'invocation *vášaṭ* adaptée (à l'oblation du soma). » — Le texte n'a pas été compris.

27

tásyemé sárve yâtáva
úpa praçišam âsate.

[1] L'un des noms du soma au cours sinueux.

« Tous ces arrivants (?) qui sont siens viennent s'asseoir auprès de son signal. »

1. — *Yâtú*, — Je donne à ce mot son sens étymologique; il semble désigner ici les somas qui s'approchent de la flamme d'Agni.

M. H. : « Tous les sorciers que voici révèrent sa prescription ». — Sur le vrai sens du mot *praçiša*, cf. vers III, 21.

28

tásyâmû́ sárvâ nákšatrâ
váçe candrámasâ sahá.

« Tous ces nakšatras sont en son pouvoir à l'aide de la lune (sa flamme) qui est avec lui. »

M. H. : « Toutes les constellations que voilà (sont) à ses ordres ainsi que la lune. »

29

sá vấ áhno' jâyata
tásmâd áhar ajâyata.

« Il est né du jour ; de lui le jour est né. »

1. — Le jour désigne ici par métaphore la libation enflammée qui donne naissance à Agni et qui lui doit sa naissance, attendu qu'elle ne saurait exister sans lui. Explication analogue pour tout ce qui suit jusqu'au vers 89 inclusivement.

30

sá vai rấtryâ ajâyata
tásmâd rấtrir ajâyata

« Il est né de la nuit; de lui la nuit est née. »

1. — La nuit est la libation non enflammée qui n'existe que par opposition à la libation enflammée, fille d'Agni.

31

sá vâ antárikšâd ajâyata
tásmâd antárikšam ajâyata.

« Il est né de l'*antárikša;* de lui l'*antárikša* est né. »

1. — Il naît de la forme de la libation appelée *antárikša*.

32

sá vai vâyor ajâyata
tásmâd vâyúr ajâyata.

« Il est né du vent; de lui le vent est né. »

33

sá vai divo' jâyata
tásmâd dyaúr ádhyajâyata.

« Il est né du ciel (du sacrifice) ; de lui le ciel est né. »

34

sá vai digbyó' jâyata
tásmâd diço' jâyanta.

« Il est né des indicatrices, de lui sont nées les indicatrices. »

35

sá vai bhûmer ajâyata
tásmâd bhûmir ajâyata.

« Il est né de la (libation) productrice ; de lui la productrice est née. »

36

sá vâ agnér ajâyata
tásmâd agnír ajâyata.

« Il est né du feu; de lui est né le feu. »

Distinction entre le nom du dieu et son essence.

37

sá vā́ adbhyó' jâyata
tásmâd ā́po' jâyanta.

« Il est né des eaux; de lui les eaux sont nées. »

38

sá vā́ ṛgbhyó' jâyata
tásmâd ṛco' jâyanta.

« Il est né des mètres (des crépitements); de lui les mètres sont nés. »

39

sá vai yajñā́d ajâyata
tásmâd yajñó' jâyata.

« Il est né du sacrifice; de lui est né le sacrifice. »

Ici, l'antithèse est fondée sur une subtilité analogue aux précédentes. Le sacrifice a pour effet de faire briller Agni sur l'autel; d'autre part, Agni est l'agent du sacrifice, et c'est par lui qu'il a lieu.

40

sá yajñás tásya yajñáḥ
sá yajñásya çiras kṛtám.

« Il est le sacrifice, le sacrifice est à lui; il est devenu la tête du sacrifice. »

1. — Même sens qu'au vers précédent.
2. — Sa flamme s'élève au-dessus des libations.

41

sá stanáyati sá vi dyótate
sá u áçmânam ásyati.

« Il tonne (crépite), il éclaire (brille), il lance le trait (de la foudre, c'est-à-dire le feu du sacrifice qu'il personnifie). »

2. — M. H. : « C'est lui qui lance la *pierre* (de la foudre). » — Faux sens; *áçman* ne signifie pas « pierre ».

42

pâpâya vâ bhadrâya vâ
púrušâyâsurâya vâ.

« Pour le méchant ou pour le favorable ; pour le mâle (soma), ou pour l'asura (Vṛtra ?). »

1-2. — Agni perce de son trait de feu, soit le méchant qui retient la libation, soit la libation elle-même considérée comme bienfaisante.

M. H. : « Dans le mal ou le bien, pour (frapper) l'homme ou le démon. » — Le vrai sens n'a pas été saisi. La note correspondante en témoigne plus éloquemment encore.

43

yád vâ kṛṇóšy óšadhîr
yád vâ váršasi bhadráyâ,
yád vâ janyám avîvṛdhaḥ.

« Soit que tu produises les *óšadhîs;* soit que tu verses la pluie avec la favorable (la libation) ; soit que tu fasses croître la progéniture (du soma). »

Dans les trois cas il s'agit du même acte : celui de faire couler la libation nourricière que les *óšadhîs* désignent par métaphore et qui fait croître Agni, c'est-à-dire l'auteur de l'acte dont il bénéficie.

2. — M. H. : « Soit que tu fasses pleuvoir *avec bénédiction.* »

44

tắvâṃs te maghavan mahimópo
te tanvàḥ çatám.

« Ta grandeur est telle, ô généreux, (que) cent libations sont en toi. »

Il semble évident qu'il faut sous-entendre un verbe avec *upo; çatám tanvás* en est le sujet. — M. H. : « qui fait de *upa* « un simple adverbe », « cas, dit-il, extrêmement rare », traduit le deuxième pâda par ces mots : « Et tu as cent corps ». A mon avis, *tanvás* désigne ici les (somas) « étendus ».

45

úpo te báddhe báddhâni
yádi vắsi nyárbudam.

Le texte de ce vers est tellement elliptique que la traduction ne peut en être que très conjecturale. L'accentuation des mots *báddhe, báddhâni* fait aussi difficulté.

1. — « En tes (corps sont) ceux qui sont attachés dans celui qui est attaché » ; — c'est-à-dire les différentes libations réunies en une seule qui est attachée, unie à Agni.

M. H., d'après une correction inacceptable de M. Withney : « Tu es milliard et tu (en) as, des milliards ». Je ne vois pas, du reste, comment a pu être faite la construction qui justifie une semblable façon de traduire.

2. — La comparaison des deux passages de l'*Atharva*, VIII, 8, 7 et X, 8, 24 avec RV. VIII, 32, 3, montre que, dans les premiers, *nyárbudam* est pour *ny árbudam*, le préfixe ne formant pas partie intégrante d'un prétendu substantif, mais portant sur

le verbe suivant. Il en est sûrement de même ici, où le verbe en question est sous-entendu et aurait été exprimé sans doute sous la forme d'un participe passé d'un verbe de mouvement : *yádi vā̃si (ní tîrṇo? — cf. ní... tira, RV., VIII, 32, 3 'rbudam)*: « Ou bien tu as vaincu Arbuda ». En tout cas, on ne saurait admettre la traduction de M. H. « Ou bien tu es million de millions. »

46

bhū̃yân índro namurā̃d
bhū̃yân indrâsi mṛtyúbhyaḥ.

« Indra l'emporte sur Namura; tu l'emportes, ô Indra, sur les morts. »

1. — Le mot *namurá* est un ἅπαξ λεγ. auquel on a attribué le sens d'« immortalité », par la seule raison, sans doute, que ce mot paraît faire antithèse avec *mṛtyúbhyas* au pâda suivant. C'est insuffisant. La partie radicale est la même que dans le nom du démon Namuci et il est permis de croire que Namura en est l'équivalent. M. H. (en note) trouve le sens d'immortalité fort probable, ce qui ne l'empêche pas de proposer des corrections, ingénieuses peut-être, mais surtout arbitraires.

2. — Les morts dont il s'agit sont vraisemblablement celles d'Agni lorsqu'il retourne à l'état d'*ajá*. Indra, qui représente Agni *jâtá*, est naturellement supérieur à Agni *ajá*.

47

bhū̃yân árâtyâḥ çácyâḥ pátis
tvám indrâsi vibhū̃ḥ prabhū̃r iti,
tvópâsmahe vayám.

« Tu l'emportes sur les absences de dons ; (tu es) l'époux de la force (du soma). Nous nous asseyons auprès de toi, ô Indra, en disant : « Tu pénètres et tu accrois (les libations). »

1. — M. H. : « L'emportant *sur le démon*, tu es l'époux de Çaci. »

Sur *árâti* voir ci-dessus vers I, 20.

Indra est plus fort que les *árâtis* en ce sens qu'il fait qu'elles deviennent des *râtis*. Autrement dit, il est l'objet des oblations des sacrificateurs ; de même qu'il l'emporte sur les morts parce que les prêtres le font revivre à chaque sacrifice. Çaci est la libation (la force ou la forte) personnifiée.

2. — M. H. : « Celui qui s'épand, celui qui règne » ; — équivalents contestables des mots *vibhûs* et *prabhûs*.

48

námas te astu paçyata
páçya mâ paçyata.

« Que le *námas* (le soma) soit à toi !... Regarde-moi... »

Il est bien douteux que l'ἅπαξ λεγ. *paçyata* doive se traduire par « toi qui es digne d'être regardé (M. H.). » On est au moins aussi autorisé à y voir une seconde personne du pluriel : « Regardez ! »

49

annâdyena yáçasâ
téjasâ brâhmaṇavarcaséna.

« Par la nourriture mangée et à manger, par l'éclat, par la flamme, par la splendeur issue du *bráhman*. »

Je fais dépendre ces instrumentaux de la formule *námas te astu*.

M. H. : « Avec nourriture et gloire, avec force et sainteté ! »

50

ámbho ámo sáhaḥ sáha iti
tvópâsmahe vayám.

« Nous nous asseyons auprès de toi en disant : « Voilà la force, l'énergie, la vigueur, la vigueur. »

1. — M. H. : « En te nommant « *violence et fougue, grandeur et force triomphante.* » — Faux sens aux mots en italiques.

51

ámbho áruṇám rajatám rájaḥ sáha íti
tvópâsmahe vayám.

« Nous nous asseyons auprès de toi en disant : « Voilà l'eau rouge, le *rájas* brillant, la force. » — C'est-à-dire, tu es identique au soma enflammé.

1. — M. H. : « En te nommant « *violence rouge, blanc espace, force triomphante.* » — Faux sens aux mots en italiques.

52

urúḥ pṛthúḥ subhûr bhúva íti
tvópâsmahe vayám.

« Nous nous asseyons auprès de toi en disant : « Voilà le vaste, le large, la bonne essence de ce qui engendre (le soma). »

M. H. : « En te nommant « vaste, étendu, *bon, univers.* » — Faux sens aux mots en italiques.

53

prátho váro vyáco loká íti
tvópâsmahe vayám.

« Nous nous asseyons auprès de toi en disant : « Voilà la largeur, l'étendue, le développement, l'espace. »

1. — M. H. : « En te nommant « étendue, largeur, extension, *monde.* » — Faux sens au mot en italiques.

54

bhávadvasur idádvasuḥ saṃyádvasur âyádvasur iti tvópâsmahe vayám.

« Nous nous asseyons auprès de toi en disant : « Voilà celui qui a le bien (la libation) présent, celui qui a le bien que voilà (?), celui en qui le bien converge, celui à qui le bien arrive. »

55 et 56

Même texte qu'aux vers 48 et 49.

FIN DU TOME PREMIER

TABLE DES MATIÈRES

DU TOME PREMIER

Lyon. — Imp. Pitrat aîné, A. Rey, Successeur, 4, rue Gentil 3264

ANNALES DU MUSÉE GUIMET

TOME IX

LES HYPOGÉES ROYAUX DE THÈBES, par M. E. LEFÉBURE. — Première division : LE TOMBEAU DE SÉTI Ier publié in-extenso avec la collaboration de MM. U. BOURIANT et V. LORET, anciens membres de la Mission archéologique du Caire et avec le concours de M. ED. NAVILLE.
Un volume in-4, avec 130 planches hors texte. 75 fr.

TOME X

MÉLANGES. — Un vol. in-4, illustré de dessins et de 24 planches hors texte. . . . . 30 fr.

Mémoires relatifs aux religions et aux monuments anciens de l'Amérique. LA STÈLE DE PALENQUÉ, par Ch. Rau. — IDOLES DE L'AMAZONE, par J. Vérissimo. — SCULPTURES DE SANTA-LUCIA COSUMALWHUAPA (Guatémala), par S. Habel. Traduit de l'anglais par J. Pointet. — NOTICE SUR LES PIERRES SCULPTÉES DU GUATEMALA, acquises par le musée de Berlin, par A. Bastian. Traduit de l'allemand par J. Pointet.

Mémoires divers — LE SHINTOISME, sa mythologie, sa morale, par M. A. Tomii. — LES IDÉES PHILOSOPHIQUES ET RELIGIEUSES DES JAINAS, par S.-J. Warren. Traduit du hollandais par J. Pointet. — ÉTUDE SUR LE MYTHE DE VRISHABHA, par L. de Milloué. — LE DIALOGUE DE ÇUKA ET DE RHAMBA, par J. Grandjean. — LA QUESTION DES ASPIRÉES EN SANSKRIT ET EN GREC, par P. Regnaud. — DEUX INSCRIPTIONS PHÉNICIENNES; inédites, par C. Clermont-Ganneau. — LE GALET D'ANTIBES, offrande phallique à Aphrodite, par H. Bazin.

Mémoires d'égyptologie. — LA TOMBE D'UN ANCIEN ÉGYPTIEN, par V. Loret. — LES QUATRE RACES dans le ciel inférieur des Egyptiens, par J. Lieblein. — UN DES PROCÉDÉS DU DÉMIURGE ÉGYPTIEN, par E. Lefébure. — MAA, DÉESSE DE LA VÉRITÉ, et son rôle dans le Panthéon égyptien, par A. Wiedemann.

TOMES XI ET XII

LA RELIGION POPULAIRE DES CHINOIS, par J.-J.-M. DE GROOT. — Les fêtes annuellement célébrées à Emoui (Amoy); mémoire traduit du hollandais avec le concours de l'auteur, par C.-G. Chavannes. Illustrations par Félix Regamey et héliogravures.
2 volumes in-4 avec 38 planch. hors texte. 40 fr.

TOME XIII

LE RÂMÂYANA, au point de vue religieux, philosophique et moral, par CH. SCHOEBEL.
Un volume in-4. . . . . 12 fr.

TOME XIV

ESSAI SUR LE GNOSTICISME ÉGYPTIEN, ses développements, son origine égyptienne, par E. AMÉLINEAU.
Un volume in-4, avec une planche. . . 15 fr.

TOME XV

SIAO-HIO. LA PETITE ÉTUDE ou MORALE DE LA JEUNESSE, avec le Commentaire de Tche-Siuen, traduit pour la première fois du chinois en français, par C. DE HARLEZ.
Un volume in-4, avec carte. . . . . . fr. 15

TOME XVI

LES HYPOGÉES ROYAUX DE THÈBES, par M. E. LEFÉBURE.
In-4 en 2 fascicules avec planches. . . 60 fr.
Fascicule I. — Seconde division des Hypogées publiées avec le concours de MM. Ed. Naville et Ern. Schiaparelli. — Fascicule II. — Troisième division. Tombeau de Ramsès IV.

TOME XVII

MONUMENTS POUR SERVIR A L'HISTOIRE DE L'ÉGYPTE CHRÉTIENNE au ive siècle. Histoire de saint Pakhôme et de ses communautés. Documents copte et arabe inédits, publiés et traduits par E. AMÉLINEAU
Un fort volume in-4. . . . . 60 fr.

TOME XVIII

AVADANA ÇATAKA. Cent légendes bouddhiques, traduites du sanskrit par LÉON FEER.
Un volume in-4. . . . . 20 fr.

TOME XIX

LE LALITA-VISTARA, ou développement des jeux, contenant l'histoire du Bouddha Çakya-Mouni, depuis sa naissance jusqu'à sa prédication, traduit du sanskrit en français par PH.-ED. FOUCAUX, professeur au collège de France. Deuxième partie : Notes, variantes et index.
Un volume in-4. . . . . 15 fr.

TOME XX

TEXTES TAOISTES, traduits des originaux chinois et commentés, par C. DE HARLEZ.
Un volume in-4. . . . . 20 fr.

BIBLIOTHÈQUE DE VULGARISATION

Prix du volume in-18. . . . . 3 fr. 50

TOME I. — LES MOINES ÉGYPTIENS, par E. AMÉLINEAU. Illustré.

TOME II. — PRÉCIS DE L'HISTOIRE DES RELIGIONS. — Première partie : *Religions de l'Inde*, par L. DE MILLOUÉ. Illustré de 21 planches.

TOME III. — LES HÉTÉENS. — *Histoire d'un Empire oublié*, par H. SAYCE; traduit de l'anglais, avec préface et appendices, par J. MENANT, membre de l'Institut. Illustré de 4 planches et de 15 dessins dans le texte.

TOME IV. — LES SYMBOLES, LES EMBLÈMES ET LES ACCESSOIRES DU CULTE CHEZ LES ANNAMITES, par G. DUMOUTIER. Illustré de 53 dessins annamites.

PETIT GUIDE ILLUSTRÉ AU MUSÉE GUIMET, par L. DE MILLOUÉ. In-18. . . . . . . 1 fr.

INTRODUCTION AU CATALOGUE DU MUSÉE GUIMET. — *Aperçu sommaire des Religions des anciens peuples civilisés*, par L. DE MILLOUÉ. In-18. . . . . 1 fr. 50

REVUE DE L'HISTOIRE DES RELIGIONS; 26 volumes in-8. . . . . 300 fr.

ANNALES DU MUSÉE GUIMET

TOME I

MÉLANGES. — Un volume in-4, avec 8 planches hors texte. . . . . 15 fr.

E. GUIMET. Rapport au Ministre de l'Instruction publique et des Beaux-Arts sur sa mission scientifique en Extrême-Orient. — Le Mandara de Koô-boô Daï-shi dans le temple de To-ô-dji à Kioto (Japon). — H. HIGNARD. Le Mythe de Vénus. — F. CHABAS. De l'usage des bâtons de main chez les anciens Egyptiens et chez les Hébreux. — ED. NAVILLE. Ostracon égyptien du musée Guimet. — E. LEFÉBURE. Les races connues des Egyptiens. — GARCIN DE TASSY. Tableau du Kâli-Youg ou Age de Fer. — P. REGNAUD. La Métrique de Bhârata, XVIIe chapitre du Nâtya Çastra. — P. REGNAUD. Le Pessimisme Brâhmanique. — REV. C. ALWYSS. Visites des Bouddhas dans l'île de Lankâ (Ceylan), traduit de l'anglais par L. DE MILLOUÉ — J. DUPUIS. Voyage au Yun-nan et ouverture du fleuve Rouge au commerce. — REV. E.-J. EITEL. Le Feng-shoui ou Principes de sciences naturelle en Chine, traduit de l'anglais par L. DE MILLOUÉ. P. L. F. PHILASTRE. Exégèse chinoise. — SHIDDA. Explication des anciens caractères sanskrits. Traduit du japonais par Ymaïzoumi et Yamata. CONFÉRENCE ENTRE LA SECTE SÏN-SIOU ET LA MISSION SCIENTIFIQUE FRANÇAISE, traduite du japonais par YMAÏZOUMI, TOMII ET YAMATA. — RÉPONSES SOMMAIRES DES PRÊTRES DE LA SECTE SÏN-SIOU, traduites du japonais par M. A. TOMII. — NOTE SUR LES COURS DE LANGUES ORIENTALES A LYON.

TOME II

MÉLANGES. — Un volume in-4. . . . 15 fr.

F. MAX. MULLER. Anciens textes sanskrits découverts au Japon, traduits de l'anglais par L. DE MILLOUÉ. — YMAÏZOUMI. O-mi to-King, ou Shoukhavâti-vyûha-Soûtra, texte vieux sanskrit traduit par la version chinoise de Koumârajiva. — P. REGNAUD. La Métrique de Bhârata, texte sanskrit de deux chapitres du Nâtya Çastra, publié pour la première fois et suivi d'une interprétation française. — LÉON FEER. Analyse du KANDJOUR et du TANDJOUR, recueils des livres sacrés du Thibet, par ALEXANDRE CSOMA DE KÖROS, traduite de l'anglais et augmentée de diverses additions, remarques et index.

TOME III

EM. DE SCHLAGINTWEIT. LE BOUDDHISME AU THIBET, traduit de l'anglais par L. DE MILLOUÉ.

Un volume in-4, avec 40 planches hors texte. 20 fr.

TOME IV

MÉLANGES. — Un volume in-4, avec 11 planches hors texte. . . . . 15 fr.

E. LEFÉBURE. Le puits de Deïr-el-Bahari, notice sur les dernières découvertes faites en Egypte. — F. CHABAS. Tables à libations du Musée Guimet. — D[r] AL. COLSON. Notice sur un Hercule Phallophore, dieu de la génération. — P. REGNAUD. Le Pancha-Tantra, ou le grand recueil des fables de l'Inde ancienne, considéré au point de vue de son origine, de sa rédaction, de son expansion et de la littérature à laquelle il a donné naissance. — REV J. EDKINS. La religion en Chine. Exposé des trois religions des Chinois, suivi d'observations sur l'état actuel et l'avenir de la propagande chrétienne parmi ce peuple; traduit de l'anglais par L. DE MILLOUÉ.

TOME V

LÉON FEER. FRAGMENTS EXTRAITS DU KANDJOUR, traduits du tibétain.

Un volume in-4. . . . . 20 fr.

TOME VI

PH. ED. FOUCAUX. LE LALITA VISTARA, ou développement des jeux, contenant l'histoire du Bouddha Çâkya-Mouni depuis sa naissance jusqu'à sa prédication, traduit du sanskrit en français. Première partie. Traduction française.

Un volume in-4, avec 4 planches hors texte. 15 fr.

TOME VII

MÉLANGES. — Un volume in-4, avec 6 planches hors texte. . . . . 20 fr.

A. BOURQUIN. Brâhmakarma ou Rites sacrés des Brâhmanes, traduit pour la première fois du sanskrit en français. — Dharmasindhu, ou Océan des rites religieux, par le prêtre Kâshinâtha, première partie Traduit du sanskrit et commenté. Version française par L. DE MILLOUÉ. — E. S. W. SÉNATHI-RAJA. Quelques remarques sur la secte çivaïte chez les Indous de l'Inde méridionale. — ARNOULT LOCARD. Les Coquilles sacrées dans les religions indoues. — SIR MUTU COOMARA-SWAMY. Dâthâvança ou histoire de la Dent-Relique du Buddha Gautama, poème épique de Dhamma-Kitti, traduit en français d'après la version anglaise, par L. DE MILLOUÉ. — J. GERSON DA CUNHA. Mémoire sur l'histoire de la Dent-Relique de Ceylan, précédé d'un essai sur la vie et la religion de Gautama Buddha, traduit de l'anglais et annoté par L. DE MILLOUÉ. — P. REGNAUD. Études phonétiques et morphologiques dans le domaine des langues Indo-Européennes et particulièrement en ce qui regarde le sanskrit.

TOME VIII

P.-L.-F. PHILASTRE. LE YI-KING OU LIVRE DES CHANGEMENTS DE LA DYNASTIE DES TSCHEOU, traduit pour la première fois du chinois en français, avec les commentaires traditionnels complets de T'shèng-Tsé et de Tshou-hi et des extraits des principaux commentateurs.

Un volume in-4. . . . . 15 fr.

Lyon. — Imp. PITRAT AINÉ, A. Rey Successeur, 4, rue Gentil. — 3264.

www.ingramcontent.com/pod-product-compliance
Lightning Source LLC
Chambersburg PA
CBHW071950270326
41928CB00009B/1400
* 9 7 8 2 0 1 2 5 7 1 0 4 4 *